应用型法律人才培养系列教材

SHICHANG GUANLI FA

市场管理法

主　编　穆　虹

撰稿人　（以撰写章节先后为序）

穆　虹　　徐贵一

陈爱英　　任学青

中国政法大学出版社

2015·北京

图书在版编目（ＣＩＰ）数据

市场管理法 / 穆虹主编.—北京：中国政法大学出版社，2015.9
ISBN 978-7-5620-6293-6

Ⅰ. ①市… Ⅱ. ①穆… Ⅲ. ①市场管理-经济法-中国-教材 Ⅳ. ①D922.294

中国版本图书馆CIP数据核字(2015)第213267号

出　版　者　中国政法大学出版社

地　　　址　北京市海淀区西土城路25号

邮　　　箱　fadapress@163.com

网　　　址　http://www.cuplpress.com（网络实名：中国政法大学出版社）

电　　　话　010-58908435(第一编辑部) 58908334(邮购部)

承　　　印　保定市中画美凯印刷有限公司

开　　　本　720mm×960mm　1/16

印　　　张　18.5

字　　　数　389千字

版　　　次　2015年9月第1版

印　　　次　2015年9月第1次印刷

印　　　数　1～3000册

定　　　价　52.00元

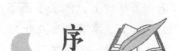

序

　　党的十八大以来，以习近平同志为总书记的党中央从坚持和发展中国特色社会主义全局出发，提出了全面建成小康社会、全面深化改革、全面依法治国、全面从严治党的"四个全面"战略布局。全面依法治国是实现战略目标的基本方式、可靠保障。法治体系和法治国家建设，同样必须要有法治人才作保障。毫无疑问，这一目标的实现对于法治人才的培养提出了更高的要求。长期以来，中国高等法学教育存在着"培养模式相对单一"、"学生实践能力不强"、"应用型、复合型法律职业人才培养不足"等诸问题，法学教育与法律职业化的衔接存在裂隙。如何培养符合社会需求的法学专业毕业生，如何实现法治人才培养与现实需求的充分对接，已经成为高等院校法律专业面临的重要课题。

　　法学教育是法律职业化的基础教育平台，只有树立起应用型法学教育理念才能培养出应用型卓越法律人才。应用型法学教育应是"厚基础、宽口径的通识教育"和"与社会需求对接的高层次的法律职业教育"的统一，也是未来法学教育发展的主要方向。具体而言，要坚持育人为本、德育为先、能力为重、全面发展的人才培养理念，形成培养目标、培养模式和培养过程三位一体的应用型法律人才培养思路。应用型法律人才培养的基本目标应当是具备扎实的法学理论功底、丰厚的人文知识底蕴、独特的法律专业思维和法治精神、严密的逻辑分析能力和语言表达能力、崇高的法律职业伦理精神品质。

　　实现应用型法律人才培养，必须针对法律人才培养的理念、模式、过程、课程、教材、教法等方面进行全方位的改革。其中教材改革是诸多改革要素中的一个重要方面。高水平的适应应用型法律人才培养需求的法学教材，特别是"理论与实际紧密结合，科学性、权威性强的案例教材"，是法学教师与法科学生的知识纽带，是法学专业知识和法律技能的载体，是培养合格的应用型法律人才的重要支撑。

　　本系列应用型法律人才培养教材以法治人才培养机制创新为愿景，以合格应用型法律人才培养为基本目标，以传授和掌握法律职业伦理、法律专业知识、法律实务技能和运用法律解决实际问题能力为基本要求。在教材选题上，以应用型法律人才培养课程体系为依托，关注了法律职业的社会需求；在教材主（参）编人员结构上，体现了高等法律院校与法律实务部门的合作；在教材内容编排上，设置了章节重难点介绍、基本案例、基本法律文件、基础法律知识、分析评论性思考题、拓展案例、拓展性阅读文献等。

希冀本系列应用型法律人才培养教材的出版，能对培养、造就熟悉和坚持中国特色社会主义法治体系的法治人才及后备力量起到绵薄推动作用。

是为序。

李玉福
2015 年 9 月 3 日

前 言

市场管理法是社会主义市场经济法律制度的重要组成部分，是弥补市场缺陷、维护市场正常秩序的重要法律制度。2013 年 11 月中国共产党第十八届三中全会通过的《中共中央关于全面深化改革若干重大问题的决定》指出，经济体制改革的核心问题是"处理好政府和市场的关系，使市场在资源配置中起决定性作用和更好发挥政府作用"。这正是市场管理法的主要任务和目标。市场管理法学科就是研究在社会主义市场经济条件下，本着兼顾公平和效率的原则，运用法律手段规范和管理市场主体及其市场交易行为，促进合法竞争，维护良好市场秩序的法学学科。

市场管理法课程是法学专业的专业基础课，要求学生通过学习，掌握市场管理的各项法律制度的内容，提高依法分析和解决市场秩序问题的能力和实务操作能力，为将来从事市场管理的执法、司法和法律服务打下坚实的基础。本教材的编写也是以此为立足点，力求做到"理论够用"和"实践好用"两个方面：

一方面，本教材力求保证理论上的分量和先进性，满足学生进一步深造学习的要求，并代表本学科的现有研究水平。

另一方面，保证实践上的能用和好用。本教材尝试了全新的编写模式：一是在每节最后设计了"以案说法"环节，通过热点案例对该节的关键内容或难点进行进一步讲解，突出法学学习"从理论到实践，从实践学理论"的规律性；二是在部门法的每一章最后设计了"案件分析"一节，根据法律实务的需求划分为案件类型、相关法律法规指引、不同类型案件分析方法、某部门法应用应特别注意的问题、示范案例等几个环节，以更好地满足学生的实践学习。

本书由主编穆虹统稿、定稿。各章节撰写分工如下：

穆　虹：第一章、第二章（第一节至第四节）、第三章第七节、第四章第六节、第五章；

徐贵一：第二章第五节、第七章第七节；

陈爱英：第三章（第一节至第六节）、第四章（第一节至第五节）、第七章（第一节至第六节）；

任学青：第六章。

本教材是山东省"十二五"重点学科经济法学建设项目资助成果。本教材在编写过程中参考了大量的教材、学术著作和学者、专家的研究成果，对此谨向原作者致以衷心的感谢。由于编写人员水平所限，又初次尝试新的编写模式，存在问题在所难免，恳请学界同仁批评指正，以进一步修改完善。

编　者
2015 年 5 月

目录CONTENTS

第一章 市场管理法概述 ▶ 1
第一节 市场管理的一般问题 / 1
第二节 市场管理法 / 9
第三节 市场管理法的理论基础 / 18

第二章 反不正当竞争法律制度 ▶ 31
第一节 反不正当竞争法概述 / 31
第二节 一般不正当竞争行为 / 36
第三节 限制竞争行为 / 51
第四节 不正当竞争行为的监督管理和法律责任 / 55
第五节 反不正当竞争法案件的分析 / 58

第三章 反垄断法律制度 ▶ 72
第一节 反垄断法概述 / 72
第二节 垄断协议 / 80
第三节 滥用市场支配地位 / 85
第四节 经营者集中 / 92
第五节 行政垄断 / 98
第六节 垄断行为的监督管理和法律责任 / 102
第七节 反垄断法案件的分析 / 106

第四章 消费者权益保护法律制度 ▶ 116
第一节 消费者权益保护法概述 / 116
第二节 消费者的权利 / 125
第三节 经营者的义务 / 130

第四节　消费者组织 / 136

　　　　　第五节　消费争议解决和法律责任 / 140

　　　　　第六节　消费者权益保护法案件的分析 / 147

第五章　产品质量法律制度 ▶ 162

　　　　　第一节　产品质量法概述 / 162

　　　　　第二节　产品质量的监督管理 / 168

　　　　　第三节　生产者、销售者的产品质量责任和义务 / 181

　　　　　第四节　产品质量责任 / 184

　　　　　第五节　产品质量法案件的分析 / 198

第六章　广告法律制度 ▶ 209

　　　　　第一节　广告法概述 / 209

　　　　　第二节　广告准则 / 213

　　　　　第三节　广告活动 / 222

　　　　　第四节　广告监管 / 227

　　　　　第五节　违反广告法的法律责任 / 231

　　　　　第六节　广告法案件的分析 / 235

第七章　价格法律制度 ▶ 248

　　　　　第一节　价格和价格法概述 / 248

　　　　　第二节　经营者的价格行为 / 253

　　　　　第三节　政府的定价行为 / 255

　　　　　第四节　价格总水平调控 / 261

　　　　　第五节　价格监督检查 / 265

　　　　　第六节　违反价格法的法律责任 / 267

　　　　　第七节　价格法案件的分析 / 270

参考文献 ▶ 283

第一章　市场管理法概述

市场管理法是经济法的重要组成部分，在现代市场经济中发挥着举足轻重的作用。我国自 1993 年确立经济体制为社会主义市场经济以来，市场机制在经济中发挥着越来越重要的作用，市场资源和劳动产品，都是通过市场交换来进行分配的。与此同时，市场竞争也越来越激烈，竞争也大力推动了市场经济的发展，但也造成了市场失序。美国法学家凯斯·R. 孙斯坦指出，市场应当被理解为一种法律架构，自由市场的存在依赖于其在法律上的存在。[1] 市场经济必须是法治经济，法律是国家干预市场的重要的更是唯一的手段。

第一节　市场管理的一般问题

一、市场

（一）市场的定义和分类

在古代，人们对于固定时间或地点进行交易的场所称之为市场，即买卖双方进行交易的场所。现代经济学中，对市场有不同的理解，如将市场分为狭义和广义的。狭义的市场是指商品交换的场所，如传统市场、股票市场、期货市场等；广义的市场是指商品交换的总和，即市场不仅仅指交易场所，还包括了交易的行为。从这个意义上，所有产权发生转移和交换的关系也可理解为市场。

市场的产生源于社会分工和商品经济的发展。第一次社会大分工推动了生产力的发展，差异产品和剩余产品的出现为经常性交换创造了条件，而交换产生市场。第二次社会大分工中，手工业和农业的相分离，大大提高了劳动生产率和生产规模，并出现了直接以交换为目的的商品生产，进一步扩大了商品交换范围。第三次社会大分工中，专门从事商品交换的商人出现。商人的专门性商业活动使商品交换更加便捷、有效，交换规模也不断扩大。生产、交换、消费、再分配等环节依靠市场的运行而连接起来，这就是广义的市场。广义的市场包括物质商品和非物质商品的交换关系，固定场所和非固定场所的交换关系，商品生产与再生产的各个环节的商品交换关系，以及社会资源配置的全部交换关系。[2]

---

〔1〕　参见［美］凯斯·R. 孙斯坦：《自由市场与社会正义》，金朝武等译，中国政法大学出版社 2002 年版，第 4 页。

〔2〕　参见吴宏伟主编：《市场管理法教程》，法律出版社 1997 年版，第 1 页。

市场是社会分工和商品经济发展的产物，与此同时，市场的发育和成熟也推动着社会分工和商品经济的进一步深化。市场活动中，生产者和经营者遵循价值规律作用，根据市场的需求情况，安排自己的生产和销售。但是，这种完全依靠市场机制来调节的生产和经营，难免会由于个体逐利性、决策分割性等原因造成经济活动的盲目性和市场调节的滞后性，这恰恰是市场管理的必要所在。

根据不同的标准，可以将市场分为不同的种类。依据交易的对象的属性来分，可以分为生产资料市场、生活资料市场；依据市场活动当事人的地位划分，可以分为买方市场、卖方市场；依据交易对象的具体内容不同来分，可以分为商品市场、技术市场、劳动力市场、金融市场、信息市场；依据市场的地理位置或商品流通的区域划分，可以分为国内市场（北方市场、南方市场、沿海市场等）、国际市场（国别市场和区域市场等）；依据市场的时间标准不同来划分，可以分为现货市场、期货市场。另外，还可以按照人文标准分为妇女市场、儿童市场、老年市场等。

（二）市场的构成要素

市场是由各种基本要素组成的有机结构体，市场要素之间的相互联系和相互作用，决定了市场的形成，推动着市场的现实运动。研究市场的发展和运行，可以看出虽然不同发展阶段的市场有不同的特点，但它的主要构成要素是一样的。一般认为，市场的构成要素包括市场主体、市场客体、市场行为和市场规则四个部分。[1]

1. 市场主体。市场主体是指在市场上从事经济活动，享有权利和承担义务的个人和组织。人是市场活动最基本的要素，无论是商品交换的过程还是商品交易的场所，其活动的主体都是人。没有了人，市场也就失去了存在的意义。市场主体可以是自然人或法人，他们具有独立的经济利益和资产，依据法律的规定享有权利和承担责任，从事市场交易活动。市场主体的市场行为紧紧围绕经济目的展开，以满足自身利益最大化为目标。

市场主体具有经济性、独立性、平等性的特征。经济性是指市场主体应该是拥有一定数量财产，独立核算的社会基本经济单位。独立性是指市场主体应该具有独立的经济利益，独立参与市场经济活动。平等性是指市场主体以平等的地位参与社会经济活动，在同等的条件下参与市场竞争。

2. 市场客体。市场客体是指用于市场交换的指向物，即市场交易的对象，包括用于交换的物品和劳务。一般来说，市场客体应当满足以下条件：①能够满足人的某种需要，这是交换产生的基础；②不同的客体具有不同的使用价值，能够分别满足交换双方的需要，这使交换成为必要；③客体应当是稀缺的经济物品，资源的稀缺性是市场机制进行调节的重要条件；④市场客体之间还要有价值量的差别，这决定了商品和服务价格的差异。

市场客体主要包括以下几大类：①物质产品，如生活资料、生产资料等；②服

---

〔1〕　参见陈志、胡光志主编：《中国市场管理法学》，科学技术文献出版社1997年版，第5~9页。

务，如生活服务、生产服务、流通服务、社会服务等；③生产要素，如劳动力、土地、资本、技术、信息、产权等。

3. 市场行为。市场行为是指市场主体为了实现自己的经济目的在市场中进行的交易行为，以及与之相关的为实现交易目的而做出的其他行为。市场活动是一个动态的过程，这个过程就是由市场主体的各种市场行为来构成的。除了市场交易行为以外，市场行为还包括为实现交易而实施的其他行为。这种行为可以分为两类：一类是交易双方自身为实现交易而从事的其他市场行为，主要是生产行为和市场竞争行为；另一类是专门为他人达成交易而实施的辅助性市场行为或服务行为，如行纪、信托和中介行为等。[1]

市场行为是市场主体实现自身经济目的的行为，与此同时，市场行为也应当符合一定的社会评价标准。从市场经济的发展规律和价值取向理解，结合法治经济的基本要求，好的市场行为应当有利于资源的合理配置、增进市场的秩序和效率、促进竞争的良性开展，同时能够实现经营者和消费者的合法利益等。反之，不符合这些条件的不合理的甚至违法的市场行为，需要法律对之加以引导或调控。

4. 市场规则。市场规则是指国家依据市场运行规律所制定的规范市场主体活动的各种规章制度，包括法律、法规、公约等。市场主体参加市场活动必须遵守市场规则。国家制定市场规则的目的是保证市场机制正常运行并发挥优化资源配置的作用，同时规范、约束政府监管机关的市场监管行为，有效地反对垄断，制止不正当竞争，保护消费者权益。

从市场活动的内容和市场需求来看，市场规则主要包括以下几个方面：

（1）市场准入规则，包括市场主体的准入和市场客体的准入。市场主体准入主要是指市场主体进入市场、参加市场活动所必须具备的法律资格。公司法、合伙企业法、个人独资企业法中关于主体资格的规定即属于这种规则。市场客体准入主要是指作为市场交易对象的商品或服务必须符合法律规定，产品质量法、著作权法、商标法、专利法等关于商品、知识产权等的规定即属于这种规则。

另外，从广义上理解，市场准入规则还应涵盖市场退出规则，即当市场主体或市场客体符合什么条件时，应当退出市场，或主动退出时应当遵循的规范。如市场主体破产、歇业、兼并、收购等，要符合一定的法律程序。质量低劣、假冒伪造、过期失效、明令淘汰、有害身心健康的商品，不能进入市场等。

（2）市场活动规则，包括一般交易规则和竞争规则。一般交易规则是市场主体在市场上进行交易活动所必须遵守的行为准则与规范，可以分为交易方式的规范和交易行为的规范等。如我国《合同法》规定，合同当事人的法律地位平等，一方不得将自己的意志强加给另一方（第 3 条）。当事人依法享有自愿订立合同的权利，任何单位和个人不得非法干预（第 4 条）。当事人应当遵循公平原则确定各方的权利和

---

〔1〕 参见李东方主编：《市场管理法教程》，中国政法大学出版社 2003 年版，第 3 页。

义务（第5条）。当事人行使权利、履行义务应当遵循诚实信用原则（第6条）。当事人订立合同，有书面形式、口头形式和其他形式（第10条）等。

竞争规则是市场主体在参与市场竞争时应遵守的规则，如禁止不正当竞争行为、禁止限制竞争行为、禁止垄断行为等。我国《反不正当竞争法》规定的不正当竞争行为包括混淆行为、侵犯商业秘密行为、诋毁商誉行为、不正当有奖销售行为、不正当价格行为、商业贿赂行为、虚假宣传行为等一般不正当竞争行为，和公用企业限制竞争、滥用行政权力限制竞争行为、搭售行为和通谋投标行为等限制竞争行为。《反垄断法》则对滥用市场支配地位、经营者集中等问题进行了规范。

（3）市场结果规则，包括市场结果确认规则和市场结果救济规则。市场结果确认规则是指通过法律认可市场活动的结果，包括权利交换的确认和保护，以及对市场活动结果再分配的认可和保护。市场结果救济规则，是指当市场活动受到非法侵犯或市场行为本身违反法律规定而导致市场结果不正义时，可以依据法律规定进行救济，救济的方式如仲裁、诉讼等。市场是"经济人"追求利益最大化的场所，"经济人"的逐利性和市场缺陷使市场活动难以避免出现偏差，如不正当竞争、垄断、侵害消费者合法权益等。此时，权利人可以依据法律规定的救济方式主张自己的合法权利，通过停止侵害、赔偿损失等方式维护自己的权利，矫正市场结果。

二、市场经济

市场经济可以理解为一种经济体系，在这种体系下产品和服务的生产及销售完全由自由市场的自由价格机制所引导，即市场对资源配置起基础性作用。

在市场经济中，资源配置的目标应当是充分合理的利用有限的资源，最大限度的满足生存和发展的需要。一般来说，解决人们对资源需求的无限性和资源有限性的矛盾有两种方式，即计划调节和市场调节。在现代商品经济条件下，市场调节在资源配置中起核心作用。市场通过价格、供求、竞争的变化和相互作用，支配着人们的经济活动，调节着人、财、物的投放方向和数量比例。

（一）市场经济的特点

市场经济是社会化的商品经济，具有平等性、竞争性、法制性、开放性等特征。

1. 平等性。所谓平等性，是指市场上经济活动参加者的法律地位是平等的。这是由价值规律中的等价交换原则决定的，包含了经济活动参加者之间的关系是平等的和市场交易活动必须遵循等价交换的原则两方面的内容。法律地位平等是市场主体最关键的性质，是意思自治、交易自由的前提和保障。同时，市场经济的平等性是一种机会平等，对所有符合市场准入条件的主体是开放的。这就保证了有足够多的主体进入市场，并能在市场中自由平等的活动。

2. 竞争性。所谓竞争性，是指经济活动参加者之间存在着广泛的竞争。竞争性特点同样是由价值规律决定的。竞争会促使商品生产者和经营者不断改进技术，提高劳动生产率，并实现优胜劣汰，促进资源优化配置的实现。因此，竞争是市场经济有效运行的必要条件。需要注意的是，盲目的竞争会带来资源的浪费，竞争也会导致垄断。所以，如何引导竞争的健康有序、反对不正当竞争、反垄断一直是市场管理的重要内容。

3. 法制性。所谓法制性，是指社会经济运行有健全的法制基础，生产者和经营者的经济活动依据市场经济的法规进行。健全的法制是协调和处理矛盾，体现公正平等的依据和准则。

市场经济是法治经济，法治经济首先要求有法治的观念，即平等、自由、公平、诚信等市场伦理的树立和深入；其次要求有法治的制度，即从市场准入、市场交易、市场规制等各方面规范经济运行，对国家权力的干预进行有效的约束和监督；最后，法治经济更要求法治的环境，即整个社会的法治化、民主化、文明化与经济法治相配合和适应。

4. 开放性。所谓开放性是指市场不是相互封闭的，全国是一个统一的大市场，并同世界连在一起。社会分工和生产专业化广泛发展要求市场必须具有开放性，打破人为的区域封锁，使生产要素能够在市场中自由流动，真正实现资源的优化配置。开放性是市场经济的要求和内在属性，这里的开放不仅是指对国内市场，同样适用于国际市场。

（二）市场经济的一般规律

市场经济的一般规律有价值规律、竞争规律和供求规律三大规律。

1. 价值规律。价值规律是商品生产和商品交换的基本经济规律，即商品的价值量取决于社会必要劳动时间，商品按照价值相等的原则互相交换。价格围绕价值上下波动正是价值规律作用的表现形式。价值规律在市场经济中的作用，主要表现在：调节社会总劳动在生产和流通各部门之间按比例分配；刺激生产企业不断改进技术，提高劳动生产率，改善经营管理，从而促进社会生产力的发展；指导消费，更好地满足需要。

值得注意的是，消费者对商品的偏好可以根据某些客观指标，也可以基于因心理感受而给出的主观判断。消费者基于偏好对商品做出主观判断，有时是不符合价值规律的，如因对某企业的社会形象不满意而不选择该企业的商品购买。因此，消费者的偏好也是市场经济和市场管理中不可忽视的内容。

2. 竞争规律。竞争规律是指商品经济中各个不同的利益主体，为了获得最佳的经济效益，互相争取有利的投资场所和销售条件的客观必然性，它和价值规律一样，都是商品经济固有的规律。竞争规律的作用在于：实现产品的价值与市场价格，推动社会技术进步和企业创新，促使各种商品生产实现优胜劣汰。通过竞争后的优胜劣汰，产业结构得到最迅速、最有效、最彻底的调整，促进社会经济更加迅速的、合理的发展。

3. 供求规律。供求规律是指商品的供求关系与价格变动之间的相互制约的必然性，商品的供给和需求之间存在着一定的比例关系，其基础是生产某种商品的社会劳动量必须与社会对这种商品的需求量相适应。供求关系就是供给和需求的对立统一，供求规律是供求关系变化的基本法则。供求规律有以下几个作用：促使价格围绕价值上下波动；直接决定市场总量与结构状况；推动市场在均衡和非均衡的状态中得到发展。

市场经济三大规律在市场经济运行中发挥着基础性的作用。但是，随着市场的成熟和市场经济的深化，这三大规律并不必然导向市场的有序和效率。相反，市场天然缺陷引发了市场失灵，市场这只"无形之手"已不能完全胜任市场调节的功能，国家这只"有形之手"作为弥补市场缺陷的关键手段进入市场，这就是市场管理。

（三）市场经济是权利经济

市场经济是法治经济，更是权利经济。国家通过立法将人们的自然权利上升为法律权利，并依法对权利做出初始分配，这是市场得以存在和发展的基础。另外，法律用强制力保障权利的实现，并排除可能的权利侵害。市场活动以商品的交换为内容，而商品交换从法律上来认识即为一种权利的交换。一般来说，法律权利在市场中主要通过对初始权利的分配和在市场活动中对权利的确认与交换的规范实现经济活动的利益。

权利先行是市场经济建立和发展的要求。权利到位，市场经济才能到位。[1] 权利表彰着人们法律化的某些利益，市场是人们追求经济利益的领域，人本身是有趋利性的，因此市场活动可以看作权利主体行使权利实现权利的活动。权利是市场活动的核心，对其具有决定性的作用。所以，以权利为核心的市场经济是一种权利经济。

三、市场管理

（一）市场管理的概念

市场管理，是指国家运用法律、政策和经济手段对市场交易活动进行的监督、规范等管理活动。市场管理的主体是依法获得市场管理权的国家机关，如工商行政管理部门、技术监督部门、物价部门、医药卫生管理部门等；市场管理的客体是市场，这个市场应作广义的理解，既包括市场活动的领域又包括市场活动的过程；市场管理的内容是市场管理主体依法对市场进行干预，如指导、规范、监督、管理等活动，以保障市场秩序和公平。

市场经济的建立不必然表示存在市场秩序，市场秩序仍需要一个相对独立的构建过程，其中包含有市场因素，还有政治、历史、文化等非经济因素，以及法治的内容。一个达到和谐、有序、稳定状态的市场秩序，应当能够为市场提供以下几类"产品"：①获取和谐的、均衡的利益最大化的途径；②一系列有助于市场经济效率实现和避免失灵的市场制度体系，如价格体系、信息披露制度等；③一个开放的、包容性强的扩展体系，使市场活动可以通过分散扩展的协调机制，最大限度地利用

---

〔1〕 参见张文显："市场经济与现代法的精神——略论市场经济与法制建设"，载《中国法学》1994年第6期。

每个社会经济主体所拥有的知识和机会，尽可能地发挥每个人的比较优势，动用一切可以利用的资源参与社会分工。[1] 在这个扩展的体系中，不仅仅是经济资源的充分利用，更重要的是政治、社会等各种资源在其中的和谐与发展，如道德机制对市场交易行为的约束等。

"经济人"逐利的本能使完全竞争规则难以付诸现实，市场的功利性亦导致了市场的某些空白领域。市场失灵使市场脱离了正常轨道，畸形发展，造成对公共利益、权利主体的侵害。市场失灵必须加以矫正，矫正的方式包括市场机制的自身作用和国家的干预，前者是市场的内部调节，后者属于市场外部调节，主要包括宏观调控和市场管理两方面。

（二）市场管理的特点

从市场管理的理论与实践可以看出，市场管理主要有以下特点：

1. 市场管理同时兼具公权性和私权性。市场管理的私权性主要表现在两个方面：一方面，从权力的来源看，市场管理是国家经济管理的重要组成部分，国家权力从根本上说都源于权利，通过法律的确认成为国家权力的一部分。它的最初形成是源于权利关系的变化，它的不断发展又源于后来人民权利的让渡。另一方面，市场管理以尊重市场主体的权利为前提，保护市场主体权利的实现。如前文所述，市场经济是权利经济，市场活动本身即是围绕权利展开的，是一个个权利确认—权利交换—权利再确认的过程。可见，市场管理的权力源于权利，并服务于权利的实现和增长。

市场管理的公权性在形式上看是依据宪法设置的有关公权力的授权，如市场规制权、宏观调控权等，与权利相比明显具有主体地位不平等、权力行使的强制性与权力严格受法律限制等特点，具有国家公权力的一般属性。但是，应当注意的是这种权力与国家行政权应有所区分。行政权不具有如此鲜明的复合特色，其行使方式、权力内容与之也有所不同，更多的是单向的命令与服务。市场管理中的经济权力具有更多的回应性，与要调整的经济事实产生互动，引导经济活动的趋向。并且，它的行使以市场要求为前提，以市场良性运行为限度，相对比较被动。比如说在市场竞争管理中，国家工商行政管理部门依法行使竞争管理权力，但它并不加入到竞争的任何一方，不属于竞争关系当事人，而是以"旁观者"的身份，对竞争活动从外部调整而非市场调节的内部作用，将脱离正常竞争轨道的不正当竞争活动矫正到正常位置，且以此为限，干预到此为止。这种干预，依据法律的要求，从市场失衡出发到市场正常秩序的恢复为止，以社会效率为目的，有条件有限制地参与市场活动。

2. 市场管理的法定性。法治社会中，权力是法律严格设定的，包括确权、控权、护权、约权等方面。[2] 市场经济是法治经济，市场管理应当符合法治的基本要求，

〔1〕 参见纪宝成："论市场秩序的本质与作用"，载《中国人民大学学报》2004年第1期。

〔2〕 参见谢晖：《法的思辨与实证》，法律出版社2001年版，第265~268页。

严格依法管理。

市场管理的法定性主要表现在以下几个方面：①市场管理的权力法定，即市场管理者管理市场的权力是法律赋予的，并且必须依据法律的规定行使。②市场管理的前提条件法定。根据历史经验和经济学、法学的理论研究，一般来说，自由的市场需要国家权力进行干预必须符合以下条件：市场失灵存在、市场自身无力调节、国家权力有所作为。③市场管理的方式法定，即管理市场必须通过法律途径。与此同时，对于市场管理的手段、程序、后果与救济，都必须由法律制度进行约束，市场管理者超出此界限即为违法，必须承担相应的法律责任。与法律途径的单一性不同，市场管理运用的具体手段可以是多元的，主要表现在各类经济手段的运用上。这与法律途径的单一并不冲突，因为多元的手段仍是通过法律途径进入市场的。④市场管理的效力法定性，即市场管理具有权威性，管理行为受法律保护，管理决定有法律效力，有关当事人必须执行。[1]

3. 市场管理的独立性。市场管理的独立性是指市场管理主体在依法进行市场管理时，任何组织和个人非经法律允许不得干预。市场管理的独立性是由其法定性决定的。需要指出的是，市场管理的独立性并不影响市场管理主体之间的分工与合作。不同的市场管理主体之间根据法律的授权有明确的权限划分，包括纵向的，如国家工商总局和省、市工商局之间的职能划分；也包括横向的，如同一级别的市场管理主体在管理权限上的划分。这些部门独立行使自己的市场管理权，在需要时又可以按照法定工作程序协同行动。

4. 市场管理的综合性。市场管理的综合性是指市场管理的主体、对象和活动本身都不是简单、单一的，而是内容丰富的综合性行为。从市场管理主体来看，既有单一的管理机构，如医药、物价、海关等，也有综合性的管理机构，如工商行政管理机构；从管理的对象看，市场的多元性和复杂性决定了管理的综合性；从管理的内容看，包括了市场活动的整个过程，既涉及市场准入、市场交易、市场结果等市场活动环节，也包含了生产、消费等环节。

 以案说法

济南"蟠龙山"、山东"蟠龙山"斗上法庭[2]

[案情简介]

济南东郊有一个名叫"蟠龙山风景区、蟠龙仙洞"和另一个名叫"蟠龙山森林公园"的景点，在十一黄金周期间，这两个名称相似、位置相近却由不同公司开发的旅游景点不仅把不少游客搞糊涂了，而且两家公司进行了一场激烈的"名号大

---

〔1〕 参见李东方主编：《市场管理法教程》，中国政法大学出版社 2003 年版，第 6 页。

〔2〕 载新华网，http://www.sd.xinhuanet.com/lypd/2004 – 12/06/content_ 3342578. htm.

战"。2004年10月3日，济南市旅游局质检所接到举报后，派出工作人员前往调查，但两景区各执一词，均称自己的景点名称叫得有道理。11月初，主推"蟠龙山风景区、蟠龙仙洞"的济南蟠龙山旅游开发有限公司以"不正当竞争"为由将主推"蟠龙山森林公园"的山东蟠龙山森林公园有限公司告上了法庭，提出了包括要求法庭依法撤销被告企业字号、行业名称；判令其赔偿经济损失；停止侵害，赔礼道歉，并消除社会影响承认侵权在内的几项请求。

在诉状中原告认为，作为一家旅游开发企业，济南蟠龙山旅游开发有限公司注册登记于2002年3月5日，其字号为"蟠龙山"，行业为"旅游"，被告则是2004年3月25日注册的，"出于营利目的……将……黑峪林场假称为'蟠龙山森林公园'……蒙骗顾客……"而根据国家工商总局出台的《企业名称登记管理实施办法》第41条的规定，已经登记注册的企业名称，在使用中对公众造成欺骗或者误解的，或者损害他人合法权益的，应当认定为不适宜的企业名称予以纠正。

[案例评析]

本案被告行为属于反不正当竞争法中所规定的混淆行为，因此本案是不正当竞争案件。但是，在原告起诉时却出现了颇有意思的问题：原告分别进行了民事诉讼和行政诉讼。其中，请求工商部门依法撤销山东蟠龙山森林公园有限公司的"蟠龙山"字号属于行政诉讼案件，由行政审判庭受理。另外的几项民事诉讼请求则由两个民事审判庭分别受理。其中，请求依法判令被告赔偿原告经济损失、依法判令被告停止侵害、赔礼道歉和依法判令被告向社会公众消除影响、承认侵权由民事审判二庭受理；请求依法确认被告的企业字号、行业名称构成侵权由民事审判三庭受理。

可见，在这个看似简单的市场竞争纠纷中，涉及的法律关系却不简单。既有因工商登记注册而产生的市场行政管理关系，又有因企业名称混淆而产生的侵害企业名称权关系，还有因不正当竞争而带来的经济损失产生的侵犯财产权关系。这恰恰说明了市场管理的公私兼具以及综合性的特点。同时，值得思考的是，同一事件中，当事人为了保护自己的权利却要费这样大的周折，既不符合经济效率的原则，也违背法律保护个人权利的初衷。因此，经济法律案件尤其是市场管理类案件的审判也应当引起司法制度研究的重视。

第二节　市场管理法

一、市场管理法的概念

（一）市场管理法的定义

市场管理法，是指调整在市场管理过程中发生的社会关系的法律规范的总称。随着市场经济的不断深入发展，国家对市场的管理也日益深化，市场管理关系越来越多样化、复杂化。市场管理法通过调整市场管理关系，弥补市场缺陷，恢复和维护公平竞争，保护消费者和经营者的合法权益，保障市场的有序和效率。

（二）市场管理法的调整对象

市场管理法的调整对象是市场管理关系。市场管理关系，是国家在市场管理过程中发生的社会关系。根据市场活动的特点，可以分为市场主体管理关系、市场客体管理关系、市场交易管理关系（如竞争管理关系、消费者权益保护管理关系）等。市场管理关系的一方主体是国家或其授权的机关，因此当事人之间的法律地位是不平等的。

需要注意的是，这种非平位的管理关系可能面对的是一个平位的市场交易关系。例如，国家工商行政管理部门对市场竞争的干预，国家医药行政管理部门对医药市场的专门管理等。在大量的市场管理法规范中，都呈现出了这种既有平等主体交易的规则、又有国家依法干预的规则的状态。这是由市场经济中法律关系的复杂性决定的。在市场中，因自由竞争需要而奠定的市场主体的平等地位，是市场经济中的传统关系。随着国家对经济干预力量的加强，以及国家以交易主体身份和行政管理身份对市场活动的参与，使市场中原本由横向、平等的民事法律关系和纵向、隶属的行政法律关系的二元关系，变为更为错综复杂的多元结构。此时，国家的干预角色既超脱于平位关系的普通市场主体之上，又与不同组合的平位关系群建立关系或直接渗透到不同的平位关系群中去。[1]市场管理关系的这种特殊性必须在理论和实践中正确理解和对待。

二、市场管理法的形式

所谓市场管理法的形式，是指市场管理法的法律规范是以何种形式表现出来的，是形成了统一的法典，还是以单行法的形式分别规范的。

法典是部门法体系化、科学化的最高形式。从世界各国的立法经验来看，大陆法系国家都以民法典的颁布作为其法制成熟程度的一个重要标志。[2]的确，按照统一的原则、标准所组织、编制成的法典，效力稳定、体系完备、逻辑统一、内容协调，可以避免不同层级的单行法混合交叉、效力不统一的缺陷，更加有利于依法办事，保护合法权益不受侵害。但是，并不是所有的法律都适合法典化，法典也不是法制现代化的必要途径。法典的形成，有其必须具备的前提条件：法律保护对象相对稳定、法律权利性质一致、法律基本原则统一、法律的调整对象属于同一社会关系范畴等。

从市场管理法的实际情况和法典的形成条件看，法典并不是其恰当的形式。市场管理法的对象复杂多变，不具有相对稳定性。市场经济的深入展开，尤其是科学技术的突飞猛进，使市场中的各类关系日趋复杂，其指向的客体也更加多元化，如

---

〔1〕 李金泽、丁作提："经济法定位理念的批判与超越"，载《法商研究》1996 年第 5 期。

〔2〕 傅钢："知识产权法典化可行性分析"，载法律教育网，http：//www.chinalawedu.com/news/2003_7/5/1119574788.htm.

电子商务中的多种不同类别和层次的法律关系。法典的高度稳定性，显然难以应对经济生活的快速变化。市场活动中，市场管理法所面对的是多元社会关系，并不是同一平面、相同领域的社会关系，既有对公权力的限制与保护，也有对私权利的限制与保护，保护原则和制度也具有二重性。从法律规范来看，市场管理法的内容有的涉及民法规范，有的涉及行政法规范，有的属于实体法规范，有的属于程序法规范。

因此，市场管理法不宜采取法典形式，而是以一种松散而团结的方式存在的，即形式上以单行法律法规存在，但精神上高度统一，拥有一致的内在价值、追求共同的价值目标。

三、市场管理法的功能

市场管理法是经济法的重要组成部分，经济法产生和发展规律要求经济法的基本功能是针对市场失灵和政府失灵作出的矫正和规范，即干预经济和规范干预，这在市场管理法中表现得尤为突出。

（一）干预市场的功能

市场管理法产生的直接原因是市场缺陷的存在并且市场自身调节不能。因此，干预市场、弥补缺陷是市场管理法最重要的功能。

简单来说，国家进行市场管理过程中所发生的社会关系主要包括以下几个：市场竞争管理关系；产品质量管理关系，即国家、产品生产者和销售者、产品用户和消费者之间，在产品质量监督过程中所发生的社会关系；保护消费者权益过程中发生的社会关系；广告管理关系，即国家、广告主、广告经营者、广告发布者、广告接受者之间，在对广告活动进行管理监督过程中发生的社会关系；价格管理关系，即国家、经营者、消费者之间在价格管理监督过程中发生的社会关系。[1] 与之相对应，国家干预经济中市场管理行为的具体内容包括：市场竞争管理，涉及对垄断行为和一般不正当竞争行为的管理；产品质量管理，主要是对产品质量的监督管理以及对产品责任的确认；对消费者权益进行保护，消费者主权理论是市场管理的理论基础，要求国家经济政策充分考虑消费者利益，以维护消费者的利益为宗旨；专门市场的管理，主要指对一些专门的生产或生活要素市场的管理，如证券市场、房地产市场等。由于市场行为的自身属性，政府从外部进入市场进行管理，应当特别注意尊重市场基本规律，避免野蛮干预。

（二）规范干预的功能

随着国家干预经济活动的不断展开，权力所固有的弊端难以避免地出现。国家权力具有垄断性，法律规定的各项权力的行使者是特定的、排他的。由于权力的强制性特点，它可以要求对方绝对服从，所以极易发生扩张而超越原有的法定界限，造成对私权利的非法强行干预。与此同时，又缺少对国家权力进行规范的法律，更

---

〔1〕 陆介雄："论市场管理法"，载 http://www.studa.net/jingjifa/061023/11092217.html.

加加重了政府失灵的恶果。因此，规范国家干预，避免政府失灵，是市场管理法的另一个重要功能。

市场管理法规范干预的功能表现在两个方面：

1. 市场管理法的授权性。在市场经济中，依法拥有经济权力的主体是法定的，并不是所有的国家权力主体都拥有经济权力，也不是只有国家权力主体才拥有经济权力，而是需要法律的明确规定才取得权力，如工商行政管理部门等。同时，法律还可以授权给符合规定的非国家机关，使它享有一定程度的权力。如《消费者权益保护法》规定的消费者协会"参与有关行政部门对商品和服务的监督、检查"的职能，"受理消费者的投诉，并对投诉事项进行调查、调解"的职能等，授予了消费者协会比普通社会团体更积极的权力，使之成为国家之外保护消费者利益的重要社会力量。同时由于授权法定性，使授权本身就对权力的主体和权力的内容进行了明确地限制：未经授权的主体不得进行干预经济的活动，经过授权的主体不得超越所授权力干预经济。

2. 市场管理法的控权性。授权性与控权性是一个完整的整体，授权法定本身就已经内含了对权力主体资格和权力内容的控制。控权性内容则更是具体和明确地规定权力行使的方式、程序以及结果和责任。具体来看，首先，市场管理的主体法定，即国家授权并且权力相对排他。主体对权力的独占有利于确定各部门在经济干预中的角色，各司其职，各负其责。当然，这里并不排斥不同权力主体间的合作与监督，如在市场管理中工商行政管理部门与医药管理部门、食品卫生管理部门的协作。正是由于各方的权力明确、责任清晰，才使其能更好地进行结合、互补，避免争权与推诿的现象。其次，市场管理的内容和程序限制。一方面，权力的内容应当由法律明确规定，既不能越权，又要避免因权力真空而导致的权力滥用；另一方面，权力行使的程序应当由法律具体规定。如工商行政管理部门吊销营业执照、查封、扣押等行为的程序规定。权力干预市场有很多是以惩罚性、强制性方式出现的，还有加入司法权力干预的对垄断集团的拆分等，这些行为直接影响到权利主体的利益，容易造成权利人的对抗，甚至集团性反抗。为了维护市场利益和社会利益，市场管理行为除了在内容上合法，更要注意在程序上严谨、规范，能获得市场活动主体在法律上的认可，合法有效地完成管理、干预功能。最后，市场管理的责任和权利救济要完善。同权力的其他方面一样，权力的责任也是法定的、强制性的，是权力主体违法行使权力必须承担的不利后果。与之相对应，在法治社会中，要求提供有效的权利救济途径，即当权利受到非法侵害时，可以通过法律途径主张权利，恢复正义。

四、市场管理法的体系

市场管理法的体系，是指具有市场管理特征的所有法律规范组成一个内部相互联系的有机统一整体，这些法律规范具有统一的指导原则和相同的价值。[1]

（一）市场管理法体系诸观点

市场管理法的内容丰富而复杂，不同类型法律规范自成体系，相对独立又相互联系，共同构成市场管理法。学者们从不同的角度和需要出发，对市场管理法的体系进行了不同的划分，主要有以下观点：

1. 以市场要素为基础理解市场管理法的体系，如市场主体管理法（如公司法、企业法等）、市场客体管理法（如产品质量法、食品卫生法等）、市场交易行为管理法（如反不正当竞争法、反垄断法、消费者权益保护法等）、专门市场管理法（专门市场如劳动力市场、期货市场、保险市场等）。[2]

2. 从部门法角度区分市场管理法的体系，如反不正当竞争法、反垄断法、产品质量法、消费者权益保护法、[3] 价格法、广告法、计量法和标准化法等。[4]

3. 从市场的性质认识市场管理法的体系，如一般市场管理法（包括竞争法、消费者权益保护法）、具体市场管理法。具体市场管理法又分为要素市场管理法（要素市场如证券市场、技术市场、信息市场等）和特殊市场管理法（特殊市场如网络市场、直销、邮购等）。[5]

4. 从市场活动的环节构建市场管理法的体系，如市场准入法规范、市场退出法规范、竞争法规范、公平交易法规范、产品质量法规范、消费者权益保护法规范、合同监管法规范、广告商标管理法规范、价格管理法规范、特种市场管理规范。[6]

这些观点对市场管理法的体系的构建都具有一定的先进性和合理性，只是研究和理解的角度有所差异。一般来说，经济法学界对市场管理法的体系有两点共识：一是将市场管理法分为一般市场管理法和特别市场管理法，其中前者是市场管理法学研究的重点；二是对市场管理法所包含的部门法的范围的基本共识，即市场管理法应当包括反不正当竞争法、反垄断法、产品质量法、消费者权益保护法、价格法、广告法等。

（二）市场管理法的体系

市场管理法的体系如何构建，应当从市场管理法的调整对象和功能上来分析，而这两者又具有一定的关联性。前面提到，市场管理法的调整对象具有特殊性，即市场管理关系这种非平位的管理关系可能面对的是一个平位的市场交易关系。与之相对应，市场管理法的功能既有国家干预市场的一面，又必须包含规范国家干预的

〔1〕 刘砚海：“论市场规制法的体系”，载张卫华主编：《和谐社会与经济法热点问题研究》，中国人民公安大学出版社 2007 年版，第 151～155 页。

〔2〕 参见李东方主编：《市场管理法教程》，中国政法大学出版社 2003 年版，第 20～22 页。

〔3〕 参见潘静成、刘文华主编：《中国经济法教程》，中国人民大学出版社 2005 年版，第 236 页。

〔4〕 参见杨紫烜主编：《经济法》，北京大学出版社、高等教育出版社 2008 年版，第 200～202 页。

〔5〕 参见赵新华、冯彦君、董进宇：《市场管理法学》，吉林大学出版社 1998 年版，第 9 页。

〔6〕 参见郑曙光、汪海军：《市场管理法新论》，中国检察出版社 2005 年版，第 22 页。

一面。从这两个方面理解，市场管理法的体系应当包含一般市场管理法和特别市场管理法两大部分，这是从调整对象大类上来认识的。具体来看，一般市场管理法是对一般性的、规律性的市场管理关系的调整，是市场管理法的重心。这也是从市场干预需求和干预的领域考量的。一般市场管理法又可根据市场活动的基本规律和干预市场活动的主要领域分为：市场准入法、竞争法、消费者权益保护法。

1. 市场准入法。市场准入法是对市场主体进入、退出市场进行规范的法律，也可以称为市场主体管理法。市场主体准入是对市场的基本调节，既要保证完全竞争市场所需要的足够多的主体在市场中活动，又要保证市场主体具有相应的活动资格，以保障市场及其他主体的权利。市场准入法的主要内容是对市场主体资格的确认和监督，包括在公司法、合伙企业法、个人独资企业法等法律中。一般认为，企业法、公司法属于私法，是民商法研究的范畴，但就细节来看，其中也有不少规范具有国家干预的性质，是典型的市场管理法，属于经济法学的范畴。就总体而言，规定一般市场主体资格的企业法、公司法的属性是以私法为主、公法为辅的，宜将企业法、公司法划归民商法。[1] 本书作为法学专业教材，鉴于法学专业课程中单独开设商法或企业法课程，因此不再专门单设章节研究企业法、公司法。

2. 竞争法。竞争法是管理市场竞争行为的法。有自由的市场就有竞争，有竞争就有垄断，垄断阻碍竞争，失去了竞争的市场是不自由的。因此，合法有效的竞争是市场经济的活力所在，也是市场实现秩序和效率的重要保障。竞争法的发展历史是与经济法的发展相一致的。著名的竞争法——美国1890年的《谢尔曼法》、德国1896年的《反不正当竞争法》被视为现代经济法的开端。现代经济法以竞争法为契机而产生，并在相当长时间内以竞争法为核心发展起来。在一些市场经济国家，竞争法被称为"经济宪法"、"自由企业的大宪章"。[2]

竞争法在市场管理法中处于核心地位，这既符合竞争在市场活动中的关键性，也符合竞争法在经济法中的作用。竞争法一般包括反不正当竞争法、反垄断法以及其他相关的法律中包含的规范竞争的规范，诸如招标投标法、价格法、广告法等。

3. 消费者权益保护法。市场管理法除了要保护市场秩序的健康有序，另一个重要的目标就是保护消费者的合法权益。这在《消费者权益保护法》、《反不正当竞争法》、《反垄断法》、《产品质量法》、《广告法》、《价格法》的法律条文中都有着明确的表述。在市场活动中，消费是商品流转的必需环节，消费者是与经营者相对的又一市场主体。虽然从民事交易的角度看，两者具有平等的法律地位，但是市场缺陷带来的信息不对称、负外部性等，使消费者处在了明显的弱势地位。因此，通过国家干预矫正失衡的法律关系是保护消费者权益的关键。通过干预，对消费者予以倾

〔1〕 刘砚海："论市场规制法的体系"，载张卫华主编：《和谐社会与经济法热点问题研究》，中国人民公安大学出版社2007年版，第151~155页。

〔2〕 参见杨紫烜主编：《经济法》，北京大学出版社、高等教育出版社2008年版，第219页。

斜的保护，提升消费者的地位，使之达到与经营者公平交易的可能，这恰恰是经济法以不平等求公平的典型表现。

消费者权益保护法作为市场管理法的另一重要组成部分，主要包括消费者权益保护法以及其他相关法律中包含的消费者权益保护的规范，诸如产品质量法、食品卫生法、药品管理法、标准化法、计量法等。

需要注意的是，维护公平竞争和保护消费者权益是贯穿于市场管理法始终的基本目标，两者相互渗透、相互配合，在法律规范上更有许多交集，必须全面综合的理解和认识。

4. 特别市场管理法。特别市场管理法主要是指管理规范特殊市场的法律，也称专门市场管理法。特别市场是相对于一般市场而言的，除了具有一般市场的基本特征，还有一些鲜明的个性，不宜于简单适用一般市场管理法。如有的学者提出，有的市场交易标的对人的安全和健康影响很大，如食品、保健品、药品、医疗器械市场等；有的信息和风险极不适应，如金融市场，包括证券、保险、期货市场等；有的经营者具有市场支配地位，如自然垄断行业市场，包括电力、自来水、天然气市场等；有的对宏观经济运行影响大，如建筑、房地产市场等；有的政府和社会舆论关注度高，如医疗、教育、高危设施等市场。[1]

特别市场管理法是市场管理法的一部分，既要遵守市场管理一般法律的规范，又需要特别的法律来进行专门规定，使市场管理法的体系更为立体和完整。

五、市场管理法的价值

价值（value）一词来自拉丁语 valere，在 14 世纪进入英语，可直到 19 世纪，该术语几乎只与经济学和政治经济学有关，意指物的价格，或凝结在商品中的一般的人类劳动。19 世纪末开始，在新康德主义者、叔本华、尼采的哲学中，该术语的意义扩张了。在有关道德哲学的书中，其意义通常被理解为"值得个人或社会向往的行为或目标的特定方式之信念"[2]。简单来说，价值可以理解为客体对主体需求的满足。法的价值也不例外。

市场管理法作为经济法的重要组成部分和国家干预经济的重要手段，其价值应当具有以下特点：①应更加关注经济性，即能"增进社会总体收益、降低社会成本从而使主体行为及其结果更为'经济'"[3]。市场经济的价值要求效率最大化和市场竞争自由，市场管理法应尊重市场自由，满足市场效率追求。②应更加侧重社会性。市场管理法是经济法的重要组成部分，而经济法是社会本位法。这就要求市场管理法所确认的效率价值应当是社会效率而非个体效率，应以社会整体效率最大化为目

---

〔1〕 参见肖江平："特别市场规制制度的理论体系及其定位"，载《甘肃政法学院学报》2006 年第 2 期。

〔2〕 李醒民："价值的定义及其特性"，载《哲学动态》2006 年第 1 期。

〔3〕 张守文：《经济法理论重构》，人民出版社 2004 年版，第 221 页。

标。这就必须以结果公平来矫正自由竞争和个体效率最大化中所出现的市场失灵问题。

（一）市场管理法的效率价值

所谓效率，本是经济学的概念，指从一个给定的投入量中获得最大的产出，即以最少的资源消耗取得最大的效果。随着法律和经济相互影响的加深，效率作为一种法律价值被导入法学领域。20世纪60年代，美国经济分析法学派奠基人罗纳德·哈里·科斯在其文章《社会成本问题》中阐述了法律制度对资源配置的影响。根据科斯定理，合意的法律规则是使交易的成本减至最低的法律规则。效率居先是市场经济的必然规律。每一个市场主体不仅必须有效率的观念，而且一定要把效率置于居先的位置。[1] 市场管理法的直接目的就是恢复市场的秩序、矫正竞争中的不公平，以实现市场的效率，当然以效率作为自己的价值追求。

1. 效率的社会性。效率有个体效率与社会效率之分，市场管理法作为经济法的组成部分，与经济法一致，以社会效率为价值之一。在法律实践中，主要体现在以下几个方面：首先，市场管理法对市场活动的调整以提高社会效率为中心；其次，发展市场经济，追求个体效率，以提高和不损害社会效率为导向；最后，应当协调发展个体效率与社会效率。社会效率与个体效率共同存在于市场中，有着共同的社会和经济基础，时而相互冲突，时而相互协调，紧密相关、互为条件。在追求效率的社会性时，必须尊重效率的个体性。另外，在市场管理中，必要时可以对民商事活动中具有社会意义的内容加以规范，使之上升为对社会整体利益的保护。如广告法中的许多内容属于民商事活动中的先合同义务，是一种附随义务，本应由合同法调整。然而，因为广告是特殊的订立合同方式，涉及社会权利、社会利益，因而成为国家干预的内容之一。[2]

2. 效率的现实性。效率现实性的第一个含义是效率和追求效率的法律是现实的，是与历史发展的一定时期紧密相连的，是受到一国经济、政治、文化等各方面因素影响的，是一个历史范畴。例如我国2013年《公司法》对公司设立条件的规定和修改，就明显表明了市场经济的进步与竞争条件的成熟。

效率的现实性的第二个含义应当是效率和追求效率的法律是可以实现的，即法律的有效性和执行的实效性。必须充分调查和了解经济法在现实生活中的实施状况，使它能够真正起到干预市场、矫正失灵、恢复效率的作用。比如《产品质量法》中的严格责任，就有利于受害者的诉讼便捷和效率。

（二）市场管理法的公平价值

公平是市场管理法的重要价值，正是由于垄断经济的不公平导致了效率的丧失，市场主体才产生了干预需求。因此，干预市场实现效率的过程，必然要包括对不公

---

〔1〕 张文显：“市场经济与现代法的精神论略”，载《中国法学》1994年第6期。
〔2〕 王全兴：《经济法基础理论专题研究》，中国检察出版社2003年版，第172页。

平的矫正和对公平的恢复，确保市场经济中的"效率优先、兼顾公平"。

市场管理法价值中的公平是实质公平、结果公平，而不仅仅是形式公平和机会公平，它主张从"每个人都应当公平地享有社会财富"的角度上实现经济上的正义。这种公平从根本上讲，是经济法的社会本位性所决定的。它以现实中人的不平等为基础，要求社会资源要根据人的具体情况作具体分配，实行有条件的差别待遇。[1]

市场管理法中的公平应当包含规则公平和资源公平两个方面。市场中的规则公平，即市场准入的条件和市场交易的条件公平一致，这是机会公平的重要内容，也是市场竞争的基本要件。公平竞争是市场经济的基本内容，民法为竞争提供了基础规则，保障了市场主体进行公平竞争的外部条件——机会平等。然而对公平理念在竞争过程中的延伸，民商法却并未体现出来，其主要在于为竞争行为提供一种信念与支持，但对实施结果并不进行法律评价，而是以当事人之间义务约束是否完成为标志，缺乏来自社会的宏观评价。[2] 当机会平等的竞争走向结果不公平的垄断时，民法所坚守的原则使它无权干预。经济法以不平等求公平的结果公平观，使市场管理法能够对竞争的结果进行调整，例如通过反垄断法干预非法垄断，通过消费者法对消费者群体倾斜保护等。资源公平中的资源包括自然资源、社会资源、市场信息资源等。资源公平的含义是指市场主体能够公平地获得资源、公平地利用资源。市场经济中，交易需要的资源一般应当是开放的，有时甚至要求强制性开放。如《消费者权益保护法》中经营者的信息披露义务，就是以法律手段要求在市场交易资源上占有优势的一方强制的、单向的向相对方披露信息，求得双方的资源公平。

 以案说法

泉州清查不合格插座案[3]

[案情简介]

2014年7月，福建省泉州市工商局开展为期一个月的插座市场专项整治行动，立案71件，案值达76万元，没收不合格插座2622个。

据了解，万用孔插座存在多项安全隐患。2010年6月1日，国家有关部门出台插座新国标，禁止生产/销售万用孔插座，然而目前市场上万用孔插座仍在大量销售。

此次整治的主要内容是销售不合格插座产品行为，特别是销售万用孔插座以及虚假宣传行为，全面排查五金店、建材店、灯具店等插座经营户，对销售不合格插

---

〔1〕 汪渊智、王华梅："论民法与经济法的价值差异"，载中国法律教育网，http://www.chinalawedu.com/news/2003_12/5/0944267599.htm.

〔2〕 张志伟："经济法的公平观"，载《河南商业高等专科学校学报》2003年第3期。

〔3〕 载国家工商行政管理总局网，http://www.saic.gov.cn/jgzf/spzljg/201407/t20140714_146717.html.

座产品行为以及虚假宣传行为依法进行查处。

"不要说消费者对新国标插座的认识不到位，就连大部分经营者对此也不了解。"泉州市工商局12315指挥中心工作人员介绍说。在现场执法检查中，不少经营者声称插座是从正规批发市场进的货，他们自己也不懂是否符合标准，由于不了解政策，使得一些不符合新国标的插座流入市场，给消费者带来安全隐患。

在进一步加大监管力度的基础上，泉州市工商局将依托消费教育基地，深入市场、超市、学校和社区，开展消费教育引导、发布消费警示，引导消费者提高识假辨假和自我保护能力。

[案例评析]

泉州市工商局插座市场专项整治行动是典型的国家规范市场活动的行为。这里，工商行政部门依据法律授权、遵守法定程序对市场中的特定领域进行检查和整治，对非法行为进行处罚，并对经营者和消费者进行宣传教育，是市场管理法中干预市场功能的重要体现。与此同时，这种规范市场的活动，也有利于促进经营者公平竞争，保护消费者合法权益，实现社会整体效率。

第三节　市场管理法的理论基础

市场管理法的产生和发展有着深刻的社会生活和学理基础，市场管理法，应当从它生成的基本理论中去研究。一方面，市场管理法以经济活动为调整对象，尊重市场规律和保障市场秩序，应当在市场经济的运行中认识市场对法的基本需求，理解市场经济和经济学为市场管理法所提供的理论基础；另一方面，市场管理法作为经济法的重要组成部分，其理论基础应当说明市场管理法（包括市场管理费）产生的历史必然性和运行的基本规律，通过在利益冲突的市场主体间进行选择与协调，确立和实现其价值目标。

一、完全竞争理论

竞争是市场的活力所在，也是经济学研究的重点问题之一。对此，自由主义经济学家提出了"完全竞争"的概念。完全竞争又称纯粹竞争，是一种不受任何阻碍和干扰的市场结构，指那些不存在足以影响价格的企业或消费者的市场，是经济学中理想的市场竞争状态，也是几个典型的市场形式之一。在这种市场类型中，市场完全由"看不见的手"进行调节，政府对市场不作任何干预，只起维护社会安定和抵御外来侵略的作用，承担的只是"守夜人"的角色。

一个市场或行业要成为完全竞争的，必须具备以下几个条件：[1]

---

〔1〕　参见许纯祯主编：《西方经济学》，高等教育出版社2003年版，第92~93页。

1. 在同一市场或行业中，存在数量众多的厂商和购买这些厂商的产品的消费者。由于存在着大量的生产者和消费者，与整个市场的生产量（销售量）和购买量相比较，任何一个生产者和生产量（销售量）和任何一个消费者的购买量所占的比例都很小，因而，他们都无能力影响市场的产量（销售量）和价格，所以，任何生产者和消费者的单独市场行为都不会引起市场产量（销售量）和价格的变化。[1] 正如美国经济学家乔治·斯蒂格勒所说的那样：任何单独的购买者和销售者都不能依凭其购买和销售来影响价格。用另一种方式来表达，就是任何购买者面对的供给弹性是无穷大，而销售者面临的需求弹性也是无穷大的。这也就是说，他们都只能是市场既定价格的接受者，而不是市场价格的决定者。

2. 所有厂商生产的产品都是无差别的、同质的产品。市场上有许多企业，每个企业在生产某种产品时是同质的、无差别的，这样一来任何一个企业都无法通过自己的产品具有特殊性或不可替代性来影响价格而形成垄断。对于消费者来说，无论购买哪一个企业的产品都是一样的，因此不会因为产品的差别而形成偏好，避免了某个生产者因生产了不可替代的产品形成垄断而影响市场价格。

3. 买卖双方都具备完全信息，双方对商品的质量和价格信息有充分的把握。市场信息畅通准确，市场参与者充分了解各种情况。消费者、企业和资源拥有者们，都对有关的经济和技术方面的信息有充分和完整的了解。例如，生产者不仅完全了解生产要素价格、自己产品的成本、交易及收入情况，也完全了解其他生产者产品的有关情况；消费者完全了解各种产品的市场价格及其交易的所有情况；劳动者完全了解劳动力资源的作用、价格及其在各种可能的用途中给他们带来的收益。因此，市场上完全按照大家都了解的市场价格进行交易活动，不存在相互欺诈。

4. 资源完全自由流动。任何一种资源都能够自由地进入或退出某一市场，能够随时从一种用途转移到另一种用途中去，不受任何阻挠和限制，即各种资源都能够在各种行业间和各个企业间充分自由地流动。比如，商品能够自由地由市场价格低的地方流向市场价格高的地方，资金、原料和燃料等亦自由地由效率低、效益差的行业或企业流向效率高、效益好、产品供不应求的行业或企业。同时，生产者进出市场也是自由的。因此，当某个行业市场上有净利润时，就会吸引许多新的生产者进入这个行业市场，从而引起利润的下降，以致利润逐渐消失。而当行业市场出现亏损时，许多生产者又会退出这个市场，从而又会引起行业市场利润的出现和增长。这样，在一个较长的时期内，生产者只能获得正常的利润，而不能获得垄断利益。

完全竞争只是西方经济学家在研究市场经济理论过程中的一种理论假设，是他们进行经济分析的一种手段和方法。这样，没有实践意义就成了完全竞争理论的最根本的缺陷，也受到了许多学者的批判。然而，作为竞争的一种应然状态，完全竞争理论提出了一种有配置效率的市场类型，研究完全竞争市场类型仍有其积极的

〔1〕 参见高鸿业主编：《西方经济学》，中国人民大学出版社 2011 年版，第 151～166 页。

意义。

完全竞争理论为市场管理法设立了干预目标，市场管理法的价值和目标与完全竞争理论是一致的，市场管理法就是为了满足人们对完全竞争状态的渴望而进入市场进行干预的。因此，完全竞争理论要求市场管理法必须充分考虑完全竞争的条件，引导干预经济行为以满足这些条件为方向，保障竞争自由和市场效率。

二、经济自由理论

经济自由是经济学的基本理念，没有经济自由，也就谈不上市场经济，更谈不上政治自由了。因此，无论是主张自由放任的学者，还是主张国家干预的学者，都没有否定过经济自由本身，只是对自由的范围划分有所分歧。自由主义经济学者认为，以每个人的私利为基础组织起来的市场社会是人类的自然状态，只要没有外部障碍阻挡，这种社会必定会通过看不见的手走向繁荣，全部人类历史不过是市场关系的逐步解放，这种普遍性、理性化的社会形式唯一需要的就是消除对它的束缚。[1]而凯恩斯在谈论经济周期时说，"安排现行的投资的责任决不能被置于私人的手中"，[2]政府比之个人更能根据一般社会效益来进行长期资本边际效率的计算，而个人对投资所做出的预期往往被错误的事实误导。但是，凯恩斯的研究仍是在市场经济的框架中，他的任务是拉回市场这匹脱缰野马到正常的轨道，并没有要颠覆市场经济的组织模式。他的干预政策，旨在恢复自由，而不是消灭自由；是市场经济中的计划，而不是计划经济下的市场；干预的结果是实现有效需求，达到充分就业，畅通投资与消费渠道。可见，经济自由是贯穿经济学始终的原则之一，任何经济学派都以经济自由为核心理念，围绕如何实现和保障经济自由来展开研究。

经济自由理论对市场管理法的意义在于：一是根据经济自由的理念，市场管理法必须保障经济自由，反对非法限制自由。这就要求市场管理行为必须尊重并保护市场自由，主要表现在对管理行为的规范上。二是市场管理法必须通过法律规范经济自由，反对自由滥用侵害他人合法权益。反垄断法非常清楚地表达了这层意义：垄断是竞争自由不受合法、合理干预的结果，直接侵害了经济自由和市场效率。反垄断法通过对自由滥用导致垄断的控制，从法律上规范竞争行为，限制非法垄断，保护中小企业合法权益，最终实现恢复经济自由和市场效率的目标。

三、市场失灵理论

自由主义经济学是在一个完美的市场模式中进行研究的，但是，市场缺陷天生存在，市场失灵不可避免。"经济人"逐利的本能使完全竞争规则难以付诸现实，市场的功利性亦导致了市场的某些空白领域。"市场失灵"一词，是1958年由美国经

---

〔1〕 夏业良："新自由主义经济学的价值理念"，载新浪网，http://finance.sina.com.cn/roll/20060925/1603945750.shtml.

〔2〕 [英]约翰·梅纳德·凯恩斯：《就业、利息和货币通论》，高鸿业译，商务印书馆2004年版，第332页。

济学家弗朗西斯·M. 巴托在《市场失灵的剖析》一文中提出的。在《现代经济学辞典》中，市场失灵是指私营市场完全不能提供某些商品，或不能提供最合意或最适度的产量。[1]

市场失灵是经济法产生的直接原因，经济法在当时最重要的功能就是弥补市场缺陷，纠正市场失灵，而这部分工作很大程度上是市场管理法完成的。与市场管理关系密切的具体市场失灵的表现有：

1. 市场不完全。完全竞争的市场是市场的理想形态，但是市场天生的缺陷使这种市场不可能真正存在，而现实的市场都是不完全竞争市场。竞争是市场经济的动力，但竞争是有条件的，一般来说竞争是在同一市场中的同类产品或可替代产品之间展开的。但现实中，竞争优胜劣汰的规则使得社会分工愈发细致，一方面使产品之间的差异不断拉大，另一方面资源自觉流向竞争中的获胜方。竞争中的优势者会利用自己的市场地位排挤对手获取垄断利益。这对自由竞争来说是无可厚非的，甚至是合情合理的。但是，这种结果却阻碍了自由竞争和市场的进步，必须加以干预。

2. 信息不对称。信息不对称是指交易中的各主体拥有的信息不同，一些人拥有其他人无法拥有的信息，由此造成信息的不对称。从市场信息的角度观之，是指同一市场信息在市场主体之间分布不均。[2] 一般而言，掌握信息比较充分的人，往往处于交易或竞争比较有利的地位，而信息贫乏的人，则处于比较不利的地位。在现实中，可能出现这样一种情况：市场交易的一方利用信息优势可能使自己受益而对方受损时，信息劣势的一方便难以准确地做出交易决策，则价格可能扭曲，无法实现价格的平衡供求、促成交易的调节作用，导致市场效率的降低、市场秩序被破坏，这就是逆向选择。比如，经营者利用自己的信息优势，故意隐瞒产品中的瑕疵，欺骗消费者，而获得不正当的利益。为了矫正市场失灵，市场管理法中的多个部门法规定了信息披露义务、保护弱者利益等内容。

3. 负外部性。外部性是指一个人或一群人的行动和决策使另一个人或另一群人受损或受益的情况，分为正外部性和负外部性。正外部性是某个行为个体的活动使他人或社会受益，而受益者无须花费代价；负外部性是某个行为个体的活动使他人或社会受损，而造成外部经济的人却没有为此承担成本。比如化工行业的生产厂商，生产目的是营利，为了减少治污成本，让工厂排出的废水不加处理而进入下水道、河流、江湖等，但是因此对环境造成严重污染，并且侵害了附近居民的合法权益，有损于社会整体效率，这就是负外部性。市场的趋利性使负外部性是不可避免的，这就需要引入市场外机制进行干预。

4. 公共产品供给不足。公共产品是指消费过程中具有非排他性和非竞争性的产品。如国防、公安、航标灯、路灯、电视信号接收等。广义上来说，法律制度也属

---

〔1〕 参见许纯祯主编：《西方经济学》，高等教育出版社 2003 年版，第 162~163 页。

〔2〕 参见李东方主编：《市场管理法教程》，中国政法大学出版社 2003 年版，第 10 页。

于公共产品。这类产品，生产者不能排除别人不支付价格的消费。而对生产者来说，多一个消费者，少一个消费者不会影响生产成本。对消费者来说，只要不产生拥挤也就不会影响自己的消费水平。可见，公共产品是不具营利性的，与市场追逐利益的目标相违背，生产者不会主动生产公共产品。但是，公共产品是社会生产生活必需的，市场的运行也离不开公共产品的支撑。这种需求和供给之间的矛盾始终存在于市场过程中，亟待有效的干预。

除了上面介绍的四种表现，市场失灵的表现还有诸如收入与财富分配不均、区域经济不协调、失业、公共资源浪费等表现，但是这些失灵是由宏观调控法或环境资源保护法、劳动和社会保障法来解决的，这里不再赘述。

四、消费者主权理论

经济学中的"消费者主权"最早见于亚当·斯密的《国富论》中，是诠释市场上消费者和生产者关系的一个概念，即消费者根据自己的意愿和偏好到市场上选购所需的商品，这样就把消费者的意愿和偏好通过市场传达给生产者，于是所有生产者听从消费者的意见安排生产，提供消费者所需的商品。也就是说生产什么、生产多少，最终取决于消费者的意愿和偏好。[1] 企业、市场和消费者这三者间的关系是：消费者借助于消费品市场上生产者之间的竞争，行使主权，向生产者"发布命令"。消费者主权可以这样来理解，消费者在市场上消费一元钱就等于一张选票，消费者喜欢某种商品，愿意花钱去买它，就等于向商品的生产者投了一票。各个生产者通过消费者在市场上"投票"，了解消费趋势和消费者的动向，以此为根据，组织生产适销对路的产品，以满足消费者的要求，从而最终达到利润最大化的目的。

消费者主权思想是政治民主在经济领域中的延伸，是经济民主思想的重要表现。[2] 西方经济学家把消费者主权看作是生产者和消费者都能得到效益和满足的有用概念，是市场经济理论中确定不移的原则。美国公共关系专家加瑞特曾说："无论大小企业都永远必须按照下述信念来计划自己的方向。这个信念就是：企业要为消费者所有，为消费者所治，为消费者所亲。"

消费者主权理论反映了市场经济运行的基本规律，对于消费者的重视也使消费者权益保护受到了更大的关注。所以说，消费者主权理论为保护消费者权益提供了理论依据。市场管理法的多个部门法更是直接以保护消费者权益为立法宗旨。如《反不正当竞争法》第1条规定"为保障社会主义市场经济健康发展，鼓励和保护公平竞争，制止不正当竞争行为，保护经营者和消费者的合法权益，制定本法"；《反垄断法》第1条规定"为了预防和制止垄断行为，保护市场公平竞争，提高经济运行效率，维护消费者利益和社会公共利益，促进社会主义市场经济健康发展，制定本法"；《消费者权益保护法》第1条规定"为保护消费者的合法权益，维护社会经

---

〔1〕 参见李昌麒、徐明月编著：《消费者保护法》，法律出版社2012年版，第63页。

〔2〕 参见李东方主编：《市场管理法教程》，中国政法大学出版社2003年版，第11页。

济秩序，促进社会主义市场经济健康发展，制定本法"；《产品质量法》第1条规定"为了加强对产品质量的监督管理，提高产品质量水平，明确产品质量责任，保护消费者的合法权益，维护社会经济秩序，制定本法"；《广告法》第1条规定"为了规范广告活动，促进广告业的健康发展，保护消费者的合法权益，维护社会经济秩序，发挥广告在社会主义市场经济中的积极作用，制定本法"；《价格法》第1条规定"为了规范价格行为，发挥价格合理配置资源的作用，稳定市场价格总水平，保护消费者和经营者的合法权益，促进社会主义市场经济健康发展，制定本法"；等等。

消费者主权理论要求市场管理法在进行市场活动的干预时，以消费者的根本利益为出发点，妥善处理消费者、生产者、国家的利益冲突。

五、政府失灵理论

在力图弥补市场失灵的过程中，政府干预行为本身的局限性导致另一种非市场失灵——政府失灵，即政府采取的立法、司法、行政管理及经济等各种手段，在实施过程中出现各种事与愿违的问题和结果，如干预不足或干预过度等，并最终不可避免地导致经济效率和社会福利的损失。政府失灵的表现主要包括政治制度失灵、信息失灵、决策失灵、权力滥用和效率低下。战后凯恩斯主义政府干预政策在西方盛行二十余年，带来了政府规模膨胀过度、巨额财政赤字、寻租、交易成本增大、社会经济效率低下等问题。20世纪70年代西方国家的滞胀是政府失灵的典型现象，在这一背景下，西方学者在分析政府与市场的关系问题时，改变了重视市场失灵而忽视政府失灵的局面。[1]

政府干预的本意是弥补市场缺陷，因此早期的政府干预理论暗含着三个假定：①政府是公共利益的忠实代表者，实现公共利益最大化是政府的目标函数；②政府具有决策所需的充分信息、完备知识；③政府干预无代价即成本为零。[2]但是，这些仅仅是假定条件，在现实中是不存在的。在现代市场及经济中，政府干预本质上也是一种经济行为，是有成本的，而由于主客观的原因，政府决策信息是有限的，会影响政府决策的及时性、准确性和科学性。同时，政府也不是独立于市场之外的主体，政府和政府官员都是经济人，有着各自的利益追求，必然体现在政府干预的过程中。因此，政府失灵是在所难免的。

政府失灵理论要求市场管理法的功能必须具有双面性，即干预市场和规范干预。新自由主义经济学者十分强调对国家权力的限制，以及政府干预市场的界线，还开列出了政府应当做出的工作和遵循的规则。政府的目的"不在于提供任何特定的服务项目或公民消费的产品，而毋宁在于确使那个调整产品生产和服务提供的机制得

---

〔1〕 李东方："政府失灵的原因及其治理探析"，载《昆明学院学报》2010年第1期。
〔2〕 参见许纯祯主编：《西方经济学》，高等教育出版社2003年版，第183页。

以正常运转"[1]，即政府不干预或少干预微观市场领域，政府干预市场的着眼点应是宏观调控领域以及市场无法提供调节的地方。因此，政府的主要任务"一是创建一种人和群体能够在其间成功地追求他们各自目的的框架；二是有时候则是可以用它所拥有的筹集岁入的强制性权力去提供市场因各种缘故而无法提供的那些服务"[2]。对于政府活动，应当关注其"质"而不是"量"。"一个功效显著的市场经济，乃是以国家采取某些行动为前提的……市场经济还能容受更多的政府行动，只要它们是那类符合有效市场的行动。"[3]

法律的原意在于保护个人自由，"宪政的根本就在于用恒定的政制原则限制一切权力"，[4] 而法律的目的应当是"平等地改进所有人的机遇"。[5] 竞争是市场的活力与魅力所在，因为竞争制度是"旨在用分散权力的办法来把人用来支配的权力减少到最低限度的唯一制度"[6] 在这种市场秩序中，法律的许多功能是围绕竞争展开的：搭建竞争平台——建构市场；预设竞争规则——交易规则的立法；保护竞争的结果——优胜劣汰的公平性等。而市场管理法从弥补市场缺陷开始，到矫正市场和政府的双重失灵，最终实现社会整体效率和结果公平的价值目标。

六、权利经济与经济权力理论

权力和权利是法的一对基本范畴，法律的基本构架和主要内容无不是围绕着这一对概念展开的，市场管理法也不例外。国家对经济的干预是紧紧围绕着权力与权利展开的，是经济领域中权力与权利的冲突与协调。权力和权利之间的冲突与整合直接影响着法律的产生与发展，是构建市场管理法律框架和内容的关键因素，更是法律演进的重要基础。

（一）权利经济理论

前面曾经提到过，市场经济是权利经济。权利先行是市场经济建立和发展的要求。权利到位，市场经济才能到位。[7]市场活动以商品的交换为内容，而商品交换从

〔1〕 ［英］冯·哈耶克：《法律、立法与自由》（第一卷），邓正来等译，中国大百科全书出版社2003年版，第69页。

〔2〕 ［英］冯·哈耶克：《法律、立法与自由》（第二卷），邓正来等译，中国大百科全书出版社2003年版，第474页。

〔3〕 ［英］冯·哈耶克：《自由秩序原理》，邓正来译，生活·读书·新知三联书店1997年版，第281页。

〔4〕 ［英］冯·哈耶克：《法律、立法与自由》（第一卷），邓正来等译，中国大百科全书出版社2003年版，第269页。

〔5〕 ［英］冯·哈耶克：《法律、立法与自由》（第一卷），邓正来等译，中国大百科全书出版社2003年版，第220页。

〔6〕 ［英］冯·哈耶克：《通往奴役之路》，王明毅、冯兴元等译，中国社会科学出版社1997年版，第139页。

〔7〕 张文显："市场经济与现代法的精神——略论市场经济与法制建设"，载《中国法学》1994年第6期。

法律上来认识即为一种权利的交换。一般来说，法律权利在市场中主要通过以下几个方面实现经济活动的利益：

1. 初始权利分配。交换的可行性前提是权利的存在与主体的行为能力，这种权利的初始分配是由法律来完成的。市场经济是发达的商品经济，生产和交换从纯粹的私人领域进入了公共地带。在公共领域中，人们首先要确定人与人之间的交往规则，并在既定规则下展开活动。这种规则所做的，恰恰是初始的权利分配。权利分配所依据的规则及权利分配的结果对市场资源的配置有约束作用。在市场经济中，资源配置是通过权利分配完成的。

同时，要注意的是这种分配是法律的产物。市场经济是法治经济，自始至终应当遵循法律的规定。权利是法律的主要内容之一，同样是由法律确认、分配与保护的。权利主体在市场中进行经济活动的基础便是各自依法所拥有的权利，资源配置落实到了权利配置，通过在市场领域中的法律运用，把资源配置与权利配置有机地结合起来。

2. 市场活动中权利的确认与交换。在初始的权利分配完毕后，权利主体依其分配到的权利进入市场，开始经济活动。首先，市场主体对商品的交易要求确立有关商品的占有、转让、取得权利，以及主体的法律资格与行使权利的能力；其次，在交易中要能确定交易方对商品的合法权利，以及对交易行为和后果的承认与保护，这就需要建立包括物权和债权在内的财产权利体系[1]；最后，市场经济强调自由，追求效率，也需要安全。因此，法律在确认权利的同时，应提供权利保护、权利救济等一系列制度，使权利的行使自由、有效，使受害者的权利得以恢复和补偿，从而保障市场活动的效率与安全。

（二）经济权力的界定

权力是一种主体将其意志强加于他人（物），使之产生压力而服从的力量。在这个意义上，经济权力就是涉及经济内容的对经济活动、经济利益、经济资源等进行配置、调节、干预的权力，可以从主体性质上分为国家经济权力和社会经济权力。相对于国家权力而言，社会权力主体更加广泛，对经济干预的内容更为丰富，与市场的关系更加亲密。但是，它的控制性、强制性比较弱，往往产生某种道德责任，缺少法律责任的强制作用。正是因为社会权力没有国家强制力作为依托，也常有人认为社会权力并非一种权力，而属于权利的范畴。应该说，社会权力符合权力的广义范畴，并且在现有的市场经济环境中，获得了部分原属于国家权力的权力，如某些行业协会行使的原行业主管部门的部分权力，在国家与社会的经济生活中占有越来越重要的地位，也是国家权力适应市场规律的一种表现。另一方面，国家权力在市场经济中也发生了重大的变化，其渊源、性质和作用的方式比之在其他经济形态

---

〔1〕 张文显：“市场经济与现代法的精神——略论市场经济与法制建设”，载《中国法学》1994 年第6 期。

中都更为复杂也更为多样，对市场的良好运行和社会利益的实现都起着更为重要、甚至是举足轻重的作用。国家作为主体在市场经济中行使的经济权力，是国家依法拥有和行使的对社会经济生活的权力，包括国家组织、管理、干预市场的权力，是由法律规定的、具有强制性的。经济权力具有以下特点：

1. 经济权力具有复合性，即私权属性与公权属性的融合。一方面，经济权力源于权利，并服务于权利的实现和增长；另一方面，在市场经济体制下，国家的角色从与市民社会对立的"政治国家"转变为与市场共生互动的"经济国家"，行使由私权利让渡的新型契约式经济权力，依法干预社会经济生活。经济权力的行使以市场要求为前提，以市场良性运行为限度，相对比较被动。比如说在市场竞争管理中，国家工商行政管理部门依法行使竞争管理权力，但它并不加入到竞争的任何一方，不属于竞争关系当事人，而是以"旁观者"的身份，对竞争活动从外部调整而非市场调节的内部作用，将脱离正常竞争轨道的不正当竞争活动矫正到正常位置，且以此为限，干预到此为止。

2. 经济权力注重社会性。经济权力源于社会权利，从社会需要出发，以维护和发展社会利益为目标，具有强烈的社会性。经济权力的社会性是社会化大生产与市场经济的要求在权力上的体现。社会化大生产改变了原有的二元社会结构，人们从私人领域更多地进入公共领域，与陌生人一起协同合作，形成连接社会生产的重要环节——社会。在这一领域，国家利益与个人利益出现了融合，代表社会整体愿望的社会利益将两者加以协调与统一，通过追求社会利益最大化实现国家利益与个人利益的目标。由于经济权力产生和形成的原因，以及所肩负的任务，它必然会选择以社会利益为基本属性。也只有如此，方可弥补市场和政府的双重失灵，平衡和协调国家与个人利益的冲突。

与此同时，经济权力行使的合法性理由与界限应当是社会需要。经济权力首先是应市场之邀、为弥补市场缺陷而进入市场的。这是经济权力行使的唯一合法性理由。经济权力依法干预市场，目的在于将失控的市场拉回到应有的轨道，保证市场健康、有序发展，而非改变经济发展方向，即这种干预是在尊重市场规律的前提下，对偏离市场规律的经济关系或市场规律作用不到的地方进行的干预，是量的调整而非质的变更。当市场活动经过调整重新回到市场的正常轨道时，也就是市场对经济权力的需要消失时，经济权力应当终止干预、退出市场，继续由社会发挥作用。

经济权力的行使应当以社会利益的实现为目标。市场是具有利己性的资源配置机制，为实现个人利益最大化，"经济人"的节约方法往往是转嫁成本。转嫁成本给私人，会造成私人利益的冲突；转嫁成本给社会，则造成社会利益受损害。市场失灵的大部分领域便是公共地带，这也正是经济权力产生、行使的正当理由。社会利益不是个人利益的简单相加，而是个人利益经过法律调整在市场活动中的协调与统一，它的发展和实现是对个体利益最大化的保证。否则，个人利益必将陷入冲突、无序、相互侵夺之中，利益最大化也无从说起。同时，社会利益是国家利益的根本所在，国家的统治若无法实现社会整体利益，必将受到人民的反抗；而作为人类生存基础的某些公共资源的破坏，同样会使国家丧失其生存的土壤。

七、权力干预理论

这里的权力干预理论是指经济权力依据法律的授权有限制的对市场进行的干预，区别于凯恩斯的国家干预主义。

凯恩斯的国家干预主义理论对国家干预的必要性进行了论证，而且对国家干预经济的具体内容包括政府的经济作用、干预的领域、方式等方面进行了深入论证。理查德·马斯格雷夫的《公共财政理论》中，把政府的经济作用分为三种：稳定经济——建设一种实现充分就业条件下的经济；调解分配——按平等和效率原则建立起人们基本能接受的个人收入分配结构；资源再配置——减少从宏观角度来理解的资源浪费，提高全社会的资源使用效率。[1] 对微观层面，政府则主要运用一些间接手段来引导和影响生产和消费，如运用货币政策等。另外，对微观经济层面，公共产品的提供应当由政府承担直接的责任。至于国家干预的具体领域，凯恩斯主义经济学者通过研究经济活动中的变量，寻找干预的切入点，如国民收入由消费和投资组成，其中的变量包括消费倾向、投资中的边际效率（预期收益、市场价格）和利息率（货币数量、流动性偏好）。市场的有效需求是由社会原定消费的数量与社会原定投资数量之和，也可以表示为预期消费和预期投资之和。[2] 但是，当就业量增加时，总消费量的增加程度不如实际收入的增加，二者的差额可能使企业家蒙受损失，对消费偏好的政策影响就十分必要了。另外，为了维持既定的就业量，就必须有足够数量的现期投资来补偿总产量多出在该就业量时社会所愿消费的数量部分。[3] 对于投资中的变量干预就应由政府来完成，而政府干预的方式主要是财政政策的制定和变化。

凯恩斯主义经济学的国家干预主义理论对国家干预经济的具体内容的论述，是包括市场管理法在内的经济法在进行干预时的重要参考。但是，凯恩斯主义对政府寄予了过大的期望，忽略了理性构建中的非理性问题，如政府失灵等。而现代经济法理论中的权力干预则不但注重权力对市场的干预，也同样重视从对干预本身的规范。

在权力干预市场的过程中应当特别注意这样几个问题：

1. 经济权力的位置。市场经济是法治经济，市场中的经济权力应当符合法治的基本要求，秉持其法治的本性，固守自己的位置，在规范内行动。因此，经济权力

---

〔1〕 陈东琪："现代市场经济为什么需要政府——对经济学中老问题的新思考"，载《财贸经济》1999 年第 6 期。

〔2〕 ［英］约翰·梅纳德·凯恩斯：《就业、利息和货币通论》，高鸿业译，商务印书馆 2004 年版，第 33、268 页。

〔3〕 ［英］约翰·梅纳德·凯恩斯：《就业、利息和货币通论》，高鸿业译，商务印书馆 2004 年版，第 32 页。

应当置身于市场之外，通过一定途径参加市场活动，在活动中区分权力主体的身份，并严格遵守权力界限。一般来说，国家在市场中的身份有以下三种：行政管理者、经济管理者、国有资产所有者。[1] 国家参与市场活动，应当区分行政管理者与经济管理者的身份，以使用正确的方法并维护不同的利益；区分经济管理者与国有资产所有者的身份，以明确在交易中的地位，避免权力经济，保护市场主体权利。

2. 经济权力进入市场的途径。法治要求权力的全部过程"有法可依，有法必依"。因此，经济权力进入市场必须通过法律途径，或者说，法律是权力进入市场的唯一方式。另一方面，权力运用的具体手段可以是多元的，主要表现在各类经济手段的运用上。手段的多元，恰恰反映出经济权力的法律设定和依法行使，是建立在尊重市场经济客观规律的基础上，是以保障市场自由为前提、尽量依法采取市场方式解决市场问题。这与法律途径的单一性并不冲突，因为多元的手段仍是通过法律途径进入市场的。

3. 经济权力进入市场的条件。市场经济的发展是一个历史范畴，经历了历史选择和选择历史的过程。一方面，市场经济的出现与确立是生产关系变化的客观要求，是符合社会发展的规律的，是历史前进的必然；另一方面，市场经济所确定的生产组织方式、交易规则，改变了国家与个人的传统关系，推动了历史发展的进程。同样，经济权力和市场也有一个相互选择的过程。市场经济的历史经验表明，市场离不开权力，但又抵制权力滥用，要求权力进入市场必须符合以下条件：市场失灵存在、市场自身无力调节、经济权力有所作为，是谓有理、有利、有节。有理是要求经济权力的干预具备合法、合理的基础，有利是要求经济权力干预市场的有效性，有节是强调经济权力干预市场的广度和深度的约束性，即从市场失灵开始到市场恢复为止。倘若干预成本远远大于可能的效益，则当慎之又慎。

4. 经济权力进入市场的限制。市场经济是法治经济，法治的基本内容之一是"控权"，对于干预市场的经济权力同样要从"控权"的思想出发，保证经济权力的有理、有利和权利的实效和实现。

以案说法

北京"开瓶费"官司消费者终审胜诉[2]

[案情简介]

2006年9月13日，王先生到湘水之珠大酒楼用餐时自带了一瓶白酒。用餐后，酒楼服务员向他收取了296元餐费，王先生发现其中包含了100元的开瓶服务费。付

---

〔1〕 刘文华："中国经济法的基本理论纲要"，载《江西财经大学学报》2001年第2期。

〔2〕 载国家工商行政管理总局网，http://www.saic.gov.cn/gzfw/dxal/xfzbhj/200910/t20091015_71647.html.

款时，王先生要求酒楼在发票上注明"开瓶费"字样，被拒绝。该酒楼只在商业小票上注明此 100 元为"服务费"。

王先生认为，该酒楼向其收取开瓶费是带有强制性的行为，侵害了其公平交易权，因此向海淀区人民法院提起诉讼，要求对方返还开瓶费 100 元，并赔礼道歉。湘水之珠大酒楼辩称，酒楼菜谱中已经注明"客人自带酒水按本酒楼售价的 50% 另收取服务费，本酒楼没有的酒水按 100 元每瓶收取服务费"内容，故不应返还。

2006 年 12 月 21 日，海淀区法院认为，湘水之珠大酒楼在菜谱中注明的自带酒水另收取服务费的规定是单方意思表示，属格式条款，应属无效。酒楼加收开瓶费的做法侵害了消费者的公平交易权，一审判决其返还王先生开瓶费 100 元。酒楼不服，上诉至北京市一中院。

北京市一中院审理认为，对于加重消费者义务的重要条款，提供合同方如果没有以一些特别标示出现或出现于一些特别显著醒目的位置，则无法推定消费者已经明知。湘水之珠大酒楼没有证据证明其事前明示消费者收取开瓶服务费，侵犯了消费者的知情及公平交易的权利，其应当就此承担相应的侵权责任，故作出上述终审判决。

新闻链接：北京工商叫停餐饮业 6 种霸王条款[1]

2013 年 12 月，北京市工商局发布餐饮行业 6 种不公平格式条款，要求各餐饮企业根据这次发布的合同格式条款违法表述，在 1 个月内开展自查自纠，逾期不改正的，工商部门将依据《合同违法行为监督处理办法》进行处罚。这 6 种"霸王条款"包括"禁止自带酒水"、"包间最低消费××元"、"消毒餐具工本费一元"等。

酒水加价高，是餐饮业的一大惯例。超市七八元一瓶的酸奶饮料，大餐馆要 18元甚至 28 元。为此，一些消费者愿意自带酒水饮料，一是可以省钱，二是更合自己的口味。但是，目前一些大餐馆要么收取"开瓶费"，要么干脆声明"禁止自带酒水"。

对此，市工商局相关负责人告诉记者，"禁止自带酒水"这一餐饮业霸王条款将被禁止。这名负责人说，消费者在餐饮企业消费，有自主决定是否购买餐饮企业酒水的权利，经营者利用声明、店堂告示等形式禁止消费者自带酒水，消费者因此只能购买高于市场价数倍的酒水，侵犯了消费者的自主选择权和公平交易权，明显不符合《消费者权益保护法》的规定。

……

据了解，开瓶费、包间费、服务费、餐具费……这些餐饮行业的收费，存在不少侵害消费者权益的内容，屡屡成为社会广泛关注、争议较多的焦点问题。霸王条款的主要表现就是：经营者借此或免除自己责任，或加重消费者责任，或排除消费者权利等。

---

〔1〕 载北京日报，http://bjrb.bjd.com.cn/html/2013-12/10/content_132762.htm。

工商部门要求：各餐饮企业根据这次发布的合同格式条款违法表述，在 1 个月内开展自查自纠，逾期不改正的，工商部门将依据《合同违法行为监督处理办法》进行处罚。同时，消费者遇到上述霸王条款，可拨打 12315 热线举报。

[案例评析]

　　"开瓶费"案件中，酒店未经协商同意也未加以提示而通过格式合同的方式加重了消费者的义务，违反了消费者权益保护法的规定，侵害了消费者的知情权、选择权和公平交易权，造成了消费者的财产损失。法院从保护消费者权益出发，依据法律规定作出了判决，体现了法律对消费者权益的保护。这也从一个侧面表现出消费者主权理论在市场管理法中的地位与作用。

　　随着市场经济的进步和消费者保护意识的增强，因"开瓶费"及其他餐饮业所谓"潜规则"的霸王条款而引起的争议和诉讼越来越多，也越来越引起了有关国家机关的重视。2013 年 12 月，北京市工商叫停餐饮业 6 种霸王条款的行为就是这种关注之后的行动。这是市场主管部门依法主动干预市场的行为，目的是纠正经营者利用市场优势获取不正当利益的行为，恢复市场正常秩序，保护消费者合法权益，保障交易公平。

第二章　反不正当竞争法律制度

第一节　反不正当竞争法概述

一、竞争与不正当竞争

（一）市场经济与竞争

竞争，从广义上理解就是两者或两者以上的主体为了己方的利益而跟人争胜，是个人或者团体，为了达到某种目标，努力争取其所需求的对象。这种对象有物质或非物质的。"物竞天择，适者生存"正是这种竞争的高度概括。广义上的竞争应当包含以下特征：发生在两个以上的有相同目标追求的主体之间；追求的目标必须是比较难得的或者稀缺的，否则也没有争夺的必要了；竞争的目的主要在于获取目标利益。

竞争法中的竞争是指两个或两个以上的市场主体在特定的市场上通过提供同类或类似的商品或服务，为争取市场地位或交易机会的行为。竞争法中的竞争，是狭义的竞争，也称为商业竞争、市场竞争等。狭义的竞争除了符合竞争的一般特点之外，还有以下基本特征：

1. 竞争必须发生在两个或两个以上的经营者之间。这里，竞争的主体是"经营者"，竞争是在经营者之间展开的。而经营者是以营利为目的持续从事商品的生产经营活动的自然人或社会经济组织。[1] 政府、消费者虽然在市场经济中居于重要的地位，但都不是市场竞争的主体。

2. 竞争是发生在同行业的生产经营活动中。不同行业的生产经营的产品、服务不同，生产、销售方式也各有区别，一般来说是不存在竞争的。而在生产或经营同类商品的企业之间，或提供同类服务的企业之间发生竞争一般是不可避免的。因为生产资料是有限的，市场资源也是有限的，同行业生产经营活动中势必要有一番争夺。

3. 竞争应该发生在同一个特定的市场上。特定的市场指的是相关产品市场、地理市场等。[2] 特定市场是判断经营者之间是否具有竞争关系的重要条件。一般来说，不同产品或同类产品在不同地域经营，是不构成竞争关系的。但是，随着市场的国际化和国际经济往来的愈发频繁，对地理市场的认定更需要根据实际情况来理解。

---

〔1〕 参见刘大洪主编：《反不正当竞争法》，中国政法大学出版社 2005 年版，第 4 页。

〔2〕 参见刘大洪主编：《反不正当竞争法》，中国政法大学出版社 2005 年版，第 5 页。

竞争规律和价值规律一样，都是市场经济的基本规律。只要有市场经济，就必然会有竞争。有效的竞争有利于促进市场结构的优化，增进市场主体的经济利益。竞争是市场的活力所在，其作用主要表现在以下几个方面：①竞争有利于优化资源配置。通过竞争后的优胜劣汰，产业结构得到最迅速、最有效、最彻底的调整，资源集中流向处于优势地位的经营者，提高资源利用率；②推动社会技术进步和企业创新，促使各种商品生产提高生产率，获得竞争优势；③调节社会分配。竞争的结果必然是利益的流动，较多的利益集中于竞争优胜者手中，促使竞争者改变竞争策略，最终结果是影响社会分配格局。[1]

　　（二）不正当竞争

　　1. 定义。竞争虽然是市场必不可缺的，但竞争并不总是有效的，甚至有时是违反法律和伦理道德的。这种违反法律规定、善良风俗、诚实信用、商业道德而进行的竞争，就是广义上的不正当竞争。广义的不正当竞争包括经营者实施的不正当竞争行为和政府及其所属部门进行的行政性垄断行为和限制竞争行为。狭义的不正当竞争是指经营者违反法律的规定，损害其他经营者的合法权益，扰乱社会经济秩序的行为。在现实生活中，不正当竞争行为多种多样、形形色色，很难一一列举，所以，各国立法一般都采取概括和列举相结合的方式来加以规范。我国《反不正当竞争法》第 2 条第 2 款规定"本法所称的不正当竞争，是指经营者违反本法规定，损害其他经营者的合法权益，扰乱社会经济秩序的行为"，又在第二章专章列举了 11 种常见的危害最严重的不正当竞争行为，其中 4 种属于限制竞争行为，另外 7 种属于不正当竞争行为，分别包括混淆行为、商业贿赂、虚假宣传、侵犯商业秘密、低价倾销、违规有奖销售、诋毁商誉。

　　2. 特征。不正当竞争行为具有以下特征：①主体法定性，即不正当竞争行为的主体是由法律规定的，主要是经营者，例外情况下是政府及其所属部门。《反不正当竞争法》第 2 条第 3 款规定"本法所称的经营者，是指从事商品经营或者营利性服务（以下所称商品包括服务）的法人、其他经济组织和个人"，第 7 条规定滥用行政权力限制竞争中规定的主体是"政府及其所属部门"。②行为违法性。不正当竞争行为的违法性，主要表现在违反了《反不正当竞争法》的规定，既包括违反了第二章关于禁止各种不正当竞争行为的具体规定，也包括违反了该法第 2 条的原则规定。经营者的某些行为虽然在第二章中没有明确规定属于不正当竞争行为，但是只要违反了自愿、平等、公平、诚实信用原则或违反了公认的商业道德，损害了其他经营者的合法权益，扰乱了社会经济秩序，也应认定为不正当竞争行为。③行为具有危害性。一方面，不正当竞争行为直接或间接损害了或者可能损害经营者和消费者的合法权益；另一方面，还危害市场竞争机制的正常作用，危害公平竞争的市场秩序，阻碍技术进步和社会生产力的发展。

---

〔1〕　参见杨紫烜主编：《经济法》，北京大学出版社、高等教育出版社 2008 年版，第 216 页。

3. 构成要件。把握不正当竞争行为的一般构成要件，有助于准确理解不正当竞争行为的共同特征，而且还有利于加深对各种具体不正当竞争行为的认定，为正确适用《反不正当竞争法》提供必要的理论指导。

（1）不正当竞争行为的主体。不正当竞争行为的主体是经营者，非经营者不是竞争行为主体，所以也不能成为不正当竞争行为的主体。但是在有些情况下，非经营者的某些行为也会妨害经营者的正当经营活动，侵害经营者的合法权益，这种行为也是反不正当竞争法的规制对象。比如，政府及其所属部门滥用行政权力妨害经营者的正当竞争行为就是这种类型。

在认定不正当竞争行为的主体时，应当以是否从事经营活动为标准，对"经营者"应该做广义的理解。除了合法的经营者从事的经营活动，还包括非法的主体或者有资格但是越权的主体或者是禁止从事经营的主体事实上从事了经营活动的，均应当认定为"经营者"。

（2）不正当竞争行为的主观方面。主观方面是指不正当竞争主体在实施不正当竞争行为时的主观心理状态。不正当竞争行为的主观方面是由故意构成的。

（3）不正当竞争行为的客体，即不正当竞争行为所侵害的社会关系。不正当竞争行为的客体应当是其他经营者的合法权益和市场经济秩序。

（4）不正当竞争行为的客观方面，即不正当竞争行为的外在表现形式，包括不正当竞争的违法行为和危害结果以及违法行为与危害结果之间的因果关系。[1]

二、反不正当竞争法

（一）反不正当竞争法的定义

反不正当竞争法是竞争法的有机组成部分。竞争法作为市场竞争的基本法和兜底法，其立法模式有三种：第一种是分立式，即将垄断行为、限制竞争行为、不正当竞争行为分别加以立法规范，代表国家是德国；第二种是合立式，即将三种行为合并立法，制定统一的竞争法，代表国家是匈牙利；第三种是综合式，即对这三种行为在立法上不做明确区分，代表国家是美国。从我国现在的立法实践来看，我国采取的是分立式立法模式，分别制定了《反不正当竞争法》、《反垄断法》。

反不正当竞争法是调整市场竞争过程中因限制不正当竞争行为而产生的社会关系的法律规范的总称。从广义上讲，反不正当竞争法是指调整在维护公平竞争、制止不正当竞争过程中发生的社会关系的法律规范的总称。狭义上理解的反不正当竞争法是指1993年9月2日第八届全国人大常委会第三次会议通过的《中华人民共和国反不正当竞争法》（以下简称《反不正当竞争法》）。

（二）反不正当竞争法的调整对象

《反不正当竞争法》的调整对象包括：经营者之间因不正当竞争关系而引发的社会关系、依法负有监督检查职能的政府有关部门与市场经营主体之间因市场竞争秩

---

〔1〕 参见刘大洪主编：《反不正当竞争法》，中国政法大学出版社2005年版，第11页。

序的管理而引发的社会关系。我国《反不正当竞争法》制定实施后一段时间,《反垄断法》尚未出台,鉴于滥用行政权力排除、限制竞争行为和公用企业滥用市场支配地位限制竞争行为在市场上比较多见,造成了严重的危害后果,《反不正当竞争法》将这部分内容也纳入了调整范围。随着《反垄断法》的出台和实施,这部分内容交由《反垄断法》调整,也使我国的竞争法律体系更加健全和完善。

(三) 反不正当竞争法的特征

我国《反不正当竞争法》的特征主要表现在:

1. 法律形式具有综合性,既有实体法的规范也有程序法的规范。

2. 法律内容具有融合性和交叉性。融合性,即融公法、私法为一体,具体来看既有民事法律规范,又有行政法律规范,还有刑事法律规范。与之相适应,其法律责任也是一种综合性的责任,包括民事责任、行政责任和刑事责任。交叉性,即反不正当竞争法在内容上相对独立的同时,又与其他法律的相互交叉与相互渗透。例如,假冒他人注册商标行为,既是反不正当竞争法所调整的内容,也是商标法所调整的内容。又如,虚假广告宣传同时也是广告法的重要内容。

3. 调整方法的复杂性。反不正当竞争法中既有平等主体之间的竞争关系,又有不平等主体间的竞争管理关系,分别属于民事法律关系和行政法律关系。如果用简单的一种方法来调整这两种完全不同的关系,显然是不可能的。反不正当竞争法既用自愿平等的方法调整着横向的关系,又用命令和服从的方法调整着纵向和竞争管理关系。

(四) 反不正当竞争法的作用

我国《反不正当竞争法》第1条开宗明义规定:“为保障社会主义市场经济健康发展,鼓励和保护公平竞争,制止不正当竞争行为,保护经营者和消费者的合法权益,制定本法。”因此,反不正当竞争法的作用主要有以下几个方面:

1. 鼓励和保护公平竞争,制止不正当竞争行为,这是反不正当竞争法的直接作用。有市场就有竞争,有效竞争促进市场效益,但不正当竞争会阻碍市场发展。《反不正当竞争法》鼓励与保护公平竞争,主要应做以下几方面的工作:一是确立公平竞争的原则和制度。法律通过界定不正当竞争的范围,明确了公平竞争的标尺,为具体竞争行为提供模式,以规范、引导竞争者公平竞争,在制度方面为公平竞争提供保障。二是完善公平竞争的社会条件。市场经济的发展是不平衡的,不同国家不同地区以及不同时期的市场经济,由于社会环境、历史文化等的不同而各有特点。立法者应通过立法,完善市场竞争条件,促进和保护公平竞争。三是保护经营者的竞争权,经营者的正当竞争权是受法律保护的,经营者的竞争权受到侵犯时应当能够获得救济。这包括市场管理部门的经济管理责任和经营者违反法律进行不正当竞争所应承担的法律责任。

2. 保护经营者和消费者的合法权益,这是反不正当竞争法的间接作用,是其直接作用的必然延伸。不正当竞争行为的存在,直接受害人是合法经营者,增加了其竞争风险和成本。而一些不正当竞争行为如侵犯商业秘密、商业诽谤、假冒注册商标等，是直接针对竞争对手实施的侵权行为，对其合法利益造成严重伤害。因此，反不正当竞争法制裁、打击各种不正当竞争行为，直接保护了经营者的合法利益。

不正当竞争的目的是为了在市场活动中获得优势，而这些市场活动的最终环节往往是消费，因此，不正当竞争行为直接或间接的损害了消费者的合法权益。如通过仿冒驰名商标的不正当竞争行为，会引起消费者的误认、误买；通过搭售或附加不合理条件来排挤竞争对手的不正当行为，则会严重侵害消费者的自由选择权等。因此，不正当竞争法通过打击不正当竞争行为，也保护了消费者的合法权益。

3. 保障社会主义市场经济健康发展，这是反不正当竞争法的终极目标。不正当竞争行为在损害经营者、消费者个体利益的同时，严重破坏市场竞争秩序、降低生产效率、损害国家和社会的整体利益，阻碍了社会主义市场经济健康发展。反不正当竞争法通过对合法竞争的保护，维护公平的竞争秩序、构建合理的市场结构，促进技术进步和国民经济的稳定增长，以实现对国家和社会整体利益的保护，保障社会主义市场经济健康发展。

　以案说法

百度诉360违反爬虫协议案[1]

[案情简介]

百度方面的诉讼理由称，360搜索在未获得百度公司允许的情况下，违反Robots协议，抓取百度旗下百度知道、百度百科、百度贴吧等网站的内容，复制网站并且生成快照向用户提供，这种行为已经构成了不正当竞争行为。因此，百度请求法院判定360立即停止这种不正当行为，在360首页及媒体显著位置连续30天刊登道歉说明，消除影响，并向奇虎360索赔1亿元。

被告奇虎公司则辩称，百度公司滥用了Robots协议，已达到排斥同业竞争者的目的，这不利于中国互联网搜索引擎服务行业的发展。对于百度诉讼的网页快照显示百度网站内容的行为，360搜索已经不再显示。

法院认为，360奇虎公司通过搜索引擎，将用户本来点击链接到百度公司的具体网页，链接到奇虎公司网页快照界面的行为，已经明显超出网页快照的合理范围。但百度公司和360产生纠纷时，应该遵循"协商—通知"程序处理，而且百度公司没有说明造成了何种商业信誉的损失，因此判决被告360北京奇虎科技有限公司的行为违反了《反不正当竞争法》相关规定，应赔偿原告北京百度网讯科技有限公司、百度在线网络技术有限公司经济损失以及合理支出共计70万元，同时驳回百度公司的其他诉讼请求。

---

〔1〕　载新浪网，http://news.sina.com.cn/o/2014-08-07/144130647417.shtml.

[案例评析]

此案是违反搜索引擎 Robots 协议不正当竞争案。案件的焦点在于：①Robots 协议是否具有法律效力；②违反 Robots 协议是否构成不正当竞争。

1. Robots 协议是否具有法律效力。Robots 协议也称为爬虫协议、机器人协议或蜘蛛协议。网站通过 Robots 协议告诉搜索引擎哪些页面可以抓取，哪些页面不能抓取，这是国际互联网界通行的道德规范。但 robots. txt 不是命令，也不是防火墙，无法阻止恶意闯入者。Robots 协议是国际互联网界通行的道德规范，在中国国内互联网行业，大型网站也基本都将爬虫协议当作一项行业基本准则。Robots 协议是基于以下原则建立的：搜索技术应服务于人类，同时尊重信息提供者的意愿，并维护其隐私权；网站有义务保护其使用者的个人信息和隐私不被侵犯。鉴于网络安全与隐私的考虑，几乎每个网站都会设置自己的 Robots 协议，来明示搜索引擎，哪些内容是愿意和允许被搜索引擎收录的，哪些则不允许。搜索引擎则会按照 Robots 协议给予的权限进行抓取。Robots 协议代表了一种契约精神，互联网企业只有遵守这一规则，才能保证网站及用户的隐私数据不被侵犯。

对 Robots 协议并没有法律的专门规定，从法院判决的角度考察，国内存在一些具有指导借鉴意义的判例，法院在判决中对爬虫协议作为行业基本行为准则的效力进行了相应的确认。[1] 因此，Robots 协议作为行业惯例是具有法律效力的。

2. 违反 Robots 协议是否构成不正当竞争。《反不正当竞争法》规定了 11 种不正当竞争行为，不包括此种情况。因此，能否认定违反 Robots 协议构成不正当竞争是有争议的。《反不正当竞争法》第 2 条第 1、2 款规定"经营者在市场交易中，应当遵循自愿、平等、公平、诚实信用的原则，遵守公认的商业道德。本法所称的不正当竞争，是指经营者违反本法规定，损害其他经营者的合法权益，扰乱社会经济秩序的行为"，此款是法律的基本原则，属于《反不正当竞争法》的一般条款。根据该条款，我们认为，虽然某种竞争行为法律未对其作出特别规定，但是其他经营者的合法权益确因该竞争行为而受到了实际损害，并且该种竞争行为违反了诚实信用原则和公认的商业道德、扰乱了正常的经济秩序，就应当属于不正当竞争行为。

本案中，百度和 360 搜索属于有竞争关系的企业，360 违反该行业内公认的道德规范，导致百度受到了损失，应当属于不正当竞争行为。法院的判决是合理的。

第二节　一般不正当竞争行为

我国《反不正当竞争法》中列举的不正当竞争行为可以分为一般不正当竞争行

---

〔1〕　参见张平："《反不正当竞争法》的一般条款及其适用——搜索引擎爬虫协议引发的思考"，载法律图书馆网，http：//www. law－lib. com/lw/lw_ view. asp? no＝24261.

为和限制竞争行为。一般不正当竞争行为，即从狭义上理解不正当竞争行为，指经营者违反诚实信用原则，以虚假、欺诈、利诱、窃取等手段，破坏市场秩序、妨碍公平竞争的行为。一般不正当竞争行为的主体是经营者，不包括政府及其所属部门，行为表现是通过虚假、欺诈、利诱、窃取、诋毁等方式进行不公平竞争；不包括通过限定购买其指定的经营者的商品，限制外地商品进入本地市场，或者本地商品流向外地市场等方式排挤其他经营者以限制竞争的行为。

一般不正当竞争行为包括混淆行为、商业贿赂、虚假宣传、侵犯商业秘密、低价倾销、违规有奖销售、诋毁商誉。

一、混淆行为

混淆行为是指经营者在市场经营活动中，为了争夺竞争优势，对自己的商品或服务作虚假表示、说明或承诺，或不当利用他人的智力劳动成果推销自己的商品或服务，使自己的商品或者营业与他人经营的商品、营业相混淆，造成用户或者消费者产生误解，扰乱市场秩序、损害同业竞争者的利益和消费者利益、牟取不正当利益的行为。具体表现为擅自使用其他经营者特有的、为公众所周知的注册商标、商品的包装、装潢、名称或者各种质量标志等。混淆行为使本应属于正当经营者的利益被不正当竞争者所获取，严重破坏了市场竞争秩序。

（一）混淆行为的构成要件

1. 主体。混淆行为的主体是从事市场交易活动的经营者。不是经营者，不构成此行为的主体，如消费者、政府及其所属部门等。但有时，有的人可能没有市场经营资格，如没有营业执照等，但也参与了市场经营，并实施了混淆行为，我们认为也应当以其经营行为来判断其主体资格，认定其构成不正当竞争。

2. 客体。混淆行为的客体是商业标示，即注册商标、商品的包装、装潢、名称、企业名称（姓名）或者各种质量标志等。商业标示是使特定的经营者及其经营的商品或服务有别于其他经营者及其经营的商品或服务的区别性标志，也代表了特定的经营者的商业信誉及其经营的商品或服务的声誉，是特有的，具有显著的区别性。也正是因此，混淆行为总是发生在特定的具有市场优势的经营者身上及其特定的商品上。

3. 主观方面。混淆行为具有主观故意性。我国法律中对混淆行为规定为"假冒"、"擅自使用"、"伪造或者冒用"，表明了混淆行为的主观特征。混淆行为本质上是通过以上的行为方式，使他人产生误解，而利用被仿冒者的良好商誉获得非法利益，是一种典型的故意不正当竞争行为。

4. 客观方面。混淆行为要求主体在客观上实施了《反不正当竞争法》第 5 条禁止的不正当竞争行为。

另外，混淆行为具有误导性，已经或足以使他人误认，达到了较为严重的程度。仿冒者进行仿冒的目的在于使他人对其提供的商品或服务产生混淆或误解，从而接受其商品或服务，以获得竞争利益。这种引人"误解"的后果是认定混淆行为的要

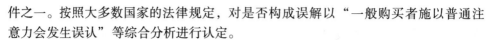

件之一。按照大多数国家的法律规定，对是否构成误解以"一般购买者施以普通注意力会发生误认"等综合分析进行认定。

（二）混淆行为的种类

根据《反不正当竞争法》第5条的规定，混淆行为包括以下四类：

1. 假冒他人的注册商标。假冒他人注册商标行为是一种严重地违反商业道德、侵害他人合法权益的违法行为。商标法对注册商标权的内容、行使方式、保护范围作了专门规定，反不正当竞争法也将其作为不正当竞争行为予以禁止，刑法也对假冒他人注册商标构成犯罪的行为进行了法律规制。因此，在法律责任上，除了依据《反不正当竞争法》承担损害赔偿责任外，还依据《商标法》加以处罚，构成犯罪的，依法追究刑事责任。

在混淆注册商标的行为中，有一种非常特殊的情形，即《商标法》第57条第5项规定的"未经商标注册人同意，更换其注册商标并将该更换商标的商品又投入市场的"，也就是常说的反向假冒问题。1994年，被告新加坡鳄鱼公司授权销售其产品的同益公司将北京服装一厂生产的枫叶西裤上的商标撕下来，换上卡帝乐鳄鱼商标高价出售，北京服装一厂因此起诉了同益等公司。围绕该案件的审理，有两种意见：一种认为是商标侵权行为，准确地说是反向假冒；另一种意见则认为这是一种不正当竞争行为，与商标侵权无关。当时我国《商标法》尚无对反向假冒的规定。法院最后根据《民法通则》和《反不正当竞争法》，作出由被告道歉并赔偿的判决。这类行为违反了在市场活动中应当遵循的诚实信用原则，其行为本质属于不正当竞争行为，应当由反不正当竞争法来规制。

2. 擅自使用知名商品特有的名称、包装、装潢，或者使用与知名商品近似的名称、包装、装潢，造成和他人的知名商品相混淆，使购买者误认为是该知名商品。根据1995年7月6日国家工商行政管理局令第33号发布的《关于禁止仿冒知名商品特有的名称、包装、装潢的不正当竞争行为的若干规定》，所谓"知名商品"，是指在市场上具有一定知名度、为相关公众所知悉的商品。所谓知名商品"特有"的名称、包装、装潢，是指商品的名称、包装、装潢不为相关商品所通用的，并具有显著的区别性特征的名称、为识别商品以及方便携带、储运而使用在商品上的包装和为识别与美化商品而在商品或包装上附加的文字、图案、色彩及其编排的组合。

知名商品不是经评定程序评定出来的荣誉称号，而是县级以上工商行政管理机关在监督检查仿冒知名商品特有的名称、包装、装潢的不正当竞争行为时，对知名商品和特有的名称、包装、装潢一并予以认定。这种认定结果不具普遍效力，而只是在个案中认定的法律事实。在考察商品是否具有知名度时，一方面要界定出相关的产品市场，同时还应界定出相关的地理市场。

3. 擅自使用他人的企业名称或者姓名，引人误认为是他人的商品。企业名称及自然人个人的姓名，是其具有代表性的、区别于他人的重要标志。企业名称权及姓名权是受法律保护的人格权中重要的组成部分，是经营者无形财产的重要载体。在市场经营活动中，企业名称或者姓名表明了商品或服务的提供者的来源，内涵了商品声誉及商业信誉。他人若要使用必须取得合法所有人的书面同意。擅自使用他人的企业名称或者姓名的行为侵犯了他人的在先权利，侵犯消费者的知情权，欺骗消费者，破坏市场竞争规则，法律必须予以禁止。

4. 在商品上伪造或者冒用认证标志、名优标志等质量标志，伪造产地，对商品质量作引人误解的虚假表示。根据有关法律和行政规章的规定，我国质量标志主要包括产品质量认证标志及名优标志。

产品质量认证标志，是指企业通过申请，经国际国内权威认证机构认可，颁发给企业的表示产品质量已达认证标准的一种标志。使用认证标志，可提高商品的竞争力，增强用户的信任度。未经认证而伪造、冒用认证标志不仅践踏国家商品质量认证制度、使其形同虚设，而且还可能使含有事故隐患的商品流入市场，危及用户和消费者的生命或财产安全。反不正当竞争法将此种行为作为严重违法行为予以禁止。[1]

名优标志是一种荣誉性质量标志，是指经国家或者国际有关组织依据具有国际先进水平的标准，经过对产品内在质量的检验，证明产品质量达到了规定的标准要求，颁发给生产企业的一种荣誉标记的统称。名优标志包括名誉标志、优质产品标志等。国家给予产品的名优标志有金质奖章荣誉标志、银质奖章荣誉标志、"优"字标志三种。只有按照法定程序，经专门机构认定，方可获得并使用。国家优质产品标志的图案式样由国家技术监督局统一规定。伪造、冒用名优标志，有悖于诚实信用的商业道德，为反不正当竞争法所禁止。

（三）混淆行为的法律责任

经营者假冒他人的注册商标，擅自使用他人的企业名称或者姓名，伪造或者冒用认证标志、名优标志等质量标志，伪造产地，对商品质量作引人误解的虚假表示的，依照《中华人民共和国商标法》、《中华人民共和国产品质量法》的规定处罚。经营者擅自使用知名商品特有的名称、包装、装潢，或者使用与知名商品近似的名称、包装、装潢，造成和他人的知名商品相混淆，使购买者误认为是该知名商品的，监督检查部门应当责令停止违法行为，没收违法所得，可以根据情节处以违法所得1倍以上3倍以下罚款；情节严重的，可以吊销营业执照；销售伪劣商品，构成犯罪的，依法追究刑事责任。

经营者违反法律规定，给被侵害的经营者造成损害的，应当承担损害赔偿责任，被侵害的经营者的损失难以计算的，赔偿额为侵权期间因侵权所获得的利润；并应当承担被侵害的经营者因调查该经营者侵害其合法权益的不正当竞争行为所支付的合理费用。被侵害的经营者的合法权益受到不正当竞争行为损害的，可以向人民法院提起诉讼。

---

〔1〕 参见李东方主编：《市场管理法教程》，中国政法大学出版社2003年版，第29页。

二、商业贿赂行为

商业贿赂行为，是指经营者以排斥竞争对手为目的，为争取交易机会，采用财物或者其他手段进行贿赂的不正当竞争行为。商业贿赂行为是一种典型的不正当竞争行为，损害了其他经营者的合法权益，扰乱了社会经济秩序，也严重地损害了广大消费者的利益，因此各国的法律都对此种行为予以制止。

我国《反不正当竞争法》第8条规定，经营者不得采用财物或者其他手段进行贿赂以销售或者购买商品。在账外暗中给予对方单位或者个人回扣的，以行贿论处；对方单位或者个人在账外暗中收受回扣的，以受贿论处。经营者销售或者购买商品，可以以明示方式给对方折扣，可以给中间人佣金。经营者给对方折扣、给中间人佣金的，必须如实入账。接受折扣、佣金的经营者必须如实入账。

（一）商业贿赂的构成要件

1. 主体。商业贿赂的主体包括行贿人和受贿人。其中，行贿人是经营者，包括法人、其他组织和个人。法人不限于企业法人，还包括从事经营活动的事业单位法人、社会团体法人。经营者的职工采用商业贿赂手段为经营者销售或者购买商品的行为，应当认定为经营者的行为。其他主体可能构成贿赂行为，但不是商业贿赂。商业贿赂的受贿人是交易对方或者交易的经办人或者对交易有影响的人，也包括单位。

2. 客观上实施了贿赂行为，贿赂的手段包括财物或其他方式。财物，是指现金和实物，包括经营者为销售或者购买商品，假借促销费、宣传费、赞助费、科研费、劳务费、咨询费、佣金等名义，或者以报销各种费用等方式，给付对方单位或者个人的财物。其他手段，是指提供国内外各种名义的旅游、考察等给付财物以外的其他利益的手段。

根据《反不正当竞争法》及有关规定，下列行为属于商业贿赂行为：经营者为销售商品或购买商品提供经营性服务或接受经营性服务，采用财物贿赂对方单位或者个人的行为；经营者为了上述目的以其他手段进行的商业贿赂行为。其他手段，根据国家工商局的《关于禁止商业贿赂行为的暂行规定》，是指提供国内外各种名义的旅游、考察等给付财物以外的其他利益的手段进行的商业贿赂行为。经营者的职工采用商业贿赂手段为经营者销售商品或者购买商品的行为；单位或者个人在销售或者购买商品时收受或者索取贿赂的行为；在账外暗中给予对方单位或者个人回扣的行为；对方单位或者个人在账外暗中收受回扣的行为；经营者在账外暗中给予对方单位或者个人折扣的行为；接受折扣不如实入账的行为；经营者给付对方佣金不明示、如实入账的行为，对方单位或者个人接受佣金不如实入账的行为；经营者违法在商品交易中向对方单位或者个人附赠现金或者物品的行为；其他商业贿赂行为。

3. 主观方面。商业贿赂行为的主体在主观上是故意的，不存在过失问题。商业贿赂的目的是为销售商品或者购买商品，即为达到商业目的，通过贿赂手段，获取优于其他经营者的竞争地位。

4. 商业贿赂行为由行贿和受贿两方面构成。如果只有行贿或只有索贿，则不能构成商业贿赂。

（二）商业贿赂与回扣、折扣、佣金、附赠的关系

1. 商业贿赂与回扣。回扣是指经营者销售商品时以现金、实物或者其他方式退给对方单位或者个人的一定比例的商品价款的行为。作为回扣，是经营者一方给付的，是从商品的价款中退给对方单位或者个人的，这里既包括现金，也包括实物，还包括其他形式。经营者给付回扣的目的是为了推销商品或者购买商品。

给予回扣不一定都是违法的，根据《反不正当竞争法》第8条第1款的规定："……在账外暗中给予对方单位或者个人回扣的，以行贿论处；对方单位或者个人在账外暗中收受回扣的，以受贿论处。"这里，账外暗中是指未在依法设立的反映其生产经营活动或者行政事业经费收支的财务账上按照财务会计制度规定明确如实记载，包括不记入财务账、转入其他财务账或者做假账等。而明示入账的回扣是合法的，不属于不正当竞争行为。

2. 商业贿赂与折扣。折扣，即商品购销中的让利，是指经营者在销售商品时，以明示并如实入账的方式给予对方的价格优惠，包括支付价款时对价款总额按一定比例即时予以扣除和支付价款总额后再按一定比例予以退还两种形式。经营者销售商品，可以以明示方式给予对方折扣。经营者给予对方折扣的，必须如实入账；经营者或者其他单位接受折扣的，必须如实入账。所谓明示和入账，是指根据合同约定的金额和支付方式，在依法设立的反映其生产经营活动或者行政事业经费收支的财务账上按照财务会计制度规定明确如实记载。

《反不正当竞争法》允许交易双方以明示入账的方式给予对方。属于不正当竞争的折扣行为是指经营者不以明示入账的方式给对方折扣，接受折扣的经营者没有如实入账的行为。

3. 商业贿赂与佣金。佣金是指经营者在市场交易中给予为其提供服务的具有合法经营者资格的中间人的劳务报酬。经营者销售或者购买商品，可以以明示方式给中间人佣金。接受佣金的只能是中间人，而不是交易双方，也不是交易双方的代理人、经办人，这是佣金和回扣、折扣的重要区别。经营者给中间人佣金的，必须如实入账；中间人接受佣金的，必须如实入账。如果不明示入账，就是不正当竞争行为。

4. 商业贿赂与附赠。经营者在商品交易中不得向对方单位或者其个人附赠现金或者物品，但按照商业惯例赠送小额广告礼品的除外。否则，视为商业贿赂行为。

（三）商业贿赂的法律责任

经营者以行贿手段销售或者购买商品的，由工商行政管理机关依照《反不正当竞争法》第22条的规定，根据情节处以1万元以上20万元以下的罚款，有违法所得的，应当予以没收；构成犯罪的，移交司法机关依法追究刑事责任。经营者在以贿赂手段销售或者购买商品中，同时有其他违反工商行政管理法规行为的，对贿赂行

为和其他违法行为应当一并处罚。

有关单位或者个人购买或者销售商品时收受贿赂的，由工商行政管理机关按照前款的规定处罚；构成犯罪的，移交司法机关依法追究刑事责任。

商业贿赂行为由县级以上工商行政管理机关监督检查。工商行政管理机关在监督检查商业贿赂行为时，可以对行贿行为和受贿行为一并予以调查处理。

三、虚假宣传行为

虚假宣传行为是指经营者利用广告和其他方法，对产品的质量、性能、成分、用途、产地等所作的引人误解的不实宣传。这种行为违反诚实信用原则和公认的商业道德，是一种严重的不正当竞争行为。

我国《反不正当竞争法》第9条规定："经营者不得利用广告或者其他方法，对商品的质量、制作成分、性能、用途、生产者、有效期限、产地等作引人误解的虚假宣传。广告的经营者不得在明知或者应知的情况下，代理、设计、制作、发布虚假广告。"《广告法》也规定广告应当真实合法，符合社会主义精神文明建设的要求。广告不得含有虚假的内容，不得欺骗和误导消费者。

（一）虚假宣传的构成要件

1. 主体。虚假宣传行为的主体是广告主、广告代理制作者和广告发布者。有的时候，三者身份可能重叠在一起，或两两重叠。广告代言人有时也是虚假宣传的主体。《广告法》第38条第1款规定，广告代言人在广告中对商品、服务作推荐、证明，应当依据事实，符合本法和有关法律、行政法规规定，并不得为其未使用过的商品或者未接受过的服务作推荐、证明。广告代言人明知或者应知广告虚假仍在广告中对商品、服务作推荐、证明的，依法承担相应的法律责任。

2. 主观方面。虚假宣传行为的主观方面表现为故意或过失。行为人具有欺骗和误导消费者选择购买其商品或接受其服务的主观动机，目的是获得商业利益、争夺顾客。有时，行为人主观上没有故意，但是有过失，如广告发布者未认真审查广告内容而发布了虚假广告，也构成虚假宣传行为。

3. 客观上实施了虚假宣传行为。从法律规定看，这种行为的具体表现形式分为：经营者利用广告进行虚假宣传和经营者利用其他方法进行虚假宣传。

其他方式是一种概括性表示，指可以使公众得知的其他方式，包括商品及包装、标签以外的明显不属于广告或难以界定为广告的任何宣传方式[1]。实践中常见的如举办展览会、订货会、发表文章或举办新闻发布会、价格标签等。

虚假宣传行为的内容是对商品的质量、制作成分、性能、用途、生产者、有效期限、产地等作引人误解的虚假表示。

4. 虚假广告或虚假宣传达到了引人误解的程度，侵害了其他经营者和消费者的合法权益，破坏了市场竞争秩序，具有社会危害性。

---

〔1〕 参见刘大洪主编：《反不正当竞争法》，中国政法大学出版社2005年版，第107~109页。

（二）虚假宣传的法律责任

《反不正当竞争法》第 24 条规定："经营者利用广告或者其他方法，对商品作引人误解的虚假宣传，监督检查部门应当责令停止违法行为，消除影响，可以根据情节处以 1 万元以上 20 万元以下的罚款。广告的经营者，在明知或者应知的情况下，代理、设计、制作、发布虚假广告的，监督管理部门应当责令停止违法行为，没收违法所得，并依法处以罚款。"

《广告法》第 55 条规定："违反本法规定，发布虚假广告的，由工商行政管理部门责令停止发布广告，责令广告主在相应范围内消除影响，处广告费用 3 倍以上 5 倍以下的罚款，广告费用无法计算或者明显偏低的，处 20 万元以上 100 万元以下的罚款；2 年内有 3 次以上违法行为或者有其他严重情节的，处广告费用 5 倍以上 10 倍以下的罚款，广告费用无法计算或者明显偏低的，处 100 万元以上 200 万元以下的罚款，可以吊销营业执照，并由广告审查机关撤销广告审查批准文件、一年内不受理其广告审查申请。医疗机构有前款规定违法行为，情节严重的，除由工商行政管理部门依照本法处罚外，卫生行政部门可以吊销诊疗科目或者吊销医疗机构执业许可证。广告经营者、广告发布者明知或者应知广告虚假仍设计、制作、代理、发布的，由工商行政管理部门没收广告费用，并处广告费用 3 倍以上 5 倍以下的罚款，广告费用无法计算或者明显偏低的，处 20 万元以上 100 万元以下的罚款；2 年内有 3 次以上违法行为或者有其他严重情节的，处广告费用 5 倍以上 10 倍以下的罚款，广告费用无法计算或者明显偏低的，处 100 万元以上 200 万元以下的罚款，并可以由有关部门暂停广告发布业务、吊销营业执照、吊销广告发布登记证件。广告主、广告经营者、广告发布者有本条第 1 款、第 3 款规定行为，构成犯罪的，依法追究刑事责任。"

《广告法》第 56 条规定："违反本法规定，发布虚假广告，欺骗、误导消费者，使购买商品或者接受服务的消费者的合法权益受到损害的，由广告主依法承担民事责任。广告经营者、广告发布者不能提供广告主的真实名称、地址和有效联系方式的，消费者可以要求广告经营者、广告发布者先行赔偿。关系消费者生命健康的商品或者服务的虚假广告，造成消费者损害的，其广告经营者、广告发布者、广告代言人应当与广告主承担连带责任。前款规定以外的商品或者服务的虚假广告，造成消费者损害的，其广告经营者、广告发布者、广告代言人，明知或者应知广告虚假仍设计、制作、代理、发布或者作推荐、证明的，应当与广告主承担连带责任。"

四、侵犯商业秘密行为

（一）商业秘密

商业秘密是指不为公众所知悉，能为权利人带来经济利益，具有实用性并经权利人采取保密措施的技术信息和经营信息。

1. 商业秘密的构成要件。根据法律对商业秘密的定义，商业秘密具有四个构成要件：

（1）不为公众所知悉，即秘密性和新颖性。法律规定的"不为公众所知悉"一方面指商业秘密的秘密性，另一方面是指权利人所主张的商业秘密未进入"公有领域"；与此同时，"不为公众所知悉"还表明了该技术的新颖性，而非"公知信息"或"公知技术"。这些是商业秘密与专利技术、公知技术相区别的最显著特征，也是商业秘密维系其经济价值和法律保护的前提条件。

国家工商行政管理局《关于禁止侵犯商业秘密行为的若干规定》第2条第2款指出："本规定所称不为公众所知悉，是指该信息是不能从公开渠道直接获取的。"

（2）能为权利人带来经济利益，即价值性。能为权利人带来经济利益，是指该信息具有确定的可应用性，能为权利人带来现实的或者潜在的经济利益或者竞争优势。价值性是法律保护商业秘密的目的。商业秘密的价值性包括现实的或者潜在的经济利益或者竞争优势，不以现实的价值为限。

现实生活中，有的信息虽然也被经营者作为秘密管理，但如果不能为经营者带来经济利益或者竞争优势，就不属于商业秘密，可能构成隐私、国家秘密等。

（3）实用性。实用性是指商业秘密的客观有用性，即通过运用商业秘密可以为所有人创造出经济上的价值。实用性与价值性是密切相关的，实用性是价值性的基础，没有实用性就谈不上价值性；价值性是实用性的结果。

实用性要求技术信息、经营信息具有确定性，是相对独立完整的、具体的、有可操作性的方案或阶段性技术成果。实用性还体现在商业秘密必须有一定的表现形式，如化学配方、工艺流程说明书、图纸、技术方案、客户名单等。

（4）经权利人采取保密措施，即保密性。商业秘密的保密性是指商业秘密经权利人采取了一定的保密措施，通过保密措施将其商业信息控制起来，成为独占状态。只有这样，法律才能够给予保护。反之，如果权利人对一项信息没有采取保护措施，而是对该项信息采取放任公开的态度，则说明他自己不认为这是一项商业秘密，或者不需要保护，这样法律也不会保护该信息。

采取的保密措施包括：建立保密制度、订立保密协议以及采取其他合理的保密措施。一般来说，保密措施可以分为软件措施和硬件措施两类：软件措施是指制度上的措施，如签订保密合同、订立保密协议、制定保密制度、加强保密教育等；硬件措施是指物理上的措施，如加强保卫、限制参观、资料封存等。

2. 商业秘密的内容。根据法律定义，商业秘密主要包括两大类：一类是技术信息；另一类是经营信息。

所谓技术信息和经营信息，国家工商行政管理局《关于禁止侵犯商业秘密行为的若干规定》（以下简称《若干规定》）第2条第5款规定："本规定所称技术信息和经营信息，包括设计、程序、产品配方、制作工艺、制作方法、管理诀窍、客户名单、货源情报、产销策略、招投标中的标底及标书内容等信息。"

（1）技术信息。技术信息也称技术秘密，是指应用于工业目的没有得到专利保护的、仅为有限的人所掌握的技术和知识。包括某项工艺以及产品设计、工艺流程、配方、质量控制和管理方面的技术知识等。

（2）经营信息。典型和常见的经营信息有：管理诀窍、客户名单、货源情报、产销策略、招标投标中的标底及标书内容等。另外，与经营者的金融、投资、采购、销售、财务、分配有关的信息情报，如企业投资方向、投资计划、产品成本和定价、进货及销售渠道等都属于经营信息的范围。

（二）侵犯商业秘密的行为

根据《反不正当竞争法》第10条的规定，侵犯商业秘密的行为包括以下几类：

1. 以不正当手段获取商业秘密行为，如以盗窃、利诱、胁迫或者其他不正当手段获取权利人的商业秘密。这里，获取行为本身是违法的，不考虑行为人是否存在披露、使用的情况。

2. 对不正当取得的商业秘密的披露行为，如披露、使用或者允许他人使用以前项手段获取权利人的商业秘密。一般来说，侵权人的目的不仅仅是获取商业秘密，而是为了泄露或使用该秘密，以取得经济利益。披露是指将非法获得的商业秘密向其他人公开或扩散，使用或者允许他人使用是指侵权人自己或将商业秘密提供给他人使用。允许他人使用可以是有偿的，也可以是无偿的，不影响侵权行为的成立。

3. 来源正当但使用不正当的行为，如违反约定或者违反权利人有关保守商业秘密的要求，披露、使用或者允许他人使用其所掌握的商业秘密。这种情况的主体是权利人以外通过正当手段获得商业秘密的人，如职工因工作关系掌握商业秘密、因转让商业秘密使用权而使受让人掌握商业秘密等。单位职工跳槽后违反保密协议在新单位使用商业秘密，即属于这种情况。

4. 第三人恶意或重大过失获取、使用或披露行为，即第三人明知或者应知前款所列违法行为，获取、使用或者披露他人的商业秘密，视为侵犯商业秘密。

（三）侵犯商业秘密行为的构成要件

1. 前提条件。构成侵犯商业秘密行为的前提条件是商业秘密的存在，要求权利人能证明其所有的技术信息或经营信息具有商业秘密的构成要件，能够依法获得保护。

2. 主体。行为主体可以是经营者，也可以是其他人。反不正当竞争法规范的各种不正当竞争行为的实施者，绝大多数要求其具有经营者的身份，但侵犯商业秘密的人不受该限制。

3. 客观上实施了侵犯他人商业秘密的行为，即以盗窃、利诱、胁迫或者其他不正当手段获取权利人的商业秘密；披露、使用或者允许他人使用以前项手段获取权利人的商业秘密；违反约定或者违反权利人有关保守商业秘密的要求，披露、使用或者允许他人使用其所掌握的商业秘密。第三人明知或者应知前款所列违法行为，获取、使用或者披露他人的商业秘密，视为侵犯商业秘密。本条所称的商业秘密，是指不为公众所知悉、能为权利人带来经济利益、具有实用性并经权利人采取保密措施的技术信息和经营信息。

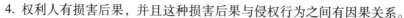

4. 权利人有损害后果，并且这种损害后果与侵权行为之间有因果关系。

（四）法律责任

根据《反不正当竞争法》的规定，侵犯商业秘密的，监督检查部门应当责令停止违法行为，可以 根据情节处以 1 万元以上 20 万元以下的罚款。《若干规定》进一步指出，工商行政管理机关在予以处罚时，对侵权物品可以作如下处理：责令并监督侵权人将载有商业秘密的图纸、软件及其他有关资料返还权利人。监督侵权人销毁使用权利人商业秘密生产的、流入市场将会造成商业秘密公开的产品。但权利人同意收购、销售等其他处理方式的除外。另外，对侵权人拒不执行处罚决定，继续实施侵权行为的，视为新的违法行为，从重予以处罚。

权利人还可依照合同法、劳动法的有关规定，对违反约定侵犯商业秘密的行为要求制裁。

侵犯商业秘密构成犯罪的，根据《刑法》第 219 条的规定，对有侵犯商业秘密的行为之一，给商业秘密的权利人造成重大损失的，处 3 年以下有期徒刑或者拘役，并处或者单处罚金；造成特别严重后果的，处 3 年以上 7 年以下有期徒刑，并处罚金。

五、低于成本价销售行为

《反不正当竞争法》第 11 条规定："经营者不得以排挤对手为目的，以低于成本的价格销售商品。"价值规律是市场经济的基本规律，而价格是非常重要的竞争内容，经营者可以根据市场变化自主定价。低于成本价销售行为违背价值规律，破坏市场机制的调节能力，严重扰乱市场竞争秩序。例如，1998 年，上海市场牛奶经销商为争夺市场低价倾销，造成行业亏本经营、不堪支撑。后来政府有关部门依法干预，才使当地牛奶市场竞争秩序重新走上正轨。[1] 为了打击这种不正当的价格行为，反不正当竞争法及价格法都禁止经营者为排挤竞争对手而以低于成本价价格销售商品。

（一）低于成本价销售行为的构成要件

1. 主体。该行为的主体限于处于卖方地位的经营者。在现实中，这类经营者还往往是处于竞争优势地位的，经济实力强，有能力承担低于成本价销售所带来的负面影响。

2. 主观方面。行为人主观上有排挤竞争对手的故意。经营者低于成本价销售的目的是排挤竞争对手，独占市场。因此，并非一时就某一种商品低于成本价格销售，而是较长时间以较大的市场投放量低价倾销。

如果经营者主观上不存在排挤竞争对手的故意，即使低于成本价销售，也不构成此类不正当竞争行为。这也被称之为"低于成本价销售"的例外。如经营者依法降价处理商品的行为，这是根据商品经营的特点和解决经营者自身的困难而采取的

---

〔1〕 参见李东方主编：《市场管理法教程》，中国政法大学出版社 2003 年版，第 35 页。

措施。依据法律的规定，这种"例外"包括：①销售鲜活商品；②处理有效期限即将到期的商品或者其他积压的商品；③季节性降价；④因清偿债务、转产、歇业降价销售商品。经营者以低于成本的价格销售这些商品时，除正常标注应当标明的商品价格内容外，还应当清晰、准确地标明原价、降低后的价格或者折扣、赠送的商品或者服务内容。

3. 客观方面。经营者客观上实施了低于成本价销售行为。这里，要对销售行为进行广义的理解，除了有形商品外还应包括无形产品和服务。

低于成本价，根据国家发展计划委员会 1999 年公布的《关于制止低价倾销行为的规定》的规定，成本是指生产成本、经营成本。生产成本包括制造成本和由管理费用、财务费用、销售费用构成的期间费用。经营成本包括购进商品进货成本和由经营费用、管理费用、财务费用构成的流通费用。低于成本，是指经营者低于其所经营商品的合理的个别成本。在个别成本无法确认时，由政府价格主管部门按该商品行业平均成本及其下浮幅度认定。

（二）低于成本价销售行为的主要表现

根据《关于制止低价倾销行为的规定》的规定，低于成本价销售的行为主要有以下几种表现：

1. 生产企业销售商品的出厂价格低于其生产成本的，或经销企业的销售价格低于其进货成本的。

2. 采用高规格、高等级充抵低规格、低等级等手段，变相降低价格，使生产企业实际出厂价格低于其生产成本，经销企业实际销售价格低于其进货成本的。

3. 通过采取折扣、补贴等价格优惠手段，使生产企业实际出厂价格低于其生产成本，经销企业实际销售价格低于其进货成本的。

4. 进行非对等物资串换，使生产企业实际出厂价格低于其生产成本，经销企业实际销售价格低于其进货成本的。

5. 通过以物抵债，使生产企业实际出厂价格低于其生产成本，经销企业实际销售价格低于其进货成本的。

6. 采取多发货少开票或不开票方法，使生产企业实际出厂价格低于其生产成本，经销企业实际销售价格低于其进货成本的。

7. 通过多给数量、批量优惠等方式，变相降低价格，使生产企业实际出厂价格低于其生产成本，经销企业实际销售价格低于其进货成本的。

8. 在招标投标中，采用压低标价等方式使生产企业实际出厂价格低于其生产成本，经销企业实际销售价格低于其进货成本的。

9. 采用其他方式，使生产企业实际出厂价格低于其生产成本，经销企业实际销售价格低于其进货成本的。

（三）低于成本价销售行为的管理

任何单位和个人均有权向政府价格主管部门举报低于成本价销售行为。政府价

格主管部门应当对举报人员给予鼓励，并负责为举报者保密。省级以下政府价格主管部门受理举报，或者认为存在以及可能存在低于成本价销售行为时，应当及时报请政府价格主管部门认定。对于省及省以下区域性的低于成本价销售行为，省级政府价格主管部门可以根据需要委托当地政府价格部门进行调查。对跨省区的低于成本价销售行为，国务院价格主管部门可以根据需要委托省级政府价格主管部门进行调查。

省级以上人民政府价格主管部门依法对低于成本价销售行为实施行政处罚。政府价格主管部门作出行政处罚决定之前，应当告知当事人有要求举行听证的权利，当事人要求听证的，政府价格主管部门应当组织听证。经营者违反明码标价规定的，责令改正，没收违法所得，可以并处5000元以下的罚款。经营者拒绝按照规定提供监督检查所需资料或者提供虚假资料的，责令改正，予以警告；逾期不改正的，可以处以罚款。

六、不正当奖售行为

不正当有奖销售行为，指经营者违反法律规定，在销售商品或提供服务时，以欺骗或其他不正当手段，附带提供给消费者或用户金钱、实物或其他好处，以获得销售中的优势的有奖销售行为。有奖销售，是指经营者销售商品或者提供服务，附带性地向购买者提供物品、金钱或者其他经济上的利益的行为，包括奖励所有购买者的附赠式有奖销售和奖励部分购买者的抽奖式有奖销售。

有奖销售是经营者常用的一种促销方式，由于其不是通过提高质量、降低成本、改善服务等常规方式来提高竞争力，而是利用购买某种投机心理增加销售，所以各国法律对有奖销售都加以严格的规范和限制，我国《反不正当竞争法》也有明确规定。

（一）不正当有奖销售行为的构成要件

1. 不正当有奖销售行为的主体是经营者。经政府和政府有关部门批准的进行有奖募捐及其彩票发售活动的有关机构、团体不属于这种情况。

2. 经营者实施了法律禁止的不正当有奖销售行为，并且实施该行为的目的是为了在竞争中获利。为公益目的进行的有奖募捐或彩票发售行为不属于不正当有奖销售。

3. 不正当有奖销售行为违反了市场活动中的诚实信用原则和公平竞争原则，破坏了市场竞争机制，扰乱了经济秩序，必须受到法律的限制与规范。

（二）不正当有奖销售行为的表现形式

根据《反不正当竞争法》和国家工商行政管理局《关于禁止有奖销售活动中不正当竞争行为的若干规定》的规定，不正当有奖销售行为主要表现在以下几个方面：

1. 谎称有奖销售或对所设奖的种类，中奖概率，最高奖金额，总金额，奖品种类、数量、质量、提供方法等作虚假不实的表示。

2. 采取不正当手段故意让内定人员中奖。

3. 故意将设有中奖标志的商品、奖券不投放市场或不与商品、奖券同时投放，或者故意将带有不同奖金金额或奖品标志的商品、奖券按不同时间投放市场。

4. 抽奖式的有奖销售，最高奖的金额超过5000元（以非现金的物品或者其他经济利益作为奖励的，按照同期市场同类商品或者服务的正常价格折算其金额）。

5. 利用有奖销售手段推销质次价高的商品。

6. 其他欺骗性有奖销售行为。

（三）不正当有奖销售行为的法律责任

《反不正当竞争法》第26条规定："经营者违反本法第13条规定进行有奖销售的，监督检查部门应当责令停止违法行为，可以根据情节处以1万元以上10万元以下的罚款。"

有关当事人因有奖销售活动中的不正当竞争行为受到侵害的，可根据《反不正当竞争法》第20条的规定，向人民法院起诉，请求赔偿。

七、诋毁商誉行为

诋毁商誉行为是指经营者为了占领市场，故意捏造、散布虚假事实，损害竞争对手的商业信誉和商品声誉，削弱其竞争力，使自己获得竞争优势的行为。

商誉是商业信誉和商品信誉的统称，反映了社会公众对市场经营主体名誉的综合性积极评价。商业信誉，是指社会公众对某一经营者的经济能力、信用状况等所给予的积极社会评价，包括经营者在经济生活中的信用、生产水平、资产状况、技术水平、商业道德、商品或服务的质量等。商品信誉是社会对经营者的商品的质量、数量、价格、性能等方面的积极评价。商誉是经营者长期努力追求，并投入一定的金钱、时间及精力才取得的。良好的商誉是竞争的重要武器，也是巨大的无形财富。

诋毁商誉行为破坏市场竞争机制的正常运转，严重影响了竞争秩序，因此法律对侵犯竞争者商誉的行为予以严厉制裁。我国《反不正当竞争法》第14条规定："经营者不得捏造、散布虚伪事实，损害竞争对手的商业信誉、商品声誉。"

诋毁商誉行为的构成要件是：

1. 主体。行为的主体是市场经营活动中的经营者，而且与商誉受到损害的主体之间具有竞争关系。如果与受害方没有竞争关系，则不构成反不正当竞争法规定的诋毁商誉行为。

2. 主观方面。诋毁商誉的行为人主观上有过错，包括故意或重大过失。经营者对其他竞争者进行诋毁，其目的是败坏对方的商誉，使自己在竞争中获得优势。

3. 客观方面。经营者客观上实施了捏造、散布虚假事实等诋毁商誉的行为。该行为分为两种：一种是采取虚假说法的行为，即凭空捏造或散布有关他人商誉的、与其商业信誉、商品声誉真实情况不相符合的事情，包括无中生有的编造，也包括对真实情况的恶意歪曲；另一种是采取不当说法的行为，即不公正、不准确、不全面地陈述客观事实，意在贬低、诋毁竞争对手的商誉。

另外，需要注意的是，诋毁行为是针对一个或多个特定竞争对手的。如果捏造、散布的虚假事实不能与特定的经营者相联系，商誉主体的权利便不会受到侵害。[1]

 以案说法

济南某公司擅自使用与"洽洽"近似的包装装潢案[2]

[案情简介]

济南某食品有限公司（以下简称"食品公司"）于 2006 年 10 月开始生产"寅旺"牌香瓜子，共生产 100 克、120 克、130 克、340 克、350 克和 454 克 6 个规格的产品。所使用的两种版本（"食品公司"于 2007 年 4 月对 120 克、130 克、340 克、350 克 4 个规格产品的包装物版式、构图进行了部分改动）的纸质包装袋均由黄山市泰联纸塑包装印刷有限公司承印。截至案发之日，"食品公司"已购进上述"寅旺"牌香瓜子纸质包装袋 89 000 个，除 100 克和 454 克两个规格的包装袋尚库存 2600 个外，其余包装袋均已生产领用。经认定，"食品公司"所使用的两种版本的"寅旺"牌香瓜子包装、装潢在外观设计上同合肥华泰集团股份有限公司生产销售的"洽洽"香瓜子的包装、装潢近似，足以使相关公众在一般注意力下发生误认，系仿冒"洽洽"牌香瓜子的包装、装潢。截至案发之日，该当事人共生产"寅旺"牌香瓜子 72 769 袋且已全部售出。经委托山东泉城会计师事务所有限公司审计，"食品公司"非法经营额共计 156 870.46 元，违法所得 3332.76 元。"食品公司"对上述审计结果无异议。以上事实有当事人笔录、书证、物证、涉案商品照片和鉴定报告为证。

"食品公司"上述行为违反《反不正当竞争法》第 5 条第 2 项所列"擅自使用知名商品特有的名称、包装、装潢，或者使用与知名商品近似的名称、包装、装潢，造成和他人的知名商品相混淆，使购买者误认为是该知名商品"的规定。

根据《反不正当竞争法》第 21 条第 2 款的规定及《关于禁止仿冒知名商品特有的名称、包装、装潢的不正当竞争行为的若干规定》第 8 条的规定，济南市工商局历城分局于 2008 年 4 月 23 日作出责令"食品公司"停止违法行为，监督销毁尚未使用的"寅旺"香瓜子包装袋 2600 个，没收违法所得 3332.76 元，罚款 4000 元的行政处罚。

[案例评析]

本案是因利用混淆行为进行不正当竞争而受到行政处罚的案件。在本案中，关键的问题在于如何认定"近似"。工商局在查处此案过程中是从以下几个方面进行认定的：

1. 版式构图的相同点与近似点。相同点如整个版式总体结构相同、图文处理方

---

〔1〕 参见李东方主编：《市场管理法教程》，中国政法大学出版社 2003 年版，第 38 页。

〔2〕 载国家工商行政总局网，http://www.saic.gov.cn/gzfw/dxal/fld/201008/t20100806_93947.html.

式相同等；近似点包括黑色艺术字变形体、红底黑色图文等。

2. 主色调，整个包装物的主要色调完全相同，都是红底黑字，或绿底黑字。都由三种颜色组成，包装物原色、红色和黑色，而且所用红色的饱和度、亮度也完全相同，如果不在同一光源下比对，根本无法分辨。

3. 字体，包括相同点如除商标文字外，其他文字的字体相同，颜色相同；近似点如文字的大小稍有不同，正面左侧艺术字体的变形幅度稍有不同。

综合上述三项对比，可以得出肯定的结论：两份包装物在设计理念，实现工艺，表现手法上完全一样，所形成的总体视觉效果并无二致，相关公众以其一般注意力很难发现其细节上的细微不同，足以使消费者发生误认，是两份相似度很高的包装设计。

合肥华泰集团股份有限公司的"洽洽"商标已经于 2002 年 2 月 8 日被认定为中国驰名商标，其包装设计分别于 2000 年 11 月 15 日和 2004 年 9 月 29 日取得外观设计专利，以该外观设计作为包装物的"洽洽"牌瓜子也分别于 1998 年 12 月和 2003 年 12 月底投放市场。济南某食品有限公司注册成立的时间是 2002 年 9 月 26 日，作为合肥华泰集团股份有限公司的竞争性企业，应当遵守《反不正当竞争法》第 5 条第 2 项规定的不作为义务，选用与合肥华泰集团股份有限公司不相似的包装设计包装自己的产品，与竞争企业公平竞争，但是济南某食品有限公司产品包装物的外观却与合肥华泰集团股份有限公司的获得专利的包装设计外观非常相似，几近相同，以普通人的一般认知即可认定两者相似，足以使相关公众在一般注意力下发生误认，甚至混同。

因此，本案件工商部门的处理是恰当的，及时制止了不正当竞争行为，保护了权利人的合法权益，维护了正常的市场竞争秩序。

第三节　限制竞争行为

一、限制竞争行为的概念和特征

限制竞争行为，是指经营者单独或者联合实施的妨碍或者消除市场竞争，排挤竞争对手或者损害消费者权益的行为。限制竞争行为，既包括具有经济优势力量的经营者滥用其经济实力限制他人竞争的行为，出包括政府及其部门滥用行政权力所实施的限制竞争行为。

限制竞争行为与垄断和不正当竞争行为的关系：限制竞争行为、垄断和不正当竞争行为均是竞争带来的消极产物。它们不仅破坏了市场经济秩序，而且也严重地损害了其他竞争者、消费者和整个社会的经济利益，三者相互联系、互有交叉，并没有绝对的界限，本质上同属破坏竞争的行为；但是，在行为方式、目的、程序等方面又存在着区别和差异。

限制竞争行为主要有以下特征：

1. 限制竞争行为的主体是具有经济优势的经营者或者政府及其所属部门。该行为主体可以是一个具有优势地位的经营者，也可以是两个或两个以上具有竞争关系的同业优势经营者，还可以是滥用行政权力的政府及其所属部门。

2. 竞争行为的客体，是针对竞争对手或与其有竞争关系的经营者的竞争行为或经营行为进行限制、阻碍、强制、排斥而产生的限制作用。

3. 限制竞争行为的手段是滥用或凭借行为人的自身经济优势，或以合同、协议等形式形成的联合行为与共谋手段。

4. 限制竞争行为的目的就是达到限制、排挤或排斥竞争对手，以保持和稳定自身经济优势地位，不断获取超额经济利润。

5. 限制竞争行为的后果，不仅损害了其他竞争者的利益，而且也剥夺了消费者的自由选择权，同时也不利于市场结构和竞争机制的合理化。

二、限制竞争行为的情形

在我国，法律将限制竞争行为主要分为四种情形：

（一）公用企业或其他依法具有独占地位的经营者的限制竞争行为

1. 公用企业或其他依法具有独占地位的经营者的限制竞争行为，是指公用企业或其他依法具有独占地位的经营者违反不正当竞争法规定，滥用独占地位，限定他人购买其指定的经营者的商品，以排挤其他经营者公平竞争的行为。

2. 公用企业，是指通过网络或者其他关键设施（基础设施）提供公共服务的经营者。包括供水、供电、供热、供气、邮政、电信、交通运输等行业的经营者。公用企业具有以下特征：①其经营活动是通过网络或者其他设施（基础设施）进行的，网络是指在一定地域内为运送人员、货物或者传递信息而形成的系统，例如，铁路运输网络，电信网络，电力、煤气、天然气传送网络等。②其经营活动受国家特殊管制。公用企业是关系国计民生的重要行业，国家在价格、服务质量、市场准入等方面进行特别管制。③公用企业具有自然垄断的属性。

3. 其他依法具有独占地位的经营者，是指公用企业以外的依法从事垄断性经营或者具有其他优势地位，能够决定或者限制交易对方或消费者的交易选择的经营者。所谓独占地位，是指经营者的市场准入受到法律、法规和规章或者其他合法的规范性文件的限制，该经营者在相关市场上独家经营或者没有充分竞争以及用户或者消费者对其提供的商品具有较强的依赖性的经营地位，其类型主要是专营、专卖行业，为国民经济提供金融、保险等基础性服务以及其他由国家进行特殊管制的行业的经营者。

4. 公用企业或其他依法具有独占地位的经营者限制竞争行为有下列类型：①限定用户、消费者只能购买和使用其附带提供的相关商品，而不得购买和使用其他经营者提供的符合技术标准要求的同类商品；②限定用户、消费者只能购买和使用其指定的经营者生产或者经销的商品，而不得购买和使用其他经营者提供的符合技术标准要求的同类商品；③强制用户、消费者购买其提供的不必要的商品；④强制用户、消费者购买其指定的经营者提供的不必要的商品；⑤以检验商品质量、性能等为借口，阻碍用户、消费者购买、使用其他经营者提供的符合技术标准要求的其他商品；⑥对不接受其不合理条件的用户、消费者，拒绝、中断或者削减供应相关商品，或者滥收费用；⑦其他限制竞争行为。

法律规定，有权查处公用企业或依法具有独立地位企业限制竞争行为的职能部门是省级或设区的市的工商行政管理机关，不包括县级工商行政管理机关。

（二）政府及其所属部门限制竞争行为

政府及其所属部门限制竞争行为，是指政府及其所属部门违反不正当竞争法规定，限定他人购买其指定的经营者的商品，限制其他经营者正当的经营活动，限制外地商品进入本地市场或者本地商品流向外地市场的行为，该行为又称为行政垄断行为。政府及其所属部门限制竞争行为的主要特点：①该行为凭借的是行政力量，而非经济优势或经济实力；②该行为不是一般的行政行为，而是一种不正当竞争行为。其行为主体违反依法行政的基本原则行使权力，直接或间接地干预市场经济活动，限制和妨碍正常的竞争，严重地干扰和破坏经济秩序；③该行为不同于一般的强迫性或强制性交易行为，涉及的范围更广，危害更大。该行为既包括直接干预经济活动，又包括不针对具体的交易对象、交易主体或交易行为而作出的抽象政策与规定。这些政策与规定决定了商品流通的总体状况，限制了商品流通和市场竞争发生的机会和范围。

政府及其所属部门限制竞争行为包括中国现实经济生活中存在的市场壁垒，即地方政府为了保护所辖行政区域的经济利益，采取各种行政措施，阻断或限制辖区内外的贸易往来，人为地分割市场的行为。通常所说的"地区封锁"、贸易方面的"地方保护"等，实际上指的就是"市场壁垒"。

（三）搭售或附加其他不合理条件的行为

搭售行为，全称为搭售及附加其他不合理条件行为，是指经营者利用经济技术优势，在销售商品时违背购买者的意愿而搭售商品或者附加其他不合理条件的行为。搭售是指经营者出售商品时，违背对方的意愿，强行搭配其他商品的行为。其他不合理条件，是指搭售以外的不合理的交易条件，如限制转售区域、限制技术受让方在合同技术的基础上进行新技术的研制开发等。

搭售的具体形式主要是：①搭售商品，即销售者利用其经济技术优势，在销售商品时搭售其他的商品。销售的商品包括有形商品和无形商品，对销售应该作广义的理解，即包括转移所有权的销售以及出租等转让财产使用权的销售。②销售商品时附加不合理条件，如转让技术时限制产品和销售价格，限定销售区域。

（四）招标投标中的串通行为

串通招标投标行为，是指投标者之间相互串通而抬高标价或者压低标价，或者投标者和招标者相互勾结以排挤竞争对手的不公平竞争的行为。串通招标投标行为的主要特点：①它是一种限制竞争协议行为；②它损害了特定经营者——招标人的利益。

主要表现为两种行为：一是投标者之间串通投标，抬高标价或压低标价；二是投标者与招标者相互勾结排挤竞争对手。

其他限制竞争行为，是指《反不正当竞争法》规定以外的由地方性法规所规定的限制竞争行为。例如，一些地方性法规规定了禁止联合限定价格、划分市场等联合操纵市场行为。

三、限制竞争行为的查处

1. 对公用企业或者其他依法具有独占地位的经营者的限制竞争行为，由省级或者设区的市的工商行政管理机关处罚。县级工商行政管理机关对限制竞争行为没有行政处罚权。但省级或者设区的市的工商行政管理部门可以委托县级工商行政管理部门调查案情。

2. 民族自治州工商行政管理局依法行使下设区、县的工商行政管理机关的职权，对限制竞争行为有行政处罚权。

3. 对公用企业或者其他依法具有独占地位的经营者限制竞争行为，省级或者设区的市的工商行政管理部门应当责令停止违法行为，可以根据情节处以5万元以上20万元以下的罚款。被指定的经营者借此销售质次价高商品或者滥收费用的，应当没收违法所得，可以根据情节处以违法所得1倍以上3倍以下的罚款。

4. 公用企业或者其他依法具有独占地位的经营者在实施限制竞争行为的同时又销售质次价高商品或者滥收费用的，构成两种违法行为，工商行政管理部门对这两种行为可以一并处理。

5. 政府及其所属部门滥用行政权力限制竞争的行为，由上级机关责令其改正；情节严重的，由同级或者上级机关对直接责任人员给予行政处分。被指定的经营者借此销售质次价高商品或者滥收费用的，工商行政管理部门应当没收非法所得，可以根据情节处以违法所得1倍以上3倍以下的罚款。

6. 对行政垄断行为，工商行政管理机关可以运用行政建议或者行政告诫的方式加以制止。

四、限制竞争行为的法律适用

因为限制竞争行为人需要具备一定的优势，或者是经济优势或者是行政优势，不是一般经营者所能为的行为。而且限制竞争行为可以导致市场垄断。我国原有法律对限制竞争行为的处罚力度较轻，随着反垄断法的颁布和实施，这类行为更应适用反垄断法。其行为可适用反垄断法中关于垄断协议、利用市场支配地位、行政垄断的相关责任处罚。

 以案说法

辽宁大洼县、东港市对酒类实行地方保护和地区封锁案[1]

[案情简介]

1999 年以前，大洼县专卖事业管理局在发放酒类经营许可证时，按照盘锦市专卖事业管理局的统一要求，把经营范围限定为"地产啤酒"。在换发酒类经营许可证时，对经营本地产啤酒的业户放松管理，对主要经营外地生产的啤酒的业户却多次处罚。东港市酒类专卖管理局滥用行政权力，指定东港市啤酒销售中心独家经营丹东啤酒厂生产的"黄牌"、"特制"等"鸭绿江"啤酒，并限定东港市辖区内其他啤酒批发业户只许经营该中心供应的啤酒。

2001 年 2 月，根据国务院领导的指示，原国家经贸委、国家工商总局联合组成调查组赴辽宁调查，对辽宁省大洼县啤酒市场地区封锁的行为进行了查处，对事件的直接责任人做出处理。东港市人民政府和丹东市贸易局取消了对啤酒市场地方保护的做法。同时对辽宁东港市啤酒市场地区封锁行为查处情况进行了调查，辽宁省政府以此为契机，制定了禁止酒类市场地区封锁的规定。同年 4 月对发生在安徽省舒城县化肥市场地区封锁行为以及 5 月份发生在湖北宜城市借整顿市场为由实行啤酒市场地区封锁的做法，国家工商总局及时指导地方工商机关调查处理，最终使问题得到解决。

[案例评析]

这是一起典型的对限制竞争行为的行政管理行为。由于限制竞争行为的主体往往具有经济优势或权力优势，极易对市场秩序造成不利后果，侵害其他竞争者和消费者的合法权益，在查处中也有很大难度，需要国家力量的强制干预，以矫正不正当竞争行为，恢复市场秩序。[2]

 第四节　不正当竞争行为的监督管理和法律责任

一、不正当竞争行为的监督管理

县级以上人民政府工商行政管理部门对不正当竞争行为进行监督检查，法律、

---

〔1〕 载陕西省工商行政管理局网站，http：//www.snaic.gov.cn/info/1035/7427.htm.

〔2〕 由于我国《反不正当竞争法》颁布时，还没有制定《反垄断法》，因此在《反不正当竞争法》中对限制竞争行为进行了基本的规范。2008 年，我国《反垄断法》正式实施，属于垄断行为的限制竞争行为由《反垄断法》调整。本节主要是对《反不正当竞争法》中关于限制竞争的内容作简要介绍，其具体的规范将在第三章反垄断法中进行详细讲述。

行政法规规定由其他部门监督检查的依照其规定。监督检查部门工作人员监督检查不正当竞争行为时，应当出示检查证件。

监督检查部门在监督检查不正当竞争行为时，有权行使下列职权：

1. 按照规定程序询问被检查的经营者、利害关系人、证明人，并要求提供证明材料或者与不正当竞争行为有关的其他资料。

2. 查询、复制与不正当竞争行为有关的协议、账册、单据、文件、记录、业务函电和其他资料。

3. 检查与不正当竞争行为有关的财物，必要时可以责令被检查的经营者说明该商品的来源和数量，暂停销售，听候检查，不得转移、隐匿、销毁财物。

监督检查部门在监督检查不正当竞争行为时，被检查的经营者、利害关系人和证明人应当如实提供有关资料或者情况。

二、不正当竞争行为的法律责任

根据我国《反不正当竞争法》的规定，经营者实施不正当竞争行为和监督检查人员在监督检查不正当竞争行为时的违法行为，都要承担相应的法律责任，包括民事责任、行政责任和刑事责任。

（一）经营者不正当竞争的法律责任

1. 民事责任。《反不正当竞争法》规定，如果经营者的不正当竞争行为给被侵害的经营者造成损害的，应当承担损害赔偿责任，被侵害的经营者的损失难以计算的，赔偿额为侵权期间因侵权所获得的利润；并应当承担被侵害的经营者因调查该经营者侵害其合法权益的不正当竞争行为所支付的合理费用。

2. 行政责任。《反不正当竞争法》规定的行政责任，主要通过不正当竞争行为的监督检查部门对不正当竞争行为的查处来实现。行政责任的形式主要包括责令停止违法行为、责令改正、消除影响、没收非法所得以及吊销营业执照等形式。

3. 刑事责任。刑事责任适用于那些对其他经营者、消费者和社会经济秩序损害严重、情节恶劣的不正当竞争行为。《反不正当竞争法》规定了商标侵权行为、销售伪劣商品行为和商业贿赂行为构成犯罪的，依法追究刑事责任。另外，《刑法》还规定了侵犯商业秘密犯罪。

（二）监督检查人员的法律责任

根据《反不正当竞争法》的规定，监督检查不正当竞争行为的国家机关工作人员滥用职权、玩忽职守，构成犯罪的，依法追究刑事责任；不构成犯罪的，给予行政处分。监督检查不正当竞争行为的国家机关工作人员徇私舞弊，对明知有违反本法规定构成犯罪的经营者故意包庇不使他受追诉的，依法追究刑事责任。

 以案说法

广西南宁某医药公司虚假宣传受行政处罚案[1]

[案情简介]

2012 年 5 月 21 日，广西壮族自治区食品药品检验所向南宁市工商局 12315 举报中心举报称，南宁某医药科技有限公司在该公司网站产品介绍网页及该公司淘宝网销售网页发布的信息中有一份由广西壮族自治区食品药品检验所出具的检验报告，经核实，该报告为虚假报告。

2012 年 5 月 25 日，执法人员依法对当事人办公场地实施现场检查，从其财务办公电脑进入公司网站主页及淘宝网店，发现举报人所指的检验报告，其中记载了"瑶诗蔓活肤无瑕霜"产品生产原料为柿叶提取物的检验信息及该原料铅、镉、汞、乙酰甲胺磷、敌菌灵、联苯菊酯含量等六项检验数值。经调查证实，自 2012 年 3 月27 日起，当事人分别在其公司网站主页"瑶诗蔓活肤无瑕霜"产品介绍网页和淘宝网网店"瑶诗蔓活肤无瑕霜"销售网页中发布了编号为 2012011202 的广西壮族自治区食品药品检验所检验报告的扫描件，并经广西壮族自治区食品药品检验所确认，上述报告为虚假检验报告。

法律适用及处罚结果：根据《反不正当竞争法》第 24 条第 1 款之规定，南宁市工商局责令当事人停止违法行为，消除影响，并处以罚款 10 000 元，上缴国库。

[案例评析]

这是一起工商行政管理部门接到举报查处不正当竞争行为的案件。本案中，南宁某医药科技有限公司在该公司网站产品介绍网页及该公司淘宝网销售网页发布的信息使用虚假检验报告，欺骗消费者，破坏市场竞争秩序，属于虚假宣传行为。

本案焦点在于电子数据证据的证明效力问题。本案提出的电子数据证据为证明当事人违法事实的关键证据之一，其真实性与否，直接关系到本案违法事实认定问题。针对案件争议的焦点问题，办案机构内部存在两种意见：一种意见认为，电子数据证据未严格依据《最高人民法院关于行政诉讼证据若干问题的规定》第 20 条的规定，未注明制作方法、证明对象等内容，不符合证据真实性要求，进而认定当事人违法事实不清，证据不足；另一种意见认为，尽管此证据未严格依据《最高人民法院关于行政诉讼证据若干问题的规定》第 20 条的规定制作提取，但执法人员在提取此证据时已注明提取时间、提取人等基本要素，提取地点和设备为当事人办公场地和设备，且当事人全程参与并认可此证据，具备证据真实性要求，可以作为定案依据。此案经过法制机构审核认为，目前并无专门证据规则认定的法律规定，行政

---

〔1〕 载国家工商行政总局网，http://www.saic.gov.cn/gzfw/dxal/bgt/201404/t20140415_143920.html.

机关实施行政执法时对证据的认定基本上参照《最高人民法院关于行政诉讼证据若干问题的规定》的规定，且行政执法对证据的要求显然低于刑事执法，在现有执法条件下，此证据提取过程中当事人全程参与，且对此证据证明内容予以认可。综上所述，法制机构认为此证据符合要求，同意办案机构第二种意见。

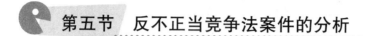

第五节　反不正当竞争法案件的分析

一、反不正当竞争法案件的主要种类

《反不正当竞争法》规定了 11 种不正当竞争行为，由此可将不正当竞争案件划分为以下 11 类：

1. 混淆行为案件。
2. 商业贿赂行为案件。
3. 虚假宣传行为案件。
4. 侵犯商业秘密行为案件。
5. 低价倾销行为案件。
6. 不正当有奖销售行为案件。
7. 诋毁商誉行为案件。
8. 限购排挤行为案件。
9. 滥用行政权力限制竞争的行为案件。
10. 搭售行为案件。
11. 招标投标中的串通行为案件。

二、反不正当竞争法案件分析应当注意的问题

（一）基本问题

1. 不正当竞争行为的性质。不正当竞争行为首先是经营者的商业竞争行为。不正当竞争行为的主体除滥用行政权力限制竞争行为外都是经营者，经营者为不正当竞争行为的目的都是为了赢得商业竞争。非经营者的或非商业竞争目的不法行为不属于不正当竞争行为。

需要注意的是，根据 2001 年 9 月 5 日工商行政管理总局发布的《国家工商行政管理总局关于非营利性医疗机构是否属于〈反不正当竞争法〉规范主体问题的答复》，无论是营利性医疗机构，还是非营利性医疗机构，只要在购买药品或者其他医疗用品中收受回扣的，都构成《反不正当竞争法》规定的商业贿赂行为。

2. 反不正当竞争法的法律适用。《反不正当竞争法》是我国调整市场竞争关系的基本法，与相关的《商标法》、《产品质量法》、《广告法》、《合同法》、《劳动法》、《价格法》、《招标投标法》等专门法相比，是普通法和特别法的关系，在法律适用上，按照特别法优于普通法的原则，特别法有规定的，先适用特别法，特别法没有

规定,《反不正当竞争法》有规定的适用《反不正当竞争法》。

（二）混淆行为案件分析应当注意的问题

1. 假冒他人的注册商标。《反不正当竞争法》第 5 条第 1 款规定"假冒他人的注册商标"是个很笼统的说法,而根据《商标法》第 57 条的规定,其前四类都属于假冒注册商标行为,即未经商标注册人的许可,在同一种商品上使用与其注册商标相同的商标的;未经商标注册人的许可,在同一种商品上使用与其注册商标近似的商标,或者在类似商品上使用与其注册商标相同或者近似的商标,容易导致混淆的;销售侵犯注册商标专用权的商品的;伪造、擅自制造他人注册商标标识或者销售伪造、擅自制造的注册商标标识的。《刑法》第 213 条在规定假冒注册商标罪时则将假冒注册商标行为界定为"未经注册商标所有人许可,在同一种商品上使用与其注册商标相同的商标"。

广义的假冒注册商标,包括《商标法》第 57 条规定的前 4 类;中义的假冒注册商标,仅指《商标法》第 57 条规定的第一类行为,具体分为四种情况:①未经商标注册人的许可,在同一种商品上使用与其注册商标相同的商标的;②未经商标注册人的许可,在同一种商品上使用与其注册商标近似的商标;③未经商标注册人的许可,在类似商品上使用与其注册商标相同的商标;④未经商标注册人的许可,在类似商品上使用与其注册商标近似的商标。狭义的假冒注册商标是指《刑法》第 213 条的规定。

我们认为,从中义上理解和界定假冒注册商标的不正当竞争行为比较恰当,更符合反不正当竞争法的立法意图,也更有利于保护权利人的合法权利。

2. 擅自使用知名商品特有的名称、包装、装潢,或者使用与知名商品近似的名称、包装、装潢,造成和他人的知名商品相混淆,使购买者误认为是该知名商品。

从操作上看,一般采用三个步骤来认定知名商品:①考察是否存在有关商品的名称、包装、装潢被行为人假冒或仿冒的事实。因为知名商品是在个案中认定的,如果不存在假冒或仿冒的事实,也就无所谓什么知名商品。②在认定假冒或仿冒的事实之后,推定被假冒或仿冒的商品是知名商品。如果侵权行为人不能提出反证证明该商品不是知名商品,则可初步认定该商品是知名商品。③要结合具体的情况来认定知名商品。如商品销售的时间、区域、销售量和销售对象、商品的宣传的形式、宣传的投入、宣传持续的时间、程度和地域范围、作为知名商品受到保护的形式和内容、采取的措施及效果等。

对使用与知名商品近似的名称、包装、装潢,可以根据主要部分和整体印象相近,一般购买者施以普通注意力会发生误认等综合分析认定。一般购买者已经发生误认或者混淆的,可以认定为近似。

3. 擅自使用他人的企业名称或者姓名,引人误认为是他人的商品。使用他人的企业名称或者姓名必须取得合法所有人的书面同意。

4. 在商品上伪造或者冒用认证标志、名优标志等质量标志,伪造产地,对商品质量作引人误解的虚假表示。名优标志可以在产品说明书、产品检验合格证、产品包装等各方面使用，并可以在广告、新闻中如实宣传。产地名称是表示某项产品来源于某个国家或地区的说明性标志。当产品质量、特点与其产地存在某种固定联系时，产地名称所反映的不仅是产品与其产地之间的外部联系，同时还揭示出产品质量与产地之间的内在联系。这时产地名称对产品质量而言不仅具有象征性意义，还具有区别功能，因此受到法律以及国际公约或者条约的保护，如《保护工业产权巴黎公约》关于原产地名称的规定、《与贸易有关的知识产权协议》中关于地理标志的规定等。

《反不正当竞争法》第5条第4项禁止"伪造产地"中"产地"一词，其外延显然大于"原产地名称"而更接近"地理标志"。实践中，如果伪造产地的行为不能依照产品质量法、工业产权法有效制止的话，应该根据反不正当竞争法予以制裁。[1]

5. 混淆行为中，认定是否近似时，应当注意下列原则：

（1）一般购买者施以普通注意原则。这里购买者非指某个或所有购买者，因而这种认识能力不是以某个购买者基于自身的智力、身体状况、技能、物质条件等所具有的认识能力作为标准，也不是以所有购买者都能识别为标准，而是依据与某种商品有特定购买关系的一个消费群体普遍具有的认识能力为判断标准，只要尽了应有的注意后，仍发生混淆，即可认定为近似。

（2）整体形象与主要部分比较原则。主要部分，就是商标最显著、最醒目、最易引起购买者注意的部分。如果两个商品标示在主要部分上没有显著的差异，就构成近似。

（三）商业贿赂行为案件分析应当注意的问题

1. 商业贿赂行为之"贿赂"。商业贿赂行为之"贿赂"是指财物或其他手段，根据《关于禁止商业贿赂行为的暂行规定》第2条第4款的解释，财物是指现金和实物，包括经营者为销售或者购买商品，假借促销费、宣传费、赞助费、科研费、劳务费、咨询费、佣金等名义，或者以报销各种费用等方式，给付对方单位或者个人的财物。其他手段，是指提供国内外各种名义的旅游、考察等给付财物以外的其他利益的手段。

从制止商业贿赂的立法宗旨出发，应当对"其他手段"作广义的解释。无论"其他手段"的表现形式是什么，其实质为一种利益，即在某个方面可以改变受贿人经济状况、法律状况或人身状况的东西。这种利益可以表现为物质方面的利益，也可以表现为非物质方面的利益。如实践中比较常见的提供色情服务，作为一种非物质利益，应属于"其他手段"的范畴。

2. 回扣与一般商业贿赂的区别。回扣是商业贿赂的一种常见形式，在现实生活中，有些人将回扣和商业贿赂等同，曲解了商业贿赂的含义，不利于打击违法行为。

---

〔1〕 参见李东方主编：《市场管理法教程》，中国政法大学出版社2003年版，第30页。

回扣和一般商业贿赂的区别在于：

（1）主体不同。商业贿赂的主体可以是出卖人也可以是买受人，回扣的主体只能是出卖人。

（2）支付款物的来源不同。支付于商业贿赂的款物不一定是所售商品价款的一部分，而用来给付回扣的必须是一定比例的商品价款。

（3）对"账外暗中"要求不同。《反不正当竞争法》第 8 条第 1 款规定："经营者不得采用财物或者其他手段进行贿赂以销售或者购买商品。在账外暗中给予对方单位或者个人回扣的，以行贿论处；对方单位或者个人在账外暗中收受回扣的，以受贿论处。"根据本条规定，"账外暗中"只是针对回扣这一商业贿赂的典型形式的规定，对其他方式的商业贿赂则无此规定。因此，账外暗中只是回扣的法定要件，而非其他商业贿赂行为的构成要件。

（四）虚假宣传行为案件分析应当注意的问题

虚假宣传行为的主要手段是广告，所谓其他方法是一种概括性表述，指可以使公众得知的不属于广告的任何宣传方式，如雇佣或者伙同他人进行欺骗性的销售诱导，现场虚假的演示和说明，张贴、散发、邮寄虚假的产品说明书，在经营场所对商品作虚假的文字标注、说明或者解释，通过大众传播媒介作虚假的宣传报道等。

所谓引人误解，是指就一般消费者的合理判断而言，宣传的内容会使消费者产生错误的联想、认识，从而作出错误的决策。通常情况下，虚假宣传必然导致误解，但引人误解的宣传并不一定都是虚假的，在某些情况下，即使宣传内容是真实的，也可能产生引人误解的后果。如有经营者在其生产的家具上使用了意大利进口聚酯漆，就在广告上宣称其家具为"意大利进口聚酯漆家具"，这一广告从字面上不能认定是虚假的，但消费者一般会认为该家具是意大利进口的，而不是使用了意大利进口的聚酯漆，这属于典型的引人误解的宣传。消费者对商品发生误解，就会作出错误的消费决策，从而导致损失。因此，在认定经营者的宣传行为是否构成不正当竞争时，不能只简单地从宣传内容的真假来判断，引人误解才是构成不正当竞争的本质所在。

关于虚假广告，一般应以下两个方面认定：一是广告宣传的产品和服务本身是否客观真实；二是广告宣传的产品和服务的主要内容（包括产品和服务所能达到的标准、效用、所使用的注册商标、获得情况以及产品生产企业和服务提供单等）是否真实。凡利用广告捏造事实，以并不存在的产品和服务进行欺诈宣传，或广告所宣传的产品和服务的主要内容和事实不符的，均应认定为虚假广告。

（五）侵犯商业秘密行为案件分析应当注意的问题

1. 商业秘密权利人的界定。商业秘密的权利人是商业秘密的享有者，首先是其所有人，此外还有其他合法享有权利的人。根据《刑法》商业秘密犯罪中对权利人的界定是，商业秘密的所有人和经商业秘密所有人许可的商业秘密使用人。

《反不正当竞争法》中商业秘密的主体限于经营者，不参加经营活动单纯从事发明研究的人的技术秘密不受《反不正当竞争法》保护。

2. 侵犯商业秘密行为的法律推定。《关于禁止侵犯商业秘密行为的若干规定》第5条第3款规定:"权利人能证明被申请人所使用的信息与自己的商业秘密具有一致性或者相同性,同时能证明被申请人有获取其商业秘密的条件,而被申请人不能提供或者拒不提供其所使用的信息是合法获得或者使用的证据的,工商行政管理机关可以根据有关证据,认定被申请人有侵权行为。"这是对侵犯商业秘密行为推定的规定。

3. 行政执法中的保全措施。商业秘密一旦公开就可能丧失了它的经济价值,因此在商业秘密纠纷处理时,如果不及时采取保全措施,可能会造成商业秘密因公开而消失的后果,不但给权利人造成损失,也会使纠纷难以查清。因此,在行政处罚中,在证据可能灭失或者以后难以取得的情况下,可以先行登记保存,并应当在7日内及时作出处理决定,在此期间当事人或者有关人员不得销毁或转移证据。

根据《关于禁止侵犯商业秘密行为的若干规定》,对被申请人违法披露、使用、允许他人使用商业秘密将给权利人造成不可挽回的损失的,应权利人请求并由权利人出具自愿对强制措施后果承担责任的书面保证,工商行政管理机关可以责令被申请人停止销售使用权利人商业秘密生产的产品。

（六）低于成本价销售行为案件分析应当注意的问题

分析低于成本价销售行为案例主要从以下两个方面进行:首先,客观上经营者有以低于成本的价格销售商品的行为;其次,主观上经营者以低于成本的价格销售商品的目的,是为了排挤竞争对手,占领市场。非出于排挤竞争对手的目的以低于成本的价格销售商品的行为,不属于不正当竞争行为。

《反不正当竞争法》未规定对低于成本价销售行为的处罚,依照《价格法》第40条的规定,经营者有低价倾销行为的,价格主管部门责令改正,没收违法所得,可以并处违法所得5倍以下的罚款;没有违法所得的,予以警告,可以并处罚款;情节严重的,责令停业整顿,或者由工商行政管理机关吊销营业执照。

（七）不正当有奖销售行为案件分析应当注意的问题

有奖销售,是指经营者销售商品或者提供服务,附带性地向购买者提供物品、金钱或者其他经济上的利益的行为。包括奖励所有购买者的附赠式有奖销售和奖励部分购买者的抽奖式有奖销售。凡以抽签、摇号等带有偶然性的方法决定购买者是否中奖的,均属于抽奖方式。抽签、摇号是典型的抽奖式有奖销售方式,但抽奖式有奖销售并不限于这些方式。在有奖销售中,凡以偶然性的方式决定参与人是否中奖的,均属于抽奖式有奖销售,而偶然性的方式是指具有不确定性的方式,即是否中奖只是一种可能性,既可能中奖,也可能不中奖,是否中奖不能由参与人完全控制。国家工商行政管理局《关于禁止有奖销售活动中不正当竞争行为的若干规定》中规定了六类不正当有奖销售行为。其中,以非现金的物品或者其他经济利益作奖励的,按照同期市场同类商品或者服务的正常价格折算其金额。"质次价高",由工商行政管理机关根据同期市场同类商品的价格、质量和购买者的投诉进行认定，必要时会同有关部门认定。

需要注意的是，国家工商行政管理局关于几种特殊的不正当有奖销售行为的界定：

1. 根据 1996 年 12 月 4 日工商行政管理总局发布的《国家工商行政管理局关于营利性保龄球场馆举办高额奖励活动是否属于不正当竞争行为问题的答复》，营利性保龄球场馆举办的以一定的得分来决定消费者是否中奖的有奖销售活动，属于以带有偶然性的方式决定消费者是否中奖的抽奖式的有奖销售。举办此类有奖销售活动，凡最高奖的金额超过 5000 元的，均构成不正当竞争行为，应当依据《反不正当竞争法》和国家工商行政管理局《关于禁止有奖销售活动中不正当竞争行为的若干规定》予以查处。

2. 根据 1998 年 4 月 2 日工商行政管理总局发布的《国家工商行政管理局关于有线电视台在提供电视节目服务中进行有奖竞猜是否构成不正当竞争行为的答复》，有线电视台是通过有线方式向有线电视系统终端用户提供有偿电视节目服务的经营者。有线电视台为招揽广告客户和消费者，在提供电视节目服务中进行有奖竞猜活动的，构成有奖销售，应当遵守《反不正当竞争法》第 13 条的规定。有线电视台为招揽广告客户和消费者，在提供电视节目服务所进行的有奖竞猜活动中，以带有偶然性的方法决定购买者是否中奖，且其最高奖的金额超过 5000 元的，妨碍了电视媒体之间的公平竞争，构成《反不正当竞争法》第 13 条第 3 项所禁止的不正当的抽奖式有奖销售，应当依法予以处理。

3. 根据 1998 年 10 月 14 日工商行政管理总局发布的《国家工商行政管理局关于抽奖式有奖销售认定及国家工商行政管理局对〈反不正当竞争法〉具体应用解释权问题的答复》，在证券经营者实施的以投资收益率或者利润率等高低确定部分投资者是否中奖的各种奖赛、比赛等活动中，各个投资者获取的投资收益率或者利润率等以及由此决定的能否中奖，取决于多种主客观因素，均不能完全以投资者的主观愿望、努力和能力为转移，投资者能否中奖具有偶然性和不确定性，因此，此类奖赛活动属于抽奖式有奖销售。

4. 根据 1999 年 4 月 5 日工商行政管理总局发布的《国家工商行政管理局关于有奖促销中不正当竞争行为认定问题的答复》，在促销活动中，以轿车的使用权、聘为消费顾问并给予高薪等方式作为奖励推销商品，或者利用社会福利彩票、体育彩票设置的高额奖励来销售商品，这些行为都极易诱发消费者的投机心理，影响和干扰消费者正常选择商品，妨碍质量、价格和服务等方面的公平竞争，不利于市场竞争机制的建立。在抽奖式有奖销售中，下列行为构成不正当竞争：①经营者以价格超过 5000 元的物品的使用权作为奖励的，不论使用该物品的时间长短。②经营者以提供就业机会、聘为各种顾问等名义，并以解决待遇，给付工薪等方式设置奖励，不论奖励现金、物品（包括物品的使用权）或者其他经济利益，也不论是否要求中奖者承担一定义务，最高奖的金额（包括物品的价格、经济利益的折算）超过 5000 元的。③经营者单独或与有关单位联合利用社会福利彩票、体育彩票设置奖励推销商品，最高奖的金额超过 5000 元的。对上述行为，应按《反不正当竞争法》和国家工商行政管理局《关于禁止有奖销售活动中不正当竞争行为的若干规定》处理。

（八）诋毁商誉行为案件分析应当注意的问题

诋毁商誉行为在现实生活中的表现主要有以下几种：

1. 利用散发公开信、召开新闻发布会、刊登对比性广告、声明性广告等形式，制造、散布贬损竞争对手商业信誉、商品声誉的虚假事实。

2. 在对外经营过程中，向业务客户及消费者散布虚假事实，以贬低竞争对手的商业信誉，诋毁其商品或服务的质量声誉。

3. 利用商品的说明书，吹嘘本产品质量上乘，贬低同业竞争对手生产销售的同类产品。

4. 唆使他人在公众中造谣并传播、散布竞争对手所售的商品质量有问题，使公众对该商品失去信赖，以便自己的同类产品取而代之。

5. 组织人员，以顾客或者消费者的名义，向有关经济监督管理部门作关于竞争对手产品质量低劣、服务质量差、侵害消费者权益等情况的虚假投诉，从而达到贬损其商业信誉的目的。

三、相关法律法规指引

1. 《中华人民共和国反不正当竞争法》，1993 年 9 月 2 日第八届全国人民代表大会常务委员会通过，自 1993 年 12 月 1 日起施行。

2. 《国家工商行政管理局关于实施〈中华人民共和国反不正当竞争法〉的通知》，1993 年 11 月 17 日国家工商行政管理总局发布，自发布之日起施行。

3. 《最高人民法院关于审理不正当竞争民事案件应用法律若干问题的解释》，2006 年 12 月 30 日最高人民法院审判委员会第 1412 次会议通过，自 2007 年 2 月 1 日起施行。

4. 《医药行业关于反不正当竞争的若干规定》，1993 年 10 月 4 日国家医药管理局发布，自 1993 年 12 月 1 日起施行。

5. 《关于禁止有奖销售活动中不正当竞争行为的若干规定》，1993 年 12 月 24 日国家工商行政管理局发布，自发布之日起施行。

6. 《国家工商行政管理局关于营利性保龄球场馆举办高额奖励活动是否属于不正当竞争行为问题的答复》，1996 年 12 月 4 日工商行政管理局发布，自发布之日起施行。

7. 《国家工商行政管理局关于有线电视台在提供电视节目服务中进行有奖竞猜是否构成不正当竞争行为的答复》，1998 年 4 月 2 日国家工商行政管理局发布，自发布之日起施行。

8. 《国家工商行政管理局关于抽奖式有奖销售认定及国家工商行政管理局对

〈反不正当竞争法〉具体应用解释权问题的答复》，1998 年 10 月 14 日国家工商行政管理总局发布，自发布之日起施行。

9. 《国家工商行政管理局关于有奖促销中不正当竞争行为认定问题的答复》，1999 年 4 月 5 日国家工商行政管理局发布，自发布之日起施行。

10. 《关于反对律师行业不正当竞争行为的若干规定》，1995 年 2 月 20 司法部发布，自发布之日起施行。

11. 《国家工商行政管理局关于医院给付医生 CT "介绍费"等是否构成不正当竞争行为的答复》，1997 年 10 月 28 日工商行政管理局发布，自发布之日起施行。

12. 《关于禁止仿冒知名商品特有的名称、包装、装潢的不正当竞争行为的若干规定》，1995 年 7 月 6 日国家工商行政管理局发布，自发布之日起施行。

13. 《关于禁止侵犯商业秘密行为的若干规定》，1995 年 11 月 23 日国家工商行政管理局发布，1998 年 12 月 3 日修订，自修订之日起施行。

14. 《关于禁止商业贿赂行为的暂行规定》，1996 年 11 月 15 日国家工商行政管理局发布，自发布之日起施行。

15. 《国家工商行政管理总局关于非营利性医疗机构是否属于〈反不正当竞争法〉规范主体问题的答复》，2001 年 9 月 5 日工商行政管理总局发布，自发布之日起施行。

16. 《关于禁止公用企业限制竞争行为的若干规定》，1993 年 12 月 24 日国家工商行政管理局发布，自发布之日起施行。

17. 《国家工商行政管理局关于工商行政管理机关对保险公司不正当竞争行为管辖权问题的答复》，1999 年 4 月 5 日国家工商行政管理局发布，自发布之日起施行。

18. 《国家工商行政管理局关于电信局对不从该局购买手机入网者多收入网费的行为是否构成不正当竞争行为问题的答复》，1999 年 7 月 27 日国家工商行政管理局发布，自发布之日起施行。

19. 《国家工商行政管理局关于工商行政管理机关应当依照〈反不正当竞争法〉查处邮政企业强制他人接受其邮政储蓄服务的限制竞争行为的答复》，1999 年 10 月 26 日国家工商行政管理局发布，自发布之日起施行。

20. 《国家工商行政管理局关于对供电企业限制竞争行为定性处罚问题的答复》，1999 年 10 月 26 日国家工商行政管理局发布，自发布之日起施行。

21. 《国家工商行政管理局关于铁路运输部门限定用户接受其指定的经营者提供的铁路运输延伸服务是否构成限制竞争行为及行为主体认定问题的答复》，1999 年 10 月 26 日国家工商行政管理局发布，自发布之日起施行。

22. 《国家工商行政管理局关于民族自治州工商行政管理局是否具有对公用企业或者其他依法具有独占地位的经营者限制竞争行为行政处罚权问题的答复》，1999 年 10 月 26 日国家工商行政管理局发布，自发布之日起施行。

23. 《国家工商行政管理局关于〈反不正当竞争法〉第二十三条滥收费用行为的

构成及违法所得起算问题的答复》，1999 年 11 月 29 日国家工商行政管理局发布，自发布之日起施行。

24.《国家工商行政管理局关于〈反不正当竞争法〉第二十三条和第三十条"质次价高"、"滥收费用"及"违法所得"认定问题的答复》，1999 年 12 月 1 日国家工商行政管理局发布，自发布之日起施行。

25.《国家工商行政管理局对铁路运输部门强制为托运人提供保价运输服务是否排挤保险公司货物运输保险公平竞争问题的答复》，2000 年 5 月 17 日国家工商行政管理局发布，自发布之日起施行。

26.《国家工商行政管理总局对火车站限制竞争行为行政处罚当事人认定问题的答复》，2001 年 7 月 11 日国家工商行政管理局发布，自发布之日起施行。

27.《国家工商行政管理局关于石油公司、石化公司实施限制竞争行为定性处理问题的答复》，2000 年 6 月 25 日国家工商行政管理局发布，自发布之日起施行。

28.《国家工商行政管理局关于对旅游行政管理机关限制竞争行为和旅游服务机构滥收费用行为定性处理问题的答复》，2000 年 10 月 17 日国家工商行政管理局发布，自发布之日起施行。

另外，许多省、市从本地区的实际情况出发，相应制定了反不正当竞争的地方法规，以维护地区的市场秩序。

 以案说法

涪陵制药厂诉江西民济药业有限公司不正当竞争案[1]

[案情简介]

原告太极集团涪陵制药厂（以下简称涪陵制药厂）诉称，涪陵制药厂于 1989 年开始生产、销售藿香正气口服液，1991 年向国家专利局申请专利，1996 年 3 月 16 日获得中国发明专利授权，专利号：91107254.3。十多年来，藿香正气口服液因其口感舒适、疗效显著，在市场上获得了极高的产品声誉和市场占有率，荣获中国发明金奖并荣登国家中药保护品种，为原告涪陵制药厂赢得了较好的经济效益和社会效益。而被告江西民济药业有限公司以经营为目的，将与原告藿香正气口服液知名商品相近似的外包装、装潢使用在其生产的藿香正气合剂产品上并投放市场，足以造成消费者误认。原告认为，被告的上述行为系不正当竞争行为，侵犯了原告的合法权益，并给原告造成了经济损失，根据《中华人民共和国反不正当竞争法》的规定，请求法院判令被告：①立即停止生产、销售侵权产品；②立即撤回、销毁在市场上销售的全部侵权产品；③赔偿原告经济损失人民币 50 万元；④承担本案诉讼费用。

被告江西民济药业有限公司（以下简称民济公司）未提交书面答辩状，在庭审

---

〔1〕 载找法网，http：//china. findlaw. cn/chanquan/fbzdjzf/anli/30018. html.

中辩称，民济公司在本案起诉前已停止了涉案包装的生产，并于 2005 年 6 月初开始
陆续撤回了 52 件涉案包装的药品，现市场上已无涉案包装的药品销售，故原告的第
一、二项诉讼请求无事实基础；民济公司使用在藿香正气合剂产品上的外包装与原
告使用在藿香正气口服液上的外包装并不近似，不会导致消费者误认；原告要求民
济公司赔偿 50 万元的诉讼请求无事实和法律依据，因原告的损失与民济公司的行为
无因果关系。综上所述，请求法院驳回原告的诉讼请求。

经审理查明：原告于 1991 年 7 月 24 日向国家专利局提出藿香正气液口服制剂的
制备方法发明专利的申请，并于 1996 年 3 月 16 日被授予专利权。1997 年 11 月 1 日，
藿香正气液口服制剂的制备方法发明专利获得国家专利局与世界知识产权组织授予
的"中国专利发明创造金奖"。1997 年 10 月 9 日，经国家卫生部审定，将原告申请
的藿香正气口服液列为国家二级中药保护品种，其保护期 7 年，从 1997 年 12 月 23
日至 2004 年 12 月 23 日止。2004 年 12 月 16 日，经国家食品药品监督管理局审定，
仍将原告申请的藿香正气口服液列为国家二级中药保护品种，保护期自 2004 年 12 月
24 日起至 2011 年 12 月 24 日止。

原告自生产藿香正气口服液产品以来，使用了三种版本的外包装、装潢，该三
种版本的外包装完全一致，均为 10ml/支×5 支/盒规格的长方体纸盒。该三种版本的
外包装装潢的色彩、版面排列、图案的内容完全相同，但其上标注的文字内容及字
体大小有些区别。原告于 2004 年 8 月 11 日生产的藿香正气口服液产品所使用的外包
装装潢有如下主要特征：包装盒正面为白色底，其靠左端顶部为两行红色拼音字母，
第一行为"HUOXIANG"，第二行为"ZHENG QI KOU FU YE"，第一行拼音字母的字
体较第二行拼音字母的字体大；在两行红色拼音字母下面是黑色的"藿香正气口服
液"七个字，其中"口服"二字较其他五个字小许多；再下面标注有黑色的"中国
发明专利号：ZL91 107254.3"字样，其字体大小与上面的"口服"二字基本相同；
接下来为一幅黑色边框的图案（也是正面的中下部），该图案是以绿黄色为主的田园
风光，占整个版面的 1/3；正面左部下端标有黑色的"太极集团涪陵制药厂"字样；
正面右部顶端印有一红色椭圆形的"OTC"标记；整个版面的右部 1/3 为一株绿色的
藿香图案，覆盖了 1/4 的田园风光图案。包装盒背面为白底黑框内用浅黄色为底色，
用黑色字体标明批准文号、功能与主治、规格等内容。在包装盒前后两侧均为白底
浅蓝条纹内标注白色文字，左右两侧分别标明条形码、注册商标等内容。

被告为有限责任公司，成立于 2003 年 12 月，其具有生产销售药品（见药品生产
许可证）的经营范围。2005 年 3 月，被告将其生产的藿香正气合剂产品投放四川、
重庆市场。被告使用的藿香正气合剂产品的外包装为 10ml/支×5 支/盒规格的长方体
纸盒，其外包装装潢有如下主要特征：包装盒正面为白色底，其顶部中间为两行红
色拼音字母，第一行为"HUOXIANG"，第二行为"ZHENG QI HE JI"，第一行拼音
字母的字体较第二行拼音字母的字体大；在两行红色拼音字母下面是黑色的"藿香
正气合剂"六个字；再下面标注有黑色的"［批准文号］国药准字 Z36020460"字

样；接下来为一幅黑色边框的图案（也是正面的中下部），该图案是以绿色为主的田园风光，占整个版面的1/3；整个版面的左部1/3为一株绿色的藿香图案，覆盖了1/4的田园风光图案；正面右部顶端印有一红色椭圆形的"OTC"标记；正面的右下端标注有黑色的"江西民济药业有限公司"字样，该字样左边有一红色圆形中带三根白色线条的小图案，该字样下边标注比该字样小许多的黑色"JIANGXI MINJI MEDICINE CO.，LTD."字样。包装盒后部在白底黑框内用黄色为底色，并用黑色字体标明成分、性状、功能与主治、规格等内容。在包装盒前后两侧均为白底蓝条内标注白色文字，左右两侧分别标明条形码等内容。

另查明：在2005年1月1日至2005年8月17日期间，重庆医药股份有限公司和平批发分公司销售被告藿香正气合剂产品的批发价为4元/盒、零售价为4.6元/盒。

上述事实，有原、被告提供的相关证据，庭审调查中双方当事人的陈述，以及经原告申请本院向重庆医药股份有限公司和平批发分公司调取的《业务流水账》等证据相佐证。

[案例评析]

（一）基本事实分析

原告涪陵制药厂生产、销售的藿香正气口服液于1996年3月16日被授予专利权，专利号：91107254.3。1997年10月9日，经国家卫生部审定，将原告申请的藿香正气口服液列为国家二级中药保护品种，其保护期7年，从1997年12月23日至2004年12月23日止。2004年12月16日，经国家食品药品监督管理局审定，仍将原告申请的藿香正气口服液列为国家二级中药保护品种，保护期自2004年12月24日起至2011年12月24日止。

原告自生产藿香正气口服液产品以来，使用了三种版本的外包装、装潢，该三种版本的外包装完全一致，均为10ml/支×5支/盒规格的长方体纸盒。该三种版本的外包装装潢的色彩、版面排列、图案的内容完全相同，但其上标注的文字内容及字体大小有些区别。

被告江西民济药业有限公司生产的藿香正气合剂外包装装潢有如下主要特征：包装盒正面为白色底，其顶部中间为两行红色拼音字母，第一行为"HUOXIANG"，第二行为"ZHENG QI HE JI"，第一行拼音字母的字体较第二行拼音字母的字体大；在两行红色拼音字母下面是黑色的"藿香正气合剂"六个字；再下面标注有黑色的"［批准文号］国药准字Z36020460"字样；接下来为一幅黑色边框的图案（也是正面的中下部），该图案是以绿色为主的田园风光，占整个版面的1/3；整个版面的左部1/3为一株绿色的藿香图案，覆盖了1/4的田园风光图案；正面右部顶端印有一红色椭圆形的"OTC"标记；正面的右下端标注有黑色的"江西民济药业有限公司"字样，该字样左边有一红色圆形中带三根白色线条的小图案，该字样下边标注比该字样小许多的黑色"JIANGXI MINJI MEDICINE CO.，LTD."字样。包装盒后部在白底黑框内用黄色为底色，并用黑色字体标明成分、性状、功能与主治、规格等内容。

在包装盒前后两侧均为白底蓝条内标注白色文字，左右两侧分别标明条形码等内容。

在 2005 年 1 月 1 日至 2005 年 8 月 17 日期间，重庆医药股份有限公司和平批发分公司销售被告藿香正气合剂产品的批发价为 4 元/盒、零售价为 4.6 元/盒。

（二）定性分析

根据案件事实，结合相关的法律规定，本案属于不正当竞争案件中的混淆行为案件，案件定性的关键在于这样几个方面：①被告是否存在擅自将原告"藿香正气口服液"产品的外包装、装潢作相同或近似使用，足以造成消费者误认的行为；②原告生产的"藿香正气口服液"产品是否为知名商品；③原告是否享有知名商品特有包装、装潢权利，被告行为是否侵犯原告的上述权利，构成对原告的不正当竞争行为。

1. 关于被告是否存在擅自将原告"藿香正气口服液"产品的外包装、装潢作相同或近似使用，足以造成消费者误认的行为的问题。从本案查明的事实可以看出，原、被告使用在涉案产品上的外包装均是长方体的纸盒，其规格均为 10ml/支×5 支/盒，故二者的形状、规格基本相同。被告外包装盒正面图基本的排列组合、色彩与原告的基本相同，其中田园风光图案的内容和色彩很近似。原、被告涉案的外包装盒上其他几面视图的装潢也基本相同。因此，足以造成普通消费者混淆或误认。

2. 关于原告生产的"藿香正气口服液"产品是否为知名商品的问题，根据 1995 年 7 月 6 日国家工商行政管理局令第 33 号发布的《关于禁止仿冒知名商品特有的名称、包装、装潢的不正当竞争行为的若干规定》，所谓"知名商品"是指在市场上具有一定知名度、为相关公众所知悉的商品。本案中，原告生产的"藿香正气口服液"产品的制备方法系国家专利局授予的发明专利，并于 1997 年获得国家专利局与世界知识产权组织授予的"中国专利发明创造金奖"，从 1997 年 10 月开始，原告生产的"藿香正气口服液"产品经国家卫生部审定，被列为国家二级中药保护品种。可以认定其为知名商品。

3. 关于原告是否享有知名商品特有包装、装潢权利，被告行为是否侵犯原告的上述权利，构成对原告的不正当竞争行为的问题。从本案查明的事实可以看出，原告将其独特的外包装装潢长期使用在知名商品"藿香正气口服液"上，具有了该知名商品特有的包装装潢权。被告与原告生产同一类产品，且同在相同市场销售，存在竞争关系，侵犯了原告知名商品的特有包装装潢权，构成了不正当竞争。

（三）判决结果

依照《中华人民共和国反不正当竞争法》第 2 条、第 5 条第 2 项、第 20 条，《民法通则》第 134 条第 10 项之规定，判决如下：①被告江西民济药业有限公司立即停止使用与原告太极集团涪陵制药厂"藿香正气口服液"产品相近似的包装装潢的侵权行为；②被告江西民济药业有限公司立即撤回、销毁在市场上的侵权产品；③被告江西民济药业有限公司于本判决生效之日起 7 日内赔偿原告太极集团涪陵制药厂经济损失 50 000 元。

（四）简评

本案属于不正当竞争案件，被告擅自使用与原告知名商品相近似的包装、装潢，造成和他人的知名商品相混淆，使购买者误认为是该知名商品。侵犯了原告的权利和消费者的权利，破坏了市场竞争秩序，应当承担相应的法律责任。

本案法院认定事实清楚，确定责任准确，判决结果合理合法。

[法条链接]

《中华人民共和国民法通则》

第一百三十四条 承担民事责任的方式主要有：

（一）停止侵害；

（二）排除妨碍；

（三）消除危险；

（四）返还财产；

（五）恢复原状；

（六）修理、重作、更换；

（七）赔偿损失；

（八）支付违约金；

（九）消除影响、恢复名誉；

（十）赔礼道歉。

以上承担民事责任的方式，可以单独适用，也可以合并适用。

人民法院审理民事案件，除适用上述规定外，还可以予以训诫、责令具结悔过、收缴进行非法活动的财物和非法所得，并可以依照法律规定处以罚款、拘留。

《中华人民共和国反不正当竞争法》

第二条 经营者在市场交易中，应当遵循自愿、平等、公平、诚实信用的原则，遵守公认的商业道德。

本法所称的不正当竞争，是指经营者违反本法规定，损害其他经营者的合法权益，扰乱社会经济秩序的行为。

本法所称的经营者，是指从事商品经营或者营利性服务（以下所称商品包括服务）的法人、其他经济组织和个人。

第五条 经营者不得采用下列不正当手段从事市场交易，损害竞争对手：

（一）假冒他人的注册商标；

（二）擅自使用知名商品特有的名称、包装、装潢，或者使用与知名商品近似的名称、包装、装潢，造成和他人的知名商品相混淆，使购买者误认为是该知名商品；

（三）擅自使用他人的企业名称或者姓名，引人误认为是他人的商品；

（四）在商品上伪造或者冒用认证标志、名优标志等质量标志，伪造产地，对商品质量作引人误解的虚假表示。

第二十条 经营者违反本法规定，给被侵害的经营者造成损害的，应当承担损害赔偿责任，被侵害的经营者的损失难以计算的，赔偿额为侵权人在侵权期间因侵权所获得的利润；并应当承担被侵害的经营者因调查该经营者侵害其合法权益的不正当竞争行为所支付的合理费用。

被侵害的经营者的合法权益受到不正当竞争行为损害的，可以向人民法院提起诉讼。

第三章　反垄断法律制度

第一节　反垄断法概述

一、垄断

（一）竞争与垄断

"竞争即指竞争者之间不断较量的动态行为过程，也指资源配置的一种有效机制。"〔1〕"市场经济离不开竞争，竞争是市场经济的基本运行机制和活力来源，没有竞争的市场经济是不可想象的。然而，竞争又是残酷的。"〔2〕竞争所导致的必然结果是优胜劣汰，实力雄厚的资本总是占据优势地位，经过大资本吞并小资本的过程，产生了资本集中，资本集中的结果，必然导致垄断。垄断与竞争是个矛盾的统一体，垄断起源于竞争。简言之，竞争—集中—垄断。这正像蒲鲁东所表述的那样"垄断是竞争的必然结局，竞争在不断自我否定中产生垄断"。

我们通过立法垄断进行判断，依赖于对市场竞争行为的认识，对市场竞争行为的认识是多方面的，其中主要是经济学角度的认识，主要体现在经济学的产业组织理论中。产业组织理论，总体上经历了萌芽时期（以马歇尔的完全竞争理论为代表）、产生时期（以哈佛学派为代表）、发展时期（以芝加哥学派为代表）。产业组织理论在当代的最新发展，则被称为新产业组织理论（以奥地利学派为代表）〔3〕不同学派对竞争的认识，影响着人们对垄断的理解，也改变不同时期反垄断法的规制重心和违法确认原则的适用。

（二）垄断的概念和特征

垄断在我们的经济生活中，一般都会被视为一种独占或没有竞争的市场状态。垄断在经济学和法学领域都有所论及，但具体含义有所差别。经济学上的垄断指的是少数大企业或经济组织之间为攫取高额利润，利用正当或不正当竞争手段，彼此达成协议，独占某种商品的生产和销售。法学中的垄断，是指违反国家法律、法规、政策和社会公共利益，通过合谋性协议、安排和协同行动，或者通过滥用经济优势地位，排斥或者控制其他经营者正当的经济活动，在某一领域内实质上限制竞争的

---

〔1〕　参见徐士英等：《竞争法新论》，北京大学出版社 2006 年版，第 11 页。

〔2〕　参见徐士英等：《竞争法新论》，北京大学出版社 2006 年版，第 288 页。

〔3〕　参见杨紫烜主编：《经济法》，北京大学出版社、高等教育出版社 2010 年版，第 196～197 页。

行为。[1] 垄断作为一种经济现象，有时是指一种垄断结构状态，有时指的是垄断行为。

1. 垄断结构状态。

（1）卡特尔（cartel）是由一系列生产类似产品的独立企业所构成的组织，集体行动的生产者，目的是提高该类产品价格和控制其产量。

（2）辛迪加（法文 syndicat）是指参加辛迪加的企业，在生产上和法律上仍然保持自己的独立性，但是丧失了商业上的独立性，销售商品和采购原料由辛迪加总办事处统一办理的垄断组织。其内部各企业间存在着争夺销售份额的竞争。

（3）托拉斯（英文 trust）是由许多生产同类商品的企业或与产品有密切关系的企业合并组成。旨在垄断销售市场、争夺原料产地和投资范围，加强竞争力量，以获取高额垄断利润。参加的企业在生产上、商业上和法律上都丧失独立性。

（4）康采恩（德文 Konzerm）指不同部门的企业以实力最为雄厚的企业为核心结成的垄断联合，是一种更为高级也更为复杂的垄断组织。

（5）垄断（Monopoly）是指"独占"垄断企业（monopolist）控制了市场的状态或行为；垄断企业指控制了市场内商品产量的大部分，从而能够有效地控制市场的总产量，并基于此能够通过减少产量来提高利润的单个企业。

（6）寡占是指市场已经达到了企业间虽未达成正式的或明示的合约，但已能够掌握彼此之间的价格和产量的基本情况，这样一种高度集中的程度。

2. 垄断行为。在立法上，各国均未给出明确的法律界定。在理论研究领域很多学者对其进行了研究。有的学者认为，垄断是指违反法律、法规、政策和社会公共利益，通过合谋性协议和协同行动，或通过滥用经济优势地位排斥或控制其他经营者正当的经济活动，在某一领域或流通领域内实质上限制竞争的行为。有的学者认为，垄断是指各国反垄断法中规定的、垄断主体对市场经济运行过程中进行排他性控制或对市场竞争进行实质性限制、妨碍公平竞争秩序的行为或状态。有的学者认为，垄断是指经营者以独占或有组织的联合等形式，凭借经济优势或行政权力，操纵或支配市场，限制或排斥竞争的行为。

垄断行为有两个显著的特征，即危害性和违法性。一是危害性，即这种行为和状态将会导致某一生产和流通领域的竞争受到实质性的限制和损害。首先，垄断造成市场经济畸形发展，行政垄断更成为深入经济、政治体制改革的主要阻碍；其次，垄断行业天然带来暴利，造成垄断行业高收入，分配严重不公；最后，垄断行业特别是行政垄断行业排斥竞争，必然带来经营管理的低效率，并且严重损害资源优化配置。二是违法性，即这种行为和状态是违反法律条文的明确规定的。

（三）垄断分类

依据不同的标准对垄断有不同的种类划分：依经营者占有市场的情况分为独占、

---

〔1〕 参见黄河、张卫华主编：《经济法概论》，中国政法大学出版社 2007 年版，第 166 页。

寡头和联合垄断；依据垄断的形成原因分为经济性垄断（也称为市场垄断）、国家垄断、行政性垄断和自然垄断；依据法律对垄断的态度分为合法垄断和非法垄断；依据垄断的组织形式分为卡特尔、辛迪加、托拉斯和康采恩；依据我国反垄断法规定分为经济性垄断和行政性垄断。

二、反垄断法

（一）反垄断法的概念

世界各国反垄断法的名称有所不同，有的称为"反对限制竞争法"，有的称为"公平竞争交易法"，有的称为"竞争法"等。反垄断法是指调整国家在规范和制止垄断及限制竞争行为时所发生的法律规范的总称。

反垄断法是现代经济法的重要组成部分，是市场发展到近代以后出现的旨在规制市场中一系列独占市场、限制竞争、破坏市场竞争机制、损害社会公平利益行为的法律。反垄断立法最早的美国，在对反垄断法进行界定时，称它是"保护贸易和商业免受非法限制、价格歧视、价格固定和垄断的联邦和州的立法"。德国把反垄断法称为是规制"以限制竞争为目的，企业或企业协会之间通过订立合同或协议，影响商品或劳务市场情况的行为"的法律。从理论上讲，反垄断法与反限制竞争法和反不正当竞争法同属于竞争法的范围，而且反垄断法和反限制竞争法在性质上更加接近，因此反垄断法可以分为广义和狭义两种。

广义的反垄断法不仅指反对垄断（包括独占垄断、寡占垄断和联合垄断）的法律，还指反对限制竞争行为的法律；狭义的反垄断法只是指反对垄断的法律。根据各国的立法实践，垄断行为和限制竞争的行为并非在任何情况下都能分得清楚。同时由于各国的社会经济发展阶段不同、社会制度各异，反垄断法在各国的界定和具体内容也不完全相同。如美国以反托拉斯为主要内容，称为"反托拉斯法"；德国以限制企业联合组织（卡特尔）之间的协议为主，称为"卡特尔法"（也称"反对限制竞争法"）；日本则以反对私人垄断和限制竞争作为反垄断法的内容，称为"禁止私人垄断及确保公平交易的法律"。

现代反垄断的标志是美国1890年制定的《谢尔曼法》。[1] 1890年，美国国会通过《保护贸易和商业不受非法限制与垄断之害的法律》，由于该法案是由参议员约翰·谢尔曼提供的，简称为《谢尔曼法》。1914年美国又颁布了《克莱顿法》和《联邦贸易委员会法》作为对《谢尔曼法》的补充。1947年，日本颁布了《禁止私人垄断和确保公正交易法》。1957年，德国颁布了《反对限制竞争法》。1958年生效的《欧洲经济共同体条约》第85～90条对欧共体的竞争规则作出规定。此外，1989年欧共体理事会还颁布了《欧共体企业合并控制条例》，把控制企业合并作为欧共体竞争法的重要内容。意大利在1990年颁布了《反垄断法》，是发达市场经济国家中颁布反垄断法律最晚的国家。现在，经济合作与发展组织（OECD）的所有成员国都

---

〔1〕 参加杨紫烜主编：《经济法》，北京大学出版社、高等教育出版社2014年版，第157页。

有反垄断法。

20世纪80年代后期，发展中各国加快了反垄断立法的步伐。到1991年，中欧和东欧地区的绝大多数国家都颁布了相关的反垄断法律。2007年8月，我国颁布了《反垄断法》。

（二）反垄断法的特征

纵观各国反垄断立法，可以将其主要特点归纳如下：[1]

1. 反垄断法主要是成文法。无论是英美法系国家还是大陆法系国家，其反垄断法都是以成文法为基础的。即便是美国、英国等判例法国家，其反垄断法首先是成文法，其判例是在成文法的基础上发展起来的。大陆法系国家毫无疑问是以法典化的反垄断成文法作为代表。

2. 反垄断法实体规范具有高度的原则性和抽象性。反垄断法的实体规范是由具有高度概括性的一般术语组成的，具有高度的原则性和抽象性。世界上最为发达的美国反托拉斯法、欧盟竞争法等莫不如此。例如，美国反托拉斯法的核心实体规范无非就是那么三五条基本规定，欧盟竞争法主要是《罗马条约》第85条和第86条以及后来的合并条例的规定。

实体规范的原则性和抽象性必然给执法者带来极大的自由裁量权。正如美国最高法院所指出的，"谢尔曼反托拉斯法作为自由宪章，与宪法的相应条款相比具有概括性（generality）和适应性（adaptability）。它没有采取具体的界定"。法官对自由裁量权的行使主要取决于其政策偏好、所受的训练和经验。而原则性、抽象性以及由此产生的自由裁量权，又与法律的确定性和可预见性产生了冲突。

确定性和可预见性要求反垄断法的规范要尽量明确具体，对反竞争行为要尽量作"文件夹"式的列举，操作性要强，企业可以根据其规定清楚地预见到自己的竞争行为的后果，在实施行为时可以心中有数。但是，竞争关系是复杂的，各个行为和个案的经济后果可能是千差万别的，适用统一的规则不利于促进经济发展，尤其是竞争更主要是政治选择的结果，所选择的规则首先要反映政治的需要。因此，竞争法的适用具有浓厚的自由裁量色彩，常常需要大量的经济分析，由此导致了较差的确定性和可预见性。反垄断法的抽象性、原则性条款多，就是根据经济形势和个案进行经济分析和自由裁量的反映，其优点是能够在一定限度内保障竞争规则不至于僵化、机械，可以在执法中考虑政治价值。

如何协调确定性和可预见性与基于经济分析的自由裁量性的关系，是竞争立法和执法中的一个难题。许多人建议，在反垄断法上，确定性和可预见性应当是第二位的，自由裁量是第一位的。但是，也有许多人主张，反垄断法应当尽可能确定和具体。因此，对确定性与自由裁量性的不同见解，决定了法律规范的详尽、具体和

---

〔1〕 参见商务部条约法律司，http://tfs.mofcom.gov.cn/aarticle/dzgg/gwyxx/200504/20050400081089.html.

原则、粗疏。当然，在确定基本取向之后，也要尽量避免其不利因素。例如，如果将自由裁量放在第一位，那么执法机关可以通过发布竞争行为分析的指南，尽量给经营者更具体的指导，保证反垄断法的确定性。

由于我国市场经济尚处于不完善阶段，许多经济现象还没有定型，反垄断法的规定可以先原则、抽象一些，以适应改革和发展的需要，随着实践经验的积累，通过不断修改法律使其逐步予以细化。

3. 反垄断法完成了从政治性到技术性的转变。美国学者 Robert Reich 在其几年前的成名作中写道，在历经数十年的强烈的政治重要性之后，反托拉斯变得如此技术性，以至于现在看起来好像纯粹是法律家的私事。

现代反垄断法最初主要是出于遏制反民主的经济势力而产生的。从现代反垄断法的诞生地美国来看，反托拉斯法既不是商法专家的创造物，尽管他们成为反托拉斯法的第一代专家；也不是经济学家的发明，尽管他们提供了坚实的文化背景。相反，反托拉斯法产生于政治家的需求，以及在欧洲产生于关注民主制度支柱的学者。他们将其作为民主的关键问题的一个答案（如果不是唯一的答案的话）：作为个人的基本自由的表达，从公司和商号中产生了私人权利的相反现象；一种不但缺乏合法性，而且有侵害各个私人的经济自由以及因其具有飞扬跋扈的力量而侵害公共决策的平衡的可能性。

但是，随着反垄断法自身的发展和执法的强化，其对经济活动的调节作用占据主导地位，并且其实施越来越技术化和专业化，经济分析和经济模型的运用使其技术化程度更加高深。

反垄断法一直保持其识别和挑战限制竞争行为的能力，将来仍然如此。两个因素是不容否认的。首先，反垄断法无论如何都会变得日益创设灵活的和适应性强的解决方法。其次，由于法律观点众说纷纭和经济理论的相互冲突，反垄断法产生时的基础性问题已经无关紧要，而这些争论为专家取得解决方法提供了营养，并使方法的取得变得容易，这些方法并未考虑所发生的后果。反托拉斯法具有极大的适应能力，不断地创设一些灵活的适应性强的解决方法，适用反托拉斯法在不同时代所面临的不同环境和任务，这与其一般条款也密切相关。随着时代的发展，法律理论和经济理论为反托拉斯法的适用创设了种种新的理论和解决方法，反托拉斯法制定时的基础已无关紧要。

4. 反垄断法是公法与私法的结合。反垄断法对市场主体之间竞争关系的调整，对垄断行为的规制，实质上是公权对私权的主动介入，这种介入的出发点是为了社会整体利益而限制私人权利。各国反垄断法普遍规定了公共执法和私法救济两种基本执法途径。换言之，反垄断法首先赋予行政主管机关行政执法权，运用公法手段实施反垄断法和制止垄断行为。同时，还以不同的方式赋予垄断行为的受害者提起民事诉讼的权利，甚至还通过特殊措施鼓励私法救济，如美国反托拉斯法规定了3倍损害赔偿的制度，鼓励受害人提起损害赔偿诉讼。我国台湾公平交易法也规定垄断行为的受害人可以提起损害赔偿诉讼。当然，从绝大多数国家的规定来看，由于垄断行为社会影响大，制止的难度大，公法占有更为主要的地位。在这一点上，反垄断法充分体现了经济法的特性，可以被看作是公法与私法的结合，也可以被看作是公法与私法之外的新兴法学领域拓展的产物。

5. 反垄断执法机关由反垄断法直接设定。绝大多数国家在反垄断法中直接确立了反垄断执法机关，即反垄断法大都直接确立了反垄断执法机关的法律地位、人员构成、职权和保障等组织制度。如美国联邦贸易委员会法直接创设联邦贸易委员会负责实施反托拉斯法；德国反对限制竞争法明确设立联邦卡特尔局负责实施该法，同时设立垄断委员会作为反垄断的咨询机构；日本禁止垄断法规定设立公正交易委员会负责实施该法，我国台湾公平交易法规定设立公平交易委员会负责反垄断执法等。

6. 反垄断法既规范影响市场结构的行为又规范具体限制竞争行为。如前所述，反垄断法是市场竞争的基本法，是经济法的核心，这一地位决定了反垄断法必须对市场竞争中的垄断和限制竞争行为加以关注。任何行为，只要有损市场竞争有效进行，反垄断法就应当予以干预。纵观各国反垄断法，不仅规范市场主体的限制竞争行为，如搭售、价格歧视、独家交易等，同时也不放过各种可能损害市场结构的企业合并、卡特尔协议等行为。

7. 反垄断法是实体法与程序法的结合。各国反垄断立法模式虽然不同，但是有一个共同点，即反垄断法集实体法与程序法于一身。这是因为对损害竞争案件的查处，需要特定的程序和方法，甚至有关程序的条文在反垄断法中占有相当的篇幅。实体与程序一起规定，有利于反垄断案件的查处。此外，反垄断执法机关不同于一般的行政机关和司法机关，其权限及办案规则与程序等必须在专门的法律中予以明确。

（三）反垄断法的调整对象

早期的反垄断法主要着眼于市场结构的变化，即关注规模经济限度、产品差异、市场进入障碍等。对于垄断的形成，往往信守这一条由经验总结出的逻辑链，即"竞争—集中—垄断"，以致人们将市场力量高度集中等同于垄断。这种以垄断状态规制为重点的反垄断政策被称为结构主义政策。反映在立法上，法律主要针对垄断影响市场结构进行规制，消除垄断状态。美国1890年《谢尔曼法》的第2条是控制结构垄断的先驱。

然而这种关于垄断成因的结构主义理论后来受到质疑，因为人们发现，高集中度未必一定导致对市场竞争效率的影响，如现今各国集中度很高的汽车工业，竞争依然十分激烈，并产生了促进经济和科技进步的可观效果。这就使人们的研究转向行为主义政策，即对滥用市场优势行为进行规制。认为单单高集中度未必导致垄断或限制竞争，还要看市场主体是否利用这样的市场优势进行限制竞争的行为。在行为主义立法思想的指导下，反垄断法规制的对象主要有：

1. 垄断协议。经营者以合同、协议以及其他的方式与具有竞争关系的其他经营者共同实施限制竞争的行为。

2. 滥用市场支配地位。处于市场支配地位的经营者实施价格歧视、掠夺性定价、强制交易、维持转售价格等行为。

3. 经济集中。企业合并被视为"垄断化"的一种，即以非法手段牟取市场支配力的行为。现代反垄断机构在考虑企业合并是否构成非法垄断时，更加具体深入考察市场结构和市场行为因素的综合作用，不仅考虑合并企业在市场上的占有率和市场进入的难易程度，还要考察合并后企业对市场价格的影响。

4. 行政垄断。行政性垄断是行政机关或其授权的组织滥用行政权力，限制竞争的行为。主要表现为地区行政性市场垄断、行政强制交易、行政部门干涉企业经营行为、行政性公司滥用优势行为等。

（四）反垄断法的作用

反垄断法的直接目的是反对经济领域的垄断行为和限制竞争行为，以此来支持和保护自由竞争。反垄断和保护竞争是一个问题的两个方面。反垄断法所保护的直接利益就是由公平、有效、自由竞争所体现的社会公共利益。通过对社会公共利益的保护，间接地保护了处于弱势的竞争者和消费者的利益。我国《反垄断法》第1条规定："为了预防和制止垄断行为，保护市场公平竞争，提高经济运行效率，维护消费者利益和社会公共利益，促进社会主义市场经济健康发展，制定本法。"

1. 保护市场主体的自由权利。反垄断法对社会竞争机制的保护体现在保护各类市场主体，特别是中小企业自由参与社会经济生活的权利不受强力阻碍。在存在垄断的情况下，大公司和小企业之间已不是平等和自由的竞争关系，而是大公司对小企业的排挤、掠夺和控制关系。中小企业的生存无时不受到垄断大公司的竞争压力。垄断组织滥用垄断优势对中小企业自由权利的侵犯和合法权益的侵害是反垄断法出台的直接动因。反垄断法通过限制企业合并、价格协议、歧视性定价等行为，把垄断企业对市场弱小企业的不公平交易减小到最低程度。

2. 保护消费者权益。在反垄断立法的历史发展中，对消费者利益的考虑日益成为主要的原因。垄断组织利用其优势，不正当地抬高市场价格、强加不合理的交易条件、掠夺性地获取超额利润，一定是以消费者的利益受损为基础的。20世纪中叶以来，各主要发达国家在制定反垄断法或修正这些法律时，都伴有消费者对垄断力量的恣意妄为加以抵制的高潮。可见使广大消费者的利益得到保护，是反垄断法作用的又一方面。

3. 维护社会财富分配的正义。在一个理想的社会里，人们应当通过自身的合法行为获得财富，但垄断者仅仅通过设置市场进入的障碍就获得了垄断利润，这与社会的正义和公平要求相违背。故而反垄断法的法律规范，实际取得了维护社会财富公平、正义分配的作用。

4. 维护社会的政治民主。反垄断法在一些发达国家被称为"自由经济的大宪章"或"经济宪法"以及"经济自由的圣经"是有一定的政治含义的。美国在20世纪30年代大萧条时曾经一度放宽对垄断的管制，随后却发现经济情况更趋于恶化，民众对政府施加了很大的压力，以致罗斯福总统不得不检讨放宽管制的不适当性。经当时临时全国经济委员会研究后指出，"除非能再次规范已经主宰我们生活的资本大量集中现象，否则将无法防止垄断恶性持续恶化的可能，也没有希望贯彻与维持一个在民主政治庇护下存在的自由经济体系"。可以看出，在这段话中，政治上的考虑成为反垄断法的理由之一。事实上，一个缺乏经济民主的社会也不可能建设成政治民主的社会。因此，为保障政治民主社会的运行，反垄断立法是不可或缺的。

 以案说法

AT&T 与柯达胶片冲印一体化案的比较[1]

[案情简介]

在1982年AT&T解体以前，AT&T公司实行包括提供长途、市话服务，以及通信设备制造和研究开发在内的一体化经营。AT&T通过设计专门的技术标准，并保守网络标准信息，以排除其他制造企业。当司法部反垄断处受理此案时，AT&T在申述中举出柯达公司的例子。柯达公司开发出一种新的胶卷，这种胶卷只能用柯达公司自己制造的设备才能冲印，而且柯达公司对冲印其照片使用的化学试剂进行保密，从而形成胶卷生产和冲洗上下游一体化。最终，司法部判AT&T的行为是反竞争的，并未判柯达的行为是反竞争。

[案例评析]

AT&T和柯达的一体化的主要区别表现在：一是行业特点不同。1982年以前，可以说AT&T是电讯设备的垄断买主，而胶卷行业的用户是分散的竞争性买主。二是柯达公司开发了一个新的产品，尽管柯达产品的开发导致其他厂商（主要是Berkey）的成本增加，但是他们仍然可以生产新的产品。实际上，柯达的行为促进了其他胶片生产厂商的进一步研究开发和技术进步，而AT&T是按其设备标准设计公共网络的标准，如果其他制造商不采用AT&T的标准，其设备就无法与公共网络连接。

因此，柯达公司是利用竞争优势，而AT&T公司是滥用市场力量，其一体化和保密是反竞争的。可见，一体化行为是否违反反垄断法，主要的判断依据是一体化企业是否滥用市场力量，关键要分清滥用市场力量和发挥竞争优势的区别。

---

〔1〕 载标准网，http://www.standardcn.com/article/show.asp? id=10864.

第二节　垄断协议

一、垄断协议概述

（一）垄断协议的概念和特征

不同国家和地区的立法中对垄断协议有不同的称谓：如德国称其为"卡特尔"；欧盟将其称为"垄断协议"；美国称为"合同"、"联合"、"共谋"；日本将其称为"不正当交易限制"；我国台湾地区将其称为"联合行为"；还有的国家将其称为"共同行为"、"协议"，等等。

我国《反垄断法》第 13 条第 2 款规定："本法所称垄断协议，是指排除、限制竞争的协议、决定或者其他协同行为。"垄断协议从概念上来说，首先应是一种协议，而协议的目的或后果，可能导致垄断。结合我国立法，垄断协议是指经营者之间达成的或行业协会组织经营者达成的具有排斥、限制竞争效果的协议、决议或者其他协同行为。垄断协议行为具有以下特征：

1. 垄断协议是两个或两个以上的独立主体共同实施的。垄断协议行为作出后，各主体之间的独立法律地位不会发生变化。既不会产生新的市场主体，也不会导致参与主体地位的消亡，不同于企业合并。

2. 垄断协议是经营者之间的协议、决定或协同行为。经营者之间达成的协议或决定可以是书面形式，也可以是口头形式。此外，还包括经营者之间协同一致的行为，须考察经营者的市场行为是否具有一致性，经营者之间是否进行过意思联络或者信息沟通，经营者能否对意志行为作出合理的解释，只要在事实上排除、限制市场竞争，也构成该行为。

3. 垄断协议具有排除、妨碍竞争的效果。经营者之间实施垄断协议行为具有共同的意思和目的，通常旨在限制彼此之间的竞争，共同谋取稳定的交易机会。该行为以妨碍、限制或扭曲竞争为目的，或能够起到这种后果。

（二）垄断协议的危害

垄断协议的反竞争性十分典型，危害及其明显。对该行为的禁止性规定自古有之，比如《查士丁尼法典》规定："任何人不得垄断衣服、鱼、梳子、碗等生活日用品及其他用品，不管该垄断行为是行为人自主所为，还是申请获得批准或者据钦定的法律解释而为；任何人不得密谋或约定商品的最低价格。"《唐律》规定："诸买卖不和，而较固取者，及更出开闭，共限一价，若参市，而规自入者，仗八十。已得赃重者，计利，准盗论。"垄断协议对市场竞争产生的消极影响表现在：

1. 直接损害了未参与协议的企业的利益。参与协议的经营者在商品的生产、销售等方面达成一致，必然会影响到同一经营环节的未参与协议的经营者，使其处于不利的竞争地位。

2. 对消费者的利益造成侵害。如企业采取联合提价或减产等行为，使消费者不能在购买时进行自由选择，被迫接受对方的不合理条件，必然会造成消费者福利的损失。

3. 削弱甚至消除竞争，使得经营者满足于现有的经济技术条件而不思革新；一些经营者结成同盟，会产生对其他经营者的竞争的排斥，也增强了潜在经营者进入市场的难度；而价格的固定和市场的划分，使得来自消费者的市场压力减轻，从而导致消费者权益的弱化。总之，联合限制竞争行为不利于市场的扩大和发展，不利于保护消费者、经营者的合法权益和社会公共利益。

4. 妨碍竞争机制功能的发挥。由于垄断协议的存在，使商品价格在"协议"力量的强制下难以准确反映市场供求关系，误导生产和消费。由此产生的错误信息还将降低通过市场竞争实现优胜劣汰的效率，造成社会资源的浪费。因此，各国都对垄断协议原则上予以禁止。如美国《谢尔曼法》第 1 条规定，"任何以托拉斯或其他方式限制州际贸易或对外贸易的合同、联合或共谋为非法"。欧盟《罗马条约》第 85 条规定，"凡足以影响各成员国之间的贸易和以阻止、限制或破坏共同市场内部竞争为目的或产生相同结果的一切企业间的协定、企业联合组织的决定和一切协同措施，均应予以禁止"。

（三）垄断协议与相关行为的关系

1. 垄断协议与滥用市场支配地位行为有密切联系。在市场竞争中，垄断协议行为的实施主体，既可以是占有市场支配地位的企业，也可以是普通的企业。两者的区别在于滥用市场支配地位是占有市场支配地位的企业凭借自身优势单独就可以实施的限制性行为，而垄断协议是两个或者两个以上的企业共同实施。

2. 垄断协议与不正当竞争行为也有密切的联系。这两种行为同属于竞争法的范畴，都是对平等竞争、公平竞争原则的违背。广义的不正当竞争行为也包括垄断协议在内，但垄断协议更多地剥夺了市场主体参与竞争的机会，极大地限制了其他企业享有的市场经营自主权；而不正当竞争者与其他正当竞争者一样被赋予参与竞争的资格，只不过不正当竞争者采取了不正当的商业策略来参与竞争，两种行为实施的手段是有明显区别的。

二、横向垄断协议

横向垄断协议是指在同行业或同领域具有竞争关系经营者达成的，具有排除、限制竞争效果的协议、决定或协同行为，也可称为水平协议。我国《反垄断法》禁止具有竞争关系的经营者达成下列垄断协议：固定或者变更商品价格；限制商品的生产数量或者销售数量；分割销售市场或者原材料采购市场；限制购买新技术、新设备或者限制开发新技术、新产品；联合抵制交易；国务院反垄断执法机构认定的其他垄断协议。2010 年 12 月 31 日，国家工商行政管理总局公布《工商行政管理机关禁止垄断协议行的规定》，使垄断协议方面的执法更具有可操作性。

（一）固定或者变更商品价格

具有竞争关系的企业联手统一确定、维持或变更商品价格的行为，称为限制价格协议，又称固定价格协议。在市场竞争中企业之间最有力、最惯常使用的竞争手段就是价格竞争，价格竞争会使得某些企业退出市场。价格竞争对调整市场结构、优化资源配置都有重要的影响。当经营者订立垄断协议后，企业之间受到价格竞争方面的压力减少，不利于改进技术、提高产量、降低成本。一般来说，协议各方所选择的价格总是尽可能趋高避低，但这种高价也有一定的限度，过高地固定价格所带来的高额利润会吸引新的竞争者加入到这个市场中来。[1] 由于价格固定的反竞争性，受到各国法律的严格规制。美国的《反垄断法》规定，价格固定是一种严重的限制竞争行为，适用"本身违法"原则。欧盟《罗马条约》也禁止在同类商品的竞争者之间出现同时并且一致的价格上涨，禁止签订对于特殊的定价政策加以约定的协议，如统一约定回扣等；禁止签订对于产品的建议销售价格的协议等。

（二）限制商品的生产数量或者销售数量

经营者之间限制商品的生产数量或者销售数量，称为限制数量协议。一般来说，商品的数量和商品的价格都是紧密联系在一起的。在不限制商品生产、销售数量的情况下，形成固定价格协议。由于商品价格上涨，市场主体受利润的诱惑，会扩大生产或销售规模。而当产品供过于求时，价格必定下跌。所以，经营者在限定商品价格的同时，也会限制产品的数量。因此，很多国家明文禁止限定数量协议，我国也不例外。我国法律禁止具有竞争关系的经营者就限制商品的生产数量或者销售数量达成下列垄断协议：以限制产量、固定产量、停止生产等方式限制商品的生产数量或者商品特定品种、型号的生产数量；以拒绝供货、限制商品投放量等方式限制商品的销售数量或者限制商品特定品种、型号的销售数量。

（三）分割销售市场或者原材料采购市场

分割市场协议是指两个或两个以上的经营者为避免竞争而达成的划定彼此交易区或者交易对象的协议，包括分割地域市场、商品市场、消费者市场等。分割市场协议会导致企业成为一个垄断者，影响消费者的选择权，损害消费者的合法权益。我国法律禁止具有竞争关系的经营者就分割销售市场或者原材料采购市场达成下列垄断协议：划分商品销售地域、销售对象或者销售商品的种类、数量；划分原料、半成品、零部件、相关设备等原材料的采购区域、种类、数量；划分原料、半成品、零部件、相关设备等原材料的供应商。

（四）限制购买新技术、新设备或者限制开发新技术、新产品

竞争关系的经营者间签订的限制购买新技术、新设备或者限制开发新技术、新产品的协议，称为限制创新协议。[2] 我国法律禁止具有竞争关系的经营者就限制购买新技术、新设备或者限制开发新技术、新产品达成下列垄断协议：限制购买、使用新技术、新工艺；限制购买租赁、使用新设备；限制投资、研发新技术、新工艺、

---

〔1〕 参见阮赞林主编：《反垄断法教程》，上海人民出版社2011年版，第87页。

〔2〕 参见刘继峰：《反垄断法》，中国政法大学出版社2012年版，第156页。

新产品；拒绝使用新技术、新工艺、新设备；拒绝采用新的技术标准。

（五）联合抵制交易

联合抵制，又称为集体抵制、共同拒绝交易，或者集体拒绝交易，是经营者联合起来以损害特定经营者利益为目的，联合起来对该竞争者拒绝供给、拒绝购买或促使经营者的交易人拒绝供给或拒绝购买，以使竞争者陷入不利经营地位的行为〔1〕。因此，联合抵制协议可分为设置第三人进入市场障碍协议和排挤竞争对手协议。我国法律禁止具有竞争关系的经营者就联合抵制交易达成以下垄断协议：联合拒绝向特定经营者供货或者销售商品；联合拒绝采购或者销售特定经营者的商品；联合限定特定经营者不得与其具有竞争关系的经营者进行交易。

三、纵向垄断协议

纵向垄断协议，是指在同行业或同领域具有供求关系的经营者达成的，具有排除、限制竞争效果的协议、决定或协同行为。也称为垂直协议。一般而言，这种协议多见于在同一产业中两个或两个以上处于不同经济层次，没有直接竞争关系但是有买卖关系的经营者，通过明示或者默示的方式达成的排除、限制竞争的协议。处于前一环节的经营者，常被称为"上游经营者"；而处于后一环节的经营者，则常被称为"下游经营者"。纵向垄断协议与横向垄断协议相比较，具有以下特征：①相对于横向垄断协议的行为主体是相互对立的竞争方来说，纵向垄断协议的行为主体具有明显的互补性，即这些经营者之间并不存在真正意义上的竞争，只是存在交易关系。②横向垄断协议具有一致对外性，经营者有共同的目的，而纵向垄断协议中经营者与交易相对人之间是交易关系。纵向垄断协议对竞争的限制，一般通过经营者与交易相对人达成协议，要求交易相对人实施特定行为来实现，不同于横向垄断协议中经营者共同实施某种市场行为，来达到排除、限制竞争的目的。③纵向垄断协议一般体现为明示的方式，并多附随于经营者和交易相对人的交易合同中；而达成横向垄断协议的经营者可通过协议、决定和其他协同行为的方式，既可以明示，也可以默示。

并不是所有的纵向协议都构成纵向垄断协议，比如独家交易、价格推荐等并未被明文禁止。我国《反垄断法》禁止经营者与交易相对人达成下列垄断协议：①固定向第三人转售商品的价格；②限定向第三人转售商品的最低价格；③国务院反垄断执法机构认定的其他垄断协议。

四、垄断协议的豁免

豁免是指对违反反垄断法的行为，由于满足一定的要件，而不受反垄断法禁止的制度〔2〕。垄断协议的豁免是经营者之间达成的协议虽然具有排除、限制竞争的后

---

〔1〕 参见刘继峰：《反垄断法》，中国政法大学出版社 2012 年版，第 157 页。

〔2〕 参见许光耀："合法垄断、适用除外与豁免"，载王艳林主编：《竞争法评论》，中国政法大学出版社 2005 年版，第 45 页。

果，符合《反垄断法》禁止的垄断协议行为的构成要件，但是由于其有利于技术进步、经济发展和社会公共利益等，符合法定免责条款的情形，因而从《反垄断法》的适用中予以排除。许多国家和地区的反垄断法都规定了豁免制度。我国《反垄断法》第15条对垄断协议同样规定了豁免制度，该条规定的法定豁免条件比较全面。经营者能够证明所达成的协议属于下列情形之一的，且能证明所达成的协议不会严重限制相关市场的竞争，并且能够使消费者分享由此产生的利益，不适用《反垄断法》第13、14条的规定：①为改进技术、研究开发新产品的；②为提高产品质量、降低成本、增进效率，统一产品规格、标准或者实行专业化分工的；③为提高中小经营者经营效率，增强中小经营者竞争力的；④为实现节约能源、保护环境、救灾救助等社会公共利益的；⑤因经济不景气，为缓解销售量严重下降或者生产明显过剩的；⑥法律和国务院规定的其他情形。此外，为保障对外贸易和对外经济合作中的正当利益的而达成的协议，也不适用《反垄断法》的禁止性规定。

五、行业协会

行业协会是从事同一经济活动经营者组成的经济组织，是为维护与增进共同利益而自愿组成的非营利社会团体。行业协会作为一个自律性的组织肩负着很重要的责任，比如，共同研究国家对该行业发展的政策，了解国外的市场情况，帮助企业了解本行业的技术发展情况，共同拟定相关产品标准等。但是，行业协会不得组织本行业的经营者从事我国法律规定的垄断协议行为。

 以案说法

帕梅等诉佐治亚的 BRG 等公司案[1]

［案情简介］

BRG OF GEORG, INC（简称"BRG"）是一家在佐治亚州为学生提供律考辅导课程的公司。Harcourt Brace Jovanovich Legal and Professional Publications（简称"HBJ"）是全美最大的提供律考辅导服务的公司。从1976年开始，HBJ也在佐治亚州开设律考辅导课程。1977年~1979年，双方在当地展开了激烈的竞争。1980年，BRG和HBJ签订协议，约定HBJ授权BRG在佐治亚州销售HBJ的律考课程教材，并且可以排他性地使用HBJ的Bar/Bri商号。HBJ承诺不会在佐治亚州与BRG竞争，而BRG也保证不会在佐治亚州以外的地区与HBJ竞争。协议另规定，HBJ从每一个在BRG注册的学生中获得100美元，如果收费超过350美元，HBJ可以获得收入的40%。该协议签订之后，BRG的学费立刻从150美元涨到了400美元。杰帕梅和其他一些法学院的学生与BRG公司签订合同，准备接受该公司提供的律考辅导，但是律

---

〔1〕 参见国家工商行政管理总局公平交易局、中国社会科学院国际法学研究中心编著：《反垄断法典型案例及中国反垄断执法调查》，法律出版社2007年版，第156~158页。

考课程费用却比原先有所增加。他们认为价格上涨缘于 BRG 和 HBJ 之间签订的上述协议，而该协议是竞争者之间签订的横向垄断协议，违反《谢尔曼法》第 1 条，为此向佐治亚联邦地区法院提出民事诉讼，地区法院作出了简易判决，认为该协议是划分地域市场协议，而非横向价格固定协议，所以并不违法；同时，根据地域市场划分理论，被划分的地域市场必须是协议当事人竞争的相关市场。由于本案中被划分的市场并非 BRG 和 HBJ 曾经竞争的地域市场，所以该协议也并不违反《谢尔曼法》第 1 条。联邦第十一巡回上诉法院同意地区法院的观点。原告向美国联邦最高法院提请最终裁决。美国联邦最高法院判令撤销上诉法院的判决，并发回重审。

[案例评析]

本案清楚地表明了横向市场划分应适用"本身违法"原则。在本案中，联邦最高法院法官明确指出，上诉法院在其判决中认为"竞争者之间划分市场或细分市场的安排不是违法的，除非他们是对以前双方发生竞争的市场进行划分"这一观点是错误的。而 HBJ 和 BRG"相互之间同意不在其他的地区进行竞争。无论他们双方之间是否在这个被划分的市场进行经营活动，或者是否他们其中之一在此市场经营，另一个在彼市场经营，这种协议安排都是限制竞争的。甚至 HBJ 和 BRG 在 1980 年订立的协议从表面上来看就是不合法的"。实际上，本案是就为市场划分达成的卡特尔，和价格卡特尔一样，确属典型的限制竞争行为。

第三节 滥用市场支配地位

一、滥用市场支配地位

滥用市场支配地位又称滥用市场优势地位，是指企业获得一定的市场支配地位以后滥用这种地位，对市场的其他主体进行不公平的交易或者排除竞争对手的行为。对企业滥用其市场支配地位的行为进行法律规制，一直是各个国家或地区的反垄断法以及地区间或国际相关条约的重要内容之一。我国《反垄断法》对滥用市场支配地位作出了禁止性规定。2010 年 12 月 31 日，国家工商行政管理总局公布《工商行政管理机关禁止滥用市场支配地位行的规定》对该行为作出了详细规定。

一般而言，经营者之所以能够实施滥用行为，是因为其占有市场支配地位，经营者具有市场支配地位是实施滥用行为的前提条件。市场支配地位具备与否是认定滥用行为成立与否的关键，也是认定经营者行为是否违法的关键。另外，经营者的滥用行为，不合理地妨碍了其他企业的竞争可能性，或者已经损害了市场相对人的合同自由及公平交易权。

二、市场支配地位

(一) 市场支配地位的概念和特征

我国《反垄断法》对市场支配地位有明确的界定。市场支配地位，是指经营者

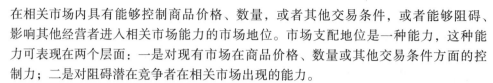
在相关市场内具有能够控制商品价格、数量，或者其他交易条件，或者能够阻碍、影响其他经营者进入相关市场能力的市场地位。市场支配地位是一种能力，这种能力可表现在两个层面：一是对现有市场在商品价格、数量或其他交易条件方面的控制力；二是对阻碍潜在竞争者在相关市场出现的能力。

（二）相关市场

判断经营者的行为是否构成滥用市场支配地位行为，首先要认定经营者的市场支配地位，而市场支配地位的认定需要先明确该经营者所处的相关市场。任何竞争行为（包括具有或可能具有排除、限制竞争效果的行为）均发生在一定的市场范围内。界定相关市场就是明确经营者竞争的市场范围，也是反垄断法的适用边界。科学合理地界定相关市场，对识别竞争者和潜在竞争者、判定经营者市场份额和市场集中度、认定经营者的市场地位、分析经营者的行为对市场竞争的影响、判断经营者行为是否违法以及在违法情况下需承担的法律责任等关键问题，具有重要的作用。因此，相关市场的界定通常是对竞争行为进行分析的起点，是反垄断执法工作的重要步骤。相关市场是指经营者在一定时期内就特定商品或者服务（以下统称商品）进行竞争的商品范围和地域范围。在反垄断执法实践中，通常需要界定相关商品市场和相关地域市场。

1. 相关商品市场。相关商品市场，是根据商品的特性、用途及价格等因素，由需求者认为具有较为紧密替代关系的一组或一类商品所构成的市场。这些商品表现出较强的竞争关系，在反垄断执法中可以作为经营者进行竞争的商品范围。相关市场范围的大小主要取决于商品（地域）的可替代程度。在市场竞争中对经营者行为构成直接和有效竞争约束的，是市场里存在需求者认为具有较强替代关系的商品或能够提供这些商品的地域，因此，界定相关市场主要从需求者角度进行需求替代分析。当供给替代对经营者行为产生的竞争约束类似于需求替代时，也应考虑供给替代。

从需求替代角度界定相关商品市场，可以考虑的因素包括但不限于以下各方面：①需求者因商品价格或其他竞争因素变化，转向或考虑转向购买其他商品的证据。②商品的外形、特性、质量和技术特点等总体特征和用途。商品可能在特征上表现出某些差异，但需求者仍可以基于商品相同或相似的用途将其视为紧密替代品。③商品之间的价格差异。通常情况下，替代性较强的商品价格比较接近，而且在价格变化时表现出同向变化趋势。在分析价格时，应排除与竞争无关的因素引起价格变化的情况。④商品的销售渠道。销售渠道不同的商品面对的需求者可能不同，相互之间难以构成竞争关系，则成为相关商品的可能性较小。⑤其他重要因素。

从供给角度界定相关商品市场，一般考虑的因素包括：其他经营者对商品价格等竞争因素的变化做出反应的证据，其他经营者的生产流程和工艺，转产的难易程度，转产需要的时间，转产的额外费用和风险，转产后所提供商品的市场竞争力，营销渠道等。

2. 相关地域市场。相关地域市场，是指需求者获取具有较为紧密替代关系的商品的地理区域。这些地域表现出较强的竞争关系，在反垄断执法中可以作为经营者进行竞争的地域范围。

从需求替代角度界定相关地域市场，可以考虑的因素包括但不限于以下各方面：①需求者因商品价格或其他竞争因素变化，转向或考虑转向其他地域购买商品的证据。②商品的运输成本和运输特征。相对于商品价格来说，运输成本越高，相关地域市场的范围越小。③多数需求者选择商品的实际区域和主要经营者商品的销售分布。④地域间的贸易壁垒，包括关税、地方性法规、环保因素、技术因素等。⑤其他重要因素。

从供给角度界定相关地域市场时，一般考虑的因素包括：其他地域的经营者对商品价格等竞争因素的变化做出反应的证据；其他地域的经营者供应或销售相关商品的即时性和可行性，如将订单转向其他地域经营者的转换成本等。

此外，当生产周期、使用期限、季节性、流行时尚性或知识产权保护期限等已构成商品不可忽视的特征时，界定相关市场还应考虑时间性。在技术贸易、许可协议等涉及知识产权的反垄断执法工作中，可能还需要界定相关技术市场，考虑知识产权、创新等因素的影响。

（三）市场支配地位的认定

市场支配地位的认定需要考虑很多因素。我国《反垄断法》第18条和第19条分别规定了认定因素和推定因素。

1. 认定因素。认定经营者具有市场支配地位，应当依据下列因素：

（1）该经营者在相关市场的市场份额，以及相关市场的竞争状况。市场份额是指一定时期内经营者的特定商品销售额、销售数量等指标在相关市场所占的比重。分析相关市场竞争状况应当考虑相关市场的发展状况、现有竞争者的数量和市场份额、商品差异程度以及潜在竞争者的情况等。

（2）该经营者控制销售市场或者原材料采购市场的能力。认定经营者控制销售市场或者原材料采购市场的能力，应当考虑该经营者控制销售渠道或者采购渠道的能力，影响或者决定价格、数量、合同期限或者其他交易条件的能力，以及优先获得企业生产经营所必需的原料、半成品、零部件及相关设备等原材料的能力。

（3）该经营者的财力和技术条件。认定经营者的财力和技术条件，应当考虑该经营者的资产规模、财务能力、盈利能力、融资能力、研发能力、技术装备、技术创新和应用能力、拥有的知识产权等。对于经营者的财力和技术条件的分析认定，应当同时考虑其关联方的财力和技术条件。

（4）其他经营者对该经营者在交易上的依赖程度。认定其他经营者对该经营者在交易上的依赖程度，应当考虑其他经营者与该经营者之间的交易量、交易关系的持续时间、转向其他交易相对人的难易程度等。

（5）其他经营者进入相关市场的难易程度。认定其他经营者进入相关市场的难易程度，应当考虑市场准入制度、拥有必需设施的情况、销售渠道、资金和技术要求以及成本等。

2. 推定因素。在影响经营者市场支配地位的众多因素里面，尤为重要的是该经营者的市场份额。当经营者具有一定市场份额时，可以推定经营者具有市场支配地位：一个经营者在相关市场的市场份额达到1/2的；两个经营者在相关市场的市场份额合计达到2/3的；三个经营者在相关市场的市场份额合计达到3/4的。在以上情形中，若有的经营者市场份额不足1/10的，不应当推定该经营者具有市场支配地位。被推定具有市场支配地位的经营者，有证据证明不具有市场支配地位的，不应当认定其具有市场支配地位。

三、滥用市场支配地位行为和危害

（一）滥用市场支配地位行为

1. 垄断高价或垄断低价。垄断高价或垄断低价，是指经营者以不公平的高价销售商品或者以不公平的低价购买商品。占有支配地位的企业以获得超额垄断利润为目的，以高于正常状态下可能实行的价格来销售其产品，或者以低于正常状态下可能实行的价格购买商品。这种行为严重损害了上、下游经营者或消费者的合法权益，使得上、下游经营者或消费者应当享有的部分福利转移给垄断厂商，是占有支配地位的企业的市场上其他交易相对人的剥削行为。同时，这种行为也妨碍了其他潜在竞争者进入市场，会对竞争构成实质性的限制。

2. 掠夺性定价。掠夺性定价，是指具有支配地位的经营者为了排挤竞争对手，在一定范围的市场上和一定时期内，以低于成本的价格销售商品来获取竞争优势的行为。[1] 在市场竞争中，企业制定其商品价格时会受到很多因素的制约，比如成本、利润、进入并占领市场等。法律禁止没有正当理由，可能把市场竞争对手排挤出市场低价销售行为。我国《反价格垄断规定》第12条明确了"正当理由"，具体包括：①降价处理鲜活商品、季节性商品、有效期限即将到期的商品和积压商品的；②因清偿债务、转产、歇业降价销售商品的；③为推广新产品进行促销的；④能够证明行为具有正当性的其他理由。

3. 拒绝交易。拒绝交易，是指没有正当理由，拒绝与交易相对人进行交易。比如，销售商拒绝向购买者，尤其是零售商或者批发商销售商品的行为。市场经济中的市场主体根据交易自愿原则拥有选择交易对象的权利和决定交易内容的权利，这是市场主体经营自主权的重要表现。同时也意味着市场主体在选择交易对象的过程中有拒绝交易的权利。但是，当经营者没有正当理由，其拒绝行为对交易相对人构成损害或损害竞争时，就要对拒绝交易权进行限制。

我国法律禁止具有市场支配地位的经营者没有正当理由，通过下列方式拒绝与交易相对人进行交易：①削减与交易相对人的现有交易数量；②拖延、中断与交易

---

〔1〕 参见刘继峰：《反垄断法》，中国政法大学出版社2012年版，第218页。

相对人的现有交易；③拒绝与交易相对人进行新的交易；④设置限制性条件，使交易相对人难以继续与其进行交易；⑤拒绝交易相对人在生产经营活动中以合理条件使用其必需设施。对拒绝交易行为的认定，应当综合考虑另行投资建设、另行开发建造该设施的可行性、交易相对人有效开展生产经营活动对该设施的依赖程度、该经营者提供该设施的可能性以及对自身生产经营活动造成的影响等因素。具有市场支配地位的企业，比如公用企业、拥有独占产品的市场主体、拥有知识产权的市场主体的拒绝交易行为应受到限制。

我国《反价格垄断规定》第 13 条明确了"正当理由"，具体包括：①交易相对人有严重的不良信用记录，或者出现经营状况持续恶化等情况，可能会给交易安全造成较大风险的；②交易相对人能够以合理的价格向其他经营者购买同种商品、替代商品，或者能够以合理的价格向其他经营者出售商品的；③能够证明行为具有正当性的其他理由。

4. 强制交易。强制交易，是指具有市场支配地位的经营者采取利诱、胁迫或其他不正当的方法，迫使其他经营者违背其真实意愿与之交易或促使其他经营者从事限制竞争的行为。[1] 支配企业通过与交易相对方订立排他性交易契约，可达到抑制竞争者甚至将其逐出市场的目的，也会妨碍潜在竞争者进入。对于消费者来说，因为供货渠道狭窄，选择的余地相应减少，同时由于同一层次上销售同一商品的经营者之间缺乏竞争，销售者产生垄断地位对消费者的利益造成损害。

我国法律禁止具有市场支配地位的经营者没有正当理由，实施下列限定交易行为：①限定交易相对人只能与其进行交易；②限定交易相对人只能与其指定的经营者进行交易；③限定交易相对人不得与其竞争对手进行交易。

我国《反价格垄断规定》第 14 条明确了"正当理由"，具体包括：①为了保证产品质量和安全的；②为了维护品牌形象或者提高服务水平的；③能够显著降低成本、提高效率，并且能够使消费者分享由此产生的利益的；④能够证明行为具有正当性的其他理由。

此外，对于占有支配地位的企业采取利诱、胁迫或其他不正当的方法，迫使其他企业违背其真实意愿与之交易或促使其他企业从事限制竞争行为的，构成犯罪的也可追究刑事责任。我国《刑法》规定了强迫交易罪，以暴力、威胁手段强买、强卖商品、强迫他人提供服务或强迫他人接受服务，情节严重的，处 3 年以下有期徒刑或拘役，并处或单处罚金。

5. 搭售和附加不合理交易条件。搭售和附加不合理交易条件，是指在商品交易过程中，拥有经济优势的一方利用自己的优势地位，在提供商品或服务时，违背交易相对人的意愿，强行搭配销售购买方不需要的另一种商品或服务，或附加其他不合理条件的行为。违法的搭售和附加不合理交易条件行为必须具有严重的反竞争效

---

〔1〕 参见阮赞林主编：《反垄断法教程》，上海人民出版社 2011 年版，第 104 页。

果，即通过该行为会加强企业在市场上的支配地位，从而给市场竞争带来显著的不利影响。判断一个搭售行为是否合理，应当考虑的因素包括：①行为人在给卖品市场上是否具有市场优势地位；②被卖品与搭卖品是否属于不同的商品，即商品之间是否具有可替代性；③搭售是否出于该商品的交易习惯；④被搭售的商品若分开销售，是否有损于商品的性能和使用价值；⑤搭售经营者是否有其他合理的抗辩理由，如效率抗辩、健康抗辩、安全抗辩等。[1]

我国法律禁止具有市场支配地位的经营者没有正当理由搭售商品，或者在交易时附加其他不合理的交易条件：违背交易惯例、消费习惯等或者无视商品的功能，将不同商品强制捆绑销售或者组合销售；对合同期限、支付方式、商品的运输及交付方式或者服务的提供方式等附加不合理的限制；对商品的销售地域、销售对象、售后服务等附加不合理的限制；附加与交易标的无关的交易条件。

6. 差别待遇。差别待遇，是指具有市场支配地位的经营者没有正当理由，对条件相同的交易对象，就其所提供的商品的价格或其他交易条件给予实行差别待遇，最常见的形式是价格歧视。差别待遇在很多情况下是经营者的一种营销策略，对不同的交易相对人采取不同的交易条件，是其选择交易对象的一种手段，也是市场广泛存在的普遍现象，一般情况下未必危害竞争，法律也不予以干预。但当具有市场支配地位的经营者实施差别待遇时，对竞争损害的可能性很大。[2]

我国法律禁止具有市场支配地位的经营者没有正当理由，对条件相同的交易相对人在交易条件上实行下列差别待遇：①实行不同的交易数量、品种、品质等级；②实行不同的数量折扣等优惠条件；③实行不同的付款条件、交付方式；④实行不同的保修内容和期限、维修内容和时间、零配件供应、技术指导等售后服务条件。

（二）滥用市场支配地位行为的危害

滥用市场支配地位行为会损害、消灭已经存在的竞争者，或者设置市场壁垒，阻止潜在竞争者进入市场，最终会损害竞争；会破坏自由竞争秩序，不利于社会资源的优化配置。市场竞争机制主要是通过价格机制发挥作用的。正是由于竞争机制的存在，使得人们追求利润最大化的利己之心在市场"无形之手"的调节下与社会公共利益相契合。边沁认为市场价格是由两种相互对立的竞争所决定的。即购买者之间的竞争与销售者之间的竞争。在价格机制的作用下，竞争不仅使人们的"利己之心"与社会公共利益达成了一致，而且使社会资源得到了最优化配置。居市场支配地位的企业对市场价格的制定具有控制力。如果该企业实施低价倾销行为、价格歧视行为或牟取暴利等滥用行为时，必影响市场的供求关系变化，进而影响商品的价格，最终自由、公平的竞争秩序被打破，其他经营者的利益也会受损。由于支配地位滥用行为破坏了自由、公平的竞争秩序，消费者不能得到质高价优的商品，无

---

〔1〕　参见阮赞林主编：《反垄断法教程》，上海人民出版社 2011 年版，第 105 页。

〔2〕　参见孙虹主编：《竞争法学》，中国政法大学出版社 2010 年版，第 283 页。

奈不得不购买一些质次价高的商品，消费者的利益受到了损害。

以案说法

陕西清泉自来水公司指定交易限制竞争案

[案情简介]

1997 年以来，原告陕西清泉自来水公司先后为其所在地的几个小区民用住宅安装自来水管道。1997 年 6 月 10 日，名为花园小区的住户向自来水公司申请用水，并填写了《用水户申请用水规划审批表》，该表"缴费"栏载明：配套费 22 300 元，管网建设费 1200 元，搭水水损费 65 元，材料及工时费 31 000 元，超计划材料费 1778 元。该表印有说明：①安装队接用户申请，派人规划设计；②企业管理科派人复查，交领导审核；③经过审核后，材料室同意发材料；④此表一式三份，安装队、企业管理科、财务室各一份。清泉自来水公司经理王某于 1997 年 6 月 10 日在该审批表批注："安装队，请预先缴款 25 000 元后，速派人进场安装，完工后一次性结清。"1997 年 6 月 22 日，花园小区向清泉自来水公司预交安装费、材料费、工时费 25 000元。随后清泉自来水公司以同样的要求和程序为其他小区安装自来水管道。1997 年 7月 10 日，市工商局从群众举报和投诉中得知该自来水公司在为这些小区安装自来水管道中，使用材料都是来自该自来水公司经营部。据此，市工商局认定清泉自来水公司强制用户接受其安装，违反了《反不正当竞争法》第 6 条的规定，属于不正当竞争行为，于 1997 年 11 月 23 日，依据《反不正当竞争法》第 23 条的规定，作出了行政处罚，责令清泉自来水公司停止违法行为并罚款 8 万元。清泉自来水公司不服，依法向法院提起行政诉讼。

一审法院认为，原告清泉自来水公司属于公用企业，其在安装花园小区等住宅的自来水管道中，利用公用企业独占地位和用水审批职权，对用水户申请用水时强制用水户预先交付安装费、材料费、工时费等做法，违背了《反不正当竞争法》第 6条的规定，属于指定交易行为。因此判决维持市工商局的行政处罚决定书内容。原告不服，依法向上级法院提起上诉。二审法院在认真调查后作出了维持一审判决的判决。

[案例评析]

本案争论的焦点是原告的行为是否构成《反不正当竞争法》第 6 条的禁止指定交易限制竞争行为？这是该案件认定的关键所在。

根据企业设立的目的，我们一般将企业分为公用企业与私人企业两大类。公用企业，即为了公用事业设立的企业，其往往具有某种垄断地位。虽然具有垄断地位并不当然违法，但社会实践证明，具有市场支配地位的企业往往存在滥用这种优势地位的倾向从事垄断行为，公用企业亦是如此。构成公用企业指定交易限制竞争行为应具备下列三个要件：①企业是公用企业，具有市场优势地位。从正常逻辑上讲，

只有经营者具有一定的市场优势以后才可能有超过对方的能力去强制他人作为或者不作为。当然，企业获得这种优胜地位的原因是多样的，可能是凭借自身的力量完成的，也可能凭借政府正当的安排等。公用企业往往是基于法律的安排而取得的。根据《国家工商行政管理局关于禁止公用企业限制竞争行为的若干规定》第 2 条的规定，公用企业是指涉及公用事业的经营者，包括供水、供电、供热、供气、邮政、电讯、交通运输等行业的经营者。②实施了指定交易行为。指定交易行为具体形式是多种多样的，立法本身是无法一一列举，所以世界上大多数国家采取概括式与列举式并用模式来界定指定交易行为。③行为限制了或者可能限制市场正常的竞争并且其行为正面影响不足以抵消行为的负面影响。

本案中，根据《国家工商行政管理局关于禁止公用企业限制竞争行为的若干规定》第 2 条的规定，原告陕西清泉自来水公司属于公共企业并具有市场支配地位是毫无疑问的。本案关键问题在于原告的行为是否属于指定他人交易行为。根据案情来看，由于原告要求用水户必须事先交纳相关费用方才派人进行安装，并且安装中所使用的材料系由其本身提供，这实质上剥夺了用水户的自由选择权利，属于限定他人购买其指定的经营者的商品行为，构成限制竞争。法院的判决是准确的。

第四节　经营者集中

一、经营者集中概述

经营者集中有广义和狭义之分。狭义的经营者集中是指企业合并，两个或两个以上的独立的企业，通过取得财产或股份，合并成为一个企业的法律行为。广义的经营者集中则扩大到一个企业能够对另一个企业发生支配性影响的所有方式。[1] 包括持有其他公司的股份、取得其他企业的资产、受让或承租其他企业全部或主要部分的营业或财产，与其他企业共同经营或受其他企业委托经营、干部兼任、直接或间接地控制其他企业的人事任免等。反垄断法初期的立法大多针对企业合并所带来的削弱竞争的影响，但战后各国和地区对经济力量集中的规制更多的是在广义上的经营者集中。日本、韩国以及我国台湾地区的"公平竞争法"都采用了这一比较宽泛的定义。

（一）经营者集中的形式

我国《反垄断法》第 20 条规定，经营者集中是指下列情形：经营者合并；经营者通过取得股权或者资产的方式取得对其他经营者的控制权；经营者通过合同等方式取得对其他经营者的控制权或者能够对其他经营者施加决定性影响。

---

〔1〕 王燕："试析经营者集中的反垄断审查"，载中国反垄断法网，http：//www. antimonopolylaw. org/artide/default. asp？id=869.

1. 直接集中。经营者合并是直接集中的典型表现。经营者合并包括吸收合并和新设合并，是经营者之间人、财和物等要素的全方位集中，表现为一种组织体（人格）的充分融合，"经营者合并"往往伴随着一方或多方经营者的（人格）终止，集中后的结果导致了参与合并的各方经营者合并成为一个组织体。按照参与集中的经营者所处经济行业和经济领域的关系，经营者合并可以分为横向合并、纵向合并和混合合并。由于经营者合并导致了经营者之间控制权的完全融合，是经营者之间结合程度最为紧密的一种"经营者集中"形式。特别是横向合并直接减少了竞争者，降低了竞争强度，使之成为各国反垄断法普遍高度关注的一种"经营者集中"形式。

2. 间接集中。间接合并是公司法意义以外的其他合并形式，主要有以下几种：

（1）股份控制。股权和资产是经营者控制权的主要载体，经营者通过"取得股权或资产"的方式而取得其他经营者的控制权，是一种重要的"经营者集中"形式。持股的目的是为了控股，通过持有其他企业的股份，把其他企业的经营活动纳入本企业的范围，其结果与合并企业有异曲同工之妙。因此，"取得股权"和"取得资产"也是各国反垄断法规制经营者集中行为的重要方式。如在美国，当一个企业决定实施收购其他企业的行为时，大都选择股份或资产取得的方式。并且，通常是用现金、新发行的股票来获得其他上市公司的股份，采用合并方式的并不多见。这主要是因为股份或资产的取得，除了可以避免适用公司法上为合并设定的各种繁杂的程序之外，还可以在满足所规定的基本前提下，依据税法上的规定享受与合并同等的免税待遇。取得资产的方式主要有资产信托、资产租赁、资产转让等，资产转让是最常见的"取得资产"行为，实践中运用最多的是资产收购。

（2）经营控制。经营控制包括受让或承租资产、委托经营或共同经营。受让或承租资产是指通过受让其他企业全部或主要部分的业务或资产。委托经营就是公司的委托经营，它是指将公司全部营业交由受托人管理，受托公司以委托公司的名义并为委托公司的利益而进行事业运营，营业的损益由委托公司承担。委托公司具有某些重大事宜的最终决策权，可对经营者加以监督，委托公司有报酬给付的义务。而共同经营则是指数家公司间损益全部共同承担，各关系公司均须服从统一的指挥，以求达到经济上的一体化的经营形式。经营控制无论采用哪种形式，都是达到少量财产支配更多资产共同控制市场的目的，使相当一部分的企业的力量被控制于大企业中。

（3）人事控制。人事控制是指一个企业的人事受其他企业的控制，从而纳入其他企业的运行轨道。在人事控制中，董事互任或干部兼任是典型的形式。人事控制对企业而言，可能是全面的控制，也可能是部分控制，但是无论怎样，对该受控企业都会产生具有决定性作用的影响，从而在实际上达到合并的效果，最终限制竞争。

（二）经营者集中的原因

经营者集中是企业对利润最大化追求的内在要求和外部竞争压力的结果。经营者集中可以形成一定的规模经济，同时也是实现市场力量集中的主要途径。经济力量过度集中造成市场竞争主体数量减少，市场结构发生变化，使这些企业有可能利用市场的优势控制市场，对市场竞争机制发挥作用产生不利影响。

1. 扩大企业规模，提高经济效益。这是经营者集中最主要的和最常见的原因，经济学上规模效益理论要求企业为了获得最大经济效益必须达到一定的规模。

2. 科技进步。近现代经济发展史表明科学技术是第一生产力，不断推动经济发展。当然只有那些规模巨大，实力雄厚的大企业才更有能力进行技术研发，推动科技进步。

3. 政府经济政策、措施的影响。政府经济政策、措施也有可能促进企业并购行为发生。比如政府有意识的扶持大企业的政策和对大企业优惠的政策都会刺激经营者集中行为的发生。

4. 经济全球化。经济全球化对各国经济带来的影响是深刻的，表现在经济生活的方方面面。在经营者集中领域，主要是以跨国公司为代表和主导的并购行为成为各国反垄断法关注的重点。[1]

（三）经营者集中的利弊分析

1. 经营者集中的积极影响。经营者集中有利于发挥规模经济作用，即扩大经营规模可以降低平均成本，从而提高利润水平。通过经营者集中，企业整合现有的销售网络，有利于推广新产品，提高销售效率。经营者集中有利于整合优质资源，提高经营者的竞争力。

2. 经营者集中的消极影响。经营者集中使得市场集中度增强，竞争减少，导致市场垄断。经营者集中竞争者减少，消费者选择权受限，极易导致产品价格上涨，质量下降，企业没有创新的动力，对国家的经济发展也是非常不利的。另外，企业合并后会进行整合，特别是在具有竞争关系的横向合并中，参与集中的企业内部存在相同或类似的部门，当企业合并后会进行人员的整合；也会进行生产线、机器设备的整合。在整合过程中，会导致企业大量裁员，从而导致严重失业，可能引发社会问题。

二、经营者集中申报审查

（一）申报

1. 申报标准。只有对竞争产生不利影响的经营者集中，才是依法应当进行反垄断审查、实施监督的对象。也就意味着，只有达到一定标准的经营者集中才需要向反垄断执法机构申报。2008年8月3日，国务院发布的《国务院关于经营者集中申报标准的规定》规定了申报的具体标准：①参与经营者集中的企业，它们在全球的市场销售额共同达到了100亿人民币，而且参与经营者集中的企业中至少有两家企业在中国市场的销售额达到了4亿人民币。②参与集中经营者的市场销售额在中国市场的销售额共同达到了20亿人民币，而且，其中至少有两家在中国市场的销售额

---

〔1〕 参见张穹：《反垄断理论研究》，中国法制出版社2007年版，第173~174页。

达到了 4 亿人民币。营业额的计算，应当考虑银行、保险、证券、期货等特殊行业、领域的实际情况，具体办法由国务院商务主管部门会同国务院有关部门制定。

此外，经营者集中未达到以上申报标准，但按照规定程序收集的事实和证据表明该经营者集中具有或者可能具有排除、限制竞争效果的，国务院商务主管部门应当依法进行调查。

2. 申报豁免。有些情况下经营者集中对竞争的影响不大，无需审批。我国《反垄断法》规定经营者集中有下列情形之一的，可以不向国务院反垄断执法机构申报：参与集中的一个经营者拥有其他每个经营者 50% 以上有表决权的股份或者资产的；参与集中的每个经营者 50% 以上有表决权的股份或者资产被同一个未参与集中的经营者拥有的。

3. 申报材料。经营者向国务院反垄断执法机构申报集中，应当提交下列文件、资料：申报书；集中对相关市场竞争状况影响的说明；集中协议；参与集中的经营者经会计师事务所审计的上一会计年度财务会计报告；国务院反垄断执法机构规定的其他文件、资料。

申报书应当载明参与集中的经营者的名称、住所、经营范围、预定实施集中的日期和国务院反垄断执法机构规定的其他事项。

经营者提交的文件、资料不完备的，应当在国务院反垄断执法机构规定的期限内补交文件、资料。经营者逾期未补交文件、资料的，视为未申报。

（二）审查

1. 审查机关。我国《反垄断法》第 21 条规定："经营者集中达到国务院规定的申报标准的，经营者应当事先向国务院反垄断执法机构申报，未申报的不得实施集中。"2008 年《反垄断法》生效前，经国务院批准由商务部内设的反垄断局主要职责是：负责审查经营者集中行为，指导中国企业在国外的反垄断应诉工作以及开展多双边竞争政策国际交流与合作。

2. 审查期限。

（1）初步审查。国务院反垄断执法机构应当自收到经营者提交的符合《反垄断法》规定的文件、资料之日起 30 日内，对申报的经营者集中进行初步审查，作出是否实施进一步审查的决定，并书面通知经营者。如果反垄断执法机关在 30 日内，认为合并对市场竞争可能会产生不利的影响，但需要进一步审查的，可通告经营者进入进一步审查的阶段。国务院反垄断执法机构作出决定前，经营者不得实施集中。国务院反垄断执法机构逾期未作出决定的，经营者可以实施集中。

（2）进一步审查。国务院反垄断执法机构决定实施进一步审查的，应当自决定之日起 90 日内审查完毕，作出是否禁止经营者集中的决定，并书面通知经营者。作出禁止经营者集中的决定，应当说明理由。审查期间，经营者不得实施集中。

有下列情形之一的，国务院反垄断执法机构经书面通知经营者，可以延长前款规定的审查期限，但最长不得超过 60 日：经营者同意延长审查期限的；经营者提交的文件、资料不准确，需要进一步核实的；经营者申报后有关情况发生重大变化的。

3. 审查内容。

（1）审查时考虑的因素。审查经营者集中，应当考虑下列因素：参与集中的经营者在相关市场的市场份额及其对市场的控制力；相关市场的市场集中度；经营者集中对市场进入、技术进步的影响；经营者集中对消费者和其他有关经营者的影响；经营者集中对国民经济发展的影响；国务院反垄断执法机构认为应当考虑的影响市场竞争的其他因素。

（2）附条件通过。经营者集中对同一个相关市场的其他的经营者来说，肯定会有不利的影响，《反垄断法》只能是对一些市场竞争有严重不利影响的经营者集中给予禁止。对不予禁止的经营者集中，国务院反垄断执法机构可以决定附加减少集中对竞争产生不利影响的限制性条件。所附条件一般称为经营者集中的"救济"即包括行为方面的救济，也包括结构方面的救济。

三、集中豁免

有些经营者集中明显具有严重的排除竞争的效果，但是反垄断执法机关作出不予禁止的决定，这种法律现象称为经营者集中的豁免。我国《反垄断法》规定经营者集中具有或者可能具有排除、限制竞争效果的，国务院反垄断执法机构应当作出禁止经营者集中的决定。但是，经营者能够证明该集中对竞争产生的有利影响明显大于不利影响，或者符合社会公共利益的，国务院反垄断执法机构可以作出对经营者集中不予禁止的决定。

四、国家安全审查

经营者集中除了有可能损害竞争外，还有可能影响政治、经济安全。我国《反垄断法》规定，对于外资并购境内企业或者以其他方式参与经营者集中的，如果集中涉及国家安全的，除了依法进行经营者集中的审查外，还应当按照国家有关规定进行国家安全审查。

 以案说法

可口可乐失手汇源案[1]

[案情简介]

中国商务部 2009 年 3 月 18 日正式宣布，根据中国《反垄断法》禁止可口可乐收购汇源。这是《反垄断法》自 2008 年 8 月 1 日实施以来首个收购未获通过的案例。

商务部称，根据《反垄断法》第 28 条，商务部认定可口可乐公司收购中国汇源公司将对竞争产生不利影响，作出禁止此项集中的决定。

商务部依据《反垄断法》的相关规定，从市场份额及市场控制力、市场集中度、

---

〔1〕 载找法网，http://china.findlaw.cn/jingjifa/fldf/anli/11301789.html.

集中对市场进入和技术进步的影响、集中对消费者和其他有关经营者的影响及品牌对果汁饮料市场竞争产生的影响等几个方面对此项集中进行了审查。审查工作严格遵循相关法律、法规的规定。审查过程中，充分听取了有关方面的意见。

经审查，商务部认定：此项集中将对竞争产生不利影响。集中完成后可口可乐公司可能利用其在碳酸软饮料市场的支配地位，搭售、捆绑销售果汁饮料，或者设定其他排他性的交易条件，集中限制果汁饮料市场竞争，导致消费者被迫接受更高价格、更少种类的产品；同时，由于既有品牌对市场进入的限制作用，潜在竞争难以消除该等限制竞争效果；此外，集中还挤压了国内中小型果汁企业生存空间，给中国果汁饮料市场竞争格局造成不良影响。

为了减少集中对竞争产生的不利影响，商务部与可口可乐公司就附加限制性条件进行了商谈，要求申报方提出可行的解决方案。可口可乐公司对商务部提出的问题表述了自己的意见，提出初步解决方案及其修改方案。经过评估，商务部认为修改方案仍不能有效减少此项集中对竞争产生的不利影响。据此，根据《反垄断法》第28条，商务部作出禁止此项集中的决定。

[案例评析]

本案涉及的几个主要问题有：①可口可乐兼并汇源这件事发生在两家外资企业之间，可口可乐是总部在美国的公司，汇源果汁是一家注册在开曼群岛的外国公司，中国是否具有管辖权？②本案中的相关市场应如何界定？③该项并购应不应该经过反垄断审查？

1. 我国反垄断法对于该项并购具有管辖权。虽然这项并购发生在两个外国公司之间，但是，因为汇源公司主要在我国从事果蔬汁生产业务，因此，该项并购必然会影响到我国境内相关市场的竞争。而且，我国《反垄断法》第2条明确规定了该法域外适用的效力，因此，《反垄断法》可以适用于该项并购事宜。

2. 影响相关市场边界的最为主要的因素是相关产品的范围。相关产品的种类越多，相关市场的范围边界越大，当事企业的市场份额则越低。就本案而言，涉及了可口可乐经营的产品与汇源公司经营的产品之间有无替代性，若有替代性，即有竞争关系，属于同一相关产品，同属一个相关市场。

3. 该项并购应当经过反垄断审查。可口可乐通过取得股权等方式取得对汇源公司的完全控制权，符合《反垄断法》第20条、《国务院关于经营者集中申报标准的规定》第2条规定的经营者集中的情形。同时，可口可乐和汇源公司上一会计年度在全球范围内的营业额合计超过100亿元人民币，并且两家公司上一会计年度在中国境内的营业额均超过4亿元人民币，符合《国务院关于经营者集中申报标准的规定》第3条规定的应当事先向国务院商务主管部门申报的情形，因此，可口可乐和汇源公司负有申报义务。

商务部的决定符合法律规定，有利于我国市场的健康有序发展。

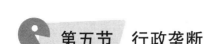
第五节　行政垄断

一、行政垄断概述

（一）行政垄断的概念和特征

市场经济是一种竞争的机制，需要通过竞争实现资源的优化配置，企业通过竞争来提高自己的经济效益。行政垄断的存在阻碍了统一大市场的形成，不利于资源优化配置。"行政垄断"的概念最早出现在 20 世纪 80 年代，是指行业壁垒、地区壁垒、政府限制交易或者强制交易、政府专有交易等现象。滥用行政权力排除、限制竞争行为是当前中国经济社会生活中被社会各界所诟病的一大现象。实际上，不管在中国还是外国，在过去、现在还是将来，政府限制竞争都是对竞争损害最甚的行为。[1]

行政垄断是指行政机关和法律、法规授权的具有管理公共事务职能的组织，滥用行政权力排除限制竞争。滥用行政权力包括"无权而行使权力"和"不恰当地行使权力"两种类型，行政垄断具有以下特征：

1. 行政性。我国《反垄断法》第 8 条规定："行政机关和法律法规授权的具有管理公共事务职能的组织不得滥用行政权力、排除、限制竞争。"行政垄断的主体有两种：一种是行政机关；一种是法律法规授权的具有管理公共事务职能的组织。无论是行政机关还是法律法规授权的具有管理公共事务职能的组织，履行职责的同时不恰当地行使行政权力，导致行政垄断出现。具有行政权力是形成行政垄断的必要条件。

2. 通过滥用行政权力来实施。孟德斯鸠的《论法的精神》中说："每个有权力的人都是趋于滥用权力，而且还趋于把权力用之极限，这是一条万古不易的经验。"滥用行政权力包括"无权而行使权力"和"不恰当地行使权力"两种类型。因为政府拥有公共资源，有公共权力，政府若要限制竞争，限制竞争的效果会非常明显。

3. 形式主要是指定交易和限制资源自由流通。地区垄断是政府及其职能部门通过违法行政建立市场壁垒的行为；部门垄断是行业管理者为了保护本行业的利益，违法运用行政权力限制竞争的行为；行政性强制行为是政府不适当干预企业的经营自主权，强制企业购买、出售某种产品或与其他企业合并等违反市场竞争原则的行为。

4. 行为具有违法性和危害性。行政垄断是滥用行政权力的表现，是没有法律依据或违反法律的行政行为，所以具有违法性。市场机制体现在企业相互通过竞争来实现资源的优化配置，企业通过竞争来提高自己的经济效益。行政垄断的存在阻碍

---

〔1〕　反垄断与反不正当竞争执法专家型人才培训班第三课题组："滥用行政权力排除限制竞争行为规制初探"，载《中国工商管理研究》2011 年第 7 期。

了统一大市场的形成，不利于资源优化配置。

（二）行政垄断的产生原因

中国改革开放以来，市场化程度不断提高，市场竞争也在逐步成熟。但是，由于长期的历史原因，原有体制中的行政化、官本位权力机制，也在变异中开始寻求新的环境土壤。加之由于中国尚处于社会主义市场经济的探索时期，相关的法律规制还很不完善。于是，原有的行政垄断权力依托极不健全的市场机制，寻找到了新的生存机会和条件。综合起来，造成行政性垄断的原因主要有以下几点：[1]

1. 经济体制改革的不彻底和政治体制改革的相对滞后，中国的政企分离还不够彻底。由于历史的原因，中国的政府与企业长期联系在一起，政府管企业、企业同时依赖政府这种落后的模式是中国过去长期实行计划经济的产物。进入市场经济以来，中国推行了经济体制改革和政治体制改革，其主要内容之一便是实行政企分离制度。但是，在市场经济制度的建立和完善的时期，中国的政企分离是不够彻底的。企业经营机制及经营观念尚未彻底改变，部分企业热衷于对政府的依赖，习惯于听从政府的指挥和安排，遇到问题不是按市场经济的要求自己处理，而是找政府，这无疑给政府滥用权力找到了适当的借口。而且，在改革中，虽然政府开始转变职能，但政府职权的重新界定和政府部门间的权限分工一时还难以让人准确把握，这造成了一定程度上的相互脱节或相互冲突，也给行政权力的滥用提供了可乘之机。

2. 现有的财政政策造成了多元化的利益驱动。任何扭曲的社会现象都是和经济利益相关联的。改革开放后，地区、部门利益日趋突出，尤其在实行财政分灶吃饭后，本地、本部门企业的经营好坏，直接影响到财政收入的高低，而本地区财政收支的状况，直接与本地区管理者的经济收入相关。这种企业效益与财政收入高低的关联性，使企业的生产经营成为政府必须关注的一个重要问题。实践中，当企业在竞争中缺乏竞争力、经济效益受到威胁时，政府或政府部门往往不是帮助企业通过正确的市场决策增强竞争能力、尽快适应市场，而是直接用行政命令的方式限制、排斥或阻碍外地同类企业或外部门企业参与竞争。为达到较好的地方财政状况而追求地方、部门利益的欲望，是行政性垄断产生的内在动力，是行政性垄断屡禁不止的重要原因。如今，地区、部门利益的强化更是出现了分散化的趋势。这种状况不改变，将会导致更为复杂的行政混乱和垄断态势。

3. 产业结构不合理。原有的高度集中统一领导的计划经济体制带来的不合理的产业结构所造成的影响依然存在，加之改革开放后曾经出现经济过热现象，国家宏观调控一时又无法跟上，从而导致重复布局、重复生产，使各地的产业结构呈现出较为严重的趋同现象。经济结构不合理导致原材料、成品的供需矛盾趋向尖锐，竞相抬价、竞相压价、竞相抢购的现象时常发生。在此过程中，为了保护地方、部门利益，政府或政府部门通过行政命令或制定地方政策等手段，保护本地的原材料、

---

[1] 参见阮赞林主编：《反垄断法教程》，上海人民出版社 2011 年版，第 144 页。

半成品，保护本地企业的生产经营和经济利益，最终形成地方封锁或部门封锁。所以，这也是造成行政性垄断的一个重要原因。

4. 欠缺必要的法律规制以及行政人员依法行政法律意识的淡薄。改革开放以来，中国各个方面的法律制度趋于健全和完善。但是，不应忽视的是，中国现行的法律对政府的约束力是非常有限的。并且，中国缺乏对行政性垄断的法律规制。在诸多已颁布的法律中，政府都不是行为的主体。现行法律对政府的行为模式、法律责任的规范严重不足，对于政府滥用职权、发布垄断命令等行为缺乏必要的监督和惩治措施。一些政府及其所属部门往往要求别人严格守法，而自己却不能起到守法的模范作用。民主法治化程度不高、现行法律规范不足，为政府部门凌驾于法律之上、实施行政性垄断提供了客观上的条件。

（三）行政垄断的危害[1]

1. 阻碍全国统一市场的形成。市场经济之所以优越于计划经济，是因为它不是靠政府的计划指令配置资源，而是靠市场对资源配置起基础性作用，实现资源的优化配置。因此，必须构建一个统一、开放、竞争、有序的完整市场体系，使各经济主体以市场为基础进行公平竞争。而行政垄断行为总是以某一地区或部门的利益为着眼点，将本应统一开放的全国性市场强行分割为彼此封闭、互不联系的市场空间，将某地或某部门的经济封闭起来，形成地区封锁和部门垄断，人为地割裂了市场，破坏了全国统一的市场体系，其结果既造成资源的大量浪费，又阻碍了市场经济的建立与健康发展。因此，行政垄断已经成为我国建立社会主义市场经济体制最危险的破坏力量。

2. 破坏公平竞争秩序。竞争的经济才是最具有生命力的经济。由于公权力的介入，形成人为的市场壁垒，使得其他相关企业难以进入该地区或行业市场。因此，行政性垄断在扼杀竞争的同时也就将竞争给经济带来的活力及资源配置优势一并扼杀掉了，这必然不利于形成公平的竞争秩序、妨碍经济的健康有序发展。

3. 损害经营者与消费者的利益。依法定原则，市场经营者拥有充分的自主生产经营权。但是，非法行政垄断为了排斥、限制和妨碍竞争，往往用行政命令的方式限制市场经营者的生产经营，或者强迫市场经营者从事（或不从事）某种交易，从而使经营者的经营权受到了严重的损害。同时，消费者也有选择商品和服务的权利，但在实施地方保护主义的地区实际上就是使落后工业得到保护，消费者却得不到价低质优的商品和服务。行政垄断行为却往往限定消费者的购买行为，消费者在选择越来越少，或者完全没选择的情况下，支付的价格也就越来越高。违背了消费者的意愿，损害了消费者权益。

4. 导致政治腐败。行政垄断的实质是行政权力的滥用，它非法扩大了行政人员的自由裁量权，对经济活动实行不当干预，扰乱了国家的行政秩序。行政垄断行为

---

[1] 参见唐自政、周昀："行政性垄断的危害与成因探析"，载《理论建设》2010年第1期。

实施主体往往出于地方或部门利益的考虑，不顾国家法律和政策的统一性，为本地区、本部门谋私利，破坏了依法行政、政令统一的国家行政基本原则，严重损害了国家法制的统一和行政的权威，导致一定程度上的行政紊乱。此外，行政垄断是一种行政权力与经济权力相结合的垄断，如果缺乏对权力有效的监督与制约，就会使行政人员借地方利益、部门利益将公共权力私权化和个人化，以权谋私，搞权钱交易，干部腐败现象将难以避免。

5. 极易演化为经济性垄断。我国行政性垄断与经济性垄断之间的紧密联系决定了行政垄断常常成为经济垄断的起源和基础。例如从 1980 年开始，国家的经济行政主管部门推行促进企业联合的经济政策，本意想通过联合沟通横向联系，打破地区封锁、部门分割，结果是建立了一批全国性和地区性的行政性公司。大批行政性公司的建立，不仅未打破地区封锁与部门分割，反而更促进了地区封锁和部门分割，严重限制了竞争。此类行政性公司凭借行政权力建立，一旦全面进入经济领域，极易演化为经济垄断。

二、行政垄断的主要表现

1. 指定交易。行政机关及其授权机构组织违背市场经济中平等自愿的交易原则，利用国家赋予的行政权力，限定或者变相限定有关单位或者个人经营、购买、使用其指定的经营者提供的商品，而排斥其他经营者提供的商品。被限制的对象既包括经营者也包括消费者。

2. 地区封锁。地方保护主义，是指地方政府及其所属部门滥用行政权力，限制外地商品进入本地市场，或者限制本地商品流向外地市场等行为。具体行为包括：①对外地商品设定歧视性收费项目、实行歧视性收费标准，或者规定歧视性价格；②对外地商品规定与本地同类商品不同的技术要求、检验标准，或者对外地商品采取重复检验、重复认证等歧视性技术措施，限制外地商品进入本地市场；③采取专门针对外地商品的行政许可，限制外地商品进入本地市场；④设置关卡或者采取其他手段，阻碍外地商品进入或者本地商品运出；⑤妨碍商品在地区之间自由流通的其他行为。

3. 限制跨地区招投标。行政机关和法律、法规授权的具有管理公共事务职能的组织不得滥用行政权力，以设定歧视性资质要求、评审标准或者不依法发布信息等方式，排斥或者限制外地经营者参加本地的招投标活动。

4. 限制跨地区投资。行政机关和法律、法规授权的具有管理公共事务职能的组织不得滥用行政权力，采取与本地经营者不平等待遇等方式，排斥或者限制外地经营者在本地投资或者设立分支机构。

5. 强制从事垄断行为。行政机关和法律、法规授权的具有管理公共事务职能的组织不得滥用行政权力，强制经营者从事我国《反垄断法》规定的垄断行为。

6. 抽象行政垄断。行政机关不得滥用行政权力，制定含有排除、限制竞争内容的规定。

 以案说法

"政府红头文件下达喝酒任务"〔1〕

[案情简介]

湖北省汉川市市政府办公室下发红头文件,给市直机关和各乡镇农场下达喝酒任务,全市各部门全年喝"小糊涂仙"系列酒价值总目标为 200 万元,完成任务的按照 10% 奖励,完不成的通报批评。这份"喝酒文件"全名为《关于倡导公务接待使用"小糊涂仙"系列酒的通知》。这份文件还附有《各地各单位使用和促销"小糊涂仙"系列酒分解表》。后来,当地政府认识到该文件是违法的,终止了这个文件。

[案例评析]

从我国《反垄断法》规制的行政垄断行为来看,对行政地区垄断进行了重点规制,基本排除了对部门或行业垄断的规制,同时,也对抽象垄断行为进行了规制。另外,下级政府和有关部门下发的文件,不得与国家法律、法规和上级政府文件相抵触。汉川市政府办的这份文件违反了法律,也违反了国务院和湖北省政府《关于整顿和规范市场经济秩序》的文件,应当被终止。

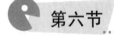 **第六节 垄断行为的监督管理和法律责任**

一、垄断行为的监督管理

(一)执法机构设立模式

在反垄断执法方面,各国的做法略有不同,但设立专门机构负责执法的模式基本一致。大体上有两种模式:一种是以美国和日本为代表的准司法机关模式;一种是以欧洲国家为代表的行政执法模式。〔2〕

1. 准司法机关。在专门机构的性质及隶属关系上,有的国家的反垄断执法机构具有准司法性,如美国的联邦贸易委员会、日本的公正交易委员会,它们分别隶属于总统和内阁总理大臣,皆独立从事反垄断法的执行活动,与一般行政机关在组成上有区别,均属委员会式。它们除享有一般行政权限外,还享有准司法权和准立法权,其裁决案件的程序大体相同于法院。准司法性的执行机构的地位和独立性均高于纯行政性执行机构,有利于独立依照反垄断法作出裁决。

2. 行政机关。有的国家则以纯行政机关作为反垄断执法机构,这是欧洲多数国

---

〔1〕 载人民网,http://politics.people.com.cn/GB/1026/4280695.html。

〔2〕 参见杨紫烜主编:《经济法》,北京大学出版社、高等教育出版社 2014 年版,第 170 页。

家所采取的体制，如德国卡特尔局、英国的公平贸易办公室，它们分别隶属于经济部长和商业部长。这些专门行政机关的上级领导也以政府决策方式参与执行反垄断法，但专门机构在具体案件的裁决上有相当的独立性，尤其是德国卡特尔局，其对卡特尔案件作出裁决时，不管是经济部长还是卡特尔局长都不得对具体案件发布指令。而纯行政性执行机构实行专门行政机关的法律决策与其上级领导的政治决策相结合的体制，认为这有利于反垄断法被稳定地、高效率地贯彻执行。

在与反不正当竞争执法机构的关系上，有的国家实行反垄断执法机构与反不正当竞争执法机构合一，即由一个机构统一来执行两个法（或两方面内容合在一起的法），如日本公正交易委员会。有的国家则实行反垄断执法机构与反不正当竞争执法机构的分立，或者有反垄断执法机构而没有专门的反不正当竞争行政执法机构，如德国卡特尔局和法国的竞争审议委员会只负责执行反垄断法。反垄断执法机构同时执行反不正当竞争法，有利于做到竞争法执行的统一与协调；而反垄断执法机构只执行反垄断法，则任务单纯，有利于集中精力专司专业性强、复杂程度高的反垄断法。

（二）我国的执法模式

1. 国务院反垄断委员会。国务院设立反垄断委员会，负责组织、协调、指导反垄断工作，履行下列职责：研究拟订有关竞争政策；组织调查、评估市场总体竞争状况，发布评估报告；制定、发布反垄断指南；协调反垄断行政执法工作；国务院规定的其他职责。

2. 国务院反垄断执法机构。国务院规定的承担反垄断执法职责的机构（以下统称国务院反垄断执法机构）依照《反垄断法》规定，负责反垄断执法工作。包括国家发展改革委员会、商务部和国家工商行政管理总局三大部门共同执法。

3. 授权省、自治区、直辖市人民政府相应的机构。国务院反垄断执法机构根据工作需要，可以授权省、自治区、直辖市人民政府相应的机构，依照《反垄断法》规定负责有关反垄断执法工作。

二、反垄断法规制重心和违法确认原则

（一）结构规制和行为规制

结构规制是指市场结构应保持在有效竞争的范围内，市场状态若超出了理想的结构标准即为违法，就要予以限制或禁止。结构规制的实现，一方面是事先预防，即通过对企业合并、股份保有、董事兼任等进行限制，以防止形成垄断性市场结构。另一方面是事后补救，即通过对垄断性企业进行分解以及令其转让营业等手段，使市场结构合理化。

行为规制不以企业对市场的占有份额为规制标准，而以行为是否构成限制竞争为规制对象。不着眼于企业规模和集中程度，只关心企业之间是否有联合限制竞争的行为，以及占支配地位的企业是否滥用市场支配地位。

（二）本身违法和合理原则

本身违法是指只要垄断现象出现就视为违法，就应当加以限制或禁止。意味着某一垄断行为或状态总是对竞争有损害，而不管其效果与环境如何。一般适用于价格、数量和地域方面的限制协议。

合理原则是指某些垄断状态或行为不一定构成违法，只有当该行为或状态确实限制了竞争，造成了垄断损害时，才应加以禁止或限制。强调对具体的因素如企业规模、集中程度、需求弹性、经济效益、潜在竞争等进行分析，综合得出违法与否的结论。

三、反垄断法的域外适用

我国《反垄断法》第2条规定："中华人民共和国境内经济活动中的垄断行为，适用本法；中华人民共和国境外的垄断行为，对境内市场竞争产生排除、限制影响的，适用本法。"

随着国际经济交往日益频繁，来自别国的经济行为对本国经济造成损害的现象时有发生，法的域外适用被提了出来。反垄断法领域中，他国领域内的限制竞争协议、企业合并可能会阻碍本国经济发展，垄断行为损害外溢的存在为反垄断法的域外适用提供了客观基础。

四、法律责任

（一）民事责任

经营者实施垄断行为，给他人造成损失的，依法承担民事责任。因垄断行为受到侵害的自然人、法人和其他组织，包括经营者和消费者，可以依据《反垄断法》第50条的规定，向人民法院提起民事诉讼。

（二）行政责任

经营者违法达成并实施垄断协议的，由反垄断执法机构责令停止违法行为，没收违法所得，并处上一年度销售额1%以上10%以下的罚款；尚未实施所达成的垄断协议的，可以处50万元以下的罚款。

经营者主动向反垄断执法机构报告达成垄断协议的有关情况并提供重要证据的，反垄断执法机构可以酌情减轻或者免除对该经营者的处罚。

行业协会违反《反垄断法》规定，组织本行业的经营者达成垄断协议的，反垄断执法机构可以处50万元以下的罚款；情节严重的，社会团体登记管理机关可以依法撤销登记。

经营者滥用市场支配地位的，由反垄断执法机构责令停止违法行为，没收违法所得，并处上一年度销售额1%以上10%以下的罚款。

经营者违反《反垄断法》规定实施集中的，由国务院反垄断执法机构责令停止实施集中、限期处分股份或者资产、限期转让营业以及采取其他必要措施恢复到集中前的状态，可以处50万元以下的罚款。

行政机关和法律、法规授权的具有管理公共事务职能的组织滥用行政权力，实施排除、限制竞争行为的，由上级机关责令改正；对直接负责的主管人员和其他直接责任人员依法给予处分。反垄断执法机构可以向有关上级机关提出依法处理的建议。

 以案说法

广东首件滥用市场支配地位垄断案结案[1]

[案情简介]

2014年1月15日，从国家工商总局获悉，广东省工商局经国家工商总局授权查办的供水企业滥用市场支配地位垄断案近日结案。

2011年以来，广东省惠州市大亚湾区相关职能部门陆续接到申诉称，惠州某净水有限公司提供建筑施工临时供水服务时，强制向各房地产企业附加小区户表工程实施项目（从市政接水点至住户分立户水表之间的管道工程及其附属设施工程）。房地产开发企业不同意，就不能获得建筑施工临时供水服务。

2012年，此案线索转至惠州市工商局大亚湾分局，并由惠州市工商局上报至广东省工商局，广东省工商局经核查认为线索基本属实。2013年2月，经国家工商总局授权，广东省工商局对该公司立案调查。

经调查，该公司是为大亚湾西区、澳头两个街道办事处辖区供水的公用企业。广东省工商局对该公司的市场份额、在本案相关市场上的控制能力及其他经营者对其依赖程度、其他经营者进入本案相关市场经营难易程度等进行调查取证。

最终，广东省工商局认定该公司在大亚湾区的西区、澳头两个街道办事处辖区城市自来水供应服务市场具有市场支配地位。自2009年12月以来，该公司在向房地产企业提供建筑施工临时供水服务时强制附加户表工程合同条款。

广东省工商局认定，该公司违反了《反垄断法》以及《工商行政管理机关禁止滥用市场支配地位行为的规定》，构成没有正当理由搭售商品或在交易时附加其他不合理交易条件的滥用市场支配地位行为。广东省工商局据此作出没收该公司违法所得、罚款322万余元的行政处罚。

[案例评析]

该案是广东省工商局查办的首件滥用市场支配地位垄断案，也是全国工商系统查结的第一件滥用市场支配地位垄断案。惠州某净水有限公司提供建筑施工临时供水服务时，强制向各房地产企业附加小区户表工程实施项目的行为，违法我国《反垄断法》的规定，构成没有正当理由搭售商品或在交易时附加其他不合理交易条件的滥用市场支配地位行为。广东省工商局的处理是正确的。

---

[1] 载人民网，http：//finance.people.com.cn/n/2014/0120/c70846-24171268.html.

第七节　反垄断法案件的分析

一、反垄断法案件的主要种类

根据我国《反垄断法》的规定，反垄断法案件可以分为：

1. 达成垄断协议案件；

2. 滥用市场支配地位案件；

3. 经营者集中违反《反垄断法》案件；

4. 滥用行政权力排除、限制竞争案件；

5. 针对反垄断执法机构的执法行政行为提起的行政诉讼等。

二、该类案件的分析方法

（一）经营者违反反垄断法达成垄断协议案件

垄断协议，是指排除、限制竞争的协议、决定或者其他协同行为。垄断协议有以下几个特征：

1. 行为主体为两个或两个以上经营者。主要是指同一经营层次中的有竞争关系的企业，包括进行生产、销售活动以及提供服务的各种经济实体。

2. 主观上具有限制竞争的目的或效果的故意。主体之间具有限制竞争的"合意"是认定限制竞争行为的主观要件。参与企业对该计划的实施后果有明确的认识，其实施联合具有共同的限制竞争目的，即通过协议"协调"彼此的行为，使竞争受到限制或使已经实际受到限制的市场状态维持下去。协议各方当事人是否为了一个共同的利益或者意图而签订协议，参与企业有无主观上共谋的意图，是区分限制竞争协议与其他类似但不违法的相互联系行为的关键。

3. 对市场秩序和消费者权益造成了危害，主要表现在：直接损害了未参与协议的企业的利益；对消费者的利益造成侵害，使消费者不能在购买时进行自由选择，被迫接受对方的不合理条件；妨碍竞争机制功能的发挥。垄断协议的主要表现形式有：①具有竞争关系的经营者间的垄断协议：固定或者变更商品价格；限制商品的生产数量或者销售数量；分割销售市场或者原材料采购市场；限制购买新技术、新设备或者限制开发新技术、新产品；联合抵制交易；国务院反垄断执法机构认定的其他垄断协议。②经营者与交易相对人间的垄断协议：固定向第三人转售商品的价格；限定向第三人转售商品的最低价格；国务院反垄断执法机构认定的其他垄断协议等。

（二）滥用市场支配地位案件

滥用市场支配地位是指具有市场支配地位的企业不合理利用其市场支配地位，对市场的其他主体进行不公平的交易或者排除竞争对手的行为。滥用市场支配地位的主要特征有：①行为的实施者是具有市场支配地位的企业。②行为的本质是不合理地利用市场支配地位。具有市场支配地位的企业要参与各种经济活动，如果是正当地利用其市场地位，不受《反垄断法》追究，只有其不合理地利用其地位，并达到一定程度时才受《反垄断法》追究。③行为的后果是造成对竞争秩序的损害。不合理地利用市场支配地位必须达到一定的"度"和"量"才受追究。其界限就是妨害了现存市场上竞争秩序的维持或竞争作用的发挥。

经营者具有市场支配地位的认定因素有以下几方面：①该经营者在相关市场的市场份额，以及相关市场的竞争状况；②该经营者控制销售市场或者原材料采购市场的能力；③该经营者的财力和技术条件；④其他经营者对该经营者在交易上的依赖程度；⑤其他经营者进入相关市场的难易程度；⑥与认定该经营者市场支配地位有关的其他因素。另外，有下列情形之一的，可以推定经营者具有市场支配地位：①一个经营者在相关市场的市场份额达到1/2的；②两个经营者在相关市场的市场份额合计达到2/3的；③三个经营者在相关市场的市场份额合计达到3/4的。有前款第2项、第3项规定的情形，其中有的经营者市场份额不足1/10的，不应当推定该经营者具有市场支配地位。被推定具有市场支配地位的经营者，有证据证明不具有市场支配地位的，不应当认定其具有市场支配地位。

经营者滥用市场支配地位行为的表现有：①以不公平的高价销售商品或者以不公平的低价购买商品；②没有正当理由，以低于成本的价格销售商品；③没有正当理由，拒绝与交易相对人进行交易；④没有正当理由，限定交易相对人只能与其进行交易或者只能与其指定的经营者进行交易；⑤没有正当理由搭售商品，或者在交易时附加其他不合理的交易条件；⑥没有正当理由，对条件相同的交易相对人在交易价格等交易条件上实行差别待遇；⑦国务院反垄断执法机构认定的其他滥用市场支配地位的行为。

（三）经营者集中案件

经营者集中是指经营者合并，经营者通过取得其他经营者的股份、资产以及通过合同等方式直接或者间接取得对其他经营者的控制权，或者能够对其他经营者施加决定性影响的情况。经营者集中的法定情形有：①经营者合并；②经营者通过取得股权或者资产的方式取得对其他经营者的控制权；③经营者通过合同等方式取得对其他经营者的控制权或者能够对其他经营者施加决定性影响。

经营者集中行为并不都是被禁止的，只有那些可能造成垄断、限制竞争，侵害消费者合法权益的集中，才是法律所禁止的。经营者集中达到国务院规定的申报标准的，经营者应当事先向国务院反垄断执法机构申报，未申报的不得实施集中。经营者集中具有或者可能具有排除、限制竞争效果的，国务院反垄断执法机构应当作出禁止经营者集中的决定。但是，经营者能够证明该集中对竞争产生的有利影响明显大于不利影响，或者符合社会公共利益的，国务院反垄断执法机构可以作出对经营者集中不予禁止的决定。对外资并购境内企业或者以其他方式参与经营者集中，涉及国家安全的，除依照《反垄断法》规定进行经营者集中审查外，还应当按照国家有关规定进行国家安全审查。

审查经营者集中，应当考虑下列因素：①参与集中的经营者在相关市场的市场份额及其对市场的控制力；②相关市场的市场集中度；③经营者集中对市场进入、技术进步的影响；④经营者集中对消费者和其他有关经营者的影响；⑤经营者集中对国民经济发展的影响；⑥国务院反垄断执法机构认为应当考虑的影响市场竞争的其他因素。

（四）滥用行政权力排除、限制竞争案件

行政性垄断是行政机关和法律、法规授权的具有管理公共事务职能的组织滥用行政权力，限制竞争的行为。滥用行政权力是指行政主体在法定的权限范围内，随意行使拥有的行政职权造成危害后果的行政行为。该行为的特点在于：其主体是行政机关和法律、法规授权的具有管理公共事务职能的组织；行政性垄断是一种政府行为，即有关机关凭借其行政权力，在市场外对经济进行直接干预，且对行政相对人具有强制执行的效力；行政性垄断的动机与目的比较复杂，既有谋求经济利益的目的，也有谋取精神利益的目的。如少数领导希望借助行政垄断搞活一方经济，为自己取得好名声，以便将来能据此得以高升。行政性垄断的危害性大，不仅严重损害了消费者的利益，而且也严重损害了其他经营者的利益。

滥用行政权力排除、限制竞争的行为主要表现在以下几个方面：①滥用行政权力限定商品的提供。行政机关和法律、法规授权的具有管理公共事务职能的组织滥用行政权力，限定或者变相限定单位或者个人经营、购买、使用其指定的经营者提供的商品。②滥用行政权力妨碍商品在地区之间的流通。③滥用行政权力排斥或者限制外地经营者参加本地的经营活动。行政机关和法律、法规授权的具有管理公共事务职能的组织滥用行政权力，以设定歧视性资质要求、评审标准或者不依法发布信息等方式，排斥或者限制外地经营者参加本地的招投标活动。或滥用行政权力，采取与本地经营者不平等待遇等方式，排斥或者限制外地经营者在本地投资或者设立分支机构。④滥用行政权力强制经营者从事垄断行为。行政机关和法律、法规授权的具有管理公共事务职能的组织滥用行政权力，强制经营者从事《反垄断法》规定的垄断行为。⑤滥用行政权力制定含有排除、限制竞争内容的规定。

（五）针对反垄断执法机构的执法行政行为提起的行政诉讼

《反垄断法》第53条规定，对反垄断执法机构依据《反垄断法》第28条、第29条作出的决定不服的，可以先依法申请行政复议，对行政复议决定不服的，可以依法提起行政诉讼，对反垄断法执法机构作出的前款规定以外的决定不服的，可以依法申请行政复议或者提起行政诉讼。

根据上述规定，结合《行政诉讼法》有关规定，针对反垄断执法机构提起的行政诉讼具体有以下几种情形：①不服反垄断执法机构作出的禁止经营者集中的决定；②不服反垄断执法机构作出的对经营者集中不予禁止的决定；③不服反垄断执法机构作出的对经营者附加减少集中限制性条件的决定；④对反垄断执法机构采取的强制措施不服提起的行政诉讼；⑤举报者对反垄断执法机构未予答复或作出的不予立案的决定不服提起的行政诉讼；⑥不服反垄断执法机构作出的责令停止违法行为、没收违法所得、停止罚款、撤销登记、吊销许可证和执照等其他决定不服的；⑦符合《行政诉讼法》规定的对反垄断执法机构作出的具体行政行为不服而提起的其他行政复议案件。

三、相关法律法规指引

1. 《中华人民共和国反垄断法》，2007年8月30日通过，2008年8月1日施行。

2. 《中华人民共和国反不正当竞争法》，1993年9月2日公布，1993年12月1日施行。

3. 《中华人民共和国价格法》，1997年12月29日公布，1998年5月1日施行。

4. 《中华人民共和国招标投标法》，1999年8月30日公布，2000年1月1日施行。

5. 《中华人民共和国电信条例》，2000年9月20日公布、施行，2014年7月29日修订。

6. 《关于禁止公用企业限制竞争行为的若干规定》，1993年12月9日，国家工商行政管理局令第20号公布、施行。

7. 《关于禁止串通招标投标行为的暂行规定》，1998年1月6日，国家工商行政管理局令第82号公布、施行。

8. 《关于制止低价倾销工业品的不正当价格行为的规定》，1998年11月25日起执行。

9. 《国务院关于禁止在市场经济活动中实行地区封锁的规定》，2001年4月21日公布、施行，2011年1月8日修订。

10. 《关于外国投资者并购境内企业的规定》，2006年8月8日发布，2006年9月8日施行。

11. 《商务部实施外国投资者并购境内企业安全审查制度的规定》，2011年8月25日公布，2011年9月1日实施。

12. 《工商行政管理机关禁止垄断协议行为的规定》，2010年12月31日国家工商行政管理总局令第53号公布，2011年2月1日施行。

13. 《工商行政管理机关禁止滥用市场支配地位行为的规定》，2010年12月31日国家工商行政管理总局令第54号公布，2011年2月1日施行。

14. 《工商行政管理机关制止滥用行政权力排除、限制竞争行为的规定》，2010年12月31日国家工商行政管理总局令第55号公布，2011年2月1日施行。

15. 《工商行政管理机关查处垄断协议、滥用市场支配地位案件程序规定》，2009年5月26日国家工商行政管理总局令第42号公布，2009年7月1日施行。

16. 《反价格垄断行政执法程序规定》，2010年12月29日国家发展和改革委员会令第8号公布，2011年2月1日施行。

17. 《反价格垄断规定》，2010年12月29日国家发展和改革委员会第7号公布，

2011 年 2 月 1 日施行。

四、该类案件分析应当注意的问题

（一）《反垄断法》和《反不正当竞争法》之间的关系

我国《反垄断法》是 2007 年 8 月 30 日通过、2008 年 8 月 1 日起施行的。在此之前，我国没有《反垄断法》，1993 年颁布实施的《反不正当竞争法》承担起了部分《反垄断法》的任务。《反不正当竞争法》规定了 11 种不正当竞争行为，其中有 4 种属于限制竞争行为，分别是：公用企业或者其他依法具有独占地位的经营者限制竞争行为、政府及其所属部门滥用行政权力限制竞争行为、搭售商品或者附加其他不合理的条件行为、串通招投标行为。在《反不正当竞争法》中设定部分反垄断条款是基于《反垄断法》出台前面临的实际需要。《反垄断法》颁布实施以后，这部分内容主要由《反垄断法》调整。

（二）垄断协议豁免的问题

垄断协议的豁免是指对于违反法律规定的企业之间的协议或者联合行为，由于其具有某些有益的作用，并且足以抵消垄断带来的危害，经审批机构批准给予豁免其违法责任的制度。

现实生活是复杂多样的，某些限制竞争协议虽然会给竞争带来一定的损害结果，但是它们在其他方面带来的有益效果却大大超过对竞争的损害。因此，不少国家的反垄断法都对某些垄断协议予以豁免。我国《反垄断法》规定，经营者能够证明所达成的协议属于下列情形之一的，不属于法律禁止的垄断协议：①为改进技术、研究开发新产品的；②为提高产品质量、降低成本、增进效率，统一产品规格、标准或者实行专业化分工的；③为提高中小经营者经营效率，增强中小经营者竞争力的；④为实现节约能源、保护环境、救灾救助等社会公共利益的；⑤因经济不景气，为缓解销售量严重下降或者生产明显过剩的；⑥为保障对外贸易和对外经济合作中的正当利益的；⑦法律和国务院规定的其他情形。

（三）"相关市场"的认定

"相关市场"是指经营者在一定时期内就特定商品或者服务进行竞争的商品范围和地域范围。"相关市场"概念是滥用市场支配地位、限制竞争案件中一个关键性的问题，包括相关产品市场和相关地域市场。

1. 相关产品市场的确定。产品，指商品和商业服务。确定相关产品市场需要注意两个因素，一个是合理的替代性，另一个是需求的交叉弹性。对某种产品，消费者的需求是否具有可替代性，应以消费者对该等产品的评价为判断标准，如果消费者对两种产品就其价格、品质和用途都认为是可替代的，则该两种产品应属于同一市场。另外，看生产者供给的可替代性，即当某产品的价格足够高时，有可能诱发其他生产者的进入，从而使市场的产品供给增多，形成对产品价格的抑制。而需求交叉弹性是一个经济学的概念。根据这个理论，如果一种产品的价格稍稍发生变化，这个变化就会引起消费者对其他产品的需求，这种情况就可说明，这些产品之间存在很重要的竞争关系，从而可以被视为属于同一个产品市场。

2. 相关地域市场的确定。在确定了相关产品市场以后，还应该确定产品的相关地域市场。所谓地域市场是指消费者能够有效地选择各类竞争产品，供应商能够有效地供应产品的一定区域。一家拥有既定市场力量的厂商，不可能在任何地方都具有相同的市场力量，生产不同产品的企业在市场上相互之间固然不具有竞争性，但在不同地区生产销售相同产品的企业，由于空间的距离，也不具有竞争性。地理空间上产生的障碍将使产品的相互替代性受到限制。因此，必须重视地域市场的界定。

在确定相关地域市场上应考虑的因素有：①区域间交易的障碍。区域间交易的障碍包括：交易成本的障碍和法律上的障碍。②是产品性质。有些产品可长期保存，适合长途运输，或运输成本相对于产品价值来说微不足道，市场的范围就可以扩大到全国。有些产品原本就以地域市场为销售目标；有些产品不适合长途长时间的运送；有些产品如长途运送则运费占产品价格比例太高。③是市场的不对称性。生产同类产品的不同地域的企业相互之间的影响是不同的。

（四）经营者集中的申报审查制度

我国《反垄断法》规定，经营者集中达到国务院规定的申报标准的，经营者应当事先向国务院反垄断执法机构申报，未申报的不得实施集中。对外资并购境内企业或者以其他方式参与经营者集中，涉及国家安全的，除依照反垄断法的规定进行经营者集中审查外，还应当按照国家有关规定进行国家安全审查。

1. 申报内容。经营者向国务院反垄断执法机构申报集中，应当提交下列文件、资料：①申报书；②集中对相关市场竞争状况影响的说明；③集中协议；④参与集中的经营者经会计师事务所审计的上一会计年度财务会计报告；⑤国务院反垄断执法机构规定的其他文件、资料。申报书应当载明参与集中的经营者的名称、住所、经营范围、预定实施集中的日期和国务院反垄断执法机构规定的其他事项。

2. 免予申报。经营者集中有下列情形之一的，可以不向国务院反垄断执法机构申报：①参与集中的一个经营者拥有其他每个经营者50%以上有表决权的股份或者资产的；②参与集中的每个经营者50%以上有表决权的股份或者资产被同一个未参与集中的经营者拥有的。

3. 审查机构。经营者集中审查的主管机关是国务院反垄断执法机构。

4. 审查结果。经营者集中具有或者可能具有排除、限制竞争效果的，国务院反垄断执法机构应当作出禁止经营者集中的决定。但是，经营者能够证明该集中对竞争产生的有利影响明显大于不利影响，或者符合社会公共利益的，国务院反垄断执法机构可以作出对经营者集中不予禁止的决定。

 以案说法

唐山人人公司诉百度公司滥用市场支配地位案[1]

[案情简介]

原告唐山市人人信息服务有限公司（简称唐山人人公司）诉称，由于其降低了对百度搜索竞价排名的投入，被告北京百度网讯科技有限公司（简称百度公司）即对全民医药网（www.qmyyw.com）在自然排名结果中进行了全面屏蔽，从而导致了全民医药网访问量的大幅度降低。而被告这种利用中国搜索引擎市场的支配地位对原告的网站进行屏蔽的行为，违反了我国《反垄断法》的规定，构成滥用市场支配地位，强迫原告进行竞价排名交易的行为。故请求法院判令被告赔偿原告经济损失1 106 000元，解除对全民医药网的屏蔽并恢复全面收录。

被告百度公司辩称，首先，被告确实对原告所拥有的全民医药网采取了减少收录的措施，实施该措施的原因是原告的网站设置了大量"垃圾外链"，搜索引擎自动对其进行了作弊处罚。但是，该项处罚措施针对的仅仅是百度搜索中的自然排名结果，与原告所称的竞价排名的投入毫无关系，亦不会影响原告竞价排名的结果。其次，原告称被告具有《反垄断法》所称的市场支配地位缺乏事实依据。被告提供的搜索引擎服务对于广大网民来说是免费的，故与搜索引擎有关的服务不能构成《反垄断法》所称的相关市场。因此，请求人民法院判决驳回原告的诉讼请求。

[案例评析]

（一）基本事实分析

原告唐山人人公司认为由于自己降低了对百度搜索竞价排名的投入，被告百度公司对全民医药网在自然排名结果中进行了全面屏蔽，导致了全民医药网访问量的大幅度降低。百度公司的这种行为是利用了其在中国搜索引擎市场的支配地位，违反了我国《反垄断法》的规定，构成滥用市场支配地位，强迫原告进行竞价排名交易的行为。

而被告百度公司指出，对原告所拥有的全民医药网采取减少收录措施的原因是原告的网站设置了大量垃圾外链，搜索引擎自动对其进行了作弊处罚。百度网站的相关页面上向社会公众公布了百度搜索引擎的算法规则及针对作弊行为的处罚方式，原告完全有途径了解百度搜索反对网站设置"垃圾外链"的行为，并会对这种行为实施处罚。而且，处罚措施针对的是所有设置了"垃圾外链"的被搜索网站而非单独指向全民医药网。

另外，该项处罚措施针对的仅仅是百度搜索中的自然排名结果，与原告所称的竞价排名的投入毫无关系，不会影响原告竞价排名的结果。百度公司提供的搜索引

---

[1] 载人民法院网，http://www.chinacourt.org/html/article/200912/18/386685.shtml.

擎服务对于广大网民来说是免费的，与搜索引擎有关的服务不构成《反垄断法》所称的相关市场，也不具备原告所称的"市场支配地位"。

（二）定性分析

本案的焦点问题有两个，一是对"相关市场"如何理解，二是对"市场支配地位"如何认定。

关于第一个问题，在《反垄断法》中，"相关市场"是指经营者在一定时期内就某种商品或者服务进行竞争的范围，在这一范围之内，经营者提供的商品或者服务具有替代性，并存在着竞争关系。

关于第二个问题，根据我国《反垄断法》第17～19条的规定，市场支配地位，是指经营者在相关市场内具有能够控制商品价格、数量或者其他交易条件，或者能够阻碍、影响其他经营者进入相关市场能力的市场地位。认定经营者具有市场支配地位，应当依据下列因素：①该经营者在相关市场的市场份额，以及相关市场的竞争状况；②该经营者控制销售市场或者原材料采购市场的能力；③该经营者的财力和技术条件；④其他经营者对该经营者在交易上的依赖程度；⑤其他经营者进入相关市场的难易程度；⑥与认定该经营者市场支配地位有关的其他因素。有下列情形之一的，可以推定经营者具有市场支配地位：①一个经营者在相关市场的市场份额达到1/2的；②两个经营者在相关市场的市场份额合计达到2/3的；③三个经营者在相关市场的市场份额合计达到3/4的。有前款第2项、第3项规定的情形，其中有的经营者市场份额不足1/10的，不应当推定该经营者具有市场支配地位。被推定具有市场支配地位的经营者，有证据证明不具有市场支配地位的，不应当认定其具有市场支配地位。

本案中，对原告所指的百度具有"中国搜索引擎市场的支配地位"，原告应负有举证责任。根据原告所提供的证据来看，不具有证明被告具有市场支配地位的证明力。类似"使用率高"、"知名度高"等说法与《反垄断法》中的"市场支配地位"不能等同，后者一般要通过严密的经济分析的过程才能够予以确定。

本案中，从原告提供的证据和法院查明的事实来看，不能认定百度公司在相关市场具有"市场支配地位"。

（三）判决结果

法院经审理认为，首先，认定经营者是否具有市场支配地位，原则上应当根据《反垄断法》第18条所规定的市场份额、竞争状况、控制销售市场和原材料市场的能力等因素进行判断。当然，在经营者的市场份额能够予以准确确定的情况下，也可以根据《反垄断法》第19条的规定进行市场支配地位的推定。但当反垄断民事诉讼中的原告选择适用上述推定条款来证明被告具有市场支配地位时，应当就其对被告市场份额的计算或者证明方式提供充分的证据予以支持。本案中的相关市场是中国搜索引擎服务市场，原告仅提交了两篇有关被告市场地位的新闻报道，未提供具体的计算方式、方法及有关基础性数据的证据，不能够使本院确信该市场份额的确定源于科学、客观的分析，因此原告未能举证证明被告在"中国搜索引擎服务市场"中占据了支配地位。

其次，《反垄断法》并不禁止企业通过自身的发展形成规模经济，从而占据一定的市场支配地位，《反垄断法》禁止的是占据市场支配地位的企业所实施的、能够影响市场结构、破坏市场竞争秩序的行为和措施。如果经营者所实施的行为具有正当理由，也没有产生破坏市场竞争秩序的后果，即不构成《反垄断法》所禁止的滥用行为。本案中，被告虽然对全民医药网的自然排名结果实施了减少收录数量的技术措施，但其行为是对全民医药网存在的"垃圾外链"行为进行的处罚。被告在其网站的相关页面上向社会公众公布了百度搜索引擎的算法规则及针对作弊行为的处罚方式，原告完全有途径了解百度搜索反对网站设置"垃圾外链"的行为，并会对这种行为实施处罚。而且，其处罚措施针对的是所有设置了"垃圾外链"的被搜索网站而非单独指向全民医药网。庭审过程中，原告也承认其经营的全民医药网确实存在"垃圾外链"。上述反作弊机制的实施是为了使搜索结果更为真实和可靠，从而保证广大搜索引擎用户的利益，同时，现有证据亦无法证明被告采取的上述措施对原告而言存在歧视性或者胁迫性，故被告基于全民医药网存在大量"垃圾外链"的事实而对其实施了减少自然排名部分收录数量的技术措施是正当的，不构成滥用市场支配地位的行为。

综上，原告既未能举证证明被告在"中国搜索引擎服务市场"中占据了支配地位，也未能证明被告存在滥用市场支配地位的行为，其诉讼请求缺乏事实与法律依据，我院依据《民事诉讼法》第 64 条、《反垄断法》第 17 条第 4 项及第 50 条之规定，判决驳回了原告的全部诉讼请求。

（四）简评

本案属于反垄断法中关于滥用市场支配地位实施垄断行为案，案件的关键问题在于如何界定"相关市场"和确定"市场支配地位"。法院经审理认为，原告提供的证据和法院查明的事实均不能认定百度公司具有市场支配地位，且百度公司对唐山人人公司实施的处罚有合理依据，百度公司的行为不构成滥用市场支配地位实施垄断行为。法院的判决认定事实清楚、适用法律准确。

［法条链接］

《中华人民共和国反垄断法》

第十七条 禁止具有市场支配地位的经营者从事下列滥用市场支配地位的行为：

（一）以不公平的高价销售商品或者以不公平的低价购买商品；

（二）没有正当理由，以低于成本的价格销售商品；

（三）没有正当理由，拒绝与交易相对人进行交易；

（四）没有正当理由，限定交易相对人只能与其进行交易或者只能与其指定的经营者进行交易；

（五）没有正当理由搭售商品，或者在交易时附加其他不合理的交易条件；

（六）没有正当理由，对条件相同的交易相对人在交易价格等交易条件上实行差别待遇；

（七）国务院反垄断执法机构认定的其他滥用市场支配地位的行为。

本法所称市场支配地位，是指经营者在相关市场内具有能够控制商品价格、数量或者其他交易条件，或者能够阻碍、影响其他经营者进入相关市场能力的市场地位。

第十八条　认定经营者具有市场支配地位，应当依据下列因素：

（一）该经营者在相关市场的市场份额，以及相关市场的竞争状况；

（二）该经营者控制销售市场或者原材料采购市场的能力；

（三）该经营者的财力和技术条件；

（四）其他经营者对该经营者在交易上的依赖程度；

（五）其他经营者进入相关市场的难易程度；

（六）与认定该经营者市场支配地位有关的其他因素。

第十九条　有下列情形之一的，可以推定经营者具有市场支配地位：

（一）一个经营者在相关市场的市场份额达到1/2的；

（二）两个经营者在相关市场的市场份额合计达到2/3的；

（三）三个经营者在相关市场的市场份额合计达到3/4的。

有前款第2项、第3项规定的情形，其中有的经营者市场份额不足1/10的，不应当推定该经营者具有市场支配地位。被推定具有市场支配地位的经营者，有证据证明不具有市场支配地位的，不应当认定其具有市场支配地位。

第五十条　经营者实施垄断行为，给他人造成损失的，依法承担民事责任。

《中华人民共和国民事诉讼法》

第六十四条　当事人对自己提出的主张，有责任提供证据。

当事人及其诉讼代理人因客观原因不能自行收集的证据，或者人民法院认为审理案件需要的证据，人民法院应当调查收集。人民法院应当按照法定程序，全面地、客观地审查核实证据。

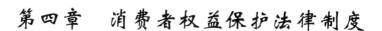

第四章　消费者权益保护法律制度

第一节　消费者权益保护法概述

一、消费者

生产、分配、交换、消费是整个社会生产过程中的四个环节，它们互相联系、互相制约，消费是生产的终点和归宿，同时它又反作用于生产。消费，通常指人们在生产和生活的过程中消耗物质资料和享受服务的一种经济行为，可分为广义消费和狭义消费。广义上的消费包括生产消费和生活消费。生产消费是指人们使用和消耗各种生产要素，进行物质资料生产和劳务提供的行为和过程。生活消费是指人们为了生存和发展的需要而消耗物质资料和精神产品的行为和过程。狭义上的消费仅指生活消费。《消费者权益保护法》中的消费主要是指生活消费。生活消费的形式一般包括三种：一是购买商品；二是使用商品；三是接受服务。但是，从我国的现实情况来看，农民符合消费者弱者的特点，所以《消费者权益保护法》第 62 条规定："农民购买、使用直接用于农业生产的生产资料，参照本法执行。"

（一）消费者的概念

从生物学上讲，消费者也是自然界中的一个生物群落，是生物系统构成成分之一，包括草食动物和肉食动物。动物不能自己制造有机物，直接或间接地以植物为食，即被称为消费者；从法律意义上讲，消费者应该是为个人的目的购买或使用商品和接受服务的社会成员。也就是说，他或她购买商品的目的主要是用于个人或家庭需要而不是经营或销售，这是消费者最本质的一个特点。

关于消费者的概念，在各国法律中，以及一国各部门法中不尽相同。按不同的确认标准，大体分为三种：第一种，以经济领域为主要确认标准。认为凡是在消费领域中，为生产或生活目的消耗物质资料的人，不论是自然人还是法人，不论是生活消费还是生产消费，也不论是生活资料类消费者还是生产资料类消费者，都属于消费者之列。如《泰国消费者保护法》规定："所谓消费者，是指买主或从事业者那里接受服务的人，包括为了购进商品和享受服务而接受事业者的提议和说明的人。"第二种，以消费目的为主要标准。认为消费者仅指因非商业性目的而购买商品、使用商品的人。所谓非商业性目的，就是仅限于购买者自己的消费，而不是用于转卖或营业。如我国福建省《实施〈中华人民共和国消费者权益保护法〉办法》规定，消费者是"以生活消费为目的的购买、使用商品或接受服务的个人和单位"。显然，这种定义并未明确排除法人等社会组织。第三种，以自然人为主要标准。这种划分不以或不唯一以消费目的为标准，而特别强调消费者的自然人属性。如美国的《布莱克法律词典》认为，"消费者是那些购买、使用、持有、处理产品或服务的个人"。1978 年国际标准化组织消费者政策委员会在日内瓦召开的第一届年会上，将"消费者"定义为"为个人目的购买或使用商品和服务的个体成员"。俄罗斯联邦《消费者权利保护法》将"消费者"定义为"使用、取得、定作或者具有取得或定作商品（工作、劳务）的意图以供个人生活需要的公民"。[1]

从我国的《消费者权益保护法》来看，虽然该法并未明确规定消费者的定义，但是该法的第 2 条中将"为生活消费需要购买、使用商品或者接受服务"的行为界定为消费者行为。因此，消费者应该是为了满足生活消费需要，购买、使用经营者提供的商品或者接受经营者所提供的服务的市场主体。综合以上认识，对"消费者"这一概念下这样一个定义：消费者，是指为满足个人或家庭生活消费需要，购买、使用商品或接受服务的人。其含义包括以下要点：

1. 消费者的消费目的是满足生活消费需要。生活消费包括两种：一方面是物质消费。如衣、食、住、用、行等方面的物质资料的消耗；另一方面是精神消费。如旅游、文化教育等方面的消费。此外，随着经济的发展还会增加新的消费内容，如职业培训、购买奢侈品等。

2. 消费者的消费客体是商品和服务。商品，是指与生活消费有关的，并且通过市场获得的有使用价值的物品，不管其是否经过加工制作，也不管其是否为动产或不动产。服务，是指与生活消费有关的，通过市场获得的可供消费者利用的任何种类的服务。

3. 消费者的消费方式包括购买、使用（商品）和接受（服务）。关于消费者的消费方式，既包括购买和使用商品，也包括接受服务，可以是消费者购买商品而后自己消费，也可以是消费他人购买的供其使用的商品。关于服务，既可以是自己付费自己接受服务，也包括他人付费自己接受服务。此外，还应包括在市场交易过程中经营者免费提供的商品和服务。总之，该商品或服务，只要没有用于生产经营，没有转售他人，即可认定为用于生活消费，就属于消费者。

4. 消费者的主体一般是指自然人个人。消费者一般是个人，是自然人。生活消费是自然人个人（含家庭）的消费，而且对自然人个人的生活消费是保护的重点。现实生活中，存在单位购买生活资料的情况，此时单位能否成为消费者在立法上尚不明确和统一。但是单位为个人进行生活消费而购买商品和接受服务，最后都是由个人使用和消费，所以它的使用者为消费者，单位不能成为消费者。若由于没有发票等凭证不利于维权，可以由单位作为第三人参加诉讼。

（二）消费者消费的特征

1. 非营利性。消费者购买商品是为了获得某种使用价值，满足自身的生活消费

---

〔1〕 参见尚艳南："论消费者权益的保护"，载《商品与质量·理论研究》2010 年第 2 期。

的需要，而不是为了营利去转手销售。

2. 非专业性。消费者一般缺乏专门的商品知识和市场知识。消费者在购买商品时，往往容易受厂家、商家广告宣传、促销方式、商品包装和服务态度的影响。

3. 层次性。由于消费者的收入水平不同、所处社会阶层不同，消费者的需求会表现出一定的层次性。一般来说，消费者总是先满足最基本的生存需要和安全需要，购买衣、食、住、行等生活必需品，而后才能视情况逐步满足较高层次的需要，购买享受型和发展型商品。

4. 替代性。消费品中除了少数商品不可替代外，大多数商品都可找到替代品或可以互换使用的商品。因此，消费者市场中的商品有较强的替代性。

5. 广泛性。消费者市场上，不仅购买者人数众多，而且购买者地域分布广。从城市到乡村，从国内到国外，消费者市场无处不在。

6. 流行性。消费需求不仅受消费者内在因素的影响，还会受环境、时尚、价值观等外在因素的影响。时代不同，消费者的需求也会随之不同，消费者市场中的商品具有一定的流行性。

二、消费者权益保护

消费者运动是消费者自发的或者有组织的进行的旨在维护自身权益、争取社会公正、改善其地位，与各种损害消费者利益的行为进行斗争的社会运动。[1]

(一) 国外的消费者保护

消费者运动始于 19 世纪的英国，然后，迅速波及西欧和北美。回顾国际消费者运动，早在 19 世纪中、下叶，英国在《货物买卖法》中，就应广大消费者的要求，给予购买质量低劣和不适于预定用途商品的消费者以法律上的索赔权，并对欺骗消费者的行为给予严厉处罚，从而改变了"买者注意、当心，卖者不负责"的传统做法和观念。1844 年，英格兰北部以制造毛毯、法兰绒而知名的罗奇代尔市，首创消费者合作社，当时叫消费协作组合，它是世界上消费者运动的最早的源流。[2]

1891 年世界上第一个旨在保护消费者利益的消费者组织——纽约消费者协会在美国纽约市成立。1898 年，美国消费者联盟诞生，成为世界上第一个全国性的消费者组织，美国并于 1914 年设立了第一个保护消费者权益的政府机构——美国联邦贸易委员会。到了 20 世纪 60 年代，美国消费者运动的规模进一步扩大。1962 年 3 月 15 日，美国总统肯尼迪在《关于保护消费者利益的总统特别国情咨文》中，率先提出消费者享有的 4 项基本权利，即安全的权利、了解的权利、选择的权利和意见被听取的权利。1969 年，美国总统尼克松进而提出消费者的第 5 项权利：索赔的权利。消费者权利的提出，使消费者运动进入了新的阶段，同时，美国联邦政府和州政府，都设立了消费者保护机构。日本的消费者运动兴起于第二次世界大战结束之后。当

---

〔1〕 参见李昌麒、许月明编著：《消费者保护法》，法律出版社 2012 年版，第 11 ~ 12 页。

〔2〕 参见甘肃法制报，http：// gsfzb. gansudaily. com. cn/system/2008/03/12/010617796. shtml.

时日本经济全面瘫痪，消费品奇缺，一些不法厂商趁机生产伪劣商品。1948年9月，深受劣质火柴之害的一些家庭主妇召开"清除劣质火柴大会"，会后成立了日本主妇协会，揭开了日本消费者运动的序幕。20世纪50~60年代，伴随着日本经济的高速发展，一些严重损害消费者利益的事件频频发生。面对一系列重大消费者受害案件的发生，日本消费者要求消费品安全的呼声越来越高。进入70年代以后，日本消费者运动目标进一步扩大，除了食品及日用消费品的卫生和安全问题外，在实现公平交易、制止不正当营销手段、取缔不公平交易习惯等方面也提出了更高的要求。在日本的消费者运动中，消费者组织发挥了极其重要的作用。迄今为止，全国性的消费者团体有29个，各种民间性消费者团体近4000个。日本消费者运动的成果也不断得到来自政府方面的承认。除美、日外，消费者运动在其他国家也如雨后春笋般蓬勃兴起。1953年，德国消费者同盟成立；1957年，英国成立了消费者协会；1969年韩国成立国内第一个消费者团体——主妇俱乐部联合会；荷兰、法国、澳大利亚等国也相继成立了消费者民间团体；1962年，欧洲消费者同盟成立。到1984年，全世界有90多个国家和地区设立了消费者保护组织。1960年，美国、英国、荷兰、澳大利亚、比利时5国消费者组织在海牙发起成立国际消费者组织联盟，1994年其会员和通讯会员组织来自110多个国家，达到300多个。1983年，国际消费者组织联盟将每年的3月15日定为"国际消费者权益日"，消费者运动从此成为席卷全球、势不可挡的历史潮流。

（二）我国的消费者权益保护

随着社会主义市场经济的深入发展，消费者权益保护工作已越来越受到社会各界的关注。消费者权益保护工作涉及千家万户，每个人的利益都与之息息相关，消费者权益保护工作具有广泛的群众基础，其本身已发展成为了具有全球影响的社会运动。消费者状况的改善已成为衡量一个现代文明社会发展进程的标志。消费者运动在我国的兴起与发展的历史很短，从第一个消费者组织的建立至今也不过三十多年的历史，然而发展速度很快。

1983年3月21日，在河北省新乐县（现已改为新乐市），中国第一个保护消费者权益的群众性组织——"新乐县维护消费者利益委员会"成立。此后各地纷纷建立消费者协会组织。1984年12月中国消费者协会成立，消费者协会在保护消费者合法权益、促进市场经济健康发展方面，发挥了十分重要的作用。随着我国经济社会的发展，消费者协会地位和作用经历了巨大的变化，消费者保护也已经发展成为影响深远的社会运动。从中国消费者运动的历史来看，中国消费者协会的地位和作用，是随着我国改革开放的不断发展而逐渐变化的，是与社会主义市场经济的发展紧密相连的，也是顺应社会发展规律的要求而逐渐改变的。在不同的发展阶段，以中国消费者协会为代表的消费者协会，其地位和作用都不尽相同，必将随着市场经济的充分发展而发挥越来越重要的作用。

1. 立法保护。立法保护是指国家通过制定有关法律、法规和政策，不断健全和

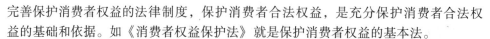

完善保护消费者权益的法律制度，保护消费者合法权益，是充分保护消费者合法权益的基础和依据。如《消费者权益保护法》就是保护消费者权益的基本法。

2. 行政保护。行政保护是指各级人民政府及其行政机关通过制定行政法规、行政规章、政策及行政执法和监督活动而形成的对消费者合法权益的保护。

《消费者权益保护法》第 31 条规定了人民政府保护消费者的职责，各级人民政府对于保护消费者合法权益负有重要的职责，这是由我国政府的性质及其职能决定的。人民政府的职责就是通过领导权和监督权积极预防和及时制止危害消费者人身、财产安全的行为。

《消费者权益保护法》第 32 条规定了行政机关保护消费者权益的职责。我国的行政部门既包括行政执法机关，如工商、技监、卫生、药监等部门，也包括行业主管部门。

3. 司法保护。《消费者权益保护法》第 35 条规定："人民法院应当采取措施，方便消费者提起诉讼。对符合《民事诉讼法》起诉条件的消费者权益争议必须受理，及时审理。"

三、消费者权益保护法

（一）消费者权益保护法的定义和特征

1. 消费者权益保护法的定义。消费者权益保护法是调整国家、经营者和消费者三者之间在保护消费者权益的过程中发生的社会关系的法律规范的总称。消费者保护立法有广义和狭义之分，广义上的消费者权益保护法包括所有保护消费者权益的法律；狭义上的消费者权益保护法，仅指《中华人民共和国消费者权益保护法》。消费者权益保护法最核心的内容就是保护消费者，其核心是消费者的权利。我国十分重视消费者权益的保护工作，特别是改革开放以来，先后制定了一大批保护消费者权益的法律、法规。

2. 消费者权益保护法的特征。

（1）《消费者权益保护法》是一部专门对消费者权利进行特殊保护的主体法。由于消费者在经济实力、对商品信息的占有量和依法寻求法律救济等方面处于弱势地位，《消费者权益保护法》保护的唯一主体是消费者，在体系上并不符合传统民法关于权利义务对等的惯例，只规定了"消费者的权利"和"经营者的义务"，充分体现了国家对消费者的倾斜意志。这是《消费者权益保护法》最基本的法律特征，也是区别于其他法律的标志。

（2）《消费者权益保护法》是一部专门对保护消费者权利进行综合指导的基本法。《消费者权益保护法》与其他涉及保护消费者权益内容的法律共同构成保护消费者权益的法律体系。《消费者权益保护法》第 2 条规定："消费者为生活消费需要购买、使用商品或者接受服务，其权益受本法保护；本法未作规定的，受其他有关法律、法规保护。"此规定确立了《消费者权益保护法》在保护消费者权益的法律体系中的综合指导地位，是基本法。

（3）《消费者权益保护法》是一部专门以消费者为生活消费购买、使用商品或接受服务为基础的特定法。生活消费包括两种：一方面是物质消费。如衣、食、住、用、行等方面的物质资料的消耗；另一方面是精神消费。如旅游、文化教育等方面的消费。此外，随着经济的发展，会增加新的消费内容，如职业培训、购买奢侈品等。

（4）《消费者权益保护法》是一部专门集原则性规定与操作性规定、实体规范与程序规范于一体的适用法。该法既对消费者的权利、国家保护消费者的职责等作了原则性规定，又对保护消费者的具体规范作了具体可操作的规定；既有消费者权利和经营者义务的实体规定，又对消费纠纷的解决程序作了明确规定，在内容上是实体法与程序法的统一。

（二）消费者权益保护法的主要内容和立法宗旨

《消费者权益保护法》是我国第一部专项保护消费者权益的法典，它是 1993 年 10 月 31 日第八届全国人大常委会第四次会议通过，于 1994 年 1 月 1 日起实施的。它的制定和实施开创了我国消费者权益保护工作新的里程碑。2009 年 8 月 27 日第十一届全国人民代表大会常务委员会第十次会议通过第一次修正案，2013 年 10 月 25 日第十二届全国人民代表大会常务委员会第五次会议通过第二次修正案，2014 年 3 月 15 日新法生效。我国《消费者权益保护法》共分 8 章，63 条。分别是：第一章总则、第二章消费者的权利、第三章经营者的义务、第四章国家对消费者合法权益的保护、第五章消费者组织、第六章争议的解决、第七章法律责任、第八章附则。

《消费者权益保护法》第 1 条规定："为保护消费者的合法权益，维护社会经济秩序，促进社会主义市场经济健康发展，制定本法。"

1. 保护消费者合法权益。保护消费者权益是《消费者权益保护法》的核心和基础。现代社会随着社会分工的细化，一方面，人们日常生活所需商品和服务几乎均通过市场交换获得；另一方面，为了提高工作能力，人们需花费大量的精力学习自己的专业知识，与此同时新产品、新服务层出不穷，不能像经营者那样深入、全面地了解各种商品和服务的性能、用途、功效等方面的信息。因此，消费者面临着由于"信息不对称"带来的消费风险。鉴于消费者的弱势地位，《消费者权益保护法》通过赋予消费者权利，规定经营者义务的方式，保障消费者的合法权益。

2. 维护社会经济秩序。市场经济中经营者侵害消费者合法权益的行为，都是违法行为，也会损害社会经济秩序。虽然消费者是《消费者权益保护法》唯一保护对象，但该法的实施不仅可以消除侵害消费者合法权益的现象，保护消费者，而且可以防止经营者在参与市场交易时违法行为的出现，进而建立良好的市场经济秩序。

3. 促进社会主义市场经济健康发展。在市场经济中制止经营者侵害消费者的违法行为，不仅能够保护消费者的合法权益，维护良好的社会经济秩序，还能够净化市场行为，培育具有竞争力的企业，促进社会主义市场经济健康发展。

（三）消费者权益保护法的基本原则

1. 经营者与消费者进行交易，应当遵循自愿、平等、公平、诚实信用的原则。

这一原则是《民法通则》所规定的基本原则在消费领域的具体体现。经营者与消费者之间的交易是民事活动，经营者在该民事活动中应遵循基本民事原则，即自愿、平等、公平、诚实信用的原则。凡经营者在与消费者交易的过程中违背这一原则的，即构成侵害消费者权益的违法行为。

2. 对消费者合法权益进行特殊保护的原则。国家采取措施，保障消费者依法行使权利，维护消费者的合法权益。由于消费者在与经营者交易中处于劣势地位和其权益的特殊性，《消费者权益保护法》突破民法权利义务对等原则，只规定了消费者享有的权利，只规定了经营者承担的义务以及其违反法律损害消费者合法权益时，应当承担的法律责任。而且，若经营者的行为构成欺诈，还需承担惩罚性赔偿责任，构成犯罪的还应承担刑事责任。

3. 全社会共同保护消费者合法权益原则（国家保护与社会监督的原则）。保护消费者的合法权益是全社会的共同责任。国家鼓励、支持一切组织和个人对损害消费者合法权益的行为进行社会监督。大众传播媒介应当做好维护消费者合法权益的宣传工作，对损害消费者合法权益的行为进行舆论监督。保护人民生命财产安全，维护社会正义是国家的基本职责，对消费者给予各种帮助，国家更是责无旁贷。《消费者权益保护法》在总则第 5 条第 1、2 款明确规定："国家保护消费者的合法权益不受侵害。国家采取措施，保障消费者依法行使权利，维护消费者的合法权益。"另外，还在第四章专门对各种国家机关的职责作了明确规定。保护消费者的合法权益，也是全社会的职责。《消费者权益保护法》充分体现了社会监督原则，该法第 6 条明确规定："国家鼓励、支持一切组织和个人对损害消费者合法权益的行为进行社会监督。大众传播媒体应当作好维护消费者合法权益的宣传，对损害消费者合法权益的行为进行舆论监督。"第五章又专门对消费者协会的设立、性质及职能作了明确的规定。

（四）消费者权益保护法的适用范围

1. 适用空间。《消费者权益保护法》作为我国的国内法，其空间上的适用范围为中华人民共和国领域。

2. 适用时间。《消费者权益保护法》自 1994 年 1 月 1 日施行起，历经两次修改，最新立法已于 2014 年 3 月 15 日起发生法律效力。自 1994 年 1 月 1 日后发生的损害消费者权益行为，均适用该法。

3. 适用主体。依据我国《消费者权益保护法》规定，出现在生活消费领域的行为主体消费者和经营者，应遵守该法；国家机关也可依据该法对生活消费领域的行为进行执法。此外，农民购买、使用直接用于农业生产的生产资料，参照《消费者权益保护法》执行。

 以案说法

王海案[1]

［案情简介］

1998年9月，王海起诉至一审法院称：其在华联商厦购得电话台灯40个，电话部分无入网证，灯具部分有4项不符合国家强制性标准，故要求华联商厦向其赔礼道歉，并双倍返还购灯价款，即40480元，电话台灯由法院予以收缴。一审法院经审理查明，1998年6月11日，王海在华联商厦购买TL-200型电话台灯40个，每个单价56元，总价款为20240元。该电话台灯的电话部分无入网标志，台灯部分经他于1998年3月25日在国家电光源质量监督检验中心检测，其中标志、外部线路及连接方式、内部线路、耐热项目不符合国家强制性标准。王海购灯当日即持国家电光源质量监督检验中心（92）量认（国）字（C0781）号N098035检测报告，要求华联商厦双倍赔偿其经济损失。华联商厦提出：王海购买电话台灯十分钟后即手持检测报告及发票来索赔，其行为不是为了生活消费。王海提供的检测报告只说明该产品存在质量问题，不符合双倍返还的有关规定，故不同意王海之请求，只同意退货还款。一审法院经审理确认华联商厦所售无入网标志的电话台灯具有几项指标不符合产品的质量标准，对此华联商厦应承担相应的民事责任。故于1998年11月判决：①自判决生效之日起3日内，被告北京华联商厦有限公司给付原告王海人民币20240元，原告王海同时将其所购TL-200型电话台灯40个退还被告北京华联商厦有限公司。②驳回原告王海其他诉讼请求。判决后，王海不服，以华联商厦之行为已构成欺诈为由上诉至二审法院，要求撤销原判。

二审法院认为，华联商厦作为商品销售者，应依产品质量法的有关规定，承担产品质量责任。现华联商厦所售电话台灯，电话部分无入网标志，台灯部分不符合国家安全标准，对此华联商厦应承担相应的民事责任，将王海购灯款予以返还。因王海是在得知有关部门对电话台灯的检测结果后，即其明知该产品不符合国家强制性标准、禁止生产和销售的情况下而购买，随后要求华联商厦双倍赔偿其损失，依照我国《消费者权益保护法》之规定，本法所保护的对象是为生活消费需要购买、使用商品或者接受服务的消费者，故王海之行为不适用《消费者权益保护法》。据此对王海之上诉请求法院不予支持。鉴于华联商厦之行为违反国家有关规定，故其所销售的电话台灯应移送有关部门予以处理，不宜退还华联商厦。二审判决北京华联商厦有限公司返还王海购灯款20240元，在王海处的TL-200型电话台灯40个移交工商行政管理机关予以处理。

---

[1] 载中国民商法律网，http：//www.civillaw.com.cn/article/default.asp? id=10075.

[案例评析]

王海现象在社会上引起了广泛争论，讨论的问题包括王海是否有权打假，社会是否需要王海打假，等等。在本案中，被告华联商厦向王海交付的产品不合格，这一事实看来是清楚的，一审和二审法院都对此予以确认。本案争议的焦点在于针对被告的行为是否应当适用惩罚性赔偿。我国《消费者保护法》创设了惩罚性赔偿，使其成为责任方式的一种。在本案中，被告的行为是否适用惩罚性赔偿，关键是王海能否被认定为消费者。因为即使确定了被告的行为已构成欺诈，但如果原告的购买行为不属于消费行为，原告本身不是消费者，当然就不能适用《消费者权益保护法》，也不适用该法中的惩罚性规定。法院认定王海在本案中不是消费者的观点，是值得商榷的。

将消费者理解为购买商品或者接受服务仅仅只是为了满足自己消费的人，这未免将消费者范围理解得过于狭窄。事实上，消费者的含义本身比较广泛。它不仅包括为自己生活需要购买物品的人，也包括为了收藏、保存、送人等需要而购买商品的人，还包括替家人、朋友购买物品以及代理他人购买生活用品的人。本案中法院认为原告的购买行为不是为了生活消费因此不是消费者的观点是不妥当的。因为不管原告购买电话台灯的行为是否是为了自身的生活消费，只要其是以购买者的身份购买该产品，而不是以经营者或商人的身份专门从事该产品的经营，则应当认为其购买行为属于消费行为。更何况原告在购买该产品时，即使本人并不需要使用 40 个电话台灯，也可以将该产品赠送给他人或用于收藏。即使其在购买台灯以后将该台灯作废品抛弃而没有实际使用该产品，也不能认为其购买该产品的行为不属于消费行为。至于原告购灯当日即持国家电光源质量监督检验中心（92）量认（国）字（C0781）号 N098035 检测报告，要求被告双倍赔偿其经济损失，也不能成为否定原告的行为是消费行为的根据。因为原告在购买不合格的产品后在多长的时间内退货或要求对方承担责任完全是原告的权利，原告主张权利的时间越短，在法律上越应当受到鼓励，不能认为原告主张的时间过短而否定其为消费者，从而使其关于损害性赔偿的请求不受支持，这显然在法律上是不能成立的。

关于原《消费者权益保护法》第 49 条的立法意图：一方面，强化对消费者的保护。《消费者权益保护法》第 49 条并不需要区分"知假买假"者或者"非知假买假"者而适用。另一方面，打击、制止生产和销售假冒伪劣产品的行为。原《消费者权益保护法》第 49 条规定的惩罚性赔偿可以起到刺激和鼓励广大消费者与不法销售者作斗争的作用。而惩罚性赔偿的应用，能够有效地制裁和惩罚销售假冒伪劣产品的不法行为人，从而有效地打击、遏制生产和销售假冒伪劣产品的行为。在本案中法院认定的事实基本是清楚的，但在如何认识消费者的概念、惩罚性赔偿的功能和目的、立法的意图等方面仍有值得商榷之处。

2013 年 10 月 25 日在第十二届全国人民代表大会常务委员会第五次会议上，通过了《消费者权益保护法》的第二次修正案，鉴于对这类主体在认识上仍存在分歧，并未明确界定。但从理论上分析将其认定为消费者，更符合《消费者权益保护法》的性质和特征。

第二节　消费者的权利

　　《消费者权益保护法》最核心的内容是保护消费者，并通过赋予消费者一系列权利来实现对消费者权益的保护。消费者权利，是指消费者根据《消费者权益保护法》的规定，在消费活动中所享有的权利。即在法律的保障下，消费者有权作出一定的行为或者要求他人作出一定的行为，也有权不作出一定行为或者要求他人不作出一定行为。它是消费者权益和利益在法律上的体现，是基本人权和生存权的组成部分。消费者权利是与消费者的特定身份紧密相连的，是法律基于消费者的弱者地位所赋予的法定权利。

　　世界上最早提出消费者权利的是美国，1962 年 3 月 15 日，美国总统肯尼迪在向国会提交的国情咨文法案中，主张消费者有四项权利。由于这篇咨文首次概括了消费者的四大权利，所以，在国际消费者运动中具有特别重要的意义。因此，1983 年国际消费者组织联盟决定，将每年 3 月 15 日定为"国际消费者权益保护日"。[1]

一、安全保障权

　　消费者在购买、使用商品和接受服务时享有人身、财产安全不受损害的权利，也称为保障安全权，简称安全权。安全权包括两方面内容：一是人身安全权，二是财产安全权。人身安全权在这里是指生命健康权不受损害，即享有保持身体各器官及其机能的完整以及生命不受危害的权利。财产安全权，是指消费者购买、使用的商品或接受的服务本身的安全，并包括除购买、使用的商品或接受服务之外的其他财产的安全。

　　消费者在购买、使用商品和接受服务时享有人身、财产安全不受损害的权利。消费者有权要求经营者提供的商品和服务，符合保障人身、财产安全的要求。经营者提供的商品或者服务侵犯消费者的安全权，对其造成损害的，应该根据《消费者权益保护法》第 48~58 条之规定，承担相应的法律责任。

二、知悉真情权

　　消费者享有知悉其购买、使用的商品或者接受的服务的真实情况的权利，简称知情权。消费者的知情权包括以下几层含义：①向消费者提供商品或服务时，经营者应当主动告知消费者商品的真实情况，即应当真实记载或说明有关商品或服务的情况。②消费者在购买、使用商品或接受服务时，有权主动询问，了解其购买、使

---

〔1〕　参见李昌麒、许月明编著：《消费者保护法》，法律出版社 2012 年版，第 63 页。

用商品的真实情况。③经营者提供有关某商品或服务的信息应当全面、准确，不能误导消费者。

消费者有权根据商品或服务的不同情况，要求经营者提供商品的价格、产地、生产者、用途、性能、规格、等级、生产日期、有效期限、检验合格证明、使用方法说明书、售后服务，或者服务的内容、规格、费用等有关情况。

三、自主选择权

消费者享有自主选择商品或者接受服务的权利，简称自主选择权。

消费者权根据自己的消费愿望、兴趣、爱好和需要，自主、充分选择商品或者服务。主要内容有：消费者有权自主选择提供商品或者服务的经营者，自主选择商品品种或者服务方式，自主决定购买或者不购买任何一种商品、接受或者不接受任何一项服务。消费者在自主选择商品或者服务时，有权进行比较、鉴别和挑选。同时，消费者自主选择商品和服务的行为必须是合法的，必须在法律允许的范围内运用自主选择权，而不能把自主选择权建立在侵害国家、集体和他人的合法权益之上。

《反不正当竞争法》规定，经营者销售商品，不得违背购买者的意愿搭售商品或其他不合理的条件，不得进行欺骗性的有奖销售或以有奖销售为手段推销质次价高的商品或进行巨奖销售；政府及其部门不得滥用权力限定他人购买其指定的经营者的商品，限制外地商品进入本地或本地产品流向外地。这些规定也是对消费者选择权的有力保护。

四、公平交易权

消费者依法享有公平交易的权利，称为公平交易权。消费者的公平交易权，是指消费者在购买商品或者接受服务时所享有的获得质量保障和价格合理、计量正确等公平交易条件的权利。

消费者在购买商品或者接受服务时，其公平交易权表现在以下两个方面：[1]

一方面，有权获得质量保障、价格合理、计量正确等公平交易条件。质量保障则要求经营者提供的商品或者服务必须符合国家规定的标准；价格合理则要求商品或者服务的价格与其价值相符，对有国家定价的必须按照定价执行，对国家没有定价的由交易双方按价值规律合理确定。另外，计量正确是要求计量数量正确，不能缺斤少两，缺尺短寸；计量器具要符合国家规定，不得使用国家明令淘汰的计量器具进行交易，就是要求商品或者服务的计量必须准确无误。

另一方面，有权拒绝经营者的强制交易行为。强制交易行为的特征是违背消费者的意愿，其表现形式是多种多样的，特别是一些公用企业利用自身的经济优势限定消费者购买其指定的商品。对消费者而言，强制交易行为不仅侵犯了其自主选择权，而且还侵犯了其公平交易权，因而消费者有权予以拒绝。

---

〔1〕 参见吴景明：《消费者权益保护法》，中国政法大学出版社 2007 年版，第 53~54 页。

五、依法求偿权

依法求偿权是指消费者因购买、使用商品或者接受服务，遭受到人身、财产损害时，享有依法获得赔偿的权利。它是弥补消费者所受损害的必不可少的经济性权利，是一种民事索赔权。与经营者相比较而言，由于消费者处于弱势，故我国法律赋予消费者获得惩罚性赔偿的权利。我国《消费者权益保护法》第 55 条规定："经营者提供商品或者服务有欺诈行为的，应当按照消费者的要求增加赔偿其受到的损失，增加赔偿的金额为消费者购买商品的价款或者接受服务的费用的 3 倍；增加赔偿的金额不足 500 元的，为 500 元。法律另有规定的，依照其规定。经营者明知商品或者服务存在缺陷，仍然向消费者提供，造成消费者或者其他受害人死亡或者健康严重损害的，受害人有权要求经营者依照本法第 49 条、第 51 条等法律规定赔偿损失，并有权要求所受损失 2 倍以下的惩罚性赔偿。"

依法享有求偿权的主体除因购买、使用商品或接受服务而受到人身、财产损害的消费者外，还包括在事故发生现场受到损害的其他人。依法求偿权是消费领域中特定主体享有的一项权利，其具体表现为因购买、使用商品或接受服务而受到人身、财产损害的消费者。除此之外，还包括在别人购买、使用商品或接受服务的过程中，受到人身或财产损害的第三人。

我国《消费者权益保护法》第 11 条规定："消费者因购买、使用商品或者接受服务受到人身、财产损害的，享有依法获得赔偿的权利。"由此可见，依法求偿权的范围既包括人身损害赔偿，也包括财产损害赔偿。此外，2001 年 2 月 26 日，最高人民法院审判委员会第 1161 次会议通过的《最高人民法院关于确定民事侵权精神损害赔偿责任若干问题的解释》第 1 条规定："自然人因下列人格权利遭受非法侵害，向人民法院起诉请求赔偿精神损害的，人民法院应当依法予以受理：①生命权、健康权、身体权；②姓名权、肖像权、名誉权、荣誉权；③人格尊严权、人身自由权。违反社会公共利益、社会公德侵害他人隐私或者其他人格利益，受害人以侵权为由向人民法院起诉请求赔偿精神损害的，人民法院应当依法予以受理。"因此，依法求偿权在人身损害赔偿方面还会涉及精神损害赔偿。

六、结社权

消费者享有依法成立维护自身合法权益的社会团体的权利，简称结社权。我国《宪法》明确规定，中华人民共和国公民享有结社的权利。消费者依法成立维护其自身合法权益的社会团体，属公民结社权的组成部分，也是《宪法》的规定在《消费者权益保护法》中的具体化。随着科学技术的发展，商品和服务日趋复杂化，交易方式日趋多样化，消费者越来越难以掌握商品和服务的有关知识，在很大程度上依靠经营者的介绍和说明，这就容易使消费者被虚假的广告、标签和说明书所欺骗。有鉴于此，赋予消费者以结社权，使消费者通过有组织的活动，维护自身合法权益，是非常必要的，也是国家鼓励全社会共同保护消费者合法权益的体现。

中国消费者协会于 1984 年 12 月经国务院批准成立，是对商品和服务进行社会监督的保护消费者合法权益的全国性社会团体。在中国，目前消费者社会团体主要是中国消费者协会和地方各级消费者协会（或消费者委员会）。消费者依法成立的各级消费者协会，使消费者通过有组织的活动，在维护自身合法权益方面正发挥着越来越大的作用。2013 年，我国《消费者权益保护法》修订时，增加了消费者协会可以提起消费公益诉讼的职能，从而使消费者协会，这一消费者的自我保护组织，能够更好地发挥其保护消费者的作用，弥补消费者处于弱势地位的不足。

七、获得消费知识权

消费知识是指有关商品或服务的知识、消费者权益保护方面的知识等与消费有关的知识。消费者享有获得有关消费和消费者权益保护方面的知识的权利，称为获得消费知识权，简称受教育权。消费者获得有关知识的权利，有利于提高消费者的自我保护能力，而且也是实现消费者其他权利的重要条件。特别是获得消费者权益保护方面的知识，可以使消费者合法权益受到侵害时，有效地寻求解决消费纠纷的途径，及时获得赔偿。

消费知识的来源不仅限于经营者，还包括消费者协会、相应的行政机关、其他社会机构或成员。经营者是主要来源，如商品或服务的相关知识或说明，商品或服务的使用技巧、禁忌、注意事项等内容，同时相应的社会机构应当为消费者提供消费者权益保护的相关知识，也应当为消费者提供消费咨询的平台，尽可能地提高消费者的法律意识和安全意识。消费者获得消费知识权利的实现，需要国家、社会各行业、生产经营者和消费者共同努力。

八、人格尊严和民族风俗习惯受尊重权

消费者在购买、使用商品和接受服务时，享有其人格尊严、民族风俗习惯得到尊重的权利，称为人格尊严和民族风俗习惯受尊重权，简称受尊重权。

这一权利包括两方面的内容：

1. 人格尊严受尊重权。人格尊严是消费者的人身权的重要组成部分，包括姓名权、名誉权、荣誉权、肖像权等。消费者的人格尊严受到尊重，是消费者最起码的权利之一。在实践中，侵犯消费者人格尊严权大量表现为侮辱消费者，即侵犯消费者名誉权的行为，此外还有搜查消费者的身体及其携带的物品，甚至限制消费者的人身自由的行为。

2. 民族风俗习惯受尊重权。我国是统一的多民族的国家，除汉族外，全国还有 55 个少数民族，各民族在长期历史发展过程中，在饮食、服饰、居住、婚葬、节庆、娱乐、礼节、禁忌等方面，都有不同的风俗习惯，与消费密切相关。尊重少数民族的风俗习惯，就是尊重民族尊严。[1] 这关系到坚持民族平等、加强民族团结、处理好民族关系、促进安定团结的大问题。因此，尊重少数民族的风俗习惯并不是可有可无的，它对于保护少数民族消费者的合法权益、贯彻党和国家的民族政策，都有

---

〔1〕 参见吴景明：《消费者权益保护法》，中国政法大学出版社 2007 年版，第 57 页。

极其重要的意义。

九、监督权

消费者享有对商品和服务以及保护消费者权益工作进行监督的权利，简称监督权。消费者享有监督权是指对有关商品或服务的价格、质量、品种、供应量、供应方式、服务态度、侵权行为等问题以及消费者权益保护工作，向有关经营者或有关机构提出意见、建议或进行检举、控告的权利。法律赋予消费者的监督权主要包含以下几个内容：有权检举、控告侵害消费者权益的行为；有权检举、控告消费者权益的保护者的违法失职行为；有权对保护消费者权益的工作提出批评、建议。

通过消费者的监督，可以促使经营者提高商品和服务的质量，促使从事保护消费者权益的国家机关及其工作人员改进工作作风，全心全意为消费者服务。

 以案说法

钱缘诉上海屈臣氏日用品有限公司侵犯人格权案[1]

[案情简介]

1998 年 7 月 8 日上午 10 时许，当上海外国语大学学生钱缘离开屈臣氏公司四川北路店时，店门口警报器鸣响，该店一女保安员上前阻拦钱缘离店，并引导钱缘穿行三处防盗门，警报器仍鸣响，钱缘遂被保安人员带入该店办公室内。女保安用手提电子探测器对钱缘全身进行检查，确定在钱缘的髋部带有磁信号。在女保安员及另一女文员在场的情况下，钱缘解脱裤并接受女保安的检查。店方未检查出钱缘身上带有磁信号的商品，方允许钱缘离店。1998 年 7 月 20 日，钱缘起诉到上海市虹口区人民法院，以自己在屈臣氏公司四川北路店无端遭到搜身，被两次脱裤检查，使自己心理受到极大伤害为由，要求屈臣氏公司公开登报赔礼道歉，赔偿精神损失费人民币 50 万元。屈臣氏公司、四川北路店辩称，因钱缘出店门引起警报器鸣叫后才对其进行必要的检查，不存在侵权行为。一审法院判决被告上海屈臣氏公司四川北路店应向钱缘赔礼道歉，赔偿钱缘精神损失费人民币 25 万元；被告上海屈臣氏日用品有限公司承担连带责任。被告不服上诉，上海市第二中级人民法院判决撤销一审法院判决，改判赔偿精神损失费人民币 1 万元。

[案例评析]

超市搜身案，并不是只有一起，本案也不是最典型的一件，但本案的影响重大。超市搜身，无疑侵害了消费者的人格尊严权。人格尊严权是法律赋予公民的一项基本权利。我国《宪法》规定"中华人民共和国公民的人格尊严不受侵犯。禁止用任何方法对公民进行侮辱、诽谤和诬告陷害"、"禁止非法检查公民的身体"，在

---

〔1〕 载《中国审判案例要览（2000 年民事审判案例卷）》，中国人民大学出版社 2002 年版，第324～330 页。

《民法通则》的诸多条款中对此也有类似规定。在消费领域，消费者的人格尊严权是指：消费者在购买、使用商品或接受服务时所享有的、基于人格权利而必须受到尊重的一项权利，直接体现在具体的身体权、生命权、健康权、自由权、隐私权、姓名权和肖像权、名誉权等人格权必须受到尊重。我国《消费者权益保护法》第 14 条规定"消费者在购买、使用商品和接受服务时，享有其人格的尊严、民族风俗习惯得到尊重的权利"。针对现实中消费者人格尊严权遭受侵犯的问题，如何采取有效措施、加强消费者人格尊严权保护，不仅是人民当家做主、人人平等的体现；还是贯彻履行国家法律，有效保护公民合法权益的具体要求；更是快速化解消费纠纷、保持社会稳定、促使经济健康发展的有效手段。

本案最引人关注的是赔偿数额。一审法院判决 25 万元的巨额精神损害赔偿金，以及二审改判赔偿 1 万元，相差悬殊。因此，很多人提出精神损害赔偿应当明码标价、定额化。基于这种议论，最高司法机关在司法解释的草案中，也曾经提出了这样的意见。事实上，精神损害赔偿不能明码标价，不能定额化。这是因为，人格不是商品，不能确定某种人格利益的价格。如果硬要将其定额化，将会引起严重的问题。因此，确定精神损害赔偿的数额，其一是有效的抚慰受害人的精神损害，其二是有效的制裁行为人的违法行为，其三是能够对社会公众进行教育和警戒。本案的被告屈臣氏公司侵犯了原告钱缘的人格尊严，被告对于侵犯原告人格权的行为，应当按照《民法通则》和《最高人民法院关于贯彻执行〈民法通则〉若干问题的意见》承担停止侵害、恢复名誉、消除影响、赔礼道歉并赔偿精神损失的责任。二审法院作出的屈臣氏公司向钱缘赔礼道歉、赔偿精神损害人民币 1 万元的判决，合法合理。

第三节 经营者的义务

经营者包括生产者、销售者、服务者；经营者是与消费者相对应存在的另一市场主体；经营者是以营利为目的存在的市场主体。消费者的权利就是经营者的义务，为了实现保护消费者的合法权益，《消费者权益保护法》明确规定了经营者的义务。经营者义务是指经营者向消费者提供商品或服务时，必须按照法律的规定作出一定的行为和不得作出一定的行为。义务的主体是经营者，具体包括商品的生产者、销售者和服务提供者；经营者的义务既可以由法律规定，也可以是与消费者约定的；经营者义务的履行是以国家强制力作保障的。

一、依法定或约定履行义务

经营者向消费者提供商品或者服务，应当依照《消费者权益保护法》和其他有关法律、法规的规定履行义务。经营者和消费者有约定的，应当按照约定履行义务，但双方的约定不得违背法律、法规的规定。经营者向消费者提供商品或者服务，应当恪守社会公德，诚信经营，保障消费者的合法权益；不得设定不公平、不合理的交易条件，不得强制交易。

法定义务是消费者合法权益得到维护的最起码要求，是经营者应履行义务的最低标准。经营者严格履行《消费者权益保护法》规定的各项义务是消费者享有和行使权利的条件和前提。如果经营者不履行或者不完全履行法定义务，必须承担相应的法律责任。

经营者与消费者的约定可视为消费合同，其必须符合两个条件：①约定的成立必须依法进行，包括行为人合格、行为内容合法、意思表示真实、行为形式合法；②约定必须诚实守信、全面履行。

二、听取意见和接受监督的义务

经营者应当听取消费者对其提供的商品或者服务的意见，接受消费者的监督。具体表现为：应当允许消费者对其商品和服务提出不同的看法；应当为消费者反映自己的要求提供便利条件，如设立投诉箱、投诉机构等；应当正确对待消费者的意见和建议，并酌情处理；带有违法性的损害消费者利益的行为一经消费者制止应当立即停止，主动承担责任，并积极配合国家有关机关对此进行处理。

三、保证安全义务

经营者应当保证其提供的商品或者服务符合保障人身、财产安全的要求。我国其他法律对商品和服务符合保障人身、财产安全的义务也有相应的规定。《产品质量法》第 26 条规定了生产者应当对其生产的产品质量负责。产品质量应当符合下列要求：不存在危及人身、财产安全的不合理的危险，有保障人体健康和人身、财产安全的国家标准、行业标准的，应当符合该标准；具备产品应当具备的使用性能，但是，对产品存在使用性能的瑕疵作出说明的除外；符合在产品或者其包装上注明采用的产品标准，符合以产品说明、实物样品等方式表明的质量状况。

经营者对可能危及人身、财产安全的商品和服务，应当向消费者作出真实的说明和明确的警示，并说明和标明正确使用商品或者接受服务的方法以及防止危害发生的方法。可能危及消费者人身、财产安全的商品和服务，是指如果消费者未按正确的方法使用商品或接受服务，商品或者服务可能会出现危害消费者人身、财产安全的情况。如果经营者提供的商品和服务可能危及消费者人身、财产安全，经营者首先应当向消费者作出真实的说明和明确的警示。说明和警示可以是口头的，也可以是书面的。

经营者发现其提供的商品或者服务存在缺陷，有危及人身、财产安全危险的，应当立即向有关行政部门报告和告知消费者，并采取停止销售、警示、召回、无害化处理、销毁、停止生产或者服务等措施。采取召回措施的，经营者应当承担消费者因商品被召回支出的必要费用。

宾馆、商场、餐馆、银行、机场、车站、港口、影剧院等经营场所的经营者，应当对消费者尽到安全保障义务。安全保障义务，是指宾馆、商场、餐馆、银行、机场、车站、港口、影剧院等经营场所的经营者，负有的在合理限度范围内保护他人人身和财产安全的义务。

四、提供商品和服务真实信息的义务

经营者向消费者提供有关商品或者服务的质量、性能、用途、有效期限等信息，应当真实、全面，不得作虚假或者引人误解的宣传。经营者对消费者就其提供的商品或者服务的质量和使用方法等问题提出的询问，应当作出真实、明确的答复。经营者提供商品或者服务应当明码标价。具体表现：经营者应当提供真实信息，不能作引人误解的虚假宣传；对消费者的询问作出真实、明确的答复；对商品、服务应明码标价。

五、标明真实名称和标记的义务

经营者应当标明其真实名称和标记。租赁他人柜台或者场地的经营者，应当标明其真实名称和标记。经营者履行该义务，不但有利于消费者作出正确的判断、选择，避免上当受骗，而且便于消费者的救济，是消费者知悉权的延伸。《反不正当竞争法》、《产品质量法》、《商标法》及企业登记管理法规中都有禁止假冒、仿冒他人企业名称和标记的规定。

六、出具凭证义务

经营者提供商品或者服务，应当按照国家有关规定或者商业惯例向消费者出具发票等购货凭证或者服务单据；消费者索要发票等购货凭证或者服务单据的，经营者必须出具。

购货凭证和服务单据是经营者与消费者之间签订的合同，是消费者借以享有有关权利以及其合法权益受到损害向经营者索赔的依据。通常表现为发票、收据、保修单等。该义务包括三种情形：依照国家法律、法规规定，如《全国发票管理暂行规定》，应当出具的；依照商业惯例应当出具的；消费者索要购货凭证或服务单据的。

七、保证质量义务

经营者提供商品和服务应当保障其质量。经营者应当保证在正常使用商品或者接受服务的情况下其提供的商品或者服务应当具有的质量、性能、用途和有效期限。经营者在设计、生产、销售商品时，要明确告知商品的使用的正确途径。消费者应当按照产品使用说明的要求使用该商品，消费者非正常使用商品或者接受服务，经营者不承担保证质量义务。对于经营者提出的警示或者标示必须给予重视，否则都属于非正常使用，造成不良后果只能自己承担。

经营者以广告、产品说明、实物样品或者其他方式标明商品或者质量状况的，应当保证其提供的商品或者服务的实际质量与表明的质量状况相符。广告内容必须真实、可靠，不允许使用虚假言词、夸张的手法误导消费者；产品说明必须如实介绍产品质量，与产品质量一致；经营者必须提供与商品样品质量状况相同的商品。

经营者提供的机动车、计算机、电视机、电冰箱、空调器、洗衣机等耐用商品或者装饰装修等服务，消费者自接受商品或者服务之日起6个月内发现瑕疵，发生争议的，由经营者承担有关瑕疵的举证责任。但是，在消费者已经明知商品或服务存在瑕疵的情况下，而仍然购买或接受该商品或服务，意味着消费者对由此瑕疵所造成的风险自愿承担。

八、履行"三包"或者其他责任的义务

所谓"三包"，是指经营者对其提供的商品，按照国家规定或者与消费者的约定，承担包修、包退、包换的责任。

经营者提供的商品或者服务不符合质量要求的，消费者可以依照国家规定要求经营者履行更换、修理等义务。国家规定是经营者的义务，不论经营者与消费者之间有无约定都必须履行。如《产品质量法》第40条规定："售出的商品有下列情形之一的，销售者应当负责修理、更换、退货；给购买产品的消费者造成损失的，销售者应当赔偿损失……"国家有关部门相继出台了《部分商品修理更换退货责任规定》、《摩托车商品修理更换退货责任实施细则》、《农业机械产品修理、更换、退货责任规定》、《房屋建筑工程质量保修办法》、《移动电话机商品修理更换退货责任规定》、《固定电话机商品修理更换退货责任规定》和《微型计算机商品修理更换退货责任规定》等。

经营者与消费者之间就购买商品或者提供服务事先达成的协议，具有法定约束力，不得随意违反。经营者不得以任何借口减轻或免除其所应当依法承担的责任，从而损害消费者的利益。

没有国家规定和当事人约定的，消费者可以自收到商品之日起7日内退货；7日后符合法定解除合同条件的，消费者可以及时退货，不符合法定解除合同条件的，可以要求经营者履行更换、修理等义务。依照法律规定进行退货、更换、修理的，经营者应当承担运输等必要费用。

九、网络、电视、电话、邮购等领域消费者无理由退货

经营者采用网络、电视、电话、邮购等方式销售商品，消费者有权自收到商品之日起7日内退货，且无需说明理由。但下列商品除外：消费者定作的；鲜活易腐的；在线下载或者消费者拆封的音像制品、计算机软件等数字化商品；交付的报纸、期刊。其他根据商品性质并经消费者在购买时确认不宜退货的商品，不适用无理由退货。

消费者退货的商品应当完好。经营者应当自收到退回商品之日起7日内返还消费者支付的商品价款。退回商品的运费由消费者承担；经营者和消费者另有约定的，按照约定。

十、不得不当免责义务

经营者不得以格式合同等方式排除或者限制消费者权利，免除自己的义务。经营者在经营活动中使用格式条款的，应当以显著方式提请消费者注意商品或者服务的数量和质量、价款或者费用、履行期限和方式、安全注意事项和风险警示、售后

服务、民事责任等与消费者有重大利害关系的内容，并按照消费者的要求予以说明。经营者不得以格式条款、通知、声明、店堂告示等方式，作出排除或者限制消费者权利、减轻或者免除经营者责任、加重消费者责任等对消费者不公平、不合理的规定，不得利用格式条款并借助技术手段强制交易。格式条款、通知、声明、店堂告示等含有以上内容的，其内容无效。

格式合同又称定型化合同或者标准化合同。在消费领域中，格式合同是指经营者与消费者订立合同而非单方拟定的合同条款。制定格式合同的主体是经营者，由其决定合同内容并预先制定，相对于消费者其占有优势地位；格式合同相对方是消费者，只有接受合同与否的自由而无参与决定合同内容的机会；格式合同所针对的是不特定的众多消费者，在适用对象上具有普遍性；格式合同一经制定，可以在较长时期内使用，具有固定性和连续性。

法律并不禁止经营者采用格式合同实现其与消费者之间的交易活动，法律禁止的是经营者利用格式合同损害消费者利益的行为。《合同法》第39～41条规定，提供格式合同应当遵循公平原则，并有义务采取合理方式提请对方注意免除或限制其责任的条款；格式条款不能免除提供方责任、不能加重对方责任、不能排除对方主要权利，否则无效。当双方对此条款发生争议时，应按常理或不利于格式条款提供方的方式解释，或采用非格式条款。《消费者权益保护法》第26条专门对格式条款、通知、声明、店堂告示等方式的内容作了限制：不得作出对消费者不公平、不合理的规定；不得减轻、免除其损害消费者合法权益应承担的民事责任。

十一、尊重消费者人格的义务

经营者不得对消费者进行侮辱、诽谤，不得搜查消费者的身体及其携带的物品，不得侵犯消费者的人身自由。人格尊严是公民权利的重要组成部分，人身自由是任何公民都依法享有的最基本的、最起码的、也是最重要的权利。二者都是宪法赋予公民的人格权。经营者违反《消费者权益保护法》侵犯消费者的人格权的行为主要有：经营者对消费者进行侮辱、诽谤；经营者搜查消费者的身体及其携带的物品；经营者侵犯消费者的人身自由。

十二、信息披露义务

采用网络、电视、电话、邮购等方式提供商品或者服务的经营者，以及提供证券、保险、银行等金融服务的经营者，应当向消费者提供经营地址、联系方式、商品或者服务的数量和质量、价款或者费用、履行期限和方式、安全注意事项和风险警示、售后服务、民事责任等信息。

十三、经营者收集、使用消费者个人信息时应履行的义务

经营者收集、使用消费者个人信息，应当遵循合法、正当、必要的原则，明示收集、使用信息的目的、方式和范围，并经消费者同意。经营者收集、使用消费者个人信息，应当公开其收集、使用规则，不得违反法律、法规的规定和双方的约定收集、使用信息。

经营者及其工作人员对收集的消费者个人信息必须严格保密，不得泄露、出售或者非法向他人提供。经营者应当采取技术措施和其他必要措施，确保信息安全，防止消费者个人信息泄露、丢失。在发生或者可能发生信息泄露、丢失的情况时，应当立即采取补救措施。

经营者未经消费者同意或者请求，或者消费者明确表示拒绝的，不得向其发送商业性信息。

 **以案说法**

王利毅、张丽霞诉上海银河宾馆赔偿纠纷案[1]

[案情简介]

原告王利毅、张丽霞因与被告上海银河宾馆发生赔偿纠纷，向上海市某区人民法院提起诉讼。原告诉称：被告的宾馆电视监控系统形同虚设，保安和安全巡检人员严重失职，犯罪分子在该宾馆内逗留长达3个小时，曾7次上下宾馆的电梯，都无人查验其证件和按照规定进行访客登记，以至对犯罪分子的行为毫无察觉。由于被告对宾馆的安全不负责任，致使二原告的女儿王翰在入住宾馆期间被犯罪分子杀害，财物被劫。王翰的遇害与被告的过错有因果关系，被告应当承担侵权赔偿责任。另外，被告对入住其宾馆的旅客有"24 小时的保安巡视，确保您的人身安全"的承诺，还说如果服务不符承诺内容，愿承担包括赔偿在内的责任。《中华人民共和国消费者权益保护法》第 40 条第 3 款也规定："消费者在接受服务时，其合法权益受到损害的，可以向服务者要求赔偿。"据此原告认为，被告在承担侵权赔偿责任的同时，还应当依照《中华人民共和国合同法》和《消费者权益保护法》的规定，承担违约和侵害消费者权益的法律责任。请求判令被告向原告承认错误、赔礼道歉，给原告赔偿经济损失 798 860 元（其中包括王翰被抢劫财物损失 28 300 元，丧葬费用 231 793 元，差旅、住宿费 95 967 元，教育、抚养费 442 800 元），赔偿精神损失费 50 万元。

被告辩称：被告与王翰之间存在着以租赁客房为主和提供相应服务为辅的合同关系；宾馆内部的各项管理规章制度并非该合同条款；宾馆对旅客所作的服务质量承诺，只是相对出租的客房和提供的服务而言。被告已按约履行了出租客房和提供相应服务的义务，并未违约。被告是有影响的涉外宾馆，内部有必要的、规范的各项规章制度及相应设施，不存在对犯罪分子作案有利的客观条件。王翰遇害及其财物被劫，是犯罪分子所为，与被告的管理没有因果关系。被告对王翰既未侵权，也不违约，故应当驳回原告的诉讼请求。

法院查明：被告银河宾馆作为四星级宾馆，已经将宾馆大堂等公共活动区与旅客住宿区隔离。为了适应市场化的要求，宾馆不需要也不可能对进入宾馆大堂等公

---

[1] 徐贵一主编：《经济法案例研究》，法律出版社 2011 年版，第 155～157 页。

共活动区的所有人员进行盘查、登记。但是为了住宿旅客的人身、财产安全，宾馆必须，也有条件对所有进入住宿区的不熟识人员给予充分注意，了解此类人员的动向，以保护旅客的安全。事实证明，银河宾馆并没有配备专门人员负责此项工作，罪犯仝瑞宝出入王翰所在的住宿区时，没有遇到过宾馆工作人员。银河宾馆在旅客入住时未认真、负责地教会旅客在什么情况下使用以及如何使用探视镜、安全链和自动闭门器等安全设施。银河宾馆既然基于对宾馆的管理以及对入住宾馆客人的优质服务而作出"24 小时的保安巡视，确保您的人身安全"的服务质量承诺，则应予以兑现，现未能兑现承诺，则应承担违约责任。考虑到银河宾馆在提供服务过程中虽有一定的违约过失，但王翰之死及财物被劫毕竟是罪犯仝瑞宝所为，故违约赔偿的数额应当参照本案的实际情况酌情而定。

法院据此判决：①被告上海银河宾馆于本判决生效之日起 10 日内给付原告王利毅、张丽霞赔偿费人民币 8 万元。②原告王利毅、张丽霞的其他诉讼请求不予支持。案件受理费人民币 23 325.80 元，由原告王利毅、张丽霞负担 22 043.25 元，被告银河宾馆负担 1282.55 元。

[案例评析]

本案中，被告没有完全尽到《消费者权益保护法》上的义务。避免旅客人身、财产受到侵害是宾馆的法定义务，宾馆必须采取切实有效的安全防范措施，认真履行最谨慎之注意义务，在自己的能力所及范围内最大限度地保护旅客不受非法侵害。

消费者在接受经营者服务过程中遭遇第三人侵权的，经营者应否承担责任的问题需要根据具体情况作出不同的判断：一是宾馆是否尽到了安全保障义务；二是双方的合同约定。自王翰登记入住银河宾馆起，王翰就与上诉人银河宾馆形成了以住宿、服务为内容的合同关系。在此合同中，银河宾馆除应履行向王翰提供与其四星级收费标准相应的房间设施及服务的义务外，还应履行保护王翰人身、财产不受非法侵害的义务。王翰是在宾馆内被犯罪分子杀害的。由于刑事犯罪的突发性、不可预测性和犯罪手段的多样化，作为宾馆来说，尽管认真履行保护旅客人身、财产不受非法侵害的义务，也不可能完全避免此类犯罪事件在宾馆内发生。因此，一旦此类犯罪事件发生，不能以宾馆承担着保护旅客人身、财产不受非法侵害的合同附随义务，就一概认为宾馆负有责任，具体情况必须具体分析。对犯罪造成的危害结果，根据罪责自负的原则，必须由犯罪分子承担刑事和民事的法律责任。宾馆能证明自己确实认真履行了保护旅客人身、财产不受非法侵害的合同义务后，不承担责任。

第四节 消费者组织

我国第一个保护消费者权益的群众性组织——"新乐县维护消费者利益委员会"于 1983 年 3 月 21 日在河北省新乐县成立，此后，各地纷纷建立消费者协会组织。中国消费者协会于1984年12月经国务院批准成立，是对商品和服务进行社会监督的保护消费者合法权益的全国性社会团体。1987年9月中国消费者协会加入国际消费者联盟（Consumers International），成为正式会员。中国消费者协会的宗旨是：依据国家有关法律法规和政策，对商品和服务进行社会监督，保护消费者的合法权益，引导消费者科学、合理、健康、文明消费，维护社会主义市场经济秩序，为促进国民经济又好又快发展和构建社会主义和谐社会服务。

一、消费者组织

（一）消费者组织的概念

消费者协会和其他消费者组织是依法成立的对商品和服务进行社会监督的保护消费者合法权益的社会团体。

（二）我国消费者协会的组织机构

中国消费者协会内设理事会是最高决策机构。理事由各政府有关部门、人民团体、新闻媒体、各省、自治区、直辖市及计划单列市消费者协会（委员会，下同）以及各有关方面的消费者代表协商推举产生。理事会每届5年，因特殊情况需提前或延期换届的，须由理事会表决通过，报业务主管单位审查并经社团登记管理机关批准同意，但延期换届最长不超过1年。理事会全体会议每年召开1次，必要时可临时或延期召开。闭会期间，由常务理事会行使理事会职权，并对理事会负责（常务理事人数不超过理事人数的1/3）。协会的日常工作由常设办事机构承担，秘书长、副秘书长专职管理，并向会长负责。国家工商行政管理总局是消费者协会的业务主管单位；消费者协会接受国家工商行政管理总局、民政部的业务指导和监督管理。

（三）我国消费者协会的性质和特征

中国消费者协会是由国家法律确认、国务院批准成立的保护消费者合法权益的全国性社会团体。我国的消费者协会基本按行政区划设置。中国消费者协会要加强与经各级人民政府批准、依法成立的消费者协会（委员会）组织的联系，共同做好消费者权益保护工作。

我国消费者协会具有以下特征：消费者组织是依法成立的团体；消费者组织以保护消费者合法权益为宗旨；消费者组织法律地位特殊；消费者组织不以营利为目的。

二、消费者协会的任务和职能

（一）消费者协会的任务

中国消费者协会对商品和服务进行社会监督，保护消费者的合法权益，引导广大消费者合理、科学消费，促进社会主义市场经济健康发展。中国消费者协会的经费由政府资助和社会赞助。各级人民政府对消费者协会履行职能应当予以支持。

（二）消费者协会的职能

消费者协会作为专门保护消费者的社团组织，我国《消费者权益保护法》规定，消费者协会履行下列公益性职责：

1. 向消费者提供消费信息和咨询服务，提高消费者维护自身合法权益的能力，引导文明、健康、节约资源和保护环境的消费方式；

2. 参与制定有关消费者权益的法律、法规、规章和强制性标准；

3. 参与有关行政部门对商品和服务的监督、检查；

4. 就有关消费者合法权益的问题，向有关部门反映、查询，提出建议；

5. 受理消费者的投诉，并对投诉事项进行调查、调解；

6. 投诉事项涉及商品和服务质量问题的，可以委托具备资格的鉴定人鉴定，鉴定人应当告知鉴定意见；

7. 就损害消费者合法权益的行为，支持受损害的消费者提起诉讼或者依照本法提起诉讼；

8. 对损害消费者合法权益的行为，通过大众传播媒介予以揭露、批评。

2012 年《民事诉讼法》修改时增加公益诉讼的规定："对污染环境、侵害众多消费者合法权益等损害社会公共利益的行为，法律规定的机关和有关组织可以向人民法院提起诉讼。"这为消费者协会提起公益诉讼奠定了基础，2013 年《消费者权益保护法》修改时增加了消费者协会提起公益诉讼的职能。对侵害众多消费者合法权益的行为，中国消费者协会以及在省、自治区、直辖市设立的消费者协会，可以向人民法院提起诉讼。这不仅有利于解决现实生活中对消费者出现大面积侵权的消费纠纷的解决，如近期出现的福喜事件；还有利于对那些能够造成不特定消费侵权的事件中的消费者进行保护，如霸王条款、虚假广告、虚假宣传等。

三、消费者协会的限制

（一）不从事商品经营和营利性服务

消费者协会作为维护消费者权益的社会团体，从其性质上来说，依据我国现行法律规定，不得从事商品生产经营活动。商品经营活动一般是以营利为目的从事商品生产、流通或服务活动。法律禁止消费者协会从事商品经营和营利性服务，是为了保障消费者协会更好地履行保护消费者的公益性职责。防止其利用自己的特殊身份，为谋取经济利益而损害消费者合法权益。为保障消费者协会的正常运转和法定职责的履行，《消费者权益保护法》第37条第2款规定："各级人民政府对消费者协会履行职责应当予以必要的经费等支持。"

（二）不以牟利为目的向社会推荐商品和服务

消费者协会作为维护消费者权益的社会团体，在消费者群体中有着举足轻重的地位，消费者协会的行为对消费者的消费行为有重大影响。如果允许消费者协会以牟利为目的向社会推荐商品和服务，消费者协会受经济利益的驱动，有可能丧失其在日常工作中的客观性和公正性。长此以往，会助长经营者的不正当竞争行为，也会损害消费者的合法权益。[1]

---

〔1〕　参见李昌麒、许月明编著：《消费者保护法》，法律出版社 2012 年版，第 118 页。

 以案说法

鲁女士订购冰箱案[1]

[案情简介]

消费者鲁女士于 5 月 26 日到云南省玉溪市红塔区消费者协会投诉称：她于 5 月 3 日到某专卖店订购一台冰箱送给自己的父母，当场交了 500 元订金。5 月 24 日鲁女士联系商家送货上门，下午送货到家后送货人员直接拆开包装，放置好冰箱，待他们走后鲁女士的父母整理拆下来的包装时发现纸箱的里外（冰箱背面）有被水浸透后发霉的印迹，觉得不放心于是未插电使用，并到专卖店讨说法，店员表示可以打送货电话。第二天早上致电送货电话，对方表示当天下午会安排人员来处理，但爽约了。第三天早上再次拨打电话，对方又表示没有现货，要换的话只有店里的样机可以换。鲁女士的父母表示不急着用，可以等有货的时候再送。对方表示可以换，但要求消费者承担来回的运费（单边 60 元，共计 120 元），理由是他们的冰箱没有质量问题。对此处理方式，消费者认为不合理，请求调解处理。

红塔区消费者协会工作人员接到投诉，立即联系商家确认消费者反映情况是否属实，商家答复：他们要查找冰箱受潮的原因，如果是商家单方造成的，会给消费者一个说法。最后商家自行了解到确实是因仓库内货品摆放不当导致冰箱背面外包装受潮。依据《消费者权益保护法》第 53 条规定："经营者以预收款方式提供商品或者服务的，应当按照约定提供。未按照约定提供的，应当按照消费者的要求履行约定或者退回预付款……"最后经调解，双方达成共识，最终商家同意将 500 元订金退还给消费者。

玉溪市消费者协会提醒广大消费者：购买家用电器时，一定要仔细验货，如果出现问题请立即拨打投诉电话，合理维护自己的合法权益。

[案例评析]

依据《消费者权益保护法》第 37 条的规定，消费者协会可"受理消费者的投诉，并对投诉事项进行调查、调解"。本案中经消费者协会调解顺利解决消费纠纷，有利于及时化解社会矛盾，维护消费者合法权益，也有利于改善经营者的经营和管理。消费者协会的提醒体现了《消费者权益保护法》第 37 条的规定，消费者协会可"向消费者提供消费信息和咨询服务，提高消费者维护自身合法权益的能力，引导文明、健康、节约资源和保护环境的消费方式"。本案的解决既实现了经济效益，也实现了社会效益。

---

[1] 载中国消费者网，http://www.315ccm.com/newsDetail.php? id=29343.

第五节　消费争议解决和法律责任

一、消费争议解决

（一）消费争议的含义及特点

消费争议是指消费者与经营者因消费权益而发生的争议。其发生或是由于消费者认为经营者的行为侵犯了其合法权益，或是由于消费者与经营者之间就消费者权益有关问题有不同的认识，属于民事权益争议的范畴。消费争议具有以下特点：

1. 是在消费领域或消费过程中产生的。其范围包括：消费者为生活消费需要购买、使用商品或接受服务过程中与经营者之间产生的争议；经营者在为消费者提供其生产、销售的商品或提供服务时与消费者产生的争议；农民在购买、使用直接用于农业生产的生产资料过程中与经营者发生的争议。

2. 是关于消费者权利或者经营者义务的争议。

3. 消费争议具有民事纠纷性质。

（二）消费者对求偿主体的确定

依据我国现行《消费者权益保护法》的规定，在消费纠纷中最终承担赔偿责任的主体，具体可以分为以下几种情况：

1. 生产者、销售者、服务者。消费者在购买、使用商品时，其合法权益受到损害的，可以向销售者要求赔偿。消费者或者其他受害人因商品缺陷造成人身、财产损害的，可以向销售者要求赔偿，也可以向生产者要求赔偿。消费者在接受服务时，其合法权益受到损害的，可以向服务者要求赔偿。

2. 企业变更后承受原权利义务的企业。消费者在购买商品或接受服务时，其合法权益受到损害，因原企业分立、合并的，可以向变更后承受其权利义务的企业要求赔偿。

3. 使用他人营业执照的违法经营者或营业执照的持有人。使用他人营业执照的违法经营者提供商品或服务时，消费者合法权益受到损害的，可以向其要求赔偿，也可以向营业执照持有人要求赔偿。违法使用他人的营业执照的经营者和营业执照的持有者对消费者的损失承担连带赔偿责任。

4. 销售者、服务者或展销会举办者、柜台的出租者。消费者在展销会、租赁柜台购买商品或者接受服务，其合法权益受到损害的，可以向销售者或者服务者要求赔偿。展销会结束或者柜台租赁期满后，也可以向展销会的举办者、柜台的出租者要求赔偿。展销会的举办者、柜台的出租者赔偿后，有权向销售者或服务者追偿。

5. 经营者或网络交易平台。消费者通过网络交易平台购买商品或者接受服务，其合法权益受到损害的，可以向销售者或者服务者要求赔偿。网络交易平台提供者不能提供销售者或者服务者的真实名称、地址和有效联系方式的，消费者也可以向网络交易平台提供者要求赔偿；网络交易平台提供者作出更有利于消费者的承诺的，应当履行承诺。网络交易平台提供者赔偿后，有权向销售者或者服务者追偿。

网络交易平台提供者明知或者应知销售者或者服务者利用其平台侵害消费者合法权益，未采取必要措施的，依法与该销售者或者服务者承担连带责任。

6. 经营者或广告的经营者。消费者因经营者利用虚假广告或者其他虚假宣传方式提供商品或者服务，其合法权益受到损害的，可以向经营者要求赔偿。广告经营者、发布者不能提供经营者的真实名称、地址和有效联系方式的，应当承担赔偿责任。

广告经营者、发布者设计、制作、发布关系消费者生命健康商品或者服务的虚假广告，造成消费者损害的，应当与提供该商品或者服务的经营者承担连带责任。

社会团体或者其他组织、个人在关系消费者生命健康商品或者服务的虚假广告或者其他虚假宣传中向消费者推荐商品或者服务，造成消费者损害的，应当与提供该商品或者服务的经营者承担连带责任。

（三）解决消费争议的途径

消费纠纷，是指市场内经营者为消费者提供其生产销售的商品或服务时，消费者认为其合法权利受到损害并与经营者产生的消费纠纷。

《消费者权益保护法》第39条规定："消费者和经营者发生消费争议的，可以通过下列途径解决：①与经营者协商和解；②请求消费者协会或者依法成立的其他调解组织调解；③向有关行政部门投诉；④根据与经营者达成的仲裁协议提请仲裁机构仲裁；⑤向人民法院提起诉讼。"该条规定明确了解决消费争议的五种途径。

1. 与经营者协商和解。和解是指当事人双方在平等自愿的基础上，本着公平合理解决问题的态度和诚意，通过摆明事实、交换意见、取得沟通，从中找出解决问题、解决矛盾办法的一种方式。具有及时、直接、有效、平和、经济的特点。

和解过程中应注意以下问题：首先，协商和解必须遵守自愿原则；其次，争议当事人应当具有和解权利，对涉及犯罪行为的争议以及涉及公共利益的争议，不得进行和解；再次，协商和解不得损害第三方（国家、社会、其他第三人）利益；最后，和解协议内容不得违法。

2. 调解。消费者与经营者协商和解不成的，可请求消费者协会或者依法成立的其他调解组织调解。也可以在发生争议时，直接请求消费者协会或者依法成立的其他调解组织调解。

处理投诉应当坚持保护消费者合法权益的宗旨，以事实为依据，以法律为准绳，以消费者和经营者自愿为基础，及时、公正、合理地调解纠纷化解矛盾。消费者协会鼓励经营者与消费者在自愿的前提下自行和解。

在调解消费纠纷时，调解办工作人员要以事实为依据，以法律为准绳，对投诉事项进行公平、公正的调查和调解，积极促使双方在友好的气氛下协商解决纠纷。

3. 向有关行政部门投诉。《消费者权益保护法》规定，各级人民政府工商行政管理部门和其他有关行政部门应当依照法律、法规的规定，在各自的职责范围内，采取措施保护消费者的合法权益。即请求政府有关部门予以裁决。政府有关部门依纠纷的内容决定，可以是工商局、卫生局、文化局、质量监督局、食品药品安全监督管理局、证监会、银监会、保监会等部门。

为了规范工商行政管理部门处理消费者投诉程序，及时处理消费者与经营者之间发生的消费者权益争议，保护消费者的合法权益，根据《消费者权益保护法》等法律法规，国家工商行政管理总局于2014年2月14日以62号令发布《工商行政管理部门处理消费者投诉办法》（以下简称《投诉办法》），就工商部门如何受理消费者投诉作了详细规定。既体现了与现行法律、法规衔接，又符合我国实际情况；既体现对消费者进行特殊保护的措施，又有利于消费者依法维权；既可及时有效地制止经营者侵害消费者合法权益的行为，又有利于工商机关公平、公正、公开地执法。

消费者向有关行政部门投诉的，该部门应当自收到投诉之日起7个工作日内，予以处理并告知消费者。有管辖权的工商行政管理部门应当在受理消费者投诉之日起60日内终结调解；调解不成的应当终止调解。工商行政管理部门组织消费者权益争议当事人进行调解达成协议的，应当制作调解书。调解书应当由当事人及调解人员签名或者盖章，加盖工商行政管理部门印章，由当事人各执一份，工商行政管理部门留存一份归档。经调解达成协议后，当事人认为有必要的，可以按照有关规定共同向人民法院申请司法确认。

4. 消费争议的仲裁。消费者可以根据与经营者达成的仲裁协议提请仲裁机构仲裁。仲裁的选择以仲裁协议或仲裁条款的存在为前提，仲裁是双方共同选择的结果。仲裁是一种解决民事商事纠纷的程序。仲裁委员会是国家批准成立的机构，由各方面的专家组成。仲裁的优点是一裁终局，速度快、效率高，仲裁的缺点是必须争议双方达成书面协议选择仲裁委员会和仲裁员，达不成协议的仲裁委员会不能受理，且请专家的费用较高，不适于争议小的纠纷。

5. 向人民法院提起诉讼。由消费者向法院起诉，要求法院作出裁判。对侵害众多消费者合法权益的行为，中国消费者协会以及在省、自治区、直辖市设立的消费者协会，可以向人民法院提起诉讼。人民法院应当采取措施，方便消费者提起诉讼。对符合《中华人民共和国民事诉讼法》起诉条件的消费者权益争议，必须及时受理。

二、法律责任

根据我国《消费者权益保护法》的规定，经营者损害消费者合法权益的行为要承担相应的法律责任，包括民事责任、行政责任和刑事责任。

（一）经营者违反消费者权益保护法的民事责任

1. 侵犯人身权的法律责任。

（1）致人伤亡的法律责任。经营者提供商品或者服务，造成消费者或者其他受害人人身伤害的，应当赔偿医疗费、护理费、交通费等为治疗和康复支出的合理费用，以及因误工减少的收入。造成残疾的，还应当赔偿残疾生活辅助具费和残疾赔偿金。造成死亡的，还应当赔偿丧葬费和死亡赔偿金。

（2）侵害人格尊严或人身自由的法律责任。经营者侵害消费者的人格尊严、侵犯消费者人身自由或者侵害消费者个人信息依法得到保护的权利的，应当停止侵害、恢复名誉、消除影响、赔礼道歉，并赔偿损失。经营者有侮辱诽谤、搜查身体、侵犯人身自由等侵害消费者或者其他受害人人身权益的行为，造成严重精神损害的，受害人可以要求精神损害赔偿。

2. 侵害财产权的法律责任。经营者提供商品或者服务，造成消费者财产损害的，应当依照法律规定或者当事人约定承担修理、重作、更换、退货、补足商品数量、退还货款和服务费用或者赔偿损失等民事责任。

经营者以预收款方式提供商品或者服务的，应当按照约定提供。未按照约定提供的，应当按照消费者的要求履行约定或者退回预付款；并应当承担预付款的利息、消费者必须支付的合理费用。

依法经有关行政部门认定为不合格的商品，消费者要求退货的，经营者应当负责退货。经营者提供商品或者服务有欺诈行为的，应当按照消费者的要求增加赔偿其受到的损失，增加赔偿的金额为消费者购买商品的价款或者接受服务的费用的3倍；增加赔偿的金额不足500元的，为500元。法律另有规定的，依照其规定。

经营者明知商品或者服务存在缺陷，仍然向消费者提供，造成消费者或者其他受害人死亡或者健康严重损害的，受害人有权要求经营者依照《消费者权益保护法》第49条、第51条等法律规定赔偿损失，并有权要求所受损失2倍以下的惩罚性赔偿。

（二）经营者违反消费者权益保护法的行政责任

经营者有下列情形之一，除承担相应的民事责任外，其他有关法律、法规对处罚机关和处罚方式有规定的，依照法律、法规的规定执行；法律、法规未作规定的，由工商行政管理部门或者其他有关行政部门责令改正，可以根据情节单处或者并处警告、没收违法所得、处以违法所得1倍以上10倍以下的罚款，没有违法所得的，处以50万元以下的罚款；情节严重的，责令停业整顿、吊销营业执照：①提供的商品或者服务不符合保障人身、财产安全要求的；②在商品中掺杂、掺假，以假充真，以次充好，或者以不合格商品冒充合格商品的；③生产国家明令淘汰的商品或者销售失效、变质的商品的；④伪造商品的产地，伪造或者冒用他人的厂名、厂址，篡改生产日期，伪造或者冒用认证标志等质量标志的；⑤销售的商品应当检验、检疫而未检验、检疫或者伪造检验、检疫结果的；⑥对商品或者服务作虚假或者引人误解的宣传的；⑦拒绝或者拖延有关行政部门责令对缺陷商品或者服务采取停止销售、警示、召回、无害化处理、销毁、停止生产或者服务等措施的；⑧对消费者提出的修理、重作、更换、退货、补足商品数量、退还货款和服务费用或者赔偿损失的要求，故意拖延或者无理拒绝的；⑨侵害消费者人格尊严、侵犯消费者人身自由或者侵害消费者个人信息依法得到保护的权利的；⑩法律、法规规定的对损害消费者权益应当予以处罚的其他情形。经营者有前款规定情形的，除依照法律、法规规定予以处罚外，处罚机关应当记入信用档案，向社会公布。

（三）经营者和国家机关工作人员违反消费者权益保护法的刑事责任

经营者违反本法规定提供商品或者服务，侵害消费者合法权益，构成犯罪的，依法追究刑事责任。以暴力、威胁等方法阻碍有关行政部门工作人员依法执行职务的，依法追究刑事责任。

国家机关工作人员玩忽职守或者包庇经营者侵害消费者合法权益的行为的，由其所在单位或者上级机关给予行政处分；情节严重，构成犯罪的，依法追究刑事责任。

 以案说法

"梅雨潭之旅"〔1〕

[案情简介]

1998年6月20日，就读于浙江省平阳县职高的吴陕平、戴莉莉等五名同学来到瑞安市的仙岩风景区旅游。中午时分，在返回山下的途中他们看到了一条路边的小溪，便想停下来歇歇脚。当时大家看到这里溪水很浅，于是几个人就下到水里洗手洗脚。忽然戴莉莉的塑料凉鞋被水冲走了，同伴吴陕平和赵海宇起身和戴莉莉一起追赶凉鞋。但是凉鞋顺着溪水漂浮了一段后就不见了。

于是三个人贴着岩壁继续往前走，刚刚走到这个水流转弯处，意外发生了。他们谁也没有料想到这里竟是梅雨潭瀑布的端口，三个人一起从十几米高的崖口重重地摔了下来。戴莉莉当场死亡，吴陕平则不省人事，只有同伴赵海宇被瀑布口的乱石卡住幸免于难。经医院诊断，吴陕平患脑挫伤、脑软化，鉴定为一级伤残，目前处于植物人状态。当吴陕平的母亲张开玉得知这个噩耗时几乎崩溃了，早晨还好端端的儿子突然变成了植物人，张开玉无法接受这样的事实。

23年前，张开玉从陕西嫁到平阳，就在儿子8岁那年丈夫因病去世，剩下母子俩相依为命。这一次吴陕平突然住院，大部分医药费都是亲戚朋友给凑的，入院不到半个月，就用掉了近8万元的费用。无奈之下，张开玉只好将自己所剩的唯一财产——目前所住的房子卖掉了。自从出事以来，仙岩风景区的人从来没看望过吴陕平，并且吴陕平的老师老夏去风景区管理处协商医药费时却遭到了拒绝。

这样的答复让老夏无法接受，他认为正是因为仙岩风景旅游管理处在梅雨潭瀑布口这样一个隐蔽性的危险地段没有设立警示标志和防范措施，才发生了坠崖事件。于是1998年8月11日，张开玉把仙岩风景旅游管理处和它的上级主管部门瑞安市建设局一起告上了法庭。瑞安市人民法院受理了此案，张开玉要求被告赔偿吴陕平的医药费、生活费以及精神损害赔偿金合计50万元。与此同时，戴莉莉的家长也以同

---

〔1〕《〈今日说法〉案例精选（2）》，中国人民公安大学出版社2004年版，第179～187页。

样的理由将风景区告上法庭，要求赔偿死亡补偿金、丧葬费以及精神损失费共计20万元。那么到底出事地点存在着什么样的危险隐患呢？为了更清楚地了解出事地点的情况，记者来到了实地进行调查。老夏告诉我们，为了查清事实，这已经是他第八次来这里了。我们看到出事的崖口是用铁链拦着的，并且还设有警示牌，按理说不会出事。带着疑惑，记者采访了当地的老百姓。老百姓说这些防御措施以前根本没有，是风景区在事故发生之后才设置的。

看来这些防范措施果真是在出事后才采取的，对于该不该设立警示标志，仙岩风景旅游管理处却有着自己的说法。他们认为风景区这么大，不可能每个地方都设警示牌。如果都设了警示牌，就失去了大自然本来的风貌。不仅如此，管理处还认为吴陕平等三名同学发生事故完全是因为他们在游玩时忘记了危险，不谨慎造成的。

在出事地点，记者用摄像机从多个角度拍摄了崖口的情况，客观地说，只能看到那儿很危险，但是的确想象不到那竟是一个落差二十多米的瀑布的崖口。1998年11月24日，瑞安市人民法院依照《风景名胜管理暂行条例实施办法》，同时参照《道路交通事故处理办法》首先对戴莉莉一案作出了判决，被告仙岩风景旅游管理处即付原告赔偿金30 200元，驳回原告其他诉讼请求。出事以来，照料儿子成了张开玉生活的全部，她每天都要给吴陕平做两次全身按摩，此外喂饭、接大小便和没有知觉的儿子说话。终于母亲的爱心激发了吴陕平生命的张力，1998年10月的一天，奇迹发生了。

有一天，当张开玉自言自语地呼唤吴陕平的时候，吴陕平第一次作出了回应。这让张开玉激动万分。吴陕平在昏迷了三个多月之后终于苏醒了，这给了母亲张开玉极大的精神安慰。1999年7月15日，瑞安市人民法院对吴陕平一案作出了一审判决，法院认为仙岩风景旅游管理处没有在发生事故的地点设立警示标志，应当承担相应的民事责任。其次，原告吴陕平只顾玩耍、不顾自我安全致使事故发生，因此过错责任各占50%。原告的经济损失参照《道路交通事故处理办法》有关规定计算共计12万元，驳回了吴陕平要求的精神损害赔偿金的诉讼请求。一审判决结果出乎了张开玉的预料，他们认为判决适用法律不当，吴陕平和同学是每人花5元钱购票进入景区的，他们和景区已经形成了消费者与经营者的关系，所以判决应该依照《消费者权益保护法》作出。

仙岩风景旅游管理处认为他们的门票收入并不是以营利为目的的，所以不属于经营者，并且风景区的上级主管部门瑞安市建设局也向记者出示了几年前风景区的财务报表。报表上显示着建设局向风景区定额拨款，风景区的收入全部上交建设局，以此来证明风景区门票收入是非营利性的。可是吴陕平一方却认为既然景区卖票，旅游者买票，就已经构成了消费的关系，于是张开玉向温州市中院提起上诉，就在2000年5月，温州市中院二审维持了一审法院的判决。

接到判决书后，张开玉不禁抱着吴陕平泪流满面，高额欠款和生活的负担让她觉得茫然无助。判决生效后，吴陕平一方仍然不服，他们向温州市中院申请了重新审理这一案件的同时，还向温州市人大反映了情况。很快，温州市人大作出了对本案实施个案监督的决定。2002 年 10 月 17 日，温州市中级人民法院也启动了再审程序。这一次，张开玉考虑到了吴陕平目前的治疗费用，她向法院提出要求被告赔偿后续医疗费 198 万元的诉讼请求。

2002 年 12 月 9 日，温州市中级人民法院作出了再审终审判决：经办人认为旅游者吴陕平已经买了旅游的门票进入了旅游区，应该对他的后果起保险作用，所以《消费者权益保护法》第 11 条是比较符合的，浙江省《权益者保护法》第 14 条明确规定，旅游是归《消费者权益保法》负责的。

因此，终审判决在原审判决赔偿金 12 万元的基础上追加被告赔偿残疾补助金 44 550 元，对于原告提出的 198 万元的后续医疗费因证据不足不予支持。

[案例评析]

这是一起侵犯消费者安全保障权的案件，违反了《消费者权益保护法》的相关规定，责任人应当依法承担民事侵权责任。

吴陕平等三位孩子购买了门票之后进去旅游的行为本身就是一种消费行为。根据《消费者权益保护法》的规定，消费者为生活需要而购买商品、使用商品或者接受服务就适用《消费者权益保护法》，那么旅游消费作为一种精神消费、文化消费，在广大消费者消费（指数）中的比例将会逐渐地增多。事实上现在我们就可以看到吴陕平和梅雨潭的管理部门应该是消费者和提供消费这样一种关系。

虽然，风景区的管理部门说他们收费不是为了营利，他们不是独立的法人机构，不是经营性质的单位，但不影响他们和吴陕平等三人之间的消费法律关系的成立。风景旅游管理处的门票收入是否如数交给了上级主办单位并不影响其对消费者应当承担的义务。应当说《消费者权益保护法》所讲的经营者既包括取得企业法人资格的经营者也包括那些没有取得企业法人营业执照的经营者。但是按照《消费者权益保护法》，应当被视为经营者的那些主体如该旅游景点的管理处，这是当前非常重要的一类旅游经营者。作为旅游经营者，那么其有可能推行低门票的政策，也有可能实行高价的门票政策，并不影响其作为经营者的法律地位。一旦消费者购买了门票，意味着一种旅游服务合同的成立。

根据《消费者权益保护法》第 7 条的规定，消费者在购买商品、接受服务的时候享有人身和财产安全不受侵害的权利，该权利就是安全保障权。对应消费者安全保障权的就是《消费者权益保护法》第 18 条规定的经营者的安全保障义务。如果经营者所经营管理的场所有可能会给消费者带来人身或者财产上的损害或者危险，就应当采取积极的措施，例如，警示消费者，设置警示标志，提醒消费者不要往前走了，前边是梅雨潭下面有可能会有瀑布，会给你造成人身的损害。但是旅游区管理处没有尽到这种安全保障的义务，所以旅游区管理处必须要向作为游客的三名学生包括吴陕平承担赔偿责任。

旅游区管理处和消费者双方之间存在着主观过错的分配，在信息不对称的时候，一定要作出对信息处于优势地位的经营者不利的推定，也就是既然管理处最了解这个瀑布，那么就应该尽到相应的义务，而没有尽到相应的注意义务，如设置护栏、设置明示的警示标志的义务，本身就是重大过错。那么相应的，作为游客的消费者，从主观上来讲充其量应当是承担一种次要的主观过错的责任，至于这种次要的责任究竟是锁定在20％还是30％，这个可以就个案进行进一步的探讨。就本案而言，以五五开的办法来确定他们双方的过错可能有违公平的原则，也不符合本案的实际情况。

第六节 消费者权益保护法案件的分析

一、消费者权益保护法案件的主要种类

根据侵犯消费者合法权益所应承担的法律责任的性质不同，该类案件可分为侵犯消费者合法权益的民事责任案件、侵犯消费者合法权益的行政责任案件和侵犯消费者合法权益的刑事责任案件三类，本章主要研究的是侵犯消费者合法权益的民事责任案件和侵犯消费者合法权益的行政责任案件。

（一）侵犯消费者合法权益的民事责任案件

1. 侵犯消费者人身权案件。经营者提供商品或者服务不得侵犯消费者的人身权，包括生命权、健康权、身体权，以及肖像权、姓名权、名誉权、荣誉权、隐私权、人格尊严权、人身自由权等精神性人格权。经营者提供商品或者服务，造成消费者或者其他受害人人身伤害的，应当赔偿医疗费、治疗期间的护理费、因误工减少的收入等费用；造成残疾的，还应当支付残疾者生活自助具费、生活补助费、残疾赔偿金以及由其抚养的人所必需的生活费等费用；造成死亡的，应当支付丧葬费、死亡赔偿金、由死者生前抚养的人所必需的生活费等费用。经营者侵害消费者的人格尊严或者侵犯消费者的人身自由的，应当停止侵害、恢复名誉、消除影响、赔礼道歉，并赔偿损失。

2. 侵犯消费者财产权案件。经营者提供商品或者服务，造成消费者财产损害的，应当按照消费者的要求，以修理、重作、更换、退货、补足商品数量、退还货款和服务费用或者赔偿损失等方式承担民事责任。

（1）对国家规定或者与消费者约定包修、包换、包退的商品，经营者应当负责修理、更换或者退货。经营者提供的商品或者服务不符合质量要求的，消费者可以依照国家规定、当事人约定退货，或者要求经营者履行更换、修理等义务。没有国家规定和当事人约定的，消费者可以自收到商品之日起7日内退货；7日后符合法定解除合同条件的，消费者可以及时退货，不符合法定解除合同条件的可以要求经营者履行更换、修理等义务。进行退货、更换、修理的，经营者应当承担运输等必要费用。依法经有关行政部门认定为不合格的商品，消费者要求退货的，无论是否在保修期内或者约定的退货期限内，经营者应当负责退货。

（2）采用网络、电视、电话、邮购等方式提供商品或者服务的经营者，以及提供证券、保险、银行等金融服务的经营者，应当向消费者提供经营地址、联系方式、商品或者服务的数量和质量、价款或者费用、履行期限和方式、安全注意事项和风险警示、售后服务、民事责任等信息。

（3）经营者以预收款方式提供商品或者服务的，应当按照约定提供。未按照约定提供的，应当按照消费者的要求履行约定或者退回预付款；并应当承担预付款的利息、消费者必须支付的合理费用。

（4）经营者提供商品或者服务有欺诈行为的，消费者可以依法要求增加赔偿其受到的损失，增加赔偿的金额为消费者购买商品的价款或者接受服务的费用的 3 倍。

3. 消费合同纠纷案件。消费者购买经营者的商品或接受经营者的服务，双方之间是消费合同关系，合同生效后，双方应按照约定依法履行。经营者不履行约定侵犯消费者合法权益的，应当承担违约责任，如经营者提供的商品不合格或数量不足的，经营者不按包修、包换、包退的约定履行修理、更换、退货义务的，经营者以邮购方式提供商品而未按照约定提供的，经营者以预收款方式提供商品或者服务而未按照约定提供的等。

（二）侵犯消费者合法权益的行政责任案件

经营者有《消费者权益保护法》第 56 条规定的侵犯消费者权益的行为的，应依法承担行政处罚责任。经营者对行政处罚决定不服的，可以依法申请行政复议或者提起行政诉讼。

二、该类案例分析的方法

（一）侵犯消费者合法权益的民事责任案例

根据《消费者权益保护法》第 48 条的规定，经营者提供商品或者服务侵犯消费者合法权益的，除《消费者权益保护法》另有规定外，应当依照《产品质量法》和其他有关法律、法规的规定，承担民事责任。即如果《消费者权益保护法》另有不同于其他有关法律、法规的规定的，应优先适用《消费者权益保护法》的规定；如果《消费者权益保护法》没有规定或者其规定与其他有关法律、法规相同的，应当适用其他有关法律、法规的规定。因此，在分析侵犯消费者合法权益的民事责任案例时，应首先分析经营者的行为在《消费者权益保护法》以外的哪些相关法律、法规中还有规定，然后将这些相关规定与《消费者权益保护法》的规定作对比，看《消费者权益保护法》是否另有规定，以此来判断该案例是适用《消费者权益保护法》还是适用其他有关法律、法规。确定了法律依据后，再分析经营者应当承担的民事责任。

1. 侵犯消费者人身权案例。

（1）法律依据。根据《消费者权益保护法》第 49 条的规定，关于经营者侵犯消费者人身权的民事责任应依照《民法通则》、《最高人民法院关于贯彻执行〈民法通则〉若干问题的意见》、《关于确定民事侵权精神损害赔偿责任若干问题的解释》等关于公民人格权的规定予以确定。

（2）关于精神损害赔偿。精神损害赔偿是分析侵犯人身权案例必然要遇到的一个较为棘手的问题。《民法通则》只规定了精神损害赔偿的范围，没有规定计算方法；《最高人民法院关于贯彻执行〈民法通则〉若干问题的意见》第150条规定，由人民法院根据侵权人的过错程度、侵权行为的具体情节、后果和影响确定精神损害赔偿责任，但只是一个原则性的规定，可操作性较差。为此，最高人民法院于2001年2月26日通过了《关于确定民事侵权精神损害赔偿责任若干问题的解释》（自2001年3月10日起施行），对在审理民事侵权案件中正确确定精神损害赔偿责任问题专门作了具体规定，成为以后审理精神损害赔偿案件的重要法律依据。其中第1条规定："自然人因下列人格权利遭受非法侵害，向人民法院起诉请求赔偿精神损害的，人民法院应当依法予以受理：①生命权、健康权、身体权；②姓名权、肖像权、名誉权、荣誉权；③人格尊严权、人身自由权。违反社会公共利益、社会公德侵害他人隐私或者其他人格利益，受害人以侵权为由向人民法院起诉请求赔偿精神损害的，人民法院应当依法予以受理。"该规定不但扩充和明确了精神损害赔偿的适用范围（即适用于所有人格权的损害案件），而且正式确立了《民法通则》没有明确规定的身体权、人格尊严权、人身自由权、隐私权等具体人格权，具有重要意义。第8条规定了是否支持精神损害赔偿的原则界限：因侵权致人精神损害，但未造成严重后果，受害人请求赔偿精神损害的，一般不予支持，人民法院可以根据情形判令侵权人停止侵害、恢复名誉、消除影响、赔礼道歉；因侵权致人精神损害，造成严重后果的，人民法院除判令侵权人承担停止侵害、恢复名誉、消除影响、赔礼道歉等民事责任外，可以根据受害人一方的请求判令其赔偿相应的精神损害抚慰金。第9条规定了精神损害抚慰金的方式：致人残疾的，为残疾赔偿金；致人死亡的，为死亡赔偿金；其他损害情形的精神抚慰金。第10条规定了确定精神损害赔偿数额的参考因素：①侵权人的过错程度，法律另有规定的除外；②侵害的手段、场合、行为方式等具体情节；③侵权行为所造成的后果；④侵权人的获利情况；⑤侵权人承担责任的经济能力；⑥受诉法院所在地平均生活水平。法律、行政法规对残疾赔偿金、死亡赔偿金等有明确规定的，适用法律、行政法规的规定。受害人对损害事实和损害后果的发生有过错的，可以根据其过错程度减轻或者免除侵权人的精神损害赔偿责任。

2. 侵犯消费者财产权案例。

（1）《消费者权益保护法》第52～55条规定的经营者侵犯消费者财产权益的民事责任不单纯是一种侵权责任，实际上包括了经营者提供商品和服务有欺诈行为导致消费合同可撤销而发生的缔约过失责任、经营者提供的商品和服务有缺陷导致消费者财产损害的侵权责任（如产品责任）、经营者违反消费合同导致消费者财产损失的违约责任三种责任。其中，后两种情况通常会产生侵权责任和违约责任的竞合

（但是有时候由于某种产品质量的国家标准或行业标准制定的滞后，可能会出现某产品有缺陷造成了消费者人身、财产损害需要承担侵权责任，但是由于该产品符合国家标准或行业标准而质量合格（或无瑕疵）不需要承担违约责任的特殊情况，司法实践中确实发生过类似案件），根据《合同法》第122条的规定，因当事人一方的违约行为，侵害对方人身、财产权益的，受损害方有权选择依照《合同法》要求其承担违约责任或者依照其他法律要求其承担侵权责任。即受害的消费者享有选择权，既可以选择追究经营者的违约责任，也可以选择追究经营者的侵权责任，选择的目的当然是能够更加便利地实现求偿权。

（2）在分析追究经营者修理、更换或者退货责任的案例时除依据《消费者权益保护法》以外，还应依据《部分商品修理更换退货责任规定》及其配套规定。

（3）分析消费者因经营者有欺诈行为要求加倍赔偿案例时，一是要用主观方面和客观方面相结合的方法准确地认定经营者是否构成欺诈；二是要掌握加倍赔偿的计算方法。另外关于商品房买卖中消费者遭遇欺诈如何获得加倍赔偿问题，应适用2003年4月28日最高人民法院发布的《最高人民法院关于审理商品房买卖合同纠纷案件适用法律若干问题的解释》。其中第8条规定："具有下列情形之一，导致商品房买卖合同目的不能实现的，无法取得房屋的买受人可以请求解除合同、返还已付购房款及利息、赔偿损失，并可以请求出卖人承担不超过已付购房款一倍的赔偿责任：①商品房买卖合同订立后，出卖人未告知买受人又将该房屋抵押给第三人；②商品房买卖合同订立后，出卖人又将该房屋出卖给第三人。"第9条规定："出卖人订立商品房买卖合同时，具有下列情形之一，导致合同无效或者被撤销、解除的，买受人可以请求返还已付购房款及利息、赔偿损失，并可以请求出卖人承担不超过已付购房款一倍的赔偿责任：①故意隐瞒没有取得商品房预售许可证明的事实或者提供虚假商品房预售许可证明；②故意隐瞒所售房屋已经抵押的事实；③故意隐瞒所售房屋已经出卖给第三人或者为拆迁补偿安置房屋的事实。"从上述规定可以看出，该解释确定了消费者在商品房买卖合同纠纷中遭遇欺诈可以适用《消费者权益保护法》第49条（新法第55条）获得加倍赔偿，但是限定了5种情形，并非只要消费者在商品房买卖合同纠纷中能够证明出卖人有欺诈行为就可以获得加倍赔偿。

在分析经营者提供商品或者服务侵犯消费者人身权和财产权案例时应掌握一个非常重要的原则，即消费者的人身权和财产权损害后果应当与经营者提供的商品或者服务有因果关系。也就是说，该损害后果必须是经营者提供的商品或者服务本身所造成的，如商品有缺陷或有瑕疵，或者经营者在提供服务时违反了法定义务或约定义务（根据《合同法》第122条的规定，经营者有违约行为，侵害消费者人身、财产权益的，消费者有权选择要求经营者承担侵权责任）等。如果经营者提供的商品或者服务本身没有上述问题，损害是由于第三人侵权或者消费者本人过失造成的，则经营者不承担侵权责任。在司法实践中发生了很多消费者在接受经营者服务时遭遇第三人侵害而要求经营者承担赔偿责任的案件，法院如认定消费者的人身权和财产权损害与经营者提供的服务有因果关系，则往往根据经营者违反义务的过错程度判决经营者承担部分赔偿责任；如果不能认定消费者的人身权和财产权损害与经营者提供的服务有因果关系，有的法院以经营者违反消费合同的附随义务（即经营者对消费者因签订和履行消费合同而产生的照顾、保护义务）判决给予消费者适当补偿，有的法院则根据公平原则判决作为受益人的经营者给予消费者适当补偿，有的法院则以经营者没有违反任何义务、没有过失为由驳回消费者的诉讼请求。目前，法律界对此有较大分歧。根据《合同法》第60条的规定，当事人不仅应当按照约定全面履行自己的义务，而且应当遵循诚实信用原则，根据合同的性质、目的和交易习惯履行通知、协助、保密等义务。后者即合同当事人的附随义务。《合同法》第42条规定了在订立合同的过程中当事人根据诚实信用原则所产生的先合同义务。笔者以为，对上述争议情形，应当根据经营者在提供服务过程中有没有根据诚实信用原则适当履行先合同义务和合同附随义务来确定是否让经营者承担补偿义务。如果经营者已经对可能发生的第三人侵害尽了合理的通知和注意义务，也就适当履行了先合同义务和合同附随义务，已经尽到了《消费者权益保护法》规定的经营者保证商品和服务安全的义务，则没有义务为第三人侵权所导致的消费者损害承担赔偿责任；相反，如果经营者对可能发生的第三人侵害没有尽到合理的谨慎注意义务则应承担适当的赔偿责任。因此《消费者权益保护法》规定经营者的保证商品和服务安全的义务不是无限的，不应要求经营者承担使消费者免于来自任何方面、任何形式、任何时间发生的人身、财产损害的保护义务，否则，经营者将不堪重负。笔者认为在经营者已经尽了合理的注意义务的情况下，不宜采用公平原则让作为所谓的"受益人"的经营者承担补偿责任。

3. 消费合同纠纷案例。

（1）经营者违反约定导致消费者财产损害的案件，如果消费者选择追究经营者的违约责任，应当依照《合同法》及相关规定处理，《消费者权益保护法》另有不同规定的适用《消费者权益保护法》。例如，根据《消费者权益保护法》的规定，经营者提供的商品或者服务不符合质量要求的，消费者可以依照国家规定、当事人约定退货，或者要求经营者履行更换、修理等义务。没有国家规定和当事人约定的，消费者可以自收到商品之日起7日内退货；7日后符合法定解除合同条件的，消费者可以及时退货，不符合法定解除合同条件的，可以要求经营者履行更换、修理等义务。进行退货、更换、修理的，经营者应当承担运输等必要费用。依法经有关行政部门认定为不合格的商品，消费者要求退货的，无论是否在保修期内或者约定的退货期限内，经营者应当负责退货；经营者提供商品或者服务有欺诈行为的，消费者可以依法要求增加赔偿其受到的损失，增加赔偿的金额为消费者购买商品的价款或者接受服务的费用的3倍。消费者选择追究经营者的违约责任，就负有消费合同的证明义务，如果不能证明而经营者又不予承认，则消费者的求偿不能实现。因此，消费者在消费时应当主动索要发票等证明消费合同的书面证据，并妥善保管。

（2）关于格式消费合同纠纷。《消费者权益保护法》规定，经营者不得以格式条款、通知、声明、店堂告示等方式作出对消费者不公平不合理的规定，或者减轻、免除其损害消费者合法权益应当承担的民事责任。格式条款、通知、声明、店堂告示等含有上述所列内容的，其内容无效。格式合同是经营者为了重复使用而单方面拟定的，消费者不能就合同条款与经营者协商，只能表示接受或不接受的合同。该规定也应适用于消费合同中的格式条款。格式合同中的格式条款、通知、声明、店堂告示等，如果含有对消费者不公平不合理的规定，或者减轻、免除其损害消费者合法权益应当承担的民事责任的内容，即使消费者在缔结消费合同时出于明知，也不对消费者发生法律效力。根据《合同法》第39～41条的规定，采用格式条款订立合同的，提供格式条款的一方应当遵循公平原则确定当事人之间的权利和义务，并采取合理的方式提请对方注意免除或者限制其责任的条款，按照对方的要求，对该条款予以说明。格式条款如果有《合同法》规定的导致合同无效或者免责条款无效的情形的，或者提供格式条款的一方免除其责任、加重对方责任、排除对方主要权利的，该条款无效。当事人对格式条款的理解发生争议的，应当按照通常理解予以解释。对格式条款有两种以上解释的，应当作出不利于提供格式条款的一方的解释。格式条款与非格式条款不一致的，应当采用非格式条款。

（二）侵犯消费者合法权益的行政责任案例

根据《消费者权益保护法》第56条的规定，对经营者侵犯消费者合法权益的行为，其他有关法律、法规对处罚机关和处罚方式有规定的，优先适用该规定执行；其他法律、法规未做规定的，由工商行政管理部门或者其他有关行政部门责令改正，并可以根据情节作出处罚。在分析侵犯消费者合法权益的行政责任案例时，首先应分析对经营者的经营行为应依照哪个法律、法规处罚，然后再依法分析经营者的经营行为应承担什么行政责任，有关行政机关对经营者的处罚认定事实是否清楚、证据是否确实充分、处罚是否合法合理。

三、该类案件分析应当注意的问题

（一）《消费者权益保护法》的适用范围

1. 消费者应当是自然人。

2. 消费者购买、使用商品或者接受服务是出于生活消费的目的（农民购买、使用直接用于农业生产的生产资料除外）。根据《消费者权益保护法》第2条的规定，如果消费者购买、使用商品或者接受服务非出于生活消费的目的，比如从事生产经营，则不适用《消费者权益保护法》。农民购买、使用直接用于农业生产的生产资料虽然不是为了生活消费，但是农民与消费者具有相似的处境，都属于市场交易中的弱势群体。在我国，伪劣农业生产资料坑农事件时有发生，给农民造成了巨大的经济损失，但是并没有专门的保护农民相关利益的法律。《消费者权益保护法》将其纳入该法的适用范围，填补了空白。从实际执法效果来看，这一立法是成功的，有效地保护了农民的合法权益。但是现在法律界普遍认为，《消费者权益保护法》适用于生活消费的规定过于笼统，难以确定生活消费的具体范围，不利于保护消费者的利益。

（二）法律适用

在分析消费者权益保护法案例时，应注意准确适用法律。广义的消费者权益保护法还包括与《消费者权益保护法》相配套的法规、规章、地方性法规、司法解释等，以及其他法中关于消费者权益保护的规定。保护消费者权益的其他法律、法规包括：《产品质量法》、《广告法》、《反不正当竞争法》、《价格法》、《商标法》、《民法通则》、《合同法》、《食品安全法》、《药品管理法》、《标准化法》、《计量法》、《医疗事故处理条例》等。

（三）消费争议中赔偿主体的确定

为了便于消费者在消费争议中准确地确定责任主体，及时解决消费争议，使受损害的消费者及时得到赔偿，《消费者权益保护法》第40～45条对消费争议中如何确定赔偿义务的主体作了专门规定。在分析侵犯消费者合法权益的民事责任案例时，应根据该规定准确地确定赔偿责任的主体。

1. 销售者。消费者在购买、使用商品时，其合法权益受到损害的，可以向销售者要求赔偿。销售者赔偿后，属于生产者的责任或者属于向销售者提供商品的其他销售者的责任的，销售者有权向生产者或者其他销售者追偿。

消费者在购买、使用商品时，其合法权益受到损害的，可以向销售者要求赔偿。这是法律赋予销售者的先行赔偿消费者损失的法定义务。也就是说，消费者受到损害的，无论其损害是销售者的责任还是生产者或向销售者提供商品的其他销售者的责任，均可直接要求提供该商品的销售者赔偿损失。但销售者先行赔偿损失，并不意味着其要最终承担赔偿责任，属于生产者的责任或者属于向销售者提供商品的其他销售者的责任的，可依法向其追偿。

2. 生产者或销售者。消费者或者其他受害人因商品缺陷造成人身、财产损害的，可以向销售者要求赔偿，也可以向生产者要求赔偿。属于生产者责任的，销售者赔偿后，有权向生产者追偿；属于销售者责任的，生产者赔偿后，有权向销售者追偿。

消费者或者其他受害人因商品缺陷造成人身、财产损害的，可以向销售者要求赔偿，也可以向生产者要求赔偿。这一规定不仅适用于消费者，也适用于其他受害人。它为其规定了对求偿主体的选择权，加上了双保险。生产者或销售者赔偿后，属于其他经营者的责任的，有权追偿。即属于生产者的责任，销售者赔偿后，有权向生产者追偿；反之，属于销售者的责任，生产者赔偿后，有权向销售者追偿。

3. 服务提供者。消费者在接受服务时，其合法权益受到损害的，可以向服务者要求赔偿。

4. 变更后承受权利的企业。消费者在购买商品或接受服务时，其合法权益受到损害，因原企业分立、合并的，可以向变更后承受其权利义务的企业要求赔偿。这是《民法通则》第44条第2款规定的"企业法人分立、合并，它的权利和义务由变更后的法人享有和承担"在消费领域的具体化。消费者可依此确定求偿主体。

5. 使用他人营业执照的违法经营者或营业执照的持有人。使用他人营业执照的违法经营者提供商品或服务时,其合法权益受到损害的,可以向其要求赔偿,也可以向营业执照持有人要求赔偿。违法使用他人的营业执照的经营者和营业执照的持有者对消费者的损失承担连带赔偿责任。

6. 销售者、服务者或展销会举办者、柜台的出租者。消费者在展销会、租赁柜台购买商品或者接受服务,其合法权益受到损害的,可以向销售者或者服务者要求赔偿。展销会结束或者柜台租赁期满后,也可以向展销会的举办者、柜台的出租者要求赔偿。展销会的举办者、柜台的出租者赔偿后,有权向销售者或者服务者追偿。

7. 经营者或网络交易平台。消费者通过网络交易平台购买商品或者接受服务,其合法权益受到损害的,可以向销售者或者服务者要求赔偿。网络交易平台提供者不能提供销售者或者服务者的真实名称、地址和有效联系方式的,消费者也可以向网络交易平台提供者要求赔偿;网络交易平台提供者作出更有利于消费者的承诺的,应当履行承诺。网络交易平台提供者赔偿后,有权向销售者或者服务者追偿。网络交易平台提供者明知或者应知销售者或者服务者利用其平台侵害消费者合法权益,未采取必要措施的,依法与该销售者或者服务者承担连带责任。

8. 经营者或广告的经营者。消费者因经营者利用虚假广告或者其他虚假宣传方式提供商品或者服务,其合法权益受到损害的,可以向经营者要求赔偿。广告经营者、发布者发布虚假广告的,消费者可以请求行政主管部门予以惩处。广告经营者、发布者不能提供经营者的真实名称、地址和有效联系方式的,应当承担赔偿责任。广告经营者、发布者设计、制作、发布关系消费者生命健康商品或者服务的虚假广告,造成消费者损害的,应当与提供该商品或者服务的经营者承担连带责任。社会团体或者其他组织、个人在关系消费者生命健康商品或者服务的虚假广告或者其他虚假宣传中向消费者推荐商品或者服务,造成消费者损害的,应当与提供该商品或者服务的经营者承担连带责任。

四、相关法律法规规章指引

1. 《中华人民共和国消费者权益保护法》,1993 年 10 月 31 日第八届全国人民代表大会常委会第四次通过,1994 年 1 月 1 日起施行;根据 2009 年 8 月 27 日第十一届全国人民代表大会常务委员会第十次会议《关于修改部分法律的决定》第一次修正;根据 2013 年 10 月 25 日第十二届全国人民代表大会常务委员会第五次会议《关于修改〈中华人民共和国消费者权益保护法〉的决定》第二次修正,2014 年 3 月 15 日起施行。

2. 《国家工商行政管理局关于实施〈消费者权益保护法〉的若干意见》,1995年 2 月 25 日国家工商行政管理局发布,自发布之日起施行。

3. 《欺诈消费者行为处罚办法》,1996 年 3 月 15 日国家工商行政管理局发布,自发布之日起施行。

4.《工商行政管理部门处理消费者投诉办法》，2014 年 2 月 14 日公布，2014 年 3 月 15 日起施行。

5.《部分商品修理更换退货责任规定》，1995 年 8 月 25 日国务院国家经济贸易委员会（已变更）、财政部、工商行政管理总局、国家质量技术监督局发布，自发布之日起施行。

6.《部分商品修理更换退货责任规定条文释义》，1996 年 3 月 1 日国家质量技术监督局发布，自发布之日起施行。

7.《摩托车商品修理更换退货责任实施细则》，1997 年 5 月 1 日机械工业部发布，自发布之日起施行。

8.《农业机械产品修理、更换、退货责任规定》，2010 年 3 月 13 日国家质量监督检验检疫总局、国家工商行政管理总局、农业部、工业和信息化部发布，自 2010 年 6 月 1 日起施行。

9.《固定电话机商品修理更换退货责任规定》，2001 年 9 月 17 日国家质检总局、工商行政管理总局、信息产业部（含邮电部）（已撤销）发布，自 2001 年 11 月 15 日起施行。

10.《移动电话机商品修理更换退货责任规定》，2001 年 9 月 17 日国家质检总局、工商行政管理总局、信息产业部（含邮电部）（已撤销）发布，自 2001 年 11 月 15 日起施行。

11.《微型计算机商品修理更换退货责任规定》、《家用视听商品修理更换退货责任规定》，2002 年 7 月 23 日质量监督检验检疫总局、信息产业部（含邮电部）（已撤销）发布，2002 年 9 月 1 日起施行。

12.《关于处理侵害消费者权益行为的若干规定》，2004 年 3 月 12 日国家工商行政管理局发布，自发布之日起施行。

13.《最高人民法院关于审理商品房买卖合同纠纷案件适用法律若干问题的解释》，2003 年 4 月 28 日最高人民法院发布，自 2003 年 6 月 1 日起施行。

14.《中国消费者协会受理消费者投诉规定》，1995 年 12 月 1 日中国消费者协会发布，自发布之日起施行。

 **以案说法**

李玉萍诉华侨建筑安装工程公司商品房买卖合同纠纷案[1]

［案情简介］

原告：李玉萍

被告：华侨建筑安装工程公司

---

[1]　载找法网，http：//china. findlaw. cn/hetongfa/hetongjiufen/10768. html.

李玉萍与华侨建筑安装工程公司于 2001 年 3 月 15 日签订售房协议。按照协议，华侨公司把该市朝阳街东段南二层西单元二楼西户的 1 套住房出售给李玉萍。房子价格为 65 780 元，李玉萍交付了 54 800 元房款，华侨公司出具了 65 780 元钱的财务手续，而李玉萍给华侨公司打了 10 980 元钱的欠条，目的是督促华侨公司及时办理房产证。李玉萍入住后不久发现房子多处出现断裂，遂要求退房，华侨公司不同意退房。由于房子质量问题和迟迟未拿到房产证，李玉萍拒绝支付剩余房款。于是华侨公司以李玉萍拖欠一万多元房款为由起诉到当地法院。可在此案审理过程中，李玉萍经查询发现该房是在两年前没有经过规划部门批准擅自建设的，鹤壁市建委已经下发了拆除令，法院正在强制执行，而且该楼的房产证虽然已经办下来了，但已经被华侨公司抵押给了银行，李玉萍事先对这一切均不知情。

同年 11 月 8 日，李玉萍聘请了律师，一纸诉状将华侨公司以在商品房销售中存在欺诈行为为由告上法庭，要求对方双倍赔偿。

鹤壁市山城区法院一审认为，消费者享有知悉其购买、使用商品的真实情况的权利，一方当事人故意隐瞒真实情况，诱使对方当事人作出错误决定，可以认定属于欺诈行为。按照《消费者权益保护法》的有关规定，2002 年 2 月，鹤壁市山城区人民法院一审判决认定华侨公司对消费者李玉萍在商品房买卖中构成欺诈行为，判决李玉萍获得双倍赔偿，即华侨公司退还李玉萍已付房款 54 800 元之外，再另外赔偿李玉萍 54 800 元。华侨公司不服，提出上诉，同年 5 月 29 日，鹤壁市中级人民法院作出二审判决，驳回上诉、维持原判。华侨公司仍不服判决，提起申诉。同年 12 月 12 日，法院驳回了华侨公司的申诉。

[案例评析]

（一）基本事实分析

原告李玉萍与被告华侨建筑安装工程公司于 3 月 15 日签订售房协议。按照协议，华侨公司把该市朝阳街东段南二层西单元二楼西户的一套住房出售给李玉萍。房子价格为 65 780 元，李玉萍交付了 54 800 元房款，华侨公司出具了 65 780 元钱的财务手续，李玉萍给华侨公司打了 10 980 元钱的欠条，欠款目的是督促被告及时办理房产证。李玉萍入住后不久发现房子有质量问题要求退房，华侨公司不同意退房。由于房子质量问题和迟迟未拿到房产证，李玉萍拒绝支付剩余房款。后李玉萍经查询发现该房是在没有经过规划部门批准的情况下擅自建设的违规房，鹤壁市建委已经下发了拆除令，法院正在强制执行，而且该楼的房产证虽然已经办下来了，但已经被华侨公司抵押给了银行。被告华侨公司并未在与李玉萍签订售房协议时或者签订后将这些实情告知李玉萍，李玉萍事先对这一切均不知情。

（二）定性分析

分析本案的关键主要有两点：①原被告之间的房屋买卖关系是否属于消费关系，应否适用《消费者权益保护法》；②被告在出售房屋时是否有欺诈行为。

1. 原被告之间的房屋买卖关系是否属于消费关系，应否适用《消费者权益保护法》。根据《消费者权益保护法》，消费者是指为个人生活消费需要购买、使用商品和接受服务的自然人。相对应的，经营者是为满足消费者的生活需要而提供商品或服务的法人、其他经济组织和自然人。本案中原告李玉萍购买被告的商品房是为了自己居住，是为了满足其生活消费的需要，符合消费者的特征；被告华侨建筑安装工程公司将商品房卖给李玉萍居住，是给消费者提供商品的经营者。原被告之间的房屋买卖关系属于消费关系，应适用《消费者权益保护法》。但在实践中，一些房地产商为了逃避损害业主权益的责任，往往以《消费者权益保护法》没有明文规定为借口，否认商品房（居住用）买卖关系属于消费关系，企图规避《消费者权益保护法》的适用，这种观点是站不住脚的。广东、浙江等省的实施《消费者权益保护法》等办法中明确地将商品房买卖关系、医患关系等较特殊的消费关系纳入了《消费者权益保护法》的调整范围。2003 年 4 月 28 日最高人民法院发布的《最高人民法院关于审理商品房买卖合同纠纷案件适用法律若干问题的解释》中关于欺诈加倍赔偿的条款实际上就是将《消费者权益保护法》第 49 条的规定适用于商品房买卖合同纠纷的结果。

2. 被告在出售房屋时是否有欺诈行为。3 月 15 日被告华侨公司在向原告提供房屋、签订售房协议时没有告知原告所售房屋是在没有经过规划部门批准的情况下擅自建设的违规房，鹤壁市建委已经下发了拆除令，法院正在强制执行这一影响交易的关键信息，事后也没有将所售楼房的房产证已被其抵押给了银行的事实告知原告。因此，被告华侨公司作为经营者，没有向消费者李玉萍提供有关商品的真实信息，侵犯了消费者的知情权。被告故意隐瞒所售房屋的真实信息诱骗原告买房，明显属于欺诈行为。原告有权依据《消费者权益保护法》第 49 条的规定要求被告增加赔偿其受到的损失，增加赔偿的金额为其已付购房款的 1 倍。

（三）简评

被告华侨建筑安装工程公司在向原告李玉萍出售房屋时存在欺诈行为，应当依据《消费者权益保护法》第 49 条的规定，按照原告的要求增加赔偿其受到的损失，增加赔偿的金额为其已付购房款的 1 倍。本案中两审法院均认定华侨公司对消费者李玉萍在商品房买卖中构成欺诈行为，判决李玉萍获得双倍赔偿，即华侨公司退还李玉萍已付房款 54 800 元，再赔偿李玉萍 54 800 元。该判决认定事实清楚、证据确实充分、适用法律正确。由于我国《消费者权益保护法》施行后一直到本案判决生效前尚没有消费者在商品房买卖合同纠纷中遭遇欺诈而获得加倍赔偿的判例，所以本案判决开创了一个先例，具有重要的示范意义。法律界大多认为正是这个判例推动了《最高人民法院关于审理商品房买卖合同纠纷案件适用法律若干问题的解释》这一产生广泛社会影响的司法解释在 2003 年 4 月 28 日的出台。

[法条链接]〔1〕

《中华人民共和国消费者权益保护法》（1993年）

第八条　消费者享有知悉其购买、使用的商品或者接受的服务的真实情况的权利。

消费者有权根据商品或者服务的不同情况，要求经营者提供商品的价格、产地、生产者、用途、性能、规格、等级、主要成分、生产日期、有效期限、检验合格证明、使用方法说明书、售后服务，或者服务的内容、规格、费用等有关情况。

第十六条　经营者向消费者提供商品或者服务，应当依照《中华人民共和国产品质量法》和其他有关法律、法规的规定履行义务。

经营者和消费者有约定的，应当按照约定履行义务，但双方的约定不得违背法律、法规的规定。

第二十三条　经营者提供商品或者服务，按照国家规定或者与消费者的约定，承担包修、包换、包退或者其他责任的，应当按照国家规定或者约定履行，不得故意拖延或者无理拒绝。

第四十九条　经营者提供商品或者服务有欺诈行为的，应当按照消费者的要求增加赔偿其受到的损失，增加赔偿的金额为消费者购买商品的价款或者接受服务的费用的1倍。

《中华人民共和国消费者权益保护法》（2013年）

第八条　消费者享有知悉其购买、使用的商品或者接受的服务的真实情况的权利。

消费者有权根据商品或者服务的不同情况，要求经营者提供商品的价格、产地、生产者、用途、性能、规格、等级、主要成分、生产日期、有效期限、检验合格证明、使用方法说明书、售后服务，或者服务的内容、规格、费用等有关情况。

第二十四条　经营者提供的商品或者服务不符合质量要求的，消费者可以依照国家规定、当事人约定退货，或者要求经营者履行更换、修理等义务。没有国家规定和当事人约定的，消费者可以自收到商品之日起7日内退货；7日后符合法定解除合同条件的，消费者可以及时退货，不符合法定解除合同条件的，可以要求经营者履行更换、修理等义务。依照前款规定进行退货、更换、修理的，经营者应当承担运输等必要费用。

第五十五条　经营者提供商品或者服务有欺诈行为的，应当按照消费者的要求增加赔偿其受到的损失，增加赔偿的金额为消费者购买商品的价款或者接受服务的

---

〔1〕　本案是2002年判决的，在此之后，《消费者权益保护法》于2013年10月修改，2014年3月15日起施行；《侵害消费者权益行为处罚办法》于2015年1月公布，自2015年3月15日起施行，《欺诈消费者行为处罚办法》同时废止。因此，本案判决时所适用的法条，现在已经有所变化。但由于法条的内容没有原则性改变，因此并不会影响对本案的理解与适用。为了方便学习，在法条链接中附上对应的新法条，以供参考。

费用的 3 倍；增加赔偿的金额不足 500 元的，为 500 元。法律另有规定的，依照其规定。

　　经营者明知商品或者服务存在缺陷，仍然向消费者提供，造成消费者或者其他受害人死亡或者健康严重损害的，受害人有权要求经营者依照本法第 49 条、第 51 条等法律规定赔偿损失，并有权要求所受损失 2 倍以下的惩罚性赔偿。

国家工商行政管理局《欺诈消费者行为处罚办法》（1996 年）

　　第二条　本办法所称欺诈消费者行为，是指经营者在提供商品（以下所称商品包括服务）或者服务中，采取虚假或者其他不正当手段欺骗、误导消费者，使消费者的合法权益受到损害的行为。

　　第三条　经营者在向消费者提供商品中，有下列情形之一的，属于欺诈消费者行为：

　　（一）销售掺杂、掺假，以假充真，以次充好的商品的；

　　（二）采取虚假或者其他不正当手段使销售的商品分量不足的；

　　（三）销售"处理品"、"残次品"、"等外品"等商品而谎称是正品的；

　　（四）以虚假的"清仓价"、"甩卖价"、"最低价"、"优惠价"或者其他欺骗性价格表示销售商品的；

　　（五）以虚假的商品说明、商品标准、实物样品等方式销售商品的；

　　（六）不以自己的真实名称和标记销售商品的；

　　（七）采取雇佣他人等方式进行欺骗性的销售诱导的；

　　（八）作虚假的现场演示和说明的；

　　（九）利用广播、电视、电影、报刊等大众传播媒介对商品作虚假宣传的；

　　（十）骗取消费者预付款的；

　　（十一）利用邮购销售骗取价款而不提供或者不按照约定条件提供商品的；

　　（十二）以虚假的"有奖销售"、"还本销售"等方式销售商品的；

　　（十三）以其他虚假或者不正当手段欺诈消费者的行为。

　　第六条　经营者提供商品或者服务有欺诈行为的，应当按照消费者的要求增加赔偿其受到的损失，增加赔偿的金额为消费者购买商品的价款或者接受服务的费用的 1 倍。

《侵害消费者权益行为处罚办法》（2015 年）

　　第四条　经营者为消费者提供商品或者服务，应当遵循自愿、平等、公平、诚实信用的原则，依照《消费者权益保护法》等法律法规的规定和与消费者的约定履行义务，不得侵害消费者合法权益。

　　第五条　经营者提供商品或者服务不得有下列行为：

　　（一）销售的商品或者提供的服务不符合保障人身、财产安全要求；

　　（二）销售失效、变质的商品；

　　（三）销售伪造产地、伪造或者冒用他人的厂名、厂址、篡改生产日期的商品；

（四）销售伪造或者冒用认证标志等质量标志的商品；

（五）销售的商品或者提供的服务侵犯他人注册商标专用权；

（六）销售伪造或者冒用知名商品特有的名称、包装、装潢的商品；

（七）在销售的商品中掺杂、掺假，以假充真，以次充好，以不合格商品冒充合格商品；

（八）销售国家明令淘汰并停止销售的商品；

（九）提供商品或者服务中故意使用不合格的计量器具或者破坏计量器具准确度；

（十）骗取消费者价款或者费用而不提供或者不按照约定提供商品或者服务。

第六条　经营者向消费者提供有关商品或者服务的信息应当真实、全面、准确，不得有下列虚假或者引人误解的宣传行为：

（一）不以真实名称和标记提供商品或者服务；

（二）以虚假或者引人误解的商品说明、商品标准、实物样品等方式销售商品或者服务；

（三）作虚假或者引人误解的现场说明和演示；

（四）采用虚构交易、虚标成交量、虚假评论或者雇佣他人等方式进行欺骗性销售诱导；

（五）以虚假的"清仓价"、"甩卖价"、"最低价"、"优惠价"或者其他欺骗性价格表示销售商品或者服务；

（六）以虚假的"有奖销售"、"还本销售"、"体验销售"等方式销售商品或者服务；

（七）谎称正品销售"处理品"、"残次品"、"等外品"等商品；

（八）夸大或隐瞒所提供的商品或者服务的数量、质量、性能等与消费者有重大利害关系的信息误导消费者；

（九）以其他虚假或者引人误解的宣传方式误导消费者。

第七条　经营者对工商行政管理部门责令其对提供的缺陷商品或者服务采取停止销售或者服务等措施，不得拒绝或者拖延。经营者未按照责令停止销售或者服务通知、公告要求采取措施的，视为拒绝或者拖延。

第八条　经营者提供商品或者服务，应当依照法律规定或者当事人约定承担修理、重作、更换、退货、补足商品数量、退还货款和服务费用或者赔偿损失等民事责任，不得故意拖延或者无理拒绝消费者的合法要求。经营者有下列情形之一并超过 15 日的，视为故意拖延或者无理拒绝：

（一）经有关行政部门依法认定为不合格商品，自消费者提出退货要求之日起未退货的；

（二）自国家规定、当事人约定期满之日起或者不符合质量要求的自消费者提出要求之日起，无正当理由拒不履行修理、重作、更换、退货、补足商品数量、退还货款和服务费用或者赔偿损失等义务的。

第九条 经营者采用网络、电视、电话、邮购等方式销售商品，应当依照法律规定承担无理由退货义务，不得故意拖延或者无理拒绝。经营者有下列情形之一并超过 15 日的，视为故意拖延或者无理拒绝：

（一）对于适用无理由退货的商品，自收到消费者退货要求之日起未办理退货手续；

（二）未经消费者确认，以自行规定该商品不适用无理由退货为由拒绝退货；

（三）以消费者已拆封、查验影响商品完好为由拒绝退货；

（四）自收到退回商品之日起无正当理由未返还消费者支付的商品价款。

第五章　产品质量法律制度

第一节　产品质量法概述

一、产品与产品质量

（一）产品

从广义上理解，产品是自然物之外的一切劳动生产物，是人们运用劳动手段对劳动对象进行加工而成，用于满足人们生产和生活需要的物品。产品本是一个经济学中的概念，法律上的产品概念源于经济学，其范围比广义的产品小。并且，法律中的产品概念一般由立法者根据本国或本地区经济、科技发展水平加以界定，范围往往与其成正比。如1985年《欧共体产品责任指令》将产品界定为除初级农产品和狩猎产品以外的所有动产，即使该动产已被组合在另一动产或不动产之内，还包括电，但不包括不动产以及未经加工的种植业、畜牧业、渔业产品及狩猎产品。[1] 德国1990年《产品责任法》规定产品指任何产品，包括已被装配在另一动产或不动产之内，包括电流，但不包括未经加工的种植业、畜牧业、渔业、养蜂业产品及狩猎产品。日本在其《产品责任法》规定产品是指被制造或加工的动产，不包括不动产、初级农产品、狩猎产品及血液制品、人体器官等。美国1979年《统一产品责任示范法》将产品定义为具有真正价值的，为进入市场而生产、能够作为组装整件或作为部件、零件交付的物品。但人体组织、器官、血液组成成分除外。[2] 不同国家和地区对产品的解释虽然不尽相同，但都是围绕是否包括不动产及是否仅限于加工过的物品来定义的。

在司法实践中，有时法官会出于对公共利益和保护消费者的考虑，作出比法律条文更为宽松、灵活的解释。如在美国，凡经过某种程度、某种方式加以处理的东西，包括任何可销售的、可使用或可移动的制成品，无论是工业的还是农业的，也不论是整件还是部件、原材料等，只要由于使用它们或通过使用它们造成了损害，都可归为产品责任法调整的"产品"范畴。

我国《产品质量法》第2条第2、3款规定："本法所称产品是指经过加工、制作，用于销售的产品。建设工程不适用本法规定；但是，建设工程使用的建筑材料、建筑构配件和设备，属于前款规定的产品范围的，适用本法规定。"另外，该法第73

---

〔1〕 参见杨紫烜主编：《经济法》，北京大学出版社、高等教育出版社2008年版，第265页。

〔2〕 参见何悦：《企业产品责任预防与对策》，法律出版社2010年版，第13页。

条规定："军工产品质量监督管理办法，由国务院、中央军事委员会另行制定。因核设施、核产品造成损害的赔偿责任，法律、行政法规另有规定的，依照其规定。"根据法律的规定，我国的"产品"范围限定主要是"加工制作"和"用于销售"，这就排除了初级农产品、未经加工形成的天然产品等，另外，《产品质量法》又以法律明示排除了建筑物等不动产。所谓加工、制作，应当理解为"所有通过人为因素从而可以改变产品内在或外在品质的行为，既包括工业加工制作，也包括手工业和农业加工制作，任何对产品质量实施影响和控制的行为都属于加工制作"[1]。"销售"一般被理解为以营利为目的的出卖产品。值得注意的是，销售是否是以营利为唯一目的，或者说有没有非营利性的销售。比如，免费的试用品出现了质量问题，是否因为其"非营利"而不属于产品，不适用《产品质量法》。与此类似的还有如低于成本价处理即将过期的商品或者积压的产品等。这种行为显然不具备一般意义上的营利性，如果因此而不适用《产品质量法》，那对保护消费者的权益是不利的。鉴于此，现在不少学者提出应将"用于销售"改为"投入流通"，如杨紫烜、张云等，认为只要是为了进入流通领域而具有人为因素的物品，都应属于产品[2]。这样既符合我国的社会经济发展需求，更容易与国际趋势接轨，也能更好地保护消费者的合法权益。

随着科学技术的进步，有一种特殊的产品越来越多地进入到人们的生活中，那就是数字化产品。所谓数字化产品，是指以 0 与 1 位元形态存在的无体产品，包括三大类：一是以知识为基础的产品，如电子书、电脑软件等；二是能在网络上递送商品与服务的记号、符号与概念，如信用卡、电子货币等；三是有关人们互动或通信处理的程序与服务，可以被组织成数字化程序，如电子信息、远程教育等。可见，数字化产品也是经过加工制作（计算机处理）、用于销售的产品，应当受《产品质量法》的约束。但是，由于数字化产品具有易复制、可借由网络传递等特点，在实际交易中带来许多新问题，如在线交易的验收、退换货等，都需要法律进一步地规范。例如，在线交易的商家交货义务的完成表现为产品以档案形式存储于消费者的计算机中。若消费者对产品不满意，或者认为产品质量不合格而要求退换货，原则上应是将该商品传回商家，并毁掉存储于自己计算机中的内容。而实际交易中，商家并无法确定消费者是否留存了副本，若依《消费者权益保护法》的规定而退还价款的话，很可能会受到损失。再如，很多音乐网站都提供 CD、VCD 的试听、试看与出卖。如"MP3 秀"网站上，提供大量专辑音乐的下载试听，在点击"下载"后，会弹出一个对话框："本下载仅供试听使用，请于下载后 24 小时删除，坚决支持正版"。然而实际中，不排除有人将专辑下载试听后，既不购买也不删除。

对于以上问题，有这样几种看法：一是认为数字化商品，除非信息不完全或有

---

〔1〕 参见周新军：《产品责任立法中的利益衡平——产品责任法比较研究》，中山大学出版社 2007 年版，第 303 页。

〔2〕 参见张云、徐楠轩编著：《产品质量法教程》，厦门大学出版社 2011 年版，第 29 页。

严重错误或含有病毒等破坏性程序，一般情况下，不允许消费者退货，以免损害商家的权益；二是认为，可借鉴欧盟《远程销售指令》，该指令规定消费者有权在自收到商品之日起 7 天内，不说明任何理由，解除与经营者的合同。我国 2013 年修正的《消费者权益保护法》第 25 条对此作出了规定："经营者采用网络、电视、电话、邮购等方式销售商品，消费者有权自收到商品之日起 7 日内退货，且无需说明理由，但下列商品除外：①消费者定作的；②鲜活易腐的；③在线下载或者消费者拆封的音像制品、计算机软件等数字化商品；④交付的报纸、期刊。除前款所列商品外，其他根据商品性质并经消费者在购买时确认不宜退货的商品，不适用无理由退货。消费者退货的商品应当完好。经营者应当自收到退回商品之日起 7 日内返还消费者支付的商品价款。退回商品的运费由消费者承担；经营者和消费者另有约定的，按照约定。"国家工商行政管理总局 2014 年 1 月 26 日颁布的《网络交易管理办法》第16 条也作出了同样的规定。

（二）产品质量

产品质量，是指反映产品所应具有的、满足人们明示或隐含要求的特性的总和。特性包括适用性、安全性、可靠性、维修性、经济性、环保性等。其中，适用性是指产品在一定条件下，实现预定目的或者规定用途的能力。安全性是指产品在使用、储运、销售等过程中，保障人体健康和人身、财产安全免受伤害或损失的能力。适用性和安全性是一切产品共同的基本质量特性。产品的可靠性是指产品在规定条件和规定时间内，完成规定功能的程度和能力。可维修性是指产品在发生故障以后，能迅速维修恢复其功能的能力。经济性是指产品的设计、制造、使用等各方面所付出或所消耗成本的程度，同时，也包含其可获得经济利益的程度，即投入与产出的效益能力。环保性则是指产品生产、消费等各个环节应当符合环境保护的要求。这些质量特性，应视具体情况分别予以确定。

与产品质量相关的另一个概念是产品的使用价值。使用价值，是指商品能够满足人们某种需要的属性。使用价值是一切商品都具有的共同属性。任何物品要想成为商品都必须具有可供人类使用的价值。没有使用价值，产品质量就无从谈起。产品质量有缺陷或有瑕疵，使用价值也无法完全实现。可以说，使用价值反映的是产品的效用，产品质量则表现了产品发挥效用的程度。[1]

产品质量问题是一个全社会共同关注的问题，它既关系到消费者权益的保护，又关系到企业的生存与发展，更与社会的和谐与进步有着重大的联系。影响产品质量的因素有很多，既有物质因素，又有技术因素，还有社会因素。

二、产品质量立法

（一）国外产品质量立法

产品质量问题很久以前就受到了立法者的关注，古巴比伦的《汉谟拉比法典》、

---

〔1〕 参见吴宏伟主编：《市场管理法教程》，法律出版社 1997 年版，第 82 页。

罗马法等都有对产品质量的规定。19 世纪中期以后,西方发达国家开始将产品质量纠纷细化为产品违约责任和产品侵权责任,前者要求当事人之间存在合同关系,后者则经历了"以契约法解决"和"打破契约关系以专门的产品责任法解决"两个阶段。整个 19 世纪,被西方的历史学家视为合同的世纪。[1] 1842 年英国的"温特博特姆诉怀特"案体现了这一观点。该案中,原告是当时英国一驿站长雇佣的马车夫。驿站长与被告怀特订有一份由怀特提供合格安全的马车并用于运送邮件的契约。当马车夫温特博特姆驾驶该车运送邮件时,马车的一只轮子突然塌陷,车子破裂致其受伤。为此,温特博特姆向怀特提起了索赔之诉,怀特以原告不是契约的当事人为由提出抗辩。法院认可了该理由,判决被告胜诉。法院认为,被告对驿站长承担契约责任,无须对马车夫负责任。[2] 该案是英国产品责任法同时也是国际产品责任法历史上一个极为重要的判例。从此以后,"无契约无责任"原则在产品责任领域流行了起来。后来,1932 年英国的"多诺霍诉史蒂文森"案则打破了这种对契约的要求。该案中,多诺霍和朋友到一家咖啡馆,朋友为其购买了一瓶姜汁啤酒,侍者为多诺霍倒酒时,因酒瓶是不透明的,多诺霍并未发现有什么异样。当其朋友再为其添酒之际,突然浮出腐败的蜗牛躯体。多诺霍看到这些,随即便昏厥过去,而且还得了严重的胃肠炎,使其健康蒙受损害。于是多诺霍起诉生产者史蒂文森要求赔偿损失。被告以和原告无契约关系提出了抗辩。5 名法官在各自发表意见的基础上,以 3∶2 多数票判决原告胜诉。依此判决所建立的规则,不受契约关系的限制,从而使被害人与制造人之间,即使没有契约关系,被害人就其所受的损害,也可请求损害赔偿。

(二)我国产品质量立法

我国的产品质量立法也有着悠久的历史。西周时期,统治阶级就曾立法加强产品质量的管理。比较著名的有"物勒工名"、劣质产品"不鬻于市"、商品"分级陈肆"等。秦朝的统一度量衡制度更是关于产品的重要制度。新中国成立以来,尤其是 1978 年以来,产品质量立法越来越受到国家的重视,先后颁布实施了诸如《工业产品质量责任条例》(1986 年)、《标准化法》(1988 年)等法律法规。1993 年 2 月 22 日第七届全国人民代表大会常务委员会第三十次会议通过了《中华人民共和国产品质量法》,标志着我国在规范产品质量、保护消费者权益和维护社会经济秩序方面又上了一个新台阶。

随着我国经济体制改革的进一步深化,市场经济有了长足的发展,市场法制也进一步完善。2000 年 7 月 8 日第九届全国人民代表大会常务委员会第十六次会议审议通过了《中华人民共和国产品质量法修正案》,对原法进行了较大的修改,集中表现为明确了各级人民政府在产品质量工作中的责任、建立了企业产品质量约束机制、

---

〔1〕 参见〔美〕伯纳德·施瓦茨:《美国法律史》,王军、洪德、杨静辉译,中国政法大学出版社 1989 年版,第 64 页。

〔2〕 参见刘静:《产品责任论》,中国政法大学出版社 2000 年版,第 50~51 页。

完善了执法机关的执法手段和必要的行政强制措施等方面。另外，在对假冒伪劣产品的制裁力度、产品质量监督部门和认证机构的约束方面加强了规范，同时建立了产品质量的监督举报制度，有利于人民群众参与打击假冒伪劣产品。

近些年来，产品质量问题更是受到了全社会的广泛关注。《食品安全法》（2009年）、《侵权责任法》（2009年）、《消费者权益保护法》（2013年）的陆续出台，加大了对生产者和销售者的法律约束，对侵权行为的惩罚性赔偿也成为产品责任领域的最大亮点。产品质量基本法、产品质量特别法、产品质量相关法共同构成了我国较为完整的产品质量法律体系，为我国产品质量管理和产品质量责任追究提供了重要的法律保障。[1]

三、产品质量法

（一）产品质量法的概念

产品质量法是调整产品质量监督管理关系和产品质量责任关系的法律规范的总称。产品质量法兼具市场运行和国家监管两个方面的法律规范，其调整对象包括两个方面：一方面是产品的生产者、销售者与消费者之间在产品的交换过程中产生的产品质量责任关系，另一方面是产品监督管理部门、工商行政管理部门等执行产品监督管理职能而发生的产品质量监督管理关系。

1993年2月22日全国人大常委会通过了《中华人民共和国产品质量法》，2000年7月8日对该部法律进行了修正。

广义的产品质量法是指一切调整产品质量关系的法律规范，除了《产品质量法》外，还包括如《标准化法》、《计量法》、《消费者权益保护法》、《食品安全法》、《药品管理法》等，以及民法、刑法、行政法中关于产品质量监督管理与产品质量责任的内容。

国外的产品质量立法模式大体有三类：一是民法规则的扩展，主要表现在侵权法、合同法的运用上；二是专门的产品责任法，如日本、德国、丹麦、挪威等；三是与产品质量相关的立法和特殊产品责任立法，我国的产品质量立法即属于这种情况。由此，我国的产品质量法律体系由三大部分构成：①产品质量基本法，即《中华人民共和国产品质量法》，共6章74条，基本内容为产品质量的监督管理和产品质量责任。②产品质量特别法，其中最受关注的是《食品安全法》，确立了全过程预防和控制的思想，加强了政府监管，加大了食品安全违法行为的民事、行政、刑事责任力度，增加了惩罚性赔偿的民事责任。另外，受关注较多的产品质量特别法还有《药品管理法》、《农产品质量安全法》等。③产品质量相关法，主要是其他法律法规中有关产品质量的规定。如《标准化法》、《认证认可条例》、《工业产品生产许可证管理条例》等。

---

〔1〕 参见张云、徐楠轩编著：《产品质量法教程》，厦门大学出版社2011年版，第7页。

（二）产品质量法的宗旨

《产品质量法》第 1 条即表明了其宗旨："为了加强对产品质量的监督管理，提高产品质量水平，明确产品质量责任，保护消费者的合法权益，维护社会经济秩序，制定本法。"对于产品质量法的宗旨，可以从三个层面理解：①直接意义上的目标，即加强对产品质量的监督管理，提高产品质量水平，明确产品质量责任。这是《产品质量法》最直接的目标，也是《产品质量法》最重要的任务。②延伸意义上的目标，即保护消费者的合法权益，这既是消费者主权理论在《产品质量法》中的体现，也是《产品质量法》通过完成直接目标而要达成的任务。③高层次的目标，即维护社会经济秩序，这是建立在前两个层次的目标都达成的基础上的。而社会经济秩序被破坏是市场管理法产生的原因之一，维护社会经济秩序则是市场管理法的重要的功能和价值追求。

（三）产品质量法的适用范围

适用范围即调整范围，指法的对人效力（主体）、空间效力、客体范围等。《产品质量法》第 2 条规定："在中华人民共和国境内从事产品生产、销售活动，必须遵守本法。本法所称产品是指经过加工、制作，用于销售的产品。建设工程不适用本法规定；但是，建设工程使用的建筑材料、建筑构配件和设备，属于前款规定的产品范围的，适用本法规定。"另外，《产品质量法》第 73 条规定："军工产品质量监督管理办法，由国务院、中央军事委员会另行制定。因核设施、核产品造成损害的赔偿责任，法律、行政法规另有规定的，依照其规定。"

以案说法

免费啤酒有异物　顾客受伤应赔偿[1]

[案情简介]

2009 年 1 月 22 日，原告肖某在泸州某花园大酒店参加朋友婚宴。当肖某将小半瓶啤酒一饮而尽时，顿觉喉咙似有硬物卡得刺痛，当即到医院就诊，医生诊断其喉咙被一细铁丝卡住。肖某于当天动了手术，并住院一周，花去医疗费等费用 3100 元。而酒店以酒水免费为由拒绝赔偿，肖某只好诉至法院。

法院审理认为，消费者在接受服务时，其合法权益受到损害的，可以向服务者要求赔偿。免费酒水属于酒店提供服务的一部分，酒店作为服务的经营者应当为此承担赔偿责任。酒店在对肖某作出赔偿后，可向酒水的生产厂家进行追偿。2009 年 4 月 6 日，四川省泸州市龙马潭区人民法院作出一审判决，判令被告四川省泸州某花园大酒店赔偿原告 2860 元。

---

〔1〕　载中国消费者协会网，http://www.cca.org.cn/web/xfts/newsShow.jsp? id=43297&cid=309.

[案例评析]

本案中造成原告肖某人身伤害的是酒店提供的免费啤酒，因此本案的焦点是：①免费能否免责；②销售者无过错是否要承担责任。

1. 免费就能免责源于合同法的赠与合同的规定，"赠与的财产有瑕疵的，赠与人不承担责任……"（《合同法》第191条第1款）但本案中，该免费的啤酒不属于这种情况。此啤酒中含有细铁丝而导致原告受伤，存在了危及人身的不合理的危险，属于产品有缺陷，而不属于产品瑕疵。被告某酒店以对瑕疵的规定来抗辩，混淆了产品瑕疵与缺陷的法律性质。产品缺陷责任属于特殊侵权责任，适用《产品质量法》第41~46条及侵权责任法。也正是因此，原告与被告之间亦无需具有合同关系。另外，啤酒免费不能否认啤酒的"产品"属性，即"加工、制作"，而由于其免费的原因是因为婚宴的主人为婚宴支付了相应的对价（销售性质），因此也具有了"销售"属性。当然，如前文所述，法条中的"销售"改为"流通"更恰当。

2. 销售者是否要承担责任的问题。根据《产品质量法》第42条的规定，"由于销售者的过错使产品存在缺陷，造成人身、他人财产损害的，销售者应当承担赔偿责任。销售者不能指明缺陷产品的生产者也不能指明缺陷产品的供货者的，销售者应当承担赔偿责任。"因此，一般认为销售者承担产品责任的条件是有"过错"。但是，《产品质量法》也规定了两种情况下销售者没有过错也要承担责任：一是第42条第2款规定的"销售者不能指明缺陷产品的生产者也不能指明缺陷产品的供货者的，销售者应当承担赔偿责任"，这种情况实际上是销售者没有履行好《产品质量法》第33条规定的"应当建立并执行进货检查验收制度，验明产品合格证明和其他标识"的义务，销售者自己要为此承担不利后果；二是第43条规定的"因产品存在缺陷造成人身、他人财产损害的，受害人可以向产品的生产者要求赔偿，也可以向产品的销售者要求赔偿。属于产品的生产者的责任，产品的销售者赔偿的，产品的销售者有权向产品的生产者追偿……"这条规定的直接目的在于更好地保护受害人，方便受害人求偿，同时赋予了销售者追偿权，保障了销售者的合法权益。因此，本案中销售者无过错也要先承担责任，之后可以向生产者追偿。

第二节 产品质量的监督管理

一、产品质量监督管理体制

产品质量监督管理体制是产品质量监督管理机构及其职权的统称。我国的产品质量监督体制采取的是统一管理与分工管理、层次管理与地域管理相结合的方式。《产品质量法》第8条第1款和第2款规定："国务院产品质量监督部门主管全国产品质量监督工作。国务院有关部门在各自的职责范围内负责产品质量监督工作。""县级以上地方产品质量监督部门主管本行政区域内的产品质量监督工作。县级以上地方人民政府有关部门在各自的职责范围内负责产品质量监督工作。"由此可见，我国的产品质量监督管理级别分为国务院和县级以上地方人民政府两级，而每级又可分为两类，即专门的监督管理部门和各级政府的有关部门。

1999 年，国家对质量监督管理体制进行了重大改革，在全国省级以下质量监督系统实行垂直管理。地、县质量技术监督局作为上一级质量技术监督局的直属机构，各级技术机构作为同级质量指数监督局的直属事业单位，都按照省级以下垂直管理的原则统一管理。2001 年，国务院将国家质量技术监督局和国家出入境检查检疫总局合并，组建成国家质量监督检查检疫总局（简称国家质检总局）。

国家质检总局是国务院主管全国质量、计量、出入境商品检验、出入境卫生检疫、出入境动植物检疫、进出口食品安全和认证认可、标准化等工作，并行使行政执法职能的直属机构。质检总局机关内设 17 个司（厅、局），即办公厅、法规司、质量管理司、计量司、通关业务司、卫生检疫监管司、动植物检疫监管司、检验监管司、进出口食品安全局、特种设备安全监察局、产品质量监督司、执法督查司（国家质检总局打假办公室）、国际合作司（港澳台办公室）、科技司、人事司、计划财务司、督察内审司。

质检总局对中国国家认证认可监督管理委员会（中华人民共和国国家认证认可监督管理局）（简称国家认监委）和中国国家标准化管理委员会（中华人民共和国国家标准化管理局）（简称国家标准委）实施管理。经国家民政部批准设立，挂靠质检总局管理的行业学、协会 12 个，即中国出入境检验检疫协会、中国国际旅行卫生保健协会、中国认证认可协会、中国质量检验协会、中国计量协会、中国防伪行业协会、中国质量万里行促进会、中国设备监理协会、中国特种设备安全与节能促进会、中国标准化协会、中国计量测试学会、中国品牌建设促进会。质检总局垂直管理出入境检验检疫机构，领导全国质量技术监督业务工作。

二、产品生产许可证制度

生产许可证制度是指国家对于具备某种产品的生产条件并能保证产品质量的企业，依法授予许可生产该项产品的凭证的法律制度。我国实行该制度的产品主要是重要的工业产品，特别是可能危及人体健康和人身，财产安全和公共利益的产品。生产许可证制度是为了保证直接关系公共安全、人体健康、生命财产安全的重要工业产品的质量安全，促进社会主义市场经济健康、协调发展的强制性措施。我国生产许可证的法规和规章主要有《中华人民共和国工业产品生产许可证管理条例》（2005 年 6 月 29 日国务院第 97 次常务会议通过，自 2005 年 9 月 1 日起施行）和《中华人民共和国工业产品生产许可证管理条例实施办法》（2014 年 4 月 8 日国家质量监督检验检疫总局局务会议审议通过，自 2014 年 8 月 1 日起施行）。

《工业产品生产许可证管理条例》第 2 条规定："国家对生产下列重要工业产品的企业实行生产许可证制度：①乳制品、肉制品、饮料、米、面、食用油、酒类等直接关系人体健康的加工食品；②电热毯、压力锅、燃气热水器等可能危及人身、

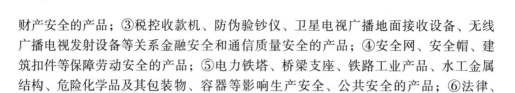

财产安全的产品；③税控收款机、防伪验钞仪、卫星电视广播地面接收设备、无线广播电视发射设备等关系金融安全和通信质量安全的产品；④安全网、安全帽、建筑扣件等保障劳动安全的产品；⑤电力铁塔、桥梁支座、铁路工业产品、水工金属结构、危险化学品及其包装物、容器等影响生产安全、公共安全的产品；⑥法律、行政法规要求依照本条例的规定实行生产许可证管理的其他产品。"

企业取得生产许可证，应当符合下列条件：①有与拟从事的生产活动相适应的营业执照；②有与所生产产品相适应的专业技术人员；③有与所生产产品相适应的生产条件和检验检疫手段；④有与所生产产品相适应的技术文件和工艺文件；⑤有健全有效的质量管理制度和责任制度；⑥产品符合有关国家标准、行业标准以及保障人体健康和人身、财产安全的要求；⑦符合国家产业政策的规定，不存在国家明令淘汰和禁止投资建设的落后工艺、高耗能、污染环境、浪费资源的情况。法律、行政法规有其他规定的，还应当符合其规定。

生产许可证有效期为 5 年，但是，食品加工企业生产许可证的有效期为 3 年。生产许可证有效期届满，企业继续生产的，应当在生产许可证有效期届满 6 个月前向所在地省、自治区、直辖市工业产品生产许可证主管部门提出换证申请。国务院工业产品生产许可证主管部门或者省、自治区、直辖市工业产品生产许可证主管部门应当依照条例规定的程序对企业进行审查。在生产许可证有效期内，产品的有关标准、要求发生改变的，国务院工业产品生产许可证主管部门或者省、自治区、直辖市工业产品生产许可证主管部门可以依照条例的规定重新组织核查和检验。在生产许可证有效期内，企业生产条件、检验手段、生产技术或者工艺发生变化的，企业应当及时向所在地省、自治区、直辖市工业产品生产许可证主管部门提出申请，国务院工业产品生产许可证主管部门或者省、自治区、直辖市工业产品生产许可证主管部门应当依照条例的规定重新组织核查和检验。在生产许可证有效期内，企业不再从事列入目录产品的生产活动的，应当办理生产许可证注销手续。企业不办理生产许可证注销手续的，国务院工业产品生产许可证主管部门应当注销其生产许可证并向社会公告。

企业必须在其产品或者包装、说明书上标注生产许可证标志和编号。裸装食品和其他根据产品的特点难以标注标志的裸装产品，可以不标注生产许可证标志和编号。销售和在经营活动中使用列入目录产品的企业，应当查验产品的生产许可证标志和编号。任何单位和个人不得伪造、变造许可证证书、生产许可证标志和编号。取得生产许可证的企业不得出租、出借或者以其他形式转让许可证证书和生产许可证标志。

国务院工业产品生产许可证主管部门和县级以上地方工业产品生产许可证主管部门依照条例规定负责对生产列入目录产品的企业以及核查人员、检验机构及其检验人员的相关活动进行监督检查。国务院工业产品生产许可证主管部门对县级以上地方工业产品生产许可证主管部门的生产许可证管理工作进行监督。

三、产品质量标准化制度

标准是衡量事物的准则，规定产品质量特性应达到的要求即是"产品质量标准"。产品质量标准是产品生产、检验和评定质量的技术依据。产品质量的标准化是指产品质量标准及与产品质量有关的标准的制定、实施活动的总称。

我国《产品质量法》第12、13条规定："产品质量应当检验合格，不得以不合格产品冒充合格产品"，"可能危及人体健康和人身、财产安全的工业产品，必须符合保障人体健康和人身、财产安全的国家标准、行业标准；未制定国家标准、行业标准的，必须符合保障人体健康和人身、财产安全的要求。禁止生产、销售不符合保障人体健康和人身、财产安全的标准和要求的工业产品……"

根据《标准化法》第2条的规定，对需要统一的技术要求，应当制定标准，包括：①工业产品的品种、规格、质量、等级或者安全、卫生要求。②工业产品的设计、生产、检验、包装、储存、运输、使用的方法或者生产、储存、运输过程中的安全、卫生要求。③有关环境保护的各项技术要求和检验方法。④建设工程的设计、施工方法和安全要求。⑤有关工业生产、工程建设和环境保护的技术术语、符号、代号和制图方法。重要农产品和其他需要制定标准的项目，由国务院规定。

我国现行的产品质量标准，从标准的适用范围和领域来分，主要包括：国际标准、国家标准、行业标准（或部颁标准）和企业标准等；从标准的强制性来分，可以分为强制性标准和推荐性标准；从标准的内容来分，可以分为技术标准和管理标准。

国际标准是指国际标准化组织、国际电工委员会，以及其他国际组织所制定的标准。国家标准是对需要在全国范围内统一的技术要求，由国务院标准化行政主管部门制定的标准。从1993年1月1日起，我国实施等同采用ISO9000系列标准。行业标准又称为部颁标准，由国务院有关行政主管部门制定并报国务院标准行政主管部门备案，在公布国家标准之后，该项行业标准即行废止。当某些产品没有国家标准而又需要在全国某个行业范围内有统一的技术要求，则可以制定行业标准。企业标准主要是针对企业生产的没有国家标准和行业标准的产品而制定的。企业的产品标准须报当地政府标准化行政主管部门和有关行政主管部门备案。已有国家标准或者行业标准的，国家鼓励企业制定严于国家标准或者行业标准的企业标准。企业标准只能在企业内部适用。

保障人体健康，人身、财产安全的标准和法律、行政法规规定强制执行的标准是强制性标准，其他标准是推荐性标准。省、自治区、直辖市标准化行政主管部门制定的工业产品的安全、卫生要求的地方标准，在本行政区域内是强制性标准。强制性标准必须执行。不符合强制性标准的产品，禁止生产、销售和进口。推荐性标准，国家鼓励企业自愿采用。

技术标准是对技术活动中需要统一协调的事物制定的技术准则。根据其内容不同，技术标准又可分为：基础标准、产品标准和方法标准。管理标准是指为了达到质量目标,而对企业中重复出现的管理工作所规定的行动准则,它是企业组织和管理生产经营活动的依据和手段。

四、产品质量检验制度

产品质量检验制度,是指按照特定的标准、方法和程序,对产品质量进行检测,以判明产品是否符合国家产品质量标准的法律制度。产品可由企业自行设置的检验机构检验合格,也可经过企业委托有关产品质量检验机构进行。在不违反法律强制性规定的前提下,企业可选择适合自己的检验标准和检验程序。

产品质量检验机构,是指承担产品质量监督检验、仲裁检验等公证检验工作的技术机构。按照《标准化法》、《产品质量法》的规定,产品质量检验机构分为:①县级以上人民政府产品质量监督部门根据需要依法设置的检验机构;②县级以上人民政府产品质量监督部门授权的其他单位的产品质量检验机构;③属于社会中介组织性质的检验机构,不隶属于任何政府部门和事业单位,依法设立,经有关部门考核合格后,依法独立承担产品质量检验任务。

产品质量检验机构必须具备相应的检测条件和能力,经省级以上人民政府产品质量监督部门或者其授权的部门考核合格后,方可承担产品质量检验工作。法律、行政法规对产品质量检验机构另有规定的,依照有关法律、行政法规的规定执行。从事产品质量检验、认证的社会中介机构必须依法设立,不得与行政机关和其他国家机关存在隶属关系或者其他利益关系。

产品质量检验机构、认证机构必须依法按照有关标准,客观、公正地出具检验结果或者认证证明。产品质量认证机构应当依照国家规定对准许使用认证标志的产品进行认证后的跟踪检查;对不符合认证标准而使用认证标志的,要求其改正;情节严重的,取消其使用认证标志的资格。产品质量检验机构不得向社会推荐生产者的产品;不得以对产品进行监制、监销等方式参与产品经营活动。

五、企业质量体系认证制度

企业质量体系认证,是指依据国际通用的质量管理和质量保证系列标准,对企业的质量体系和质量保证能力进行审核合格,并通过颁发企业质量体系认证证书的形式,证明企业质量保证能力符合相应要求的活动。企业质量体系认证是由国际标准化组织(ISO)提出,并为国际社会所普遍接受的质量管理措施。

《产品质量法》第14条第1款规定:"国家根据国际通用的质量管理标准,推行企业质量体系认证制度。企业根据自愿原则可以向国务院产品质量监督部门认可的或者国务院产品质量监督部门授权的部门认可的认证机构申请企业质量体系认证。经认证合格的,由认证机构颁发企业质量体系认证证书。"由此可以看出,我国的企业质量体系认证遵循自愿原则,任何单位或者个人都不得强制要求企业申请质量体系认证。

企业质量体系认证的对象是企业的质量体系本身,而不是该企业的某一产品或服务。仅获得质量体系认证的企业不得在其产品上使用产品质量认证标志。

企业质量体系认证依据是 ISO9000 质量管理和质量保证系列国际标准。ISO9000 不是指一个标准，而是一组标准的统称。根据国际标准化组织于 1994 年提出的定义，ISO9000 标准是由 ISO/TC176 制定的所有国际标准。现在最新标准为 2008 年执行标准。

企业质量体系认证的基本程序是：①申请：认证申请的提出、认证申请的审查与批准；②检查与评定：文件审查、现场检查前的准备、现场检查与评定、提出检查报告；③审批与注册发证：审批、注册发证；④获准认证后的监督管理：供方通报、监督检查、认证暂停或撤销、认证有效期的延长。

企业质量体系认证机构是国务院产品质量监督管理部门或者国务院产品质量监督管理部门授权的部门认可的具有权威的第三方认证机构或质量中介机构。要使企业的质量体系认证具有公正性和可信性，认证机构必须与被认证企业在经济上没有利害关系、在行政上没有隶属关系。另外，认证机构应当拥有经验丰富、专业水品高、训练有素的审核员，符合要求的资源和程序，争取以其优良的认证实践来赢得政府的支持和社会的信任，具有权威性和公正性。

通过开展企业质量体系认证工作，可以为人们提供可信赖的质量信息，对企业、消费者和社会利益都有积极的意义。就企业本身而言，有利于促进企业在管理和技术等方面采取有效措施，在企业内部建立起可靠的质量保证体系，以保证产品质量，提高企业信誉，增强企业在国内、国际的竞争能力；就消费者和社会而言，可以获得较为真实公正的质量评价结果，有利于节约社会重复检查费用，指导消费者的消费选择，更好地保护消费者的利益，实现社会整体效益。

六、产品质量认证制度

产品质量认证也称产品认证，国际上称合格认证，是依据产品标准和相应技术要求，经认证机构确认并通过颁发认证证书和认证标志来证明某一产品符合相应标准和相应技术要求的活动。《产品质量法》第 14 条第 2 款规定："国家参照国际先进的产品标准和技术要求，推行产品质量认证制度。企业根据自愿原则可以向国务院产品质量监督部门认可的或者国务院产品质量监督部门授权的部门认可的认证机构申请产品质量认证。经认证合格的，由认证机构颁发产品质量认证证书，准许企业在产品或者其包装上使用产品质量认证标志。"

产品质量认证分为安全认证和合格认证。安全认证是根据安全标准进行的认证或只对商品标准中有关安全的项目进行的认证。它是对商品在生产、储运、使用过程中是否具备保证人身安全与避免环境遭受危害等基本性能的认证，属于强制性认证。实行安全认证的产品，必须符合《中华人民共和国标准化法》中有关强制性标准的要求。国家对必须经过认证的产品，统一产品目录，统一技术规范的强制性要求、标准和合格评定程序，统一标志，统一收费标准。合格认证是依据产品标准的要求，对产品的全部性能进行的综合性质量认证，一般属于自愿性认证。实行合格认证的产品，必须符合《标准化法》规定的国家标准或者行业标准的要求。

《认证认可条例》对产品质量认证管理体制作出了规范：国家实行统一的认证认可监督管理制度。国家对认证认可工作实行在国务院认证认可监督管理部门统一管理、监督和综合协调下，各有关方面共同实施的工作机制。国务院认证认可监督管理部门应当依法对认证培训机构、认证咨询机构的活动加强监督管理。认证机构不得与行政机关存在利益关系。认证机构不得接受任何可能对认证活动的客观公正产生影响的资助；不得从事任何可能对认证活动的客观公正产生影响的产品开发、营销等活动。认证机构不得与认证委托人存在资产、管理方面的利益关系。

产品质量认证的依据应当科学、客观。一般产品开展质量认证，应以具有国际水平的国家标准或行业标准为依据。我国名、特、优产品开展产品质量认证，应当以经国家质量监督部门确认的标准和技术要求作为认证依据。经过国家批准加入了相应国际认证组织的认证机构（例如：电子元器件认证委员会、电工产品认证委员会）进行产品质量认证时，应采用国际认证组织已经公布的、并已转变为我国的国家标准或行业标准为依据。我国已与国外有关认证机构签订双边或多边合作协议的产品，应按照合作协议规定采用的标准开展产品质量认证工作。

符合认证要求的，认证机构应当及时向委托人出具认证证书。获得认证证书的，应当在认证范围内使用认证证书和认证标志，不得利用产品、服务认证证书、认证标志和相关文字、符号，误导公众认为其管理体系已通过认证，也不得利用管理体系认证证书、认证标志和相关文字、符号，误导公众认为其产品、服务已通过认证。认证机构可以自行制定认证标志，并报国务院认证认可监督管理部门备案。

实行产品质量认证有利于促进企业保证产品质量，提高产品信誉，提高在国内外市场上的竞争力，促进国际贸易合作。与此同时，消费者购买商品时，可以通过认证注册公告或商品及其包装上的认证标志中获得可靠的质量信息，指导消费，保护消费者利益，提高社会效益。

七、产品质量监督检查制度

国家对产品质量实行以抽查为主要方式的监督检查制度，对可能危及人体健康和人身、财产安全的产品，影响国计民生的重要工业产品以及消费者、有关组织反映有质量问题的产品进行抽查。抽查的样品应当在市场上或者企业成品仓库内的待销产品中随机抽取。监督抽查工作由国务院产品质量监督部门规划和组织。县级以上地方产品质量监督部门在本行政区域内也可以组织监督抽查。

国家监督抽查的产品，地方不得另行重复抽查；上级监督抽查的产品，下级不得另行重复抽查。

对依法进行的产品质量监督检查，生产者、销售者不得拒绝。根据监督抽查的需要，可以对产品进行检验。检验抽取样品的数量不得超过检验的合理需要，并不得向被检查人收取检验费用。监督抽查所需检验费用按照国务院规定列支。

依法进行监督抽查的产品质量不合格的，由实施监督抽查的产品质量监督部门责令其生产者、销售者限期改正。逾期不改正的，由省级以上人民政府产品质量监督部门予以公告；公告后经复查仍不合格的，责令停业，限期整顿；整顿期满后经复查产品质量仍不合格的，吊销营业执照。

生产者、销售者对抽查检验的结果有异议的，可以自收到检验结果之日起 15 日内向实施监督抽查的产品质量监督部门或者其上级产品质量监督部门申请复检，由受理复检的产品质量监督部门作出复检结论。

八、产品召回制度

（一）产品召回的概念

产品召回，或称缺陷产品召回，是指缺陷产品的生产商、销售商、进口商在得知其生产、销售或进口的产品存在可能引起消费者健康、安全问题的缺陷时，依法向职能部门报告，及时通知消费者，设法从市场上、消费者手中收回缺陷产品，并进行免费修理或更换。产品召回中的产品是已经交付给批发商、零售商或最终用户手上的产品，而召回的原因是因为产品存在缺陷。因此，产品召回制度和产品的修理、更换、退货（俗称三包）是两个概念。三包针对的是个别的质量有瑕疵的产品，属于一种基于当事人间合同关系产生的违约责任，而召回是对有缺陷的批量产品进行的，是基于对消费者和社会的法定义务而产生的责任。

产品召回制度最早出现在美国。1966 年美国制定的《国家交通与机动车安全法》中明确规定汽车制造商有义务召回缺陷汽车。此后，产品召回制度被引入到多项产品安全和公共健康的立法中，使其应用到可能对公众造成伤害的主要产品领域，尤其是食品。如《消费者产品安全法》、《儿童安全保护法》、《联邦肉产品检验法》、《禽产品检验法》、《联邦食品、药品及化妆品法》等[1] 除美国外，实行召回制度的国家还有日本、韩国、加拿大、英国、法国和澳大利亚等国。

我国的召回制度起步较晚，2001 年国家质检总局开始研究制定缺陷汽车产品的召回管理。2004 年 10 月 1 日，《缺陷汽车产品召回管理规定》正式实施，标志着我国缺陷产品召回制度的正式确立。之后几年，又先后颁布了《食品召回管理规定》（国家质检总局 2007 年）、《儿童玩具召回管理规定》（国家质检总局 2007 年）、《药品召回管理办法》（国家食品药品监督管理局 2007 年）、《医疗器械召回管理办法（试行）》（卫生部 2011 年）。2009 年实施的《食品安全法》更是在法律中明确规定了国家建立食品召回制度。

由于召回的是存在危及安全的不合理危险的产品，因此召回制度最直接也是最重要的意义是保护消费者的身体健康和生命安全。另外，虽然召回产品可能给企业带来短期的利益损失，但从长远来看，企业为了维护自己的产品质量和商业信誉，就应当积极采取措施提高产品质量、保障产品安全，这有利于企业竞争力的增强和信誉的提升，继而给企业带来经济效益。消费者得到保护、企业利益得到实现保障了市场经济秩序的稳定，增进了社会整体利益。

---

〔1〕 参见张云、徐楠轩编著：《产品质量法教程》，厦门大学出版社 2011 年版，第 166～167 页。

（二）产品召回的适用

根据以上有关产品召回的规定，适用产品召回制度的产品应当是在我国境内生产、销售的存在系统性缺陷的产品。[1] 需要注意的是，生产、销售环节应当还包括进口、租赁、售后服务等环节，这些都属于生产、销售的辅助环节，应当纳入规范。而缺陷的系统性是指普遍存在的同一类型的危险，在不同的产品中具体表现是不一样的。如《缺陷汽车产品召回管理规定》第5条第2款所指的"本规定所称缺陷，是指由于设计、制造等方面的原因而在某一批次、型号或类别的汽车产品中普遍存在的具有同一性的危及人身、财产安全的不合理危险，或者不符合有关汽车安全的国家标准的情形"；《食品召回管理规定》第3条所指的"本规定所称不安全食品，是指有证据证明对人体健康已经或可能造成危害的食品"；《儿童玩具召回管理规定》第3条第2款所指的"本规定所称缺陷，是指因设计、生产、指示等方面的原因使某一批次、型号或类别的儿童玩具中普遍存在的具有同一性的、危及儿童健康和安全的不合理危险"；《药品召回管理办法》第4条所指的"本办法所称安全隐患，是指由于研发、生产等原因可能使药品具有的危及人体健康和生命安全的不合理危险"；《医疗器械召回管理办法（试行）》第4条指的"本办法所称缺陷，是指医疗器械在正常使用情况下存在可能危及人体健康和生命安全的不合理的风险"。

（三）产品召回的种类和等级

依据我国现有的规定，产品召回的方式有两种：主动召回和责令召回。这与国际上的做法也是一致的。主动召回，是指当产品的缺陷被确认后，生产者立即停止生产销售存在缺陷的产品，依法向社会公布有关产品缺陷等信息，通知销售者停止销售存在缺陷的产品，通知消费者停止消费存在缺陷的产品，并及时实施主动召回。责令召回，是指确认产品存在缺陷后，生产者应当主动召回但未召回的，或者经确认国家监督抽查中发现生产者生产的产品存在安全隐患，可能对人体健康和生命安全造成损害的，国家质检总局应当向生产者发出责令召回通知或公告，并通知所在地的省级质量技术监督部门，依法采取相应措施。

产品召回分为三个级别，根据缺陷的严重程度从重到轻依次为一级召回、二级召回、三级召回。例如，《食品召回管理规定》第18条规定："根据食品安全危害的严重程度，食品召回级别分为三级：①一级召回：已经或可能诱发食品污染、食源性疾病等对人体健康造成严重危害甚至死亡的，或者流通范围广、社会影响大的不安全食品的召回；②二级召回：已经或可能引发食品污染、食源性疾病等对人体健康造成危害，危害程度一般或流通范围较小、社会影响较小的不安全食品的召回；③三级召回：已经或可能引发食品污染、食源性疾病等对人体健康造成危害，危害程度轻微的，或者属于本规定第3条第3项规定的不安全食品的召回。"《药品召回管理办法》第14条第1款规定："根据药品安全隐患的严重程度，药品召回分为：

〔1〕 参见张云、徐楠轩编著：《产品质量法教程》，厦门大学出版社2011年版，第176~177页。

①一级召回：使用该药品可能引起严重健康危害的；②二级召回：使用该药品可能引起暂时的或者可逆的健康危害的；③三级召回：使用该药品一般不会引起健康危害，但由于其他原因需要收回的。"《医疗器械召回管理办法（试行）》第13条第1款规定："根据医疗器械缺陷的严重程度，医疗器械召回分为：①一级召回：使用该医疗器械可能或者已经引起严重健康危害的；②二级召回：使用该医疗器械可能或者已经引起暂时的或者可逆的健康危害的；③三级召回：使用该医疗器械引起危害的可能性较小但仍需要召回的。"

（四）产品召回的程序和限期

产品召回的一般程序有：[1] 缺陷报告或投诉、初步危险评估、产品缺陷鉴定、召回确认和召回计划的制订、召回信息发布、实施召回、验收和终止召回等。

由于召回的是可能危及人身的不安全产品，及时地召回才能有效避免危险发生。如果召回过晚，则于事无补。因此，各有关不同产品召回的规定都对召回的限期进行了规定。如：

《食品召回管理规定》要求：自确认食品属于应当召回的不安全食品之日起，一级召回应当在1日内，二级召回应当在2日内，三级召回应当在3日内，通知有关销售者停止销售，通知消费者停止消费。一级召回应在3日内，二级召回应在5日内，三级召回应在7日内，食品生产者通过所在地的市级质监部门向省级质监部门提交食品召回计划。

《缺陷汽车产品召回管理规定》要求：主动召回的，制造商确认其汽车产品存在缺陷，应当在5个工作日内以书面形式向主管部门报告；制造商在提交上述报告的同时，应当在10个工作日内以有效方式通知销售商停止销售所涉及的缺陷汽车产品，并将报告内容通告销售商。境外制造商还应在10个工作日内以有效方式通知进口商停止进口缺陷汽车产品，并将报告内容报送商务部并通告进口商。责令召回的，制造商应当在接到主管部门指令召回的通知书之日起5个工作日内，通知销售商停止销售该缺陷汽车产品，在10个工作日内向销售商、车主发出关于主管部门通知该汽车存在缺陷的信息。境外制造商还应在5个工作日内通知进口商停止进口该缺陷汽车产品。

《儿童玩具召回管理规定》要求：主动召回的，生产者应当在主动召回报告确定的召回完成时限期满后15个工作日内，向所在地的省级质量技术监督部门提交主动召回总结。责令召回的，生产者应当在接到国家质检总局责令召回通告5个工作日内，向国家质检总局提交召回报告。

《药品召回管理办法》规定：药品生产企业在作出药品召回决定后，应当制定召回计划并组织实施，一级召回在24小时内，二级召回在48小时内，三级召回在72小时内，通知到有关药品经营企业、使用单位停止销售和使用，同时向所在地省、

---

〔1〕 参见张云、徐楠轩编著：《产品质量法教程》，厦门大学出版社2011年版，第180页。

自治区、直辖市药品监督管理部门报告。药品生产企业在启动药品召回后，一级召回在 1 日内，二级召回在 3 日内，三级召回在 7 日内，应当将调查评估报告和召回计划提交给所在地省、自治区、直辖市药品监督管理部门备案。省、自治区、直辖市药品监督管理部门应当将收到一级药品召回的调查评估报告和召回计划报告国家食品药品监督管理局。

《医疗器械召回管理办法（试行）》规定：医疗器械生产企业做出医疗器械召回决定的，一级召回在 1 日内，二级召回在 3 日内，三级召回在 7 日内，通知到有关医疗器械经营企业、使用单位或者告知使用者。医疗器械生产企业做出医疗器械召回决定的，应当立即书面告知所在地省、自治区、直辖市药品监督管理部门，并且在 5 日内填写《医疗器械召回事件报告表》，将调查评估报告和召回计划同时提交给所在地省、自治区、直辖市药品监督管理部门备案。

（五）产品召回的监督管理和法律责任

1. 产品召回的监督管理。根据我国现有的关于产品召回的规定来看，产品召回的监督管理工作集中在以下几个方面：

（1）信息管理。监管部门应当组织建立产品缺陷和召回信息管理系统，包括产品缺陷信息收集系统以及与有关部门共同建立的产品伤害监测系统等。生产者应当加强产品设计、原料采购、生产销售和产品标识以及消费者投诉、产品伤害事故、产品伤害纠纷、产品在国外召回情况等信息管理，建立健全相关信息档案。销售者应当加强进货、销售等信息管理，妥善保存消费者投诉、产品伤害事故、产品伤害纠纷等信息档案。

（2）调查与评估。判定产品是否属于不安全产品，应当进行安全危害调查和安全危害评估。生产者获知其提供的产品可能存在缺陷的，应当立即启动缺陷调查，确认是否存在缺陷。省级以上质量技术监督部门获知产品可能存在缺陷的，可以启动缺陷调查，并通知生产者。省级质量技术监督部门可以对本行政区域内生产者生产的产品进行缺陷调查，并报告国家质检总局。国家质检总局可以对损害结果严重或影响较大的产品进行缺陷调查，并通知生产者所在地的省级质量技术监督部门。

主管部门应当聘请专家组成专家委员会，并由专家委员会实施对产品缺陷的调查和认定。根据专家委员会的建议，主管部门可以委托国家认可的产品质量检验机构，实施有关产品缺陷的技术检测。专家委员会对主管部门负责。经调查确认产品存在缺陷的，应当根据产品缺陷对健康和安全产生损害的可能性、程度、范围等，对缺陷进行风险评估，并根据风险评估结果实施召回。

（3）召回过程管理。产品召回的监管部门应当对经营者进行的召回过程加以监督，并根据工作需要部署地方管理机构进行有关召回的监督工作。[1]

2. 法律责任。产品召回的法律责任主要指负有召回义务的生产者、产品召回的

---

〔1〕　参见张云、徐楠轩编著：《产品质量法教程》，厦门大学出版社 2011 年版，第 179 页。

监管部门在召回中违反法律法规的规定，应当承担的法律责任。

（1）生产者的责任。生产者违反相关法规的规定，应当依法承担行政责任，由主管部门在职权范围内依法实施。例如，《食品召回管理规定》第 36 条规定："食品生产者有下列情况之一的，予以警告，责令限期改正；逾期未改正的，处以 2 万元以下罚款：①接到质量技术监督部门食品安全危害调查通知，但未及时进行调查的；②拒绝配合质量技术监督部门进行食品安全危害调查的；③未按本规定要求及时提交食品安全危害调查、评估报告的。"等等。

这里对生产者应作广义理解，包括有召回义务的其他经营者。例如，《缺陷汽车产品召回管理规定》第 2 条规定："凡在中华人民共和国境内从事汽车产品生产、进口、销售、租赁、修理活动的，适用本规定。"

另外，特别需要注意的是，实施产品召回，不免除受害人因缺陷产品所受损害时，要求生产者承担的其他法律责任。例如，《食品召回管理规定》第 34 条规定的"食品生产者在实施食品召回的同时，不免除其依法承担的其他法律责任。食品生产者主动实施召回的，可依法从轻或减轻处罚"，以及《缺陷汽车产品召回管理规定》第 44 条规定的"制造商实施缺陷汽车产品召回，不免除车主及其他受害人因缺陷汽车产品所受损害，要求其承担的其他法律责任"。

（2）产品召回的监管部门的法律责任。从事召回监督管理的公务人员或专家等玩忽职守、滥用职权、徇私舞弊的，依照有关规定追究相关责任。从事召回管理的公务人员，捏造散布虚假信息、违反保密规定、伪造或者提供有关虚假结论或者意见的，依法给予行政处分；造成损失的，依法承担赔偿责任；构成犯罪的，依法追究刑事责任。

 **以案说法**

宝马（中国）召回部分进口和国产宝马 3 系汽车[1]

［案情简介］

召回公告：宝马（中国）汽车贸易有限公司、华晨宝马汽车有限公司根据《缺陷汽车产品召回管理条例》的要求，向国家质检总局备案了召回计划，决定自 2014 年 8 月 25 日起，召回部分进口及国产宝马 3 系汽车，共计 15 474 辆：

1. 宝马（中国）汽车贸易有限公司进口的 1999 年 6 月～2006 年 8 月生产的宝马 3 系汽车，共计 1877 辆；

2. 华晨宝马汽车有限公司 2003 年 4 月～2005 年 6 月生产的宝马 3 系汽车，共计 13 597 辆。

---

〔1〕 "华晨宝马汽车有限公司、宝马（中国）汽车贸易有限公司召回部分进口及国产汽车"，载华晨宝马有限公司官网，http://www.bmw-brilliance.cn/cn/zh/recall_service.html.

由于供应商制造原因，本次召回范围内部分车辆在潮湿地区使用一段时间后，前排乘客侧正面安全气囊气体发生器可能会发生故障，气囊无法正常打开，气体发生器金属外壳被撕裂，有伤及前排乘客或其他车内人员的风险，存在安全隐患。宝马（中国）汽车贸易有限公司、华晨宝马汽车有限公司将为召回范围内的车辆免费更换前排乘客侧正面安全气囊模块，以消除安全隐患。

宝马（中国）汽车贸易有限公司、华晨宝马汽车有限公司将通过授权经销商主动联系相关车主，安排维修事宜。用户可以拨打宝马客户服务热线 400 - 800 - 6666 进行咨询。用户也可登录国家质检总局网站（www. aqsiq. gov. cn）、国家质检总局缺陷产品管理中心网站（www. dpac. gov. cn），或拨打国家质检总局缺陷产品管理中心热线电话 010 - 59799616 了解此次召回的详细信息。

[案例评析]

宝马（中国）汽车贸易有限公司、华晨宝马汽车有限公司的这次召回行动，属于主动召回，是在制造商发现了产品的安全隐患后，依据《缺陷汽车产品召回管理条例》的要求和程序进行的召回。这样的召回，一方面有利于保护消费者的合法权益，另一方面也有利于提升制造商的信誉，督促其改进产品质量，增强竞争力，是一种个人和社会利益的双赢。

需要一提的是，曾在 2002 年 5 月 28 日，广州本田宣布为 1999 年 8 月前出厂的 3560 余辆广州雅阁轿车进行免费检查修理，日本本田汽车公司则发布消息，决定在全球召回 250 多万辆存在点火器隐患的汽车。但本田汽车中国办事处和广州本田表示，中国市场不在召回的范围之内，只是建议中国用户送车到特约维修店检修。[1]这种情况还曾经发生在德国奔驰、日本日产、日本丰田等汽车公司进行全球召回的时候。可是，当我们谴责这种"中外有别"时，才发现中国的法律没有相应的规定，才使外国厂商"合法"地歧视了中国消费者。现在，我国的缺陷汽车产品召回已渐趋完善，其他产品的召回制度也逐步确立起来，这也是市场国际化的必然趋势。而 2013 年修正的《消费者权益保护法》第 19 条规定："经营者发现其提供的商品或者服务存在缺陷，有危及人身、财产安全危险的，应当立即向有关行政部门报告和告知消费者，并采取停止销售、警示、召回、无害化处理、销毁、停止生产或者服务等措施。采取召回措施的，经营者应当承担消费者因商品被召回支出的必要费用"，更是在法律上确立了召回制度，为消费者权益保护提供了更有力的保障。

---

〔1〕 载广东省消委会消费维权网，http：//www. gd315. gov. cn/zhuanlan/201403/41515. html.

第三节 生产者、销售者的产品质量责任和义务

生产者、销售者的产品质量责任和义务是指依据法律、法规的规定，生产者、销售者在产品质量方面应当承担的责任和义务，包括作为义务和不作为义务。

一、生产者的产品质量责任和义务

（一）对其生产的产品质量负责

按照规定，生产者生产的产品应当符合以下要求：

1. 不存在危及人身、财产安全的不合理的危险，有保障人体健康和人身、财产安全的国家标准、行业标准的，应当符合该标准；

2. 具备产品应当具备的使用性能，但是，对产品存在使用性能的瑕疵作出说明的除外；

3. 符合在产品或者其包装上注明采用的产品标准，符合以产品说明、实物样品等方式表明的质量状况。

第1条规定的是产品缺陷问题，生产者应当保证产品不存在缺陷；第2、3条规定的是产品的瑕疵问题，生产者对此负有担保义务。

（二）对其产品或者包装上的标识负责

按照规定，产品或其包装上的标识应当符合以下要求：

1. 有产品质量检验合格证明；

2. 有中文标明的产品名称、生产厂厂名和厂址；

3. 根据产品的特点和使用要求，需要标明产品规格、等级、所含主要成分的名称和含量的，用中文相应予以标明；需要事先让消费者知晓的，应当在外包装上标明，或者预先向消费者提供有关资料；

4. 限期使用的产品，应当在显著位置清晰地标明生产日期和安全使用期或者失效日期；

5. 使用不当，容易造成产品本身损坏或者可能危及人身、财产安全的产品，应当有警示标志或者中文警示说明。

但是，裸装的食品和其他根据产品的特点难以附加标识的裸装产品，可以不附加产品标识。

（三）符合产品包装要求

易碎、易燃、易爆、有毒、有腐蚀性、有放射性等危险物品以及储运中不能倒置和其他有特殊要求的产品，其包装质量必须符合相应要求，依照国家有关规定作出警示标志或者中文警示说明，标明储运注意事项。

（四）不得为法律禁止实施的行为

1. 生产者不得生产国家明令淘汰的产品；

2. 生产者不得伪造产地，不得伪造或者冒用他人的厂名、厂址；

3. 生产者不得伪造或者冒用认证标志等质量标志；

4. 生产者生产产品，不得掺杂、掺假，不得以假充真、以次充好，不得以不合格产品冒充合格产品。

根据《最高人民法院、最高人民检察院关于办理生产、销售伪劣商品刑事案件具体应用法律若干问题的解释》的规定，"在产品中掺杂、掺假"，是指在产品中掺入杂质或者异物，致使产品质量不符合国家法律、法规或者产品明示质量标准规定的质量要求，降低、失去应有使用性能的行为。"以假充真"，是指以不具有某种使用性能的产品冒充具有该种使用性能的产品的行为。"以次充好"，是指以低等级、低档次产品冒充高等级、高档次产品，或者以残次、废旧零配件组合、拼装后冒充正品或者新产品的行为。"不合格产品"，是指不符合《中华人民共和国产品质量法》第 26 条第 2 款规定的质量要求的产品。

二、销售者的产品质量责任和义务

（一）建立并执行进货检查验收制度，验明产品合格证明和其他标识

产品进货检查验收包括产品标识检查、产品感官检查和必要的产品内在质量的检查。产品标识检查，指销售者应当按照法律、法规以及合同的规定，检查进货产品的各种标识。按照《产品质量法》的规定，进货产品的标识应有：①产品质量检验合格证明；②有中文标明的产品名称、生产厂厂名和厂址；③对有使用期限要求的产品，应在明显位置标注有生产日期和安全使用期或者失效日期；④对于涉及使用安全的产品和容易损坏的产品，应有警示标志或者中文警示说明。此外，根据不同产品的不同特点，还应当检查规格、数量、等级等标识。产品感官检查，是指销售者对进货产品的质量进行感官判定。这是产品内在质量检查的一种常用方法。产品内在质量的验收，是指销售者对产品内在质量的检察。一般来说，销售者如果对进货产品的内在质量发生怀疑，或者验收大宗产品的进货质量，可以通过对产品内在质量的检察，把好进货关。

销售者自身具备产品质量检验能力和条件的，可以自行进行检验验收；不具备条件的，销售者可以委托符合《产品质量法》规定条件的产品质量检验机构进行验收检验。

检验产品质量的判定依据是《产品质量责任法》第 26 条第 2 款规定的三项要求，即产品不得存在危及人身、财产安全的不合理的危险；具备产品应当具备的使用性能；符合在产品或者包装上注明采用的产品标准，符合说明书、实物样品表明的质量状况。另外，签订有购销合同的，还应当符合合同约定的质量要求。

销售者完成进货检查验收之后的产品，其所有权则发生了转移。产品的所有权由生产者、供货者转移至销售者。因此，销售者应当对其销售的产品质量负责，依法承担产品质量责任。

（二）采取措施，保持销售产品的质量

销售者应当根据产品的不同特点，采取不同的措施，如防雨、通风、防晒、防

霉变等方式，保持进货时的产品质量状况，尤其是药品和食品等。采取措施，还应包括配置必要的设备和设施。当然，销售的产品由于其质量的特征和特点，经过一段时间，可能会发生一定的变化，但这种变化应限制在合理的范围内。

（三）销售的产品符合法律规定

1. 不得销售国家明令淘汰并停止销售的产品和失效、变质的产品。

2. 遵守质量标示制度。产品或者其包装上的标识必须真实，并符合《产品质量法》第27条的要求。

（1）销售者在进货时，应认真执行进货检查验收制度，特别是要检查产品的标识是否符合法律的规定，对于标识符合法律规定的要求的产品可以验收进货，对于标识不符合法律规定的要求的产品，则应拒收。

（2）销售者应采取措施保持产品的标识能够符合法律规定的要求，不得擅自将产品的标识加以涂改，特别是限期使用的产品，不能为了经济利益而改变产品的安全使用期或者失效日期。销售者由于对于所进的产品不能做到逐一检验，因而，在销售过程中，应当对所销售产品的标识经常进行检查，发现不符合法律规定的，要及时撤下柜台，以保证销售产品的标识符合法律的规定。

3. 不得为法律禁止实施的行为。不得伪造产地，不得伪造或者冒用他人的厂名、厂址；不得伪造或者冒用认证标志等质量标志；销售产品，不得掺杂、掺假，不得以假充真、以次充好，不得以不合格产品冒充合格产品。

 以案说法

冰箱只有质检报告没有合格证能否退货[1]

[案情简介]

2005年8月28日，李华到当地一商场购买了一台新款冰箱。运回家后，李华发现只有产品质量检验合格报告，且受检单位、受委托单位、生产单位均为同一厂家，并没有产品合格证，遂找到商场要求退货。因协商未果，双方起讼。审理中，就商场应否退货，有两种意见。

第一种意见认为，无论是质检报告还是产品合格证，其关键在于说明产品必须合格，而商场提供的质检报告中对此已有明确表示，李华要求退货无理，况且李华还没有使用，不能预见有质量问题。

第二种意见认为商场应当退货。理由是质检报告不等于产品合格证：

1. 商品必须具有产品合格证。《产品质量法》第27条第1款明确规定："产品或者其包装上的标识必须真实，并符合下列要求：①有产品质量检验合格证明……"第36条指出："销售者销售的产品的标识应当符合本法第27条的规定。"《消费者权

---

〔1〕 载中国法院网，http://old.chinacourt.org/public/detail.php? id=205127.

益保护法》第16条第1款规定："经营者向消费者提供商品或服务，应当依照本法和其他有关法律、法规的规定履行义务。"

2. 合格证的获取必须符合国家要求。一方面，产品质量检验机构必须具备相应的检测条件和能力，经省级以上人民政府产品质量监督管理部门或者其授权的部门考核合格后，方可承担产品质量检验工作。法律、法规对产品质量检验机构另有规定的，依该规定执行。另一方面，国家参照国际先进的产品标准和技术要求，推行产品质量认证制度。企业根据自愿原则可以向国务院产品质量监督管理部门授权的部门认可的认证机构申请产品质量认证。经认证合格后，由认证机构颁发产品质量认证证书，准许企业在产品或者其包装上使用合格证。

3. 质量检验报告不能替代合格证。一是我国目前尚无可以替代的法律依据；二是两者的性质不同。质量检验报告一般来自委托检验，委托检验不是法定的检验，而是一种普通的质量检验类别，没有对受检方进行资质审查的法定权限，委托检验的结果仅对来样负责，目的在于使受检方对送检产品心中有数，不能证明其他同类产品的质量，不具有普遍的法律约束力。更何况本案中的受检单位、受委托单位、生产单位均为同一厂家，自己为自己检验，其效力更令人怀疑。

根据我国《民法通则》第58条第1款的规定，违反法律的行为属无效民事行为，从行为开始起就没有法律的约束力。第61条第1款还规定，民事行为被确认无效后，当事人因该行为取得的财产，应返还给受损害的一方，有过错的一方应当赔偿对方因此所受损失。

[案例评析]

我们同意第二种意见。一方面，根据《产品质量法》的规定，合格证是产品必须具有的有法律意义的标示。没有合格证，是违法的行为，应当承担违法后果。另一方面，合格证与检验报告的性质不同，法律效力也不同，不能等同使用。第二种意见符合法律的规定，有利于保护消费者的合法权益，督促生产者严格规范地履行产品质量责任和义务。

第四节 产品质量责任

一、产品质量责任的概念

产品质量责任，是指产品的生产者、销售者以及对产品质量负有直接责任的人员违反产品质量义务所应承担的法律后果。依据《产品质量法》的规定，产品质量责任包括民事责任、行政责任和刑事责任，是一种综合性的责任，具有强制性、补偿性和制裁性的特点。

产品质量责任中的民事责任，可以分为违约责任和侵权责任两种，违约责任即常说的产品瑕疵担保责任，侵权责任即产品责任。由于这两种责任在产品质量责任中非常重要，因此在下文中分别进行专门的介绍。

二、判定产品质量责任的依据

（一）违约和违法

1. 违约，即当事人（这里主要指经营者）违反了合同的约定，因此应承担相应的违约责任。产品质量法律关系中有多种情况的合同关系，如：生产者之间，销售者之间，生产者和销售者之间，生产者或销售者和消费者之间的买卖合同、承揽合同等。

《合同法》第 111 条规定："质量不符合约定的，应当按照当事人的约定承担违约责任。对违约责任没有约定或者约定不明确，依照本法第 61 条 [1] 的规定仍不能确定的，受损害方根据标的的性质以及损失的大小，可以合理选择要求对方承担修理、更换、重作、退货、减少价款或者报酬等违约责任。"

《产品质量法》第 40 条第 1 款对产品质量的违约规定了三种情况：①不具备产品应当具备的使用性能而事先未作说明的；②不符合在产品或者其包装上注明采用的产品标准的；③不符合以产品说明、实物样品等方式表明的质量状况的。第一种情况属于默示担保，后两种情况属于明示担保。默示担保是指法律推定卖方交付的货物所应达到的基本标准，不得以任何方式排除或限制。明示担保是指产品的制造商或销售商对产品的性能、质量或所有权的一种声明或陈述。[2] 从合同的法理上理解，买方购买某种产品是为了满足该产品所能带来的需求，买卖合同的达成就表明卖方有义务保证该产品能够满足买方的需求。因此，如果产品不具备默示担保的条件即构成违约，明示担保更是如此。

2. 违法，是指违反了法律的规定，这里主要是产品质量法及相关法律法规。这种情况下，无论当事人之间有没有合同关系，经营者都应当承担责任。产品质量法中的"违法"责任主要指的是产品责任，即《产品质量法》第 41 条第 1 款规定的"因产品存在缺陷造成人身、缺陷产品以外的其他财产（以下简称他人财产）损害的，生产者应当承担赔偿责任"，和第 42 条第 1 款规定的"由于销售者的过错使产品存在缺陷，造成人身、他人财产损害的，销售者应当承担赔偿责任"。《侵权责任法》第五章也专章规定了产品责任。"违法"在民事上带来的是侵权责任，而若触犯《刑法》构成犯罪，则要受到刑事处罚。

3. 违约与侵权的竞合。在现实生活中，经营者既侵害了消费者的人身权或财产权，又违反了与消费者的合同约定的情况时有发生。为了更好地保护受害人的合法权益，受害人可以选择依据《合同法》要求其承担违约责任，或者依照《产品质量

---

〔1〕《合同法》第 61 条规定："合同生效后，当事人就质量、价款或者报酬、履行地点等内容没有约定或者约定不明确的，可以协议补充；不能达成补充协议的，按照合同有关条款或者交易习惯确定。"

〔2〕 参见刘静：《产品责任论》，中国政法大学出版社 2000 年版，第 62～63 页。

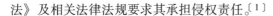

法》及相关法律法规要求其承担侵权责任。[1]

（二）瑕疵与缺陷

产品存在质量问题是产品质量责任发生的前提条件，而在认定产品质量问题时，常常涉及两个术语：瑕疵与缺陷。这两个术语都是对产品质量问题的反映，但是所指的产品质量问题却不相同，由此而带来的产品质量责任也不一样。

1. 瑕疵，本指玉的疵病，比喻微小的缺点，后泛指一切缺点。产品瑕疵是指产品质量不具备产品应当具备的使用性能，不符合在产品或者其包装上注明采用的产品标准，不符合以产品说明、实物样品等方式表明的质量状况，但是又不存在危及人身、财产安全的不合理的危险，或者未丧失原有的使用价值。

当瑕疵不影响产品的使用价值时，是可以销售的，如服装开线、书籍表面有污渍等，但是应当如实告知消费者。如果将有瑕疵的产品冒充合格产品销售，则属于欺骗消费者的行为，要承担相应的法律责任。对于瑕疵产品，销售者要承担修理、更换、退货或违约赔偿的责任。

2. 缺陷，本意指欠缺或不够完备的地方。《产品质量法》第46条中对产品缺陷有明确的界定，是指"产品存在危及人身、他人财产安全的不合理的危险；产品有保障人体健康和人身、财产安全的国家标准、行业标准的，是指不符合该标准"。这里，"不合理的危险"是指危险是被社会公认不应当具有的，可能是明显的也可能是潜在的。

产品缺陷存在于产品的设计、原材料和零部件、制造装配或说明指示等方面，可以分为设计缺陷、制造缺陷和警示缺陷三类。

由于缺陷是可能危及人身和财产安全的，因此缺陷产品是不允许出售的。已经售出的，一方面，应当依据法律的规定实施召回；另一方面，发生损害的，经营者应当承担侵权责任。

三、产品质量瑕疵责任

产品质量瑕疵责任，有的称瑕疵担保责任、产品质量违约责任等，是指买卖合同的一方当事人（卖方）违反产品质量担保所应承担的违约责任。担保包括前面讲到的默示担保和明示担保。

在买卖合同中，买方之所以购买产品是因为产品能够满足其实际需求，如果产品不具备应当具备的使用性能，显然无法满足买方的需求。而有时，虽然产品具有一定的使用性能，但不符合在产品或者其包装上注明采用的产品标准，或不符合以产品说明、实物样品等方式表明的质量状况，而买方恰恰是看中了其样品或说明等表明的优秀质量而购买，这就会导致买方需求无法完全满足。卖方没有实现其在合同中或以其他方式对产品质量作出的保证，因此应当承担瑕疵担保责任。

---

[1] 《合同法》第122条规定："因当事人一方的违约行为，侵害对方人身、财产权益的，受损害方有权选择依照本法要求其承担违约责任或者依照其他法律要求其承担侵权责任。"

（一）承担瑕疵责任的条件和主体

1. 承担瑕疵责任的条件。售出的产品有下列情形之一的，承担瑕疵责任：①不具备产品应当具备的使用性能而事先未作说明的；②不符合在产品或者其包装上注明采用的产品标准的；③不符合以产品说明、实物样品等方式表明的质量状况的。

就合同本身而言，承担瑕疵责任要求合同关系是成立的，并且买卖双方在合同中没有就产品瑕疵作出免责约定。

2. 承担瑕疵责任的主体。责任的主体主要是销售者，还有对产品瑕疵负有责任的生产者和供货者。根据《产品质量法》的规定，销售者应当负责修理、更换、退货，给购买产品的消费者造成损失的，销售者应当赔偿损失。销售者负责修理、更换、退货、赔偿损失后，属于生产者的责任或者属于向销售者提供产品的其他销售者（以下简称供货者）的责任的，销售者有权向生产者、供货者追偿。生产者之间，销售者之间，生产者与销售者之间订立的买卖合同、承揽合同有不同约定的，合同当事人按照合同约定执行。

（二）瑕疵责任的主要内容

产品质量瑕疵责任的主要内容包括：责任的方式、责任的期限、免责条件和诉讼时效。

1. 责任的方式。法律规定，销售者应当负责修理、更换、退货，给购买产品的消费者造成损失的，销售者应当赔偿损失。因此，瑕疵责任的方式可以简单概括为"三包"加赔偿。从责任的承担方式可以看出，瑕疵责任主要以补偿为主，目的在于修复当事人间的法律关系，促进合同目的的实现，如修理、更换。合同目的无法实现时，才采取解除合同的方式——退货。而赔偿损失的范围也是买方的实际损失，包括直接损失和间接损失。

另外，需要注意的是，虽然我国有《部分商品修理更换退货责任规定》（1995年）、《移动电话机商品修理更换退货责任规定》（2001年）和《微型计算机商品三包条例》（2002年）等具体规定某类或部分商品三包的法规，但三包范围不限于此。根据《产品质量法》、《消费者权益保护法》的规定，只要是"售出的产品"，销售者就应承担三包的责任。

2. 责任的期限。产品质量瑕疵责任的期限是产品的明示保证期限内。对于部分产品，国家有明确的保质期规定，例如，《部分商品修理更换退货责任规定》规定，彩色电视整机三包有效期为1年，主要部件三包有效期为3年。对于由国家规定的产品，责任期限依据国家规定；没有国家规定的，可以由生产者或销售者在产品上标示或出卖时告知，也可以由买卖双方约定。

3. 免责条件。根据相关法律规定，产品质量瑕疵责任的免责条件有：

（1）消费者明知产品有瑕疵而仍愿意购买。销售者出售质量瑕疵产品已经声明，消费者明知瑕疵而购买的，不能再因此瑕疵而要求卖方承担瑕疵责任。但是，如果发现了该瑕疵以外的质量瑕疵，并且销售者没有如实告知，或产品有缺陷，消费者依然有权利要求销售者承担瑕疵责任或缺陷责任。

（2）由于产品本身的性质导致功能上的降低或丧失。

（3）产品的质量要求依生产时的科技水平无法达到，或该瑕疵以生产时的科技水平无法解决。

4. 诉讼时效。瑕疵担保责任的诉讼时效为 1 年。根据《民法通则》第 136 条第 2 项的规定，出售质量不合格的商品未声明的，诉讼时效为 1 年。但是，如果因产品瑕疵造成了人身或财产损害，则属于违约责任与侵权责任竞合，受害人可以选择适用法律，而侵权责任诉讼时效是 2 年。

四、产品责任

（一）产品责任的概念

产品责任，又称产品缺陷责任、产品侵权责任，是指因产品存在缺陷造成人身、缺陷产品以外的其他财产损害的，生产者或销售者依法应当承担的民事责任。产品责任是一种法定责任，承担责任的原因是侵权，包括人身权利和财产权利。产品责任是特殊侵权责任，不以当事人之间存在合同关系为前提，而是基于产品缺陷造成他人损害这一事实而产生的，是因为对法定义务的直接违反而产生的法律责任。无论是否与生产者或销售者有合同关系，只要是因使用缺陷产品而造成了人身伤害或财产损失，受害人就可以要求赔偿。产品责任属于特殊侵权责任的特殊性在于归责原则的适用方面。一般侵权责任适用过错责任原则，特殊侵权责任适用严格责任的归责原则。也就是说，受害人无须证明加害人的主观过错，而只需要证明产品的缺陷、损害，以及产品缺陷与损害之间的因果关系，产品责任就可以成立。

需要注意的是，产品责任与产品质量责任是两个不同的概念。产品责任是因为产品缺陷而引起的特殊侵权责任，产品质量责任则是对违反产品质量法及相关法律法规而依法应承担的责任的总称，包括民事责任、行政责任和刑事责任。可以看出，产品责任包含于产品质量责任之中，是产品质量责任中的民事责任里的特殊侵权责任。

产品责任是在 19 世纪中叶英美判例的基础上产生和发展起来的一种民事责任，最初是作为合同责任来对待的，当事人之间的合同关系被视为是构成产品责任的前提。[1] 如在 1842 年英国的"温特博特姆诉怀特"案确立的"无契约无责任"原则。这种规定限制了受害人的请求权，从另一个角度保护了生产者和销售者，适应和反映了当时资本主义国家大力发展生产的要求。随着经济的发展和社会的进步，尤其是消费者保护运动的高涨，20 世纪二三十年代英美两国法院率先开始适用侵权行为法理论处理产品责任案件，而不再要求当事人之间存在合同关系。20 世纪 60 年代，现代产品责任法被制造者侵权和担保上的严格责任理论所发展，特别是美国 1963 年

---

〔1〕 参见吴宏伟主编：《市场管理法教程》，法律出版社 1997 年版，第 98 页。

"格林曼诉尤巴电力公司"一案，更被公认为严格责任确立的里程碑。[1] 不少国家通过专门立法，将产品责任纳入法制轨道，更好地保护消费者权益，如德国、挪威、丹麦、日本等国的《产品责任法》。我国没有制定专门的《产品责任法》，而是在《产品质量法》中进行了规定。

（二）产品缺陷

产品缺陷是产品责任构成要件中的重要内容，产品没有缺陷，就不存在产品责任。《产品质量法》第46条对"缺陷"进行了定义："本法所称缺陷，是指产品存在危及人身、他人财产安全的不合理的危险；产品有保障人体健康和人身、财产安全的国家标准、行业标准的，是指不符合该标准。"

美国1965年的《第二次侵权法重述》对缺陷的定义是：对使用者或消费者或其财产有不合理危险的缺陷状态。《欧共体产品责任指令》将缺陷定义为：①考虑到下列所有情况，如果产品不能提供人们有权期待的安全，即属于缺陷产品：产品的说明；能够投入合理期待的使用；投入流通的时间。②不得以后来通入流通的产品更好为由认为以前的产品有缺陷。日本《制造物责任法》规定缺陷为：考虑该制造物的特性、其通常预见的使用形态、其制造业等交付该制造物时其他与该制造物有关的事项，该制造物欠缺通常应有的安全性。[2] 从不同国家立法对"缺陷"的定义来看，"缺陷"的核心内容在于存在"不合理的危险"，或者说"不能提供人们有权期待的安全"。

产品缺陷可以分为三类：

1. 设计缺陷。设计是一个工业技术术语，它是在制造产品之前预先形成的构思、方案、计划、安排、图样等。产品离不开设计，优良的设计是产品制造、销售的前提条件。设计缺陷是指产品设计存在着不合理、不安全的因素，是由事先形成的对产品的构思、方案、计划、图样等设计上的事项而造成的缺陷。如配方、处方错误，原理错误，结构设计错误等。

设计是制造的前提，设计缺陷可以说是产品的先天缺陷，它所影响的不仅仅是个别产品，而是依此设计生产出的所有产品，可能带来的是大范围的损害事故，以及随之而来的可能是大量的受害用户的赔偿请求，因此其在商业上的牵连也是深远的。如华晨宝马与宝马（中国）在2013年10月发出的召回公告中称："本次召回范围内部分车辆发动机缸盖中进气凸轮轴存在设计缺陷。当发动机运转时，凸轮轴内部的机油密封片可能发生偏移。偏移会影响真空泵的机油供给，当机油供应严重缺少时，真空泵会因润滑不足而损坏，真空泵损坏会导致制动助力下降，存在安全隐患。"这种设计缺陷存在于适用该型号发动机的所有车型，一旦发生危险将造成巨大的损失。

---

[1] 参见刘静：《产品责任论》，中国政法大学出版社2000年版，第22页。

[2] 参见刘静：《产品责任论》，中国政法大学出版社2000年版，第118~119页。

由于设计本身是人的智力活动，设计者主观上的构思是否合理很难有一个统一的认识和规定，各国在司法实践中也无系统、明确的解释，这使得设计缺陷标准难以把握，判断起来比较困难。美国《第二次侵权法重述》以普通消费者对该产品的特性具有人所共知的常识所能预见的程度为判断标准，如果该产品的危险超过了消费者所能预见的程度，则认为是危险的。这也被称为缺陷认定中的消费者期待标准。另外，美国《第三次侵权法重述》规定设计缺陷为：产品危害的可预见危险，通过卖方合理的可替代设计方案本应得以减轻或避免……未采用替代设计方案使产品陷于不合理安全状态……在决定产品是否有设计缺陷时，适用风险/效用标准。[1] 这是成本效益分析方法在判断设计缺陷时的补充。

2. 制造缺陷。制造是任何产品不可缺少的过程，设计出来的产品必须通过制造才能成为正式的产品。制造缺陷是指产品在制造过程中，不符合设计规范，或者不符合工艺要求等，致使产品存在危及人身或财产安全的不合理的危险。制造缺陷可能由于质量管理不善、技术水平差等原因形成。

虽然从理论上讲，只要加强产品制造过程的监管控制，提高生产技术等就应该能够避免制造缺陷的产生。但是，现实生活中，大规模制造产品的生产过程不可能万无一失。从这个角度理解，制造缺陷的产生有其必然性。与设计缺陷涉及全部产品相比，制造缺陷属于个别缺陷，仅涉及某一产品或某批产品，同一设计的大多数产品仍然是安全的。而且，制造缺陷需要采取补救措施的范围往往较小，纠正缺陷所用的时间也比较短。另外，与设计缺陷难以判断相比，制造缺陷的判断相对容易。制造缺陷是在生产过程中产生的，不符合设计规范，或者不符合工艺要求。这里，"规范"、"要求"或"标准"等是事先存在的，缺陷可以通过对规格、技术标准的检验或通过与正常产品的对比检验进行主观识别。

《产品质量法》第3条规定："生产者、销售者应当建立健全内部产品质量管理制度，严格实施岗位质量规范、质量责任以及相应的考核办法。"另外，产品质量法还规定了企业质量体系认证制度、产品质量认证制度等，从法律上加强了对制造过程和结果的监督管理，有利于减少制造缺陷的发生，保护消费者的合法权益。

3. 警示缺陷。有的产品本身具有危险性，需要在运输、使用、保存等时特别注意；有的产品本身没有危险，但是使用方法不当可能导致危险产生。对于这些产品的危险，生产者、销售者应通过产品说明书等适当方式加以警示。因为没有这种在使用上或危险防治上必要的、适当的说明或警告，致使产品存在危及人身或财产安全的不合理危险的缺陷，即为警示缺陷。警示缺陷分为两种类型，即对风险的警告和对使用方法的提示。前一种是针对本身有危险的产品，这种危险是使用该产品的人依据常识就能合理预期的。如药品中的副作用说明，有些药品上会明确注明"肾

〔1〕 参见张岚："产品责任法发展史上的里程碑——评美国法学会《第三次侵权法重述：产品责任》"，载《法学》2004年第3期。

功能不全者禁用",那么肾功能不全的消费者就应当避免使用该药品。后一种针对的是本身没有危险,但是使用方法不当可能导致危险产生的产品。例如,一些儿童玩具上标明的"要在成年人看护下使用",就属于这种警示。

在认定产品警示缺陷时,需要考虑这样几个因素:

(1) 警示时间。产品警示应当及时,能够避免危险的发生。因此,从产品进入流通领域开始,生产者就有义务将产品可能存在的危险和正确的使用方法向消费者进行警示。由于人类的认识和科技水平的不断提高,以及对消费者权益保护的日益重视,生产者应对产品投入流通后发现的危险负有警示义务。[1]

(2) 警示的位置。警示的位置设置应该以能够充分引起消费者注意为原则,一般印刷在产品的使用说明书、标签或者外包装上,某些产品的警示也可印刷在产品之上。警示的字体必须醒目、突出,能够引起注意,可以通过加粗字体,加重颜色,标注警示图形、标识等方式来突出警示内容。对于食品包装中警示的设置,国家质检总局在其颁布的《食品标识管理规定》第 23 条作了明确的规定:"食品标识应当清晰醒目,标识的背景和底色应当采用对比色,使消费者易于辨认、识读。"[2] 对于不宜包装的特殊产品(如散装产品),如果不便在产品之上标注警示,便要在便于提醒消费者的显著位置标注相关警示。例如,超市中的散装食品,要在摆放该产品的货架旁边标注正确使用方法、储存方法或者提示相关风险。

(3) 警示的语言和内容。警示的语言应该做到简明易懂,不得使用不规范、语义含糊不清、过于抽象笼统的警示。例如:《农产品质量安全法》第 28 条规定:"……包装物或者标识上应当按照规定标明产品的品名、产地、生产者、生产日期、保质期、产品质量等级等内容;使用添加剂的,还应当按照规定标明添加剂的名称……"《药品说明书和标签管理规定》第 5 条规定:"药品说明书和标签的文字表述应当科学、规范、准确。非处方药说明书还应当使用容易理解的文字表述,以便患者自行判断、选择和使用。"

(4) 警示的对象。产品警示的对象应当是可预见的产品最终使用者。比如对于处方药来说,生产者的药品说明书是给予医生的警示,因为依据有关规定,处方药必须由医生开具处方。而对于可能负有责任的中间人做适当警示可能足以解除生产者的责任。例如,在"霍尔姆斯诉阿什福特"案中,生产者所提供的瓶装染发剂的瓶子上和伴随染发剂的小册子上都有"该染发剂对皮肤有害"的字样,并建议在使用该产品前进行试验。理发师看懂警示却忽视了,没有进行试验,也没有警告消费者注意,结果消费者患上皮炎。法院判决生产者没有责任。该案中,理发师的知晓可以算作中间检验,这种检验可以免除生产者的责任。[3]

〔1〕 参见张云、徐楠轩编著:《产品质量法教程》,厦门大学出版社 2011 年版,第 210 页。

〔2〕 参见刘卓慧:《食品标识管理规定》,中国计量出版社 2010 年版,第 8 页。

〔3〕 参见刘静:《产品责任论》,中国政法大学出版社 2000 年版,第 132 页。

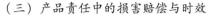
（三）产品责任中的损害赔偿与时效

所谓"损害"，是指一定的行为致使人身权利、财产权利以及其他利益受到的侵害，并造成财产利益和非财产利益的减少或灭失的客观事实。产品责任中的损害事实包括人身损害和财产损害，其中人身损害包括对生命健康权的损害和对一般人格权的损害，财产损害包括直接财产损害和间接财产损害。需要注意的是，这里受侵害的财产是"产品"本身以外的其他财产，产品本身的损害不适用产品责任的规定，而是依据产品瑕疵责任的规定来处理。

因产品缺陷造成受害人人身损害的，侵权责任人应当赔偿医疗费、护理费、交通费等为治疗和康复支出的合理费用，以及因误工减少的收入。造成残疾的，还应当赔偿残疾生活辅助具费和残疾赔偿金。造成死亡的，还应当赔偿丧葬费和死亡赔偿金。[1]

因产品缺陷造成财产损害的，侵权责任人应当根据实际情况停止侵害、恢复原状、赔偿损失等。

《产品质量法》第45条规定："因产品存在缺陷造成损害要求赔偿的诉讼时效期间为2年，自当事人知道或者应当知道其权益受到损害时起计算。因产品存在缺陷造成损害要求赔偿的请求权，在造成损害的缺陷产品交付最初消费者满10年丧失；但是，尚未超过明示的安全使用期的除外。"

（四）产品责任的因果关系和归责原则

因果关系是指客观事物之间前因后果的关联性，原因是指引起一定现象的现象，结果是指由于原因的作用而被引起的现象。在产品责任中，损害事实是由产品缺陷直接导致的这种因果关系，是产品责任成立的条件之一。在产品责任案件中，造成损害的原因有时不是单一的，而是由多种原因共同作用导致了损害结果的发生。因此，必须要证明产品缺陷是导致损害事实的直接原因。另外，当有多种原因时，其他原因可能会切断缺陷与损失之间的部分或全部因果关系，导致责任人部分或全部免责。例如，1964年美国"福特汽车公司诉韦高纳"一案中，福特汽车公司售出的一辆汽车门闩有缺陷，公司向购买者提出免费更换门闩，但汽车购买者不同意这个提议。后来，该购买者又将此车卖给了第二位购买者。当第二位购买者驾车时门闩脱落，致其受伤。法院判定福特汽车公司对此事故不承担损害赔偿责任。[2]

归责是指依据某种事实状态确定责任的归属，归责原则就是确定责任归属所必须依据的法律准则。归责原则所要解决的是依据何种事实状态确定责任归属问题，这是侵权责任的基础问题。产品责任的归责原则经历了过错责任——过错推定责任——严格责任的演变，这与产品责任的理论与实践发展以及社会、经济的发展是

---

〔1〕 参见我国《侵权责任法》第16条。

〔2〕 参见〔英〕斯蒂芬森·W. 海维特：《产品责任法概述》，陈丽洁译，中国标准出版社1991年版，第115～117页。

一致的。

产品责任是一种严格责任，也称无过错责任，是指因产品缺陷造成他人人身或产品以外的其他财产损害，无论生产者对缺陷的存在是否有过错，都应依法向受害人承担赔偿责任。因此，生产者承担产品责任的条件是：产品有缺陷、有损害事实、缺陷和损害事实间有因果关系。

另外，根据《产品质量法》第 42 条的规定，由于销售者的过错使产品存在缺陷，造成人身、他人财产损害的，销售者应当承担赔偿责任。销售者不能指明缺陷产品的生产者也不能指明缺陷产品的供货者的，销售者应当承担赔偿责任。也就是说，销售者承担产品责任的归责原则分为两种情况：①由于销售者的过错使产品存在缺陷的，适用过错责任归责原则。这种情况下，销售者承担产品责任的条件是：产品有缺陷、有损害事实、缺陷和损害事实间有因果关系以及主观过错。②销售者不能指明缺陷产品的生产者也不能指明缺陷产品的供货者的，适用严格责任归责原则。这种情况，也有学者将之归于过错推定责任。[1] 本书认为，以严格责任为宜。过错推定责任的核心在于若责任人无法证明其无过错，就推定其有过错，仍然是以过错作为承担责任的条件。而在该法条中，并没有对过错作出要求。法律规定，销售者有义务在进货时严格遵守检查验收制度，生产者、供货者的基本情况都属于应当验明的事项，因此"不能指明"本身即说明销售者没能完全按照法律规定进行验货，应当承担此不利后果。另外，从保护消费者和加强产品质量管理的意旨考虑，要求销售者在这种情况下承担严格责任，更有利于受害人能够及时获得赔偿，督促销售者严把进货关，杜绝伪劣产品进入市场。

（五）产品责任的免除

产品责任的免除，是指根据法律规定的事由，免除责任人对产品缺陷造成的损害的赔偿责任。产品责任免除的规定可以兼顾消费者和经营者的利益，在保护消费者的同时保障经营者的生产、销售能力，发挥积极的社会作用。

根据我国《产品质量法》第 41 条第 2 款的规定，生产者能够证明有下列情形之一的，不承担赔偿责任：

1. 未将产品投入流通的。产品如果处于制造、装配、包装等阶段，尚未投入流通，即使该产品存在缺陷，造成损害，生产者也不承担产品责任。将产品投入流通包括销售、出租、赠与产品或在产品上设定抵押、质押等形式。

2. 产品投入流通时，引起损害的缺陷尚不存在的。这说明产品缺陷的产生与生产者无关，生产者不需要为他人的行为负责。

3. 将产品投入流通时的科学技术水平尚不能发现缺陷的存在的。产品投入流通时的科学技术水平，是以现有的科学技术水平而论的，而不是指生产者自身的技术水平，如果因为生产者技术落后导致产品存在缺陷，即使生产者发现不了缺陷的存

---

〔1〕 参见杨紫烜主编：《经济法》，北京大学出版社、高等教育出版社 2008 年版，第 278 页。

在，生产者也不能免除责任。另外，根据《侵权责任法》的规定，产品投入流通后发现存在缺陷的，生产者、销售者应当及时采取警示、召回等补救措施。未及时采取补救措施或者补救措施不力造成损害的，应当承担侵权责任。

另外，在受害人对损害的发生存在故意时，产品的生产者、销售者也应当免除责任。产品责任的免责事由，由产品的生产者或销售者负责举证。

五、产品质量行政责任

行政责任是指行为人违反法律、法规，不履行法律、法规规定的义务，国家行政机关依法给予的一种行政制裁。行政责任包括行政处分和行政处罚两大类。产品质量行政责任从责任主体上分可以分为生产者、销售者的行政责任，产品质量检验机构、认证机构的行政责任，国家机关及其工作人员的行政责任三大类。

（一）生产者、销售者的行政责任

根据《产品质量法》的规定，生产者、销售者的行政责任主要有：

1. 生产、销售不符合保障人体健康和人身、财产安全的国家标准、行业标准的产品的，责令停止生产、销售，没收违法生产、销售的产品，并处违法生产、销售产品（包括已售出和未售出的产品，下同）货值金额等值以上 3 倍以下的罚款；有违法所得的，并处没收违法所得；情节严重的，吊销营业执照。

2. 在产品中掺杂、掺假，以假充真，以次充好，或者以不合格产品冒充合格产品的，责令停止生产、销售，没收违法生产、销售的产品，并处违法生产、销售产品货值金额 50% 以上 3 倍以下的罚款；有违法所得的，并处没收违法所得；情节严重的，吊销营业执照。

3. 生产国家明令淘汰的产品的，销售国家明令淘汰并停止销售的产品的，责令停止生产、销售，没收违法生产、销售的产品，并处违法生产、销售产品货值金额等值以下的罚款；有违法所得的，并处没收违法所得；情节严重的，吊销营业执照。

4. 销售失效、变质的产品的，责令停止销售，没收违法销售的产品，并处违法销售产品货值金额 2 倍以下的罚款；有违法所得的，并处没收违法所得；情节严重的，吊销营业执照。

5. 伪造产品产地的，伪造或者冒用他人厂名、厂址的，伪造或者冒用认证标志等质量标志的，责令改正，没收违法生产、销售的产品，并处违法生产、销售产品货值金额等值以下的罚款；有违法所得的，并处没收违法所得；情节严重的，吊销营业执照。

6. 产品标识不符合法律规定的，责令改正；有包装的产品标识不符合规定，情节严重的，责令停止生产、销售，并处违法生产、销售产品货值金额 30% 以下的罚款；有违法所得的，并处没收违法所得。

7. 拒绝接受依法进行的产品质量监督检查的，给予警告，责令改正；拒不改正的，责令停业整顿；情节特别严重的，吊销营业执照。

（二）产品质量检验机构、认证机构的行政责任

根据《产品质量法》的规定，产品质量检验机构、认证机构的行政责任主要有：

1. 产品质量检验机构、认证机构伪造检验结果或者出具虚假证明的，责令改正，对单位处 5 万元以上 10 万元以下的罚款，对直接负责的主管人员和其他直接责任人员处 1 万元以上 5 万元以下的罚款；有违法所得的，并处没收违法所得；情节严重的，取消其检验资格、认证资格。

2. 产品质量检验机构、认证机构出具的检验结果或者证明不实，造成损失的，应当承担相应的赔偿责任；造成重大损失的，撤销其检验资格、认证资格。

3. 产品质量认证机构违反法律的规定，对不符合认证标准而使用认证标志的产品，未依法要求其改正或者取消其使用认证标志资格的，对因产品不符合认证标准给消费者造成的损失，与产品的生产者、销售者承担连带责任；情节严重的，撤销其认证资格。

4. 产品质量检验机构违反法律规定，向社会推荐生产者的产品或者以监制、监销等方式参与产品经营活动的，由产品质量监督部门责令改正，消除影响，有违法收入的予以没收，可以并处违法收入 1 倍以下的罚款；情节严重的，撤销其质量检验资格。

（三）国家机关及其工作人员的行政责任

根据《产品质量法》规定，国家机关及其工作人员的行政责任主要有：

1. 各级人民政府工作人员和其他国家机关工作人员有下列情形之一的，依法给予行政处分：①包庇、放纵产品生产、销售中违反本法规定行为的；②向从事违反本法规定的生产、销售活动的当事人通风报信，帮助其逃避查处的；③阻挠、干预产品质量监督部门或者工商行政管理部门依法对产品生产、销售中违反本法规定的行为进行查处，造成严重后果的。

2. 产品质量监督部门在产品质量监督抽查中超过规定的数量索取样品或者向被检查人收取检验费用的，由上级产品质量监督部门或者监察机关责令退还；情节严重的，对直接负责的主管人员和其他直接责任人员依法给予行政处分。

3. 产品质量监督部门或者其他国家机关违反法律规定，向社会推荐生产者的产品或者以监制、监销等方式参与产品经营活动的，由其上级机关或者监察机关责令改正，消除影响，有违法收入的予以没收；情节严重的，对直接负责的主管人员和其他直接责任人员依法给予行政处分。

4. 产品质量监督部门或者工商行政管理部门的工作人员滥用职权、玩忽职守、徇私舞弊，尚不构成犯罪的，依法给予行政处分。

六、产品质量刑事责任

产品质量刑事责任，是指违反《产品质量法》的规定，已触犯《刑法》、构成犯罪的，依照《刑法》的规定追究的刑事责任。《产品质量法》所规定的刑事责任主要有：

1. 生产、销售不符合保障人体健康和人身、财产安全的国家标准、行业标准的产品的，构成犯罪的，依法追究刑事责任。

2. 在产品中掺杂、掺假，以假充真，以次充好，或者以不合格产品冒充合格产品的，构成犯罪的，依法追究刑事责任。

3. 销售失效、变质的产品的，构成犯罪的，依法追究刑事责任。

4. 产品质量检验机构、认证机构伪造检验结果或者出具虚假证明的，构成犯罪的，依法追究刑事责任。

5. 知道或者应当知道属于法律规定禁止生产、销售的产品而为其提供运输、保管、仓储等便利条件的，或者为以假充真的产品提供制假生产技术的，构成犯罪的，依法追究刑事责任。

6. 各级人民政府工作人员和其他国家机关工作人员有下列情形之一，构成犯罪的，依法追究刑事责任：①包庇、放纵产品生产、销售中违反本法规定行为的；②向从事违反本法规定的生产、销售活动的当事人通风报信，帮助其逃避查处的；③阻挠、干预产品质量监督部门或者工商行政管理部门依法对产品生产、销售中违反本法规定的行为进行查处，造成严重后果的。

7. 产品质量监督部门或者工商行政管理部门的工作人员滥用职权、玩忽职守、徇私舞弊，构成犯罪的，依法追究刑事责任。

 以案说法

韦富诉南海永华玩具厂人身损害赔偿案[1]

[案情简介]

2001 年，韦富过 4 岁生日时，父母给他买了一辆童车。2002 年 1 月 20 日，韦母覃燕兰陪韦富骑了一会儿童车后，把童车放到家门口，回到屋里整理账目，丈夫韦汉春坐在一边看电视，韦富一人在外边玩耍。上午 11 点钟左右，覃燕兰忽然听到孩子在哭，赶紧跑出门看，就看见童车在那里，韦富的手被童车卡住。经拍片检查，韦富的右拇指被童车夹断，骨头已经变成碎片，只能进行驳接手术，把断开的手指接上。但这种碎骨驳接成活率不高，一周后，伤口部位发黑，驳接手术失败，医生只能将小韦富右拇指上端截去。

覃燕兰夫妇发现造成伤害的这辆"小明星"牌 16 寸儿童自行车安装的是"F"型半封闭链罩，链罩没有全封闭是导致小韦富受伤的原因，属于产品缺陷，被告应当赔偿原告的损失。永华玩具厂认为自己的产品符合国家安全标准，所以没有缺陷。永华玩具厂出示了一份检验报告：2001 年 5 月 11 日深圳市计量质量检测研究院曾经受广东省质量技术监督局委托，对永华玩具厂生产的"小明星"牌 16 寸的童车质量情况进行了抽样检验，检验结论为"该样品经检验，所检项目符合国家标准要求，本次检验合格"。

---

〔1〕 徐贵一主编：《经济法案例研究》，法律出版社 2011 年版，第 149~151 页。

2002 年 9 月 26 日，小韦富向广州市芳村区人民法院提起诉讼，要求南海区永华玩具厂赔偿医疗费、后续医疗费、残疾赔偿金等各项费用共计 124 125 元。

在案件的审理中，原告认为，产品符合国家标准，不等于不存在缺陷，只要产品存在不合理的危险，即产品有缺陷，造成消费者人身和财产损害的，生产者就应承担赔偿责任。被告辩称，童车产品本来就是一种可能危及人体健康的工业用品，肯定具有一定的危险性，但不存在不合理的危险，况且企业已经做了警示，在车身及包装箱上都印有"要在成年人看护下使用及不得在道路上行驶"字样，并在《使用说明书》中警告该童车不适合 3 岁以下儿童使用，小孩骑玩时必须有成人陪同方可使用，不可离开成人视线范围。而且童车是用来骑的，不能作为一个玩具来玩，小韦富把手伸进链条里导致伤害完全是由于其父母监护不力，使用童车不当造成的。原告律师认为，厂家虽然作了警示，但恰恰没有对链罩部分的危险做出警示。而且厂家将有缺陷的产品卖给消费者，所做警示实际上不合理地加重了监护人的监护义务，等于厂家将其产品缺陷的责任转嫁到了监护人的身上，这是不公平的。

2003 年 10 月 27 日，广州市芳村区人民法院作出了一审判决：法院认为，被告永华玩具厂生产的造成原告损害的"小明星"牌童车存在不合理的危险，属于有缺陷的产品，依法应承担产品责任。原告的受伤与其父母疏于监护存在一定的关系，因而原告父母对于原告的损害也需承担一定的责任。法院判决南海区永华玩具厂赔偿小韦富各项损失合计 92 789 元。

[案例评析]

本案是一个典型的产品责任案件，本案的焦点问题在于：①本案中的童车有无缺陷；②生产者可否免责。以下作简要分析：

1. 本案中的童车有无缺陷。认定产品有无缺陷的根据是《产品质量法》的第 46 条，但是对该规定却存在两种不同的理解，一种理解认为产品只要符合保障人体健康和人身、财产安全的国家标准、行业标准，就质量合格、无缺陷；另一种理解认为只要产品存在危及人身、财产安全的不合理的危险，就有缺陷。这两种观点的争议焦点在于：符合国家标准是否就没有缺陷。

我们认为，符合国家标准是产品不存在缺陷的必要条件而非充分条件。由于产品标准的滞后性，产品符合保障人体健康和人身、财产安全的国家标准、行业标准即产品质量合格，不代表产品不存在危及人身、他人财产安全的不合理危险，即合格产品也可能有缺陷。如果产品本身存在不合理的危险造成了消费者或他人的人身、财产的损害，却因为它符合了国家标准、行业标准便可免除产品责任，显然不利于保护消费者的利益，这与产品责任制度的立法宗旨是背道而驰的。

所谓"不合理的危险"，是指产品设计效用范围外的、经生产者谨慎设计和制造本能够避免、有替代解决方案的危险。本案中童车链条夹伤韦富的手说明童车存在危及人体健康的危险，该危险不是童车设计效用范围内的危险，而且如果生产厂家谨慎设计和制造，采用国家标准给童车安装一只全封闭的链罩本能够避免损害的发生，因此，该危险应属于"不合理的危险"。所以，本案童车有缺陷，被告辩解童车没有缺陷不能成立。

2. 生产者可否免责。被告方提出危险的造成是由于韦富的家长忽视生产者对童车所作的警示，不当使用童车。因此，应当由其家长承担监护不力的责任，自己可以免除责任。

童车属于使用不当可能危及人身、财产安全的产品，应当有警示标志或者中文警示说明。被告虽然在童车的车身及包装箱上都印有"要在成年人看护下使用及不得在道路上行驶"字样，并在《使用说明书》中也警告该童车不适合 3 岁以下儿童使用，小孩骑玩时必须有成人陪同方可使用，不可离开成人视线范围，但没有对链罩部分的危险做出警示，加之童车的使用者是儿童，认知能力有限，可以认定被告的警示不足以防止链罩部分危险的发生。

而且笔者以为《产品质量法》第 27 条第 5 项的规定适用于产品质量合法的产品，即要求做必要警示的产品首先应当是质量合法、无缺陷的产品，不适用于有缺陷的产品。反之也就是说只要产品有缺陷，即使生产者对该缺陷做了警示标志或者中文警示说明，亦不能免除产品缺陷给他人造成的人身、财产损害赔偿责任，只能减轻部分责任。因此，本案被告在童车及其包装和产品说明书上所作的警示说明不能使其免于承担损害赔偿责任。

另外，原告监护人需对其过失承担相应责任。被告在童车及其包装和产品说明书上所做的"要在成年人看护下使用及不得在道路上行驶"，和"小孩骑玩时必须有成人陪同方可使用，不可离开成人视线范围"等警示说明是很有必要的，应该对产品的使用者产生一定约束力，使用者应该按照警示说明使用产品，即原告的监护人应当在原告骑、玩童车时陪同、看护。但在损害发生时，原告的监护人不在现场，所以，原告的监护人在履行监护职责过程中有过失，致使原告的身体健康遭受伤害，监护人应承担相应的民事责任。但是，原告监护人的过失不是造成原告损害的根本原因或直接原因，童车链罩封闭不严的产品缺陷才是根本原因或直接原因。因此，原告监护人只需对其过失承担次要责任。

第五节　产品质量法案件的分析

一、产品质量纠纷的处理

产品质量纠纷，是指因产品质量而引起的有关当事人之间的争执，包括合同中的质量纠纷、因产品质量问题而发生的侵权纠纷、因产品质量问题而引起行政机关处理的争议等。

因产品质量发生民事纠纷时，当事人可以通过协商或者调解解决。当事人不愿通过协商、调解解决或者协商、调解不成的，可以根据当事人各方的协议向仲裁机构申请仲裁；当事人各方没有达成仲裁协议或者仲裁协议无效的，可以直接向人民法院起诉。

《产品质量法》授权产品质量监督部门、工商行政管理部门及有关部门负责消费者的产品质量问题申诉，主要的形式为行政调解。

对产品质量问题的行政争议（如不服行政处罚决定），可以通过行政复议或者行政诉讼的程序处理。[1]

考虑到实践中的应用情况和法律规定的程度不同，本节着重分析产品质量民事纠纷中的问题。

二、产品质量民事纠纷的主要类型

产品质量民事责任分为产品质量合同责任和产品侵权责任两种，因此，产品质量民事纠纷可分为产品质量合同纠纷和产品侵权纠纷两类。

（一）产品质量合同纠纷

产品质量合同纠纷，是指因产品买卖合同的卖方违反产品质量担保责任而引起的纠纷。

产品质量合同纠纷首先应确认产品的购买者和销售者之间存在产品买卖合同，销售者对产品质量负有担保义务，包括明示的担保义务和默示的担保义务。证明产品买卖合同的存在，可以通过提供买卖合同文本或产品发票、收据、保修卡等购物凭证来完成；其次，产品购买者要证明产品有瑕疵；最后，要求销售者赔偿损失的，应证明产品瑕疵和损失之间有因果关系。

卖方的责任方式包括：修理、更换、退货、赔偿损失。其中损失包括因修理、更换、退货所发生的交通运输费用支出和误工损失，也包括产品瑕疵造成的购买产品的消费者的人身或瑕疵产品以外的其他财产损害。

除《产品质量法》规定的这些责任方式之外，购买者和销售者约定有违约金的，销售者应按照约定支付违约金。

销售者承担了产品质量合同责任负责修理、更换、退货、赔偿损失后，产品的瑕疵属于生产者的责任或者属于向销售者提供产品的其他销售者的责任的，销售者有权向生产者、供货者追偿。但这是销售者和购买者之外的另外一层合同关系，在该关系中销售者能否追偿成功不应影响销售者对购买者应承担的合同责任。

（二）产品侵权纠纷

产品侵权纠纷，是指因产品存在缺陷造成人身、缺陷产品以外的其他财产损害而引起的纠纷。

分析产品侵权案件的关键是把握好产品责任的构成要件。首先，应认定涉案产品有缺陷。其次，要有损害事实存在。需要注意的是，如果仅产品本身损坏或不能正常使用不产生侵权责任，属于瑕疵担保责任，即产品质量合同责任，购买者可要

---

〔1〕　参见杨紫烜主编：《经济法》，北京大学出版社、高等教育出版社 2008 年版，第 280 页。

求销售者承担修理、更换、退货、支付违约金等违约责任。最后，要认定产品缺陷与损害后果之间有因果关系。

在产品责任案件中直接认定产品缺陷与损害后果之间有因果关系往往很困难，由于产品的设计、制造过程十分复杂，受害人很难直接证明受到损害与产品缺陷之间有因果关系，往往是推定。只要是产品缺陷可能导致某种损害后果，而该损害后果实际上已经发生，即合理推定为产品缺陷和损害后果有因果关系。

产品侵权纠纷中承担责任的主体具有多样性。因产品存在缺陷造成人身、他人财产损害的，受害人可以向产品的生产者要求赔偿，也可以向产品的销售者要求赔偿。属于产品的生产者的责任，产品的销售者赔偿的，产品的销售者有权向产品的生产者追偿。属于产品的销售者的责任，产品的生产者赔偿的，产品的生产者有权向产品的销售者追偿。除生产者和销售者外，根据《产品质量法》的规定，产品质量检验机构、产品质量认证机构、社会团体、社会中介机构、广告经营者、广告发布者等主体在特殊情况下也应对产品责任的受害人负责，与产品的生产者、销售者承担连带赔偿责任。

（三）产品质量合同责任和产品侵权责任的竞合

产品瑕疵和产品缺陷是从不同角度反映产品质量问题的两个概念，二者既有联系又有区别。根据我国《产品质量法》的规定，产品瑕疵主要是指产品适用性的问题，产品缺陷主要是指产品安全性的问题。由于产品质量标准制定的滞后性，产品质量合格无瑕疵不一定无缺陷，产品无缺陷也不一定无瑕疵。

产品瑕疵和产品缺陷经常重合，即如果产品不具备产品应当具备的使用性能或者不符合在产品或其包装上注明采用的产品标准或者不符合以产品说明、实物样品等方式表明的质量状况使产品存在不合理的危险，产品瑕疵又构成产品缺陷，给购买者造成人身或产品以外的其他财产损害的，则销售者对购买者既构成产品质量合同责任又构成产品侵权责任，形成违约责任和侵权责任的竞合。购买者可以选择其一作为诉因提起赔偿之诉，既可以选择追究销售者的违约责任，也可以选择追究销售者的侵权责任。根据《合同法》第122条的规定，因当事人一方的违约行为，侵害对方人身、财产权益的，受损害方有权选择依照《合同法》要求其承担违约责任或者依照其他法律要求其承担侵权责任。产品购买者享有选择权，就可以选择更有利于自己的诉因和法律依据，更好地实现其求偿权。

三、分析产品质量民事纠纷应当注意的问题

产品质量民事纠纷是司法实践中常见的一种民事纠纷，分析这类案件时，应当特别注意以下几个问题：

（一）产品质量民事纠纷的案由

产品质量民事纠纷的案由，也就是分析确定该纠纷是属于合同纠纷还是侵权纠纷，继而确定适用的法律法规，以及起诉时是违约之诉还是侵权之诉。在违约责任与侵权责任竞合时，从更有利于当事人的角度出发，选择适用法律。

（二）产品质量民事纠纷的主体

产品质量民事纠纷的原告通常是购买或者使用产品的消费者，被告除了合同当事人以及产品制造者、销售者外，还有其他相关主体。

《民法通则》第 122 条规定："因产品质量不合格造成他人财产、人身损害的，产品制造者、销售者应当依法承担民事责任。运输者仓储者对此负有责任的，产品制造者、销售者有权要求赔偿损失。"

根据《最高人民法院关于产品侵权案件的受害人能否以产品的商标所有人为被告提起民事诉讼的批复》，任何将自己的姓名、名称、商标或者可资识别的其他标识体现在产品上，表示其为产品制造者的企业或个人，均属于《中华人民共和国民法通则》第 122 条规定的"产品制造者"。

《产品质量法》也规定了因产品存在缺陷造成人身、他人财产损害的，受害人可以向产品的生产者、销售者请求赔偿，产品质量检验机构、产品质量认证机构、社会团体、社会中介机构、广告经营者、广告发布者等主体在特殊情况下也应对产品责任的受害人负责，与产品的生产者、销售者承担连带赔偿责任。

（三）产品质量民事纠纷的举证责任

产品质量民事纠纷的举证责任遵循"谁主张谁举证"的原则，原告应当就产品责任的构成要件进行举证。

应当注意的是，《最高人民法院关于民事诉讼证据的若干规定》第 4 条规定："下列侵权诉讼，按照以下规定承担举证责任：……⑥因缺陷产品致人损害的侵权诉讼，由产品的生产者就法律规定的免责事由承担举证责任……"也就是说，被告应当就免责事由举证，如果被告的证明成立，则被告不需要承担责任。

（四）产品质量民事纠纷的时效问题

产品质量民事纠纷的时效有三种情况：

1. 1 年。根据《民法通则》第 136 条的规定，出售质量不合格的商品未声明的，诉讼时效期间为 1 年。

2. 2 年。根据《产品质量法》第 45 条第 2 款的规定，因产品存在缺陷造成损害要求赔偿的诉讼时效期间为 2 年，自当事人知道或者应当知道其权益受到损害时起计算。

这里需要注意的是，出售质量不合格的商品未声明的情况下，除了构成违约责任外，如果因为质量不合格而造成了人身伤害或财产损害的，同时构成侵权，即违约责任与侵权责任竞合。此时，对于产品责任问题的侵权之诉，按照特别法优先适用的原则和《民法通则》第 141 条关于"法律对诉讼时效另有规定的，依照法律规定"的规定，适用 2 年诉讼时效的规定。《民法通则》关于诉讼时效的中止、中断与延长的规定应予适用。

3. 10 年。这是关于缺陷产品引起的请求权的最长保护期限的规定。根据《产品质量法》第 45 条第 2 款的规定，因产品存在缺陷造成损害要求赔偿的请求权，在造

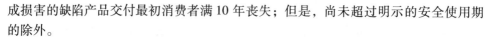

成损害的缺陷产品交付最初消费者满 10 年丧失；但是，尚未超过明示的安全使用期的除外。

（五）产品质量民事纠纷的抗辩事由

根据相关法律规定，产品质量民事案件中，被告的抗辩事由主要有以下几个方面：

1. 法定免责事由。《产品质量法》第 41 条第 2 款规定："生产者能够证明有下列情形之一的，不承担赔偿责任：①未将产品投入流通的；②产品投入流通时，引起损害的缺陷尚不存在的；③将产品投入流通时的科学技术水平尚不能发现缺陷的存在的。"以及《民法通则》和《合同法》中规定的不可抗力。

2. 约定免责事由。当事人可以在合同中约定免除将来可能发生的违约责任的条款。但是，《合同法》第 53 条规定："合同中的下列免责条款无效：①造成对方人身伤害的；②因故意或者重大过失造成对方财产损失的。"

3. 主体抗辩事由，即产品质量民事纠纷中可以作为抗辩事由的双方当事人的主体资格或行为等。

（1）消费者个体差异抗辩。这里主要是指身体体质上的差异，例如，在药品使用中，大多数病人对同一药物的反应是相近的，但也有少数人会出现与多数人在性质和数量上有显著差异的反应，如高敏性反应、低敏性反应、特异质反应。

（2）责任主体抗辩。《产品质量法》规定了生产者、销售者承担责任的条件，同时又指出：销售者赔偿损失后，属于生产者的责任或者属于向销售者提供产品的其他销售者（以下简称供货者）的责任的，销售者有权向生产者、供货者追偿。销售者不能指明缺陷产品的生产者也不能指明缺陷产品的供货者的，销售者应当承担赔偿责任。产品的生产者赔偿后，属于产品的销售者的责任，产品的生产者有权向产品的销售者追偿。

（3）受害人故意或者过失，即受害人对于损害的发生也有过错的，可以减轻侵害人的民事责任。

（4）第三人的介入行为。产品责任中的第三人的介入主要是指在产品缺陷与损害事实之间，由于介入了第三人行为（广义上也包括被害人行为或者自然事件），从而引起因果关系可能发生异常变化的情况。如在第四节中提过的"福特汽车公司诉韦高纳案"。

四、相关法律法规指引

1.《中华人民共和国产品质量法》，1993 年 2 月 22 日第七届全国人民代表大会常务委员会通过，2000 年 7 月 8 日修正，自 1993 年 9 月 1 日起施行。

2.《国家质量技术监督局关于适用新〈中华人民共和国产品质量法〉有关问题的通知》，2000 年 9 月 1 日国家质量技术监督局发布，自发布之日起施行。

3.《产品质量监督试行办法》，1985 年 3 月 15 日国家标准局发布，自发布之日起施行。

4.《工业产品质量责任条例》，1986 年 4 月 5 日国务院发布，自 1986 年 7 月 1 日起施行。

5.《国家技术监督局产品质量认证委员会管理办法》，1992 年 1 月 30 日国家质量技术监督局发布，自发布之日起施行。

6.《国家技术监督局产品质量认证检验机构管理办法》，1992 年 1 月 30 日国家质量技术监督局发布，自发布之日起施行。

7.《缺陷汽车产品召回管理规定》，2003 年 9 月 28 日国家质量监督检验检疫总局局务会议、2004 年 1 月 15 日国家发展和改革委员会委务会、2004 年 2 月 23 日海关总署署务会和 2004 年 3 月 12 日商务部部务会审议通过、公布，自 2004 年 10 月 1 日起施行。

8.《药品召回管理办法》，2007 年 12 月 10 日经国家食品药品监督管理局公布，自公布之日起施行。

9.《儿童玩具召回管理规定》，2007 年 7 月 24 日国家质量监督检验检疫总局公布，自公布之日起施行。

10.《食品召回管理规定》，2007 年 8 月 27 日国家质量监督检验检疫总局公布实施。

11.《医疗器械召回管理办法（试行）》，2011 年 5 月 20 日经卫生部发布，自 2011 年 7 月 1 日起施行。

12.《部分商品修理更换退货责任规定》，1995 年 8 月 25 日国务院国家经济贸易委员会、财政部、工商行政管理总局、国家质量技术监督局发布，自发布之日起施行。

13.《〈部分商品修理更换退货责任规定〉条文释义》，1996 年 3 月 1 日国家质量技术监督局发布，自发布之日起施行。

14.《产品质量申诉处理办法》，1998 年 3 月 12 日国家质量技术监督局发布，自发布之日起施行。

15.《产品质量仲裁检验和产品质量鉴定管理办法》，1999 年 4 月 1 日国家质量技术监督局发布，自发布之日起施行。

 以案说法

李某某等诉时风集团产品责任案[1]

[案情简介]

原告李某某、朱某某、周某、李某博。被告山东时风（集团）有限责任公司（以下简称时风集团）。

---

[1] 徐贵一主编：《经济法案例研究》，法律出版社 2011 年版，第 155～157 页。

原告诉称，6月27日上午9时20分，司机张学银驾驶的鄂E11663号车行驶至宜昌市宜古路华通加油站门前时，因左后轮脱落，驶入对向行车道与向亚力驾驶的鄂ED0674号车相撞，致使鄂E11663号车上的乘客李昌云死亡。经市交警支队现场勘察和委托鉴定，鄂E11663号车系被告时风集团生产的时风牌三轮农用车，其后轮脱落的原因是5个轮胎螺栓中有1个轮胎螺栓头部完全脱落，有3个屈胎变形翻边，导致紧固失效，直至螺母完全脱落。而造成螺栓头部脱落和变形是由轮毂螺栓孔径偏大与轮胎螺栓滚花处配合的过盈量减少，紧固轴向力主要作用于螺栓的头部，加之螺母拧紧时扭矩过大造成的。由于时风集团生产的鄂E11663号时风牌三轮农用车存在缺陷，是导致受害人李昌云死亡的直接原因，时风集团对李昌云的死亡应承担民事责任。请求判令时风集团赔偿四原告因李昌云死亡而造成的损失182 201.74元，其中医疗费14 374.24元、死亡补偿80 300元、丧葬费3400元、原告李某博生活费34 127.50元、精神损失费50 000元。

被告辩称：①四原告的诉讼主体不当。本案中，死者李昌云系乘坐张学银所驾车辆出现事故导致死亡，原告只诉时风集团而不诉直接导致事故的车主张学银显属不当，为漏列当事人，请求追加张学银为本案第三人。②根据市交警支队的勘验及委托鉴定结论，对轮毂螺栓孔径偏大问题，并非螺栓孔径不符合要求。交警部门对事故车进行检测时，该车为出厂车，鉴定报告所鉴定螺孔尺寸为螺栓拆卸后的螺孔尺寸，螺栓与螺孔安装时为过盈配合，螺栓拆卸后进行鉴定，螺孔孔径肯定大于图纸设计的原孔径，这是一般的机械原理，并能不说明轮毂孔径一开始就偏大。另外，该车车主张学银对该车进行了维修保养，拆卸了轮毂并加有黄油，其再安装时扭矩力过大导致螺栓拉伤、损坏，造成孔径变大，这显然不是时风集团的产品质量问题，而是用户张学银使用造成的后果。③交警部门在处理事故现场时，车辆左后两个轮子都不在，而事故主现场只有一个轮子，足以说明车主张学银是在双轮只剩一轮的情况下严重违章行车，造成车辆整体失衡，出事故也是必然的。④原告方要求的种种费用显属脱离当地生活水平的实际情况，赔偿数额过高，应实事求是。请求依法驳回原告的诉讼请求。

事故发生后，市交警支队委托国家机械工业局农用运输车鉴定试验湖北检测站对鄂E11663号时风牌7YPJ-950型三轮农用车后轮毂、轮胎螺栓、螺母及整车设计规范进行鉴定。

国家机械工业局农用运输车鉴定试验湖北检测站、湖北省机动车辆及零部件质量监督检验站经检测，共同出具检验报告，其结论为：该车后轮螺栓紧固方式与图纸（图号：SF7YPJZ-950-0001-170000）后桥总成装配图不符：左后轮毂的螺栓孔孔径图纸要求为150+0.05，检验结果5个螺栓孔孔径分别为15.18、15.16、15.18、15.18和15.26，不符合图纸要求，孔径偏大；整车长度超过标准GB18320-2001的要求（标准要求≤4600mm，检验结果为4800mm），发动机、传动方式及后桥型式与使用说明不符；左后车轮脱落的原因是5个轮胎螺栓中有1个轮胎螺栓头部完全脱落（螺栓头部局部尚残留在该车制动鼓内），有 3 个屈胎变形翻边，导致紧固失效，直至螺母完全脱落。而造成螺栓头部脱落和变形是由于轮毂螺栓孔孔径偏大与轮胎螺栓滚花处配合的过盈量减少，紧固轴向力主要作用于螺栓的头部，加之螺母拧紧时扭矩过大造成的。

同年 8 月 6 日，市交警支队伍家大队以经现场勘查、调查取证不能确认此次事故的发生是任何一方当事人的违章行为所造成为由，对事故死者李昌云家属作出《不予受理通知书》。四原告遂向法院提起民事诉讼，以被告时风集团生产的鄂 E11663 号时风牌三轮农用车存在缺陷，直接导致受害人李昌云死亡为由，要求时风集团承担民事责任。四原告中，李某某、朱某某和周某分别系死者李昌云的父、母和妻，李某博系李昌云之女，刚满 6 岁。李昌云受伤后在医院抢救中的医疗费 14 374.24 元。

同时查明，鄂 E11663 号时风牌 7YPJ－950 型三轮农用运输车系被告时风集团生产，出厂日期为同年 3 月 10 日，车主张学银于 3 月 25 日购买，4 月 7 日登记入籍。

另查明，交警部门委托的鉴定单位国家机械工业局农用运输车鉴定试验湖北检测站、湖北省机动车辆及零部件质量监督检验站具备三轮农用运输车检定测试能力，并具有湖北省技术监督局颁发的资格证书。上述事实，有当事人的陈述、交警部门的事故现场勘查笔录、HBGL－WJ－345－2001《检验报告》、交警部门《不予受理通知书》、车辆登记资料、医疗费结算单以及本案庭审笔录等证据在卷证明。

[案例评析]

（一）基本事实分析

张学银驾驶时风牌 7YPJ－950 型三轮农用运输车因左后轮脱落，导致车辆驶入对向车道，与向亚力驾驶的鄂 ED0674 号大货车相撞，致使时风车上的乘客李昌云受伤，经抢救无效死亡。

事故发生后，市交警支队委托国家机械工业局农用运输车鉴定试验湖北检测站对鄂 E11663 号时风牌 7YPJ－950 型三轮农用车后轮毂、轮胎螺栓、螺母及整车设计规范进行鉴定。

经鉴定，其后轮脱落的原因是 5 个轮胎螺栓中有 1 个轮胎螺栓头部完全脱落，有 3 个屈胎变形翻边，导致紧固失效，直至螺母完全脱落。而造成螺栓头中脱落和变形是由于轮毂螺栓孔径偏大与轮胎螺栓滚花处配合的过盈量减少，紧固轴向力主要作用于螺栓的头部，加之螺母拧紧时扭矩过大造成的。

张学银驾驶的时风牌 7YPJ－950 型三轮农用运输车系被告时风集团生产，出厂日期为同年 3 月 10 日，车主张学银于 3 月 25 日购买，4 月 7 日登记入籍。

市交警支队伍家大队经过现场勘查、调查取证，认为不能确认此次事故的发生是任何一方当事人的违章行为所造成的，对事故死者李昌云家属作出《不予受理通知书》。

四原告向法院提起民事诉讼，以被告时风集团生产的鄂 E11663 号时风牌三轮农用车存在缺陷，直接导致受害人李昌云死亡为由，要求时风集团承担民事赔偿责任。

（二）定性分析

根据案件事实，结合相关的法律规定，本案属于产品责任案件，案件定性的关键在于这样几个方面：一是时风集团生产的鄂 E11663 号三轮农用车是否存在缺陷；二是张学银是否应当作为本案的当事人即第三人。

根据《产品质量法》第41、46 条的规定，因产品存在缺陷造成人身、缺陷产品以外的其他财产损害的，生产者应当承担赔偿责任。缺陷是指产品存在危及人身、他人财产安全的不合理的危险。

本案中，国家机械工业局农用运输车鉴定试验湖北检测站、湖北省机动车辆及零部件质量监督检验站的鉴定结论清楚地反映鄂 E11663 号时风牌三轮农用车后轮毂轮胎螺栓孔径不符合技术要求，孔径偏大，即说明该车后轮轮毂存在不合理的危险即产品缺陷。因此，本案构成产品缺陷侵权，生产者时风集团应当承担产品责任。

另外，法院认为，四位原告起诉时风集团，属产品责任法律关系，而受害人李昌云乘车辆则与车辆所有人张学银为另一民事法律关系。而时风集团仅以交警部门对车辆车轮的拆检笔录判断车辆所有人使用不当，证据不足。因此，时风集团要求追加第三人的请求不符合法律规定。

（三）判决结果

经调解，双方未达成协议，依照《中华人民共和国法通则》第 106 条第 3 款、第 122 条、第 134 条第 1 款第 7 项，《中华人民共和国产品质量法》第 41 条、第 44 条第 1 款，《最高人民法院关于确定民事侵权精神损害赔偿责任若干问题的解释》第 9 条第 2 项、第 10 条第 2 款之规定，判决被告山东时风（集团）有限责任公司赔偿原告李某某、朱某某、周某、李某博医疗费 14 374.24 元、丧葬费 3400 元、死亡赔偿金 40 150 元、被抚养人李某博生活费 36 135 元，合计 94 059.24 元，于判决生效之日起 5 日内付清。

一审判决后，原告李某某、朱某某、周某、李某博与被告时风集团均服从判决。

（四）简评

本案属于产品责任案件，生产者对因为产品存在缺陷造成的损失承担侵权责任。根据法律规定，因产品存在缺陷造成受害人死亡的，应当支付丧葬费、死亡赔偿金以及由死者生前扶养的人所必需的生活费等费用。本案法院认定事实清楚，确定责任准确，判决结果合理合法。

另外，关于精神损失费，法院认为由于死亡赔偿金属对死者本身失去生命的赔偿，生命无价，也无法予以赔偿。立法上设立死亡赔偿金，目的在于安定死者家属的生活，抚慰死者家属所遭受的精神创伤，弥补死者家属所受到的相应的财产损失。故四原告在主张死亡赔偿金的同时，又主张精神损失费，不符合最高人民法院有关精神损害的司法解释，因而未予支持。

[法条链接]

《中华人民共和国民法通则》

第一百零六条 公民、法人违反合同或者不履行其他义务的，应当承担民事责任。

公民、法人由于过错侵害国家的、集体的财产，侵害他人财产、人身的应当承担民事责任。

没有过错，但法律规定应当承担民事责任的，应当承担民事责任。

第一百二十二条 因产品质量不合格造成他人财产、人身损害的，产品制造者、销售者应当依法承担民事责任。运输者、仓储者对此负有责任的，产品制造者、销售者有权要求赔偿损失。

第一百三十四条 承担民事责任的方式主要有：

（一）停止侵害；

（二）排除妨碍；

（三）消除危险；

（四）返还财产；

（五）恢复原状；

（六）修理、重作、更换；

（七）赔偿损失；

（八）支付违约金；

（九）消除影响、恢复名誉；

（十）赔礼道歉。

以上承担民事责任的方式，可以单独适用，也可以合并适用。

人民法院审理民事案件，除适用上述规定外，还可以予以训诫、责令具结悔过、收缴进行非法活动的财物和非法所得，并可以依照法律规定处以罚款、拘留。

《中华人民共和国产品质量法》

第四十一条 因产品存在缺陷造成人身、缺陷产品以外的其他财产（以下简称他人财产）损害的，生产者应当承担赔偿责任。

生产者能够证明有下列情形之一的，不承担赔偿责任：

（一）未将产品投入流通的；

（二）产品投入流通时，引起损害的缺陷尚不存在的；

（三）将产品投入流通时的科学技术水平尚不能发现缺陷的存在的。

第四十四条 因产品存在缺陷造成受害人人身伤害的，侵害人应当赔偿医疗费、治疗期间的护理费、因误工减少的收入等费用；造成残疾的，还应当支付残疾者生活自助具费、生活补助费、残疾赔偿金以及由其扶养的人所必需的生活费等费用；造成受害人死亡的，并应当支付丧葬费、死亡赔偿金以及由死者生前扶养的人所必需的生活费等费用。

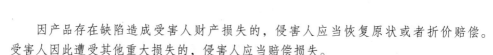

因产品存在缺陷造成受害人财产损失的，侵害人应当恢复原状或者折价赔偿。受害人因此遭受其他重大损失的，侵害人应当赔偿损失。

《中华人民共和国侵权责任法》

第四十一条 因产品存在缺陷造成他人损害的，生产者应当承担侵权责任。

《最高人民法院关于确定民事侵权精神损害赔偿责任若干问题的解释》

第九条 精神损害抚慰金包括以下方式：

（一）致人残疾的，为残疾赔偿金；

（二）致人死亡的，为死亡赔偿金；

（三）其他损害情形的精神抚慰金。

第十条 精神损害的赔偿数额根据以下因素确定：

（一）侵权人的过错程度，法律另有规定的除外；

（二）侵害的手段、场合、行为方式等具体情节；

（三）侵权行为所造成的后果；

（四）侵权人的获利情况；

（五）侵权人承担责任的经济能力；

（六）受诉法院所在地平均生活水平。

法律、行政法规对残疾赔偿金、死亡赔偿金等有明确规定的，适用法律、行政法规的规定。

第六章　广告法律制度

第一节　广告法概述

一、广告

广告，广而告知之意，是企事业单位、机关、团体或公民为了某种特定的需要，有偿地通过一定形式的媒体，公开而广泛地向公众传递信息的宣传手段。广告有广义和狭义之分，广义广告包括非经济广告和经济广告。非经济广告是指不以营利为目的的广告，如政府行政部门、社会事业单位乃至个人的各种公告、启事、声明等，主要目的是推广，具有鲜明的社会效益性，如公益广告。狭义广告仅指经济广告，又称商业广告，是指以营利为目的的广告，是商品生产者、经营者和消费者之间沟通信息的重要手段，也是企业占领市场、推销产品、提供劳务的重要形式，主要目的是营利。我国《广告法》第2条将广告定义为，商品经营者或者服务提供者，通过一定媒介和形式直接或者间接地介绍自己所推销的商品或者服务的商业广告。也就是说，我国的《广告法》规范的是商业广告。本章内容也是根据广告法主要介绍商业广告及对其的规范管理。

随着市场经济的发展，广告越来越多地出现在市场中，在加强企业竞争力、引导消费需求等方面发挥着越来越重要的作用。广告的表现形式也更加的丰富，除了传统的报纸期刊广告、广播电视广告、橱窗广告、路牌广告等，网络广告作为一种新型的形式也迅猛发展起来，引起了人们极大的关注。

（一）商业广告的构成要件

从商业广告主体和广告活动来理解，广告的构成要件有：

1. 广告主体，包括广告主、广告经营者和广告发布者。广告法所称广告主，是指为推销商品或者提供服务，自行或者委托他人设计、制作、发布广告的法人、其他经济组织或者个人。没有广告主，就不会形成广告活动。广告经营者，是指受委托提供广告设计、制作、代理服务的法人、其他经济组织或者个人。广告发布者，是指为广告主或者广告主委托的广告经营者发布广告的法人或者其他经济组织。广告经营者和广告发布者是广告活动重要的参加人。广告代言人是指广告以外的，在广告中对商品、服务作推荐、证明的自然人、法人或者其他组织。

2. 广告信息，是指广告中所要传达的主要内容，是广告主通过广告媒介向公众传递的经济信息和观念信息的总称。广告信息包括商品信息、劳务信息、观念信息等。商品信息主要介绍产品的外观、质量、性能、产地、用途、价格及购买时间、地点等，作用是使消费者能了解某种商品。劳务信息是服务性活动的信息，如旅游、理发、浴室、饮食等经营项目。观念信息是通过广告活动倡导某种意识，使消费者从态度上信任某一企业，在情感上偏爱某种品牌，从而树立一种有利于广告主的消费观念。

3. 广告媒介或形式，是指能够借以实现广告主与广告对象之间信息传播的物质工具。按表现形式可分为印刷媒体、电子媒体等。印刷媒体包括报纸、杂志等。电子媒体包括电视、广播、网络、电话等。

4. 广告费用，是设计、制作、发布广告所需的费用。

非经济广告的构成要件与之基本相同。

（二）商业广告的特点

1. 广告设计、制作、发布的目的是营利，即通过广告所传播的信息吸引消费者购买，以获得经济收益。

2. 广告具有传播性，而其传播方式是多种多样的。广告是一种传播工具，将某一项商品的信息传送给一群用户和消费者，引导他们的消费需求。现代社会中，广告的传播方式十分丰富，例如报刊、广播电视、路牌、灯箱、印刷、实物、网络等。

3. 广告是有偿的传播方式，有明确的广告主并支付费用。广告主通常通过付费来宣传其产品，在现代广告活动中，广告主是指那些为发布广告信息付钱的机构和个人。

4. 广告对象是有选择的，即有自身的目标市场和目标受众。广告主要是对产品或服务的宣传，而产品或服务是有相对的目标市场和目标受众的。如婴儿奶粉的广告主要针对的就应当是对婴儿奶粉有购买需求的人，如婴儿的家长等。

5. 广告是市场竞争的重要工具。现代市场竞争越来越激烈，经营者的竞争手段也是多种多样，广告就是其中非常有效的一种工具。经营者通过发布广告，扩大产品的知名度、引导消费者的购买需求，继而占领市场、获得竞争优势。

（三）商业广告的分类

1. 产品广告，又称商品广告，主要介绍商品的质量、功能、价格、品牌、生产厂家、销售地点以及该商品的独到之处，给人以何种特殊的利益和服务等有关商品本身的一切信息。产品广告是以销售为导向的。

2. 服务广告，又称劳务广告，如银行、保险、旅游、饭店、车辆出租、家电维修、房屋搬迁等内容的广告。

3. 形象广告，又称声誉广告、公关广告。这类广告的目的是引起公众对企业的注意、好感和合作，从而提高知名度和美誉度，树立良好的企业形象。

（四）商业广告的功能

商业广告既是一种经济现象，也是一种文化现象。因此，商业广告一方面具有促进销售，指导消费的商业功能；另一方面也应服务于社会，传播适合社会要求、符合人民群众利益的思想、道德、文化观念，即具有社会功能。

1. 商业广告的经济功能。广告的主要经济功能主要表现在以下四个领域：广告对商品供需的影响、广告对商品价格的影响、广告对市场竞争的影响、消费行为方式在广告作用下的变化。[1] 广告传播了商品的基本信息，促进和实现着生产与生产、生产与流通、生产与消费、流通与消费之间的联系，引发人们的购买欲望，促进销售；而更多的销售，又可以增加更多的生产。[2] 现代市场中，广告也是竞争的重要手段，突出了产品的差别化并使产品特性深入人心。

2. 商业广告的社会功能。很多广告都表达、折射了某种思想观念，体现出某种价值评判和价值追求，人们接受广告的过程就是一个被诉求、被感染、被影响的过程。而广告的传播速度快、传播范围广、重复频次高，每天充斥于广大受众的生活时空，日积月累、潜移默化，影响了受众的文化心理，改变了受众的思维方式和价值取向。对广告中所宣扬的一些不健康、不符合公序良俗或社会主义价值观的思想，我国《广告法》也作出了明确的禁止，例如，广告不得妨碍社会公共秩序和违背社会良好风尚；不得含有淫秽、迷信、恐怖、暴力、丑恶的内容；不得含有民族、种族、宗教、性别歧视的内容；不得损害未成年人和残疾人的身心健康；等等。

二、广告法

（一）广告法的定义及其调整对象

广告法是指调整广告主、广告经营者、广告发布者和广告监督机关相互之间在广告活动中所发生的社会关系的法律规范的总称。

为了规范广告活动，促进广告业的健康发展，保护消费者的合法权益，维护社会经济秩序，发挥广告在社会主义市场经济中的积极作用，国家工商行政管理总局从1990年起开始着手起草《广告法》，几经修改，上报国务院，国务院法制局在征求各方面意见的基础上又进行了修改。1994年8月12日，国务院正式将《广告法（草案）》提请第八届全国人民代表大会常务委员会审议。1994年10月27日，第八届全国人民代表大会常务委员会第十次会议审议通过了《中华人民共和国广告法》。2015年4月24日，第十二届全国人民代表大会常务委员会第十四次会议对其进行了修订。《广告法》全文共6章75条，于2015年9月1日起正式施行。

广告法的调整对象包括：广告经营关系、广告宣传关系和广告管理关系。

（二）我国《广告法》的适用范围

《广告法》第2条第1款明确规定："在中华人民共和国境内，商品经营者或者服务提供者通过一定媒介和形式直接或间接地介绍自己所推销的商品或者服务的商业广告活动，适用本法。"

1. 广告法在地域上的适用范围，即中华人民共和国境内，是指我国行使国家主权的空间，包括陆地领土、领海、内水和领空四个部分。因此，广告法是在全国范

---

〔1〕 参见丁俊杰、康瑾：《现代广告通论》，中国传媒大学出版社2013年版，第70页。

〔2〕 参见冯江平主编：《广告心理学》，华东师范大学出版社2012年版，第7~8页。

围内发生法律效力的，一切在中华人民共和国境内从事广告活动的单位和个人，都必须遵守。

2. 关于广告的限定。《广告法》第 2 条第 2 款规定："在中华人民共和国境内，商品经营者或者服务提供者通过一定媒介和形式直接或者间接地介绍自己所推销的商品或者服务的商业广告活动，适用本法。"据此，适用广告法的广告，是指商业广告。

3. 关于广告活动主体的范围。广告活动中，一般涉及三个主体，即广告主、广告经营者、广告发布者。一般来说，广告经营者自己本身并不推销商品或者提供服务，而只是在受广告主委托的情况下从事广告的设计、制作或者代理服务。但是，如果广告经营者也进行介绍自己服务的广告活动，那么此时其也就成为广告主了。从事广告经营，应当具有必要的专业技术人员、制作设备，并依法办理公司或者广告经营登记，方可从事广告活动。因此，广告经营者必须依法经过核准登记，方可接受委托从事广告活动，否则，即构成违法行为。广告发布者一般在其内部设立专门的广告部门统一负责广告发布业务。广播电台、电视台、报刊出版单位的广告业务，应当由其专门从事广告业务的机构办理，并依法办理兼营广告的登记。此外，还有一些拥有其他广告发布手段并办理了广告业务登记的单位，如有户外广告牌的单位。另外，新修订的《广告法》专门规定了广告代言人，即广告主以外的，在广告中以自己的名义或者形象对商品、服务作推荐、证明的自然人、法人或者其他组织。

（三）我国《广告法》的主要内容

我国《广告法》全文共 6 章 75 条，包括：第一章：总则，规定了广告法的立法宗旨、适用范围、相关定义、广告基本原则、广告监督管理机关等内容；第二章：广告内容准则，规定了广告内容的基本准则、特殊商品广告的特殊准则，包括药品、医疗器械、农药、烟草、食品、酒类、化妆品广告的特殊规定；第三章：广告行为规范，规定了广告合同应当遵守的规范，如符合经营范围、法定资格、收费、管理制度等，以及户外广告的限制性规定；第四章：监督管理，包括规定特殊商品广告的审查制度和广告审查机关、特殊商品广告审查程序以及维护广告审查决定文件的权威性的规定；第五章：法律责任，规定了广告违法行为应承担的法律责任，包括民事责任、行政责任、刑事责任；第六章：附则，规定了广告法施行日期和过去有关广告的法律、法规的内容与现行法关系的问题。

 以案说法

北京中农福得绿色科技有限公司发布虚假广告案〔1〕

[案情简介]

2003 年 5 月 12 日，北京中农福得绿色科技有限公司委托精品购物指南报社在《精品购物指南》报纸中夹送"喷喷利"食品印刷品广告。广告称"喷喷利"系"纯天然食品，神奇的口腔保健品"，"对能引起口腔疾病的各种有害微生物有抑制和杀灭作用。例如对非典型性肺炎、流感、慢性咽炎等有预防作用"，"是一种多功能保健食品，能提高人体免疫力，增强体质"。

经查，广告主所宣传的"喷喷利"产品系普通食品，其宣称的"保健食品"功能没有经过国家任何有关部门批准，同时也无任何国家权威机构认定"喷喷利"产品对非典型性肺炎有预防作用。该广告在宣传中将普通食品宣传为保健食品，并宣传防治非典及其他保健功能，构成发布虚假广告行为。北京市工商行政管理局海淀分局依法责令该广告停止发布，并依法对广告主处以 15 万元罚款，对代理发布该广告的精品购物指南报社没收广告费 1.8 万元，并处以 9 万元的罚款。

[案例评析]

这是一起典型的发布违法食品广告案件。本案中，"喷喷利"食品广告内容混淆了一般食品、保健品与药品的功效，违反了《广告法》及《食品广告发布暂行规定》。根据以上法律法规，食品广告必须真实、合法、科学、准确，不得出现与药品相混淆的用语，不得直接或者间接地宣传治疗作用，也不得借助宣传某些成分的作用明示或者暗示该食品的治疗作用。保健食品广告，应当具有或者提供国务院卫生行政部门核发的《保健食品批准证书》、《进口保健食品批准证书》，普通食品广告不得宣传保健功能，也不得借助宣传某些成分的作用明示或者暗示其保健作用。

因此，工商部门对该案的定性和处罚是正确的。

第二节　广告准则

广告准则是指广告活动主体在确定广告的内容与形式时所必须遵循的基本准则，是广告法对广告的基本要求。

广告准则根据适用对象不同，可分为一般准则和特殊准则两类。

---

〔1〕 载中华人民共和国国家工商行政管理总局网站，http：//www. saic. gov. cn/gzfw/dxal/200602/t20060 222_ 50279. html.

一、广告的基本要求

广告的基本要求是广告主体进行广告活动的指导原则，根据《广告法》的规定，包括以下几点：

（一）广告必须真实合法

《广告法》第 3 条规定："广告应当真实、合法，以健康的表现形式表达广告内容，符合社会主义精神文明和弘扬中华民族优秀传统文化的要求。"广告应当真实，这是对广告内容的基本要求。广告主、广告经营者、广告发布者在设计、制作和发布广告时，必须实事求是，广告的内容必须和商品本身的性能、产地、用途、质量、价格、生产者、有效期限相一致。广告中使用的数据、统计资料、调查结果、文摘、引用语等，也应当切实准确，并要注明出处。

合法，是指广告的内容不得有法律禁止的情形。这里的法律，不仅包括广告法，还包括其他有关的法律法规。广告法中，规定了多种关于广告内容的禁止情形，如广告不得含有淫秽、迷信、恐怖、暴力、丑恶的内容等。广告法对药品、医疗器械广告和农药广告还专门作了规定，有关医疗器械、药品、农药方面的广告，除符合关于广告内容禁止情形的一般规定之外，还要符合这些专门性的规定。

（二）广告应当保护消费者合法权益

《广告法》第 4 条规定："广告不得含有虚假或者引人误解的内容，不得欺骗、误导消费者。广告主应当对广告内容的真实性负责。"广告作为指导消费的重要手段，应当把保护消费者的合法权益放在首位，而不应当采用虚假的内容，欺骗和误导消费者。对发布虚假广告，欺骗和误导消费者的行为，要依法追究广告主的法律责任；如果广告经营者、广告发布者明知广告内容虚假，而设计、制作、发布和代理的，也要依法承担相应的责任。

（三）广告应当遵守法律、行政法规

《广告法》第 5 条规定："广告主、广告经营者、广告发布者从事广告活动，应当遵守法律、行政法规，诚实信用，公平竞争。"遵守法律、行政法规，是对从事广告活动的基本要求，目的是把广告活动纳入法制轨道。

（四）广告应当遵循公平、诚实信用的原则

《广告法》第 5 条规定，广告活动应当遵循公平、诚实信用的原则。公平原则是广告活动必须遵循的一个原则，也是我国所有的民事活动都要遵循的一个原则。公平原则要求广告活动主体应本着公平的观念进行广告活动，如在签订广告合同时，双方应公平地享有权利和承担义务。《广告法》第 31 条规定："广告主、广告经营者、广告发布者不得在广告活动中进行任何形式的不正当竞争。"这是公平原则的具体要求。

公平原则也是一项重要的执法、司法原则，广告监督机关在管理、检查广告活动和依法处罚广告违法行为时，以及司法机关在处理各种广告纠纷案件时，也应当遵循公平原则。

诚实信用原则要求广告活动主体在进行广告活动时，应当讲诚实、守信用，以善意的方式履行自己的义务，不得规避法律和合同。诚实信用原则，一方面要求广告活动中的当事人双方之间必须讲诚实、守信用，签订广告合同时要讲明情况，签订合同后要严格履行；另一方面要求广告活动的主体在设计、制作、发布广告时，必须讲诚实、守信用，不得搞虚假广告，不得欺骗和误导消费者。

二、广告的一般准则

广告的一般准则是各种广告都应遵守的标准和要求，包括广告内容准则和广告形式准则。

根据《广告法》的规定，对广告内容和形式的基本要求有：

（一）广告内容的一般准则

1. 广告不得使用中华人民共和国国旗、国徽和国歌，军旗、军歌、军徽。中华人民共和国国旗、国徽、国歌，是中华人民共和国国家的象征和标志，体现着我国国家的主权和国家的尊严，不能用于任何形式的商业广告宣传中，在广告的文字和图案中不得涉及我国国旗、国徽、国歌的图案与文字，也不得使用国歌的音乐制作广告。

广告不得损害国家的尊严或者利益，泄露国家秘密。

2. 广告不得使用国家机关和国家机关工作人员的名义或者形象。国家机关是按一定的形式和程序组织起来管理国家事务的组织，它包括国家权力机关、国家行政机关、国家审判机关和国家检察机关，国家主席和中央军事委员会也是我国国家机关的组成部分，各国家机关依法执行国家在某一方面的功能，体现着国家权力的组织和运用。

国家机关工作人员是国家权力的具体实施者和执行者，他们往往代表某种权力和权威。因此，广告中禁止使用国家机关和国家机关工作人员的名义，防止各种权力滥用现象。

3. 广告不得使用国家级、最高级、最佳等用语。广告用语应当准确、科学，不能进行不符合实际的夸大。国家级、最高级、最佳等用语是不科学、不准确的语言。

4. 广告不得妨碍社会安定和危害人身、财产安全，泄露个人隐私，损害社会公共利益。社会安定是我国市场经济发展的前提条件，广告不得影响社会安定，阻碍经济的正常发展。公民的人身权和合法的财产受法律保护，任何组织或个人不得以任何形式非法侵害。法律保障社会公共利益，保护全体人民的共同利益。

5. 广告不得妨碍社会公共秩序和违背社会良好风尚。社会公共秩序是通过各种行为规范调整人们的行为而形成的有条不紊的状态，包括社会秩序、生产秩序、生活秩序等。社会公共秩序要通过法律手段加以维护。社会良好风尚是我国人民在长期的生产生活中形成的良好道德和优秀传统，如提倡勤俭节约，反对铺张浪费等。广告不得违背社会良好风尚，宣传各种腐朽思想，破坏社会主义精神文明建设。

6. 广告不得含有淫秽、迷信、恐怖、暴力、丑恶的内容。我国《广告法》强调广告的思想性,要求广告必须符合社会主义精神文明建设的要求,禁止出现淫秽、反动、恐怖、迷信、暴力、丑恶的语言文字和画面,使广告成为推动社会主义精神文明建设的重要手段。

7. 广告不得含有民族、种族、宗教、性别歧视的内容。维护民族团结和加强各民族的共同合作,是我国宪法和法律的基本原则,广告中不得含有民族、种族歧视的内容。宪法规定了公民宗教信仰自由,广告中不得有宗教歧视内容,不得蔑视宗教或宣传某种教而歧视其他教。宪法规定了妇女享有同男子平等的权利,广告中应当提倡男女平等,不得有性别歧视的内容。

8. 广告不得妨碍环境、自然资源或者文化遗产保护。任意设置广告,会影响我们的生活环境和自然资源保护。因此要求在设计、制作和发布广告时,应注意环境的保护,努力增进环境质量。如合理地规划和设置路牌、霓虹灯等户外广告,可以美化环境,美化生活。

9. 广告不得损害未成年人和残疾人的身心健康。未成年人和残疾人都是我国法律的特别保护对象,他们的身心健康和合法权益依法得到保护。由于未成年人正处于身体和心理的发育、成长时期,缺乏辨别是非的能力,因此,广告中不得有诱导、误导未成年人购买某商品的意图,不得有损害未成年人身心健康和合法权益的内容。

《广告法》专门对未成年人作出了保护性规定:一方面,规定了不得利用不满10周岁的未成年人作为广告代言人;另一方面,规定了对未成年人做广告的限制:不得在中小学校、幼儿园内开展广告活动,不得利用中小学生和幼儿的教材、教辅材料、练习册、文具、教育、校服、校车等发布或者变相发布广告,但公益广告除外。在针对未成年人的大众传播媒介上不得发布医疗、药品、保健食品、医疗器械、化妆品、酒类、美容广告,以及不利于未成年人身心健康的网络游戏广告。针对不满14周岁的未成年人的商品或者服务的广告不得含有下列内容:①劝诱其要求家长购买广告商品或者服务;②可能引发其模仿不安全行为。

10. 广告内容应当清楚、明白。"清楚"是指广告的文字、画面、图像、音响等要清楚。"明白"是指广告的视听者能够听懂或看懂,能够了解广告的意图,并且这种理解是符合广告本意的,根据这种理解产生的行为应当是正确的。广告中表明推销商品、提供服务附带赠送礼品的,应当标明赠送的品种和数量。

11. 广告使用数据、统计资料、调查结果、文摘、引用语,应当真实、准确,并表明出处。

广告中常使用一些数据、统计资料、调查结果等,来表明广告内容的真实性,增强广告的影响效果。但是,由于一些广告使用的数据资料不准确、不真实,会误导消费者,损害消费者的利益,如"药品治愈率达100%"等。

广告中使用的文摘、引用语等,必须表明出处,不能胡编乱造。这是广告真实、准确的必然要求。

12. 广告中涉及专利产品或者专利方法的,应当标明专利号和专利种类。

专利权是专利权人对自已的发明创造依法享有并在法定期限内独占制造、使用、销售专利产品和使用专利方法的权利。

《广告法》第11条第2款规定："未取得专利的，不得在广告中谎称取得专利权。"《广告法》第11条第3款规定："禁止使用未授予专利权的专利申请和已经终止、撤销、无效的专利做广告。"

13. 广告不得贬低其他生产经营者的商品或者服务。贬低其他生产经营者的商品或服务，是指在广告中直接或间接诋毁、怀疑其他生产经营者的商品或服务的信誉、质量、用途等情况。如在广告中指名或不指名与其他产品或服务比较，贬低别的产品或服务，从而抬高自己等。这种行为是侵犯他人合法权益的不正当竞争，是违法行为。

（二）广告形式的一般准则

广告形式的一般准则是指各种广告在表现形式上应当遵守的标准和要求，主要是指广告应当具有可识别性，能够使消费者辨明其为广告。广告的可识别性，表现在形式上、内容上和发布方式上，要求其具有使普通消费者一看便知是广告的特征。具体要求有：

1. 通过大众传播媒介发布的广告应当有广告标记。广告作为一种介绍和推销商品或服务的形式，有其自身的特点。但是，目前一些广告采用含混的方式介绍和推销商品或者服务，使广大消费者难以辨认其究竟是否属于广告，使消费者产生了误解，这就属于欺骗或者误导消费者的情形。

2. 大众传播媒介不得以新闻报道形式发布广告。大众传播媒介主要是指广播、电视、报纸、杂志四大媒介。新闻报道本身具有真实性、权威性，是人民信赖的信息源。新闻与广告之间具有明显的区别：一是新闻是无偿的，广告是有偿的；二是新闻的目的是传播某种事实的信息，而广告的目的是推销某种商品或者服务。如果以新闻报道的形式发布广告，一方面容易使消费者产生误解，另一方面也会降低这些大众传播媒介的声誉，造成不良影响。1993年7月31日中共中央宣传部、新闻出版署发布的《关于加强新闻队伍职业道德建设禁止"有偿新闻"的通知》中指出："新闻与广告必须严格分开，不得以新闻报道的形式为被报道单位做广告。凡属新闻报道，新闻单位不得向被报道单位收取任何费用；凡收取费用而刊播的，应标明为'广告'。"

三、广告的特殊准则

特殊商品，是指与消费者的身心健康、人身财产安全和日常生活密切相关的商品，如药品、医疗器械、食品、酒类、化妆品、烟草等。为了保护人民的生命财产安全，保护消费者合法权益，这些特殊商品广告，除必须符合广告的一般准则外，还必须遵守《广告法》对这些特殊商品广告的专门性规定。

（一）药品、医疗器械广告的特殊准则

医疗广告，是指利用各种媒介或者形式直接或间接介绍医疗机构或医疗服务的广告。医疗机构发布医疗广告，应当在发布前申请医疗广告审查。未取得《医疗广告审查证明》，不得发布医疗广告。工商行政管理机关负责医疗广告的监督管理。卫生行政部门、中医药管理部门负责医疗广告的审查，并对医疗机构进行监督管理。

药品、医疗器械直接关系到人们的身体健康和生命安全，根据《广告法》、《医疗广告管理办法》、《药品广告审查标准》等法律法规的规定，药品、医疗器械广告的特殊准则主要有：

1. 非医疗机构不得发布医疗广告，医疗机构不得以内部科室名义发布医疗广告。

2. 医疗广告内容仅限于以下项目：①医疗机构第一名称；②医疗机构地址；③所有制形式；④医疗机构类别；⑤诊疗科目；⑥床位数；⑦接诊时间；⑧联系电话。①～⑥发布的内容必须与卫生行政部门、中医药管理部门核发的《医疗机构执业许可证》或其副本载明的内容一致。

3. 不得含有不科学的表示功效的断言或者保证的内容。药品、医疗器械广告中，允许有表示功效的语言文字。但是在实践中，药品、医疗器械的功效，常常因人而异，因病情轻、重、缓、急而不同。因此，这些语言文字应当科学、准确，禁止使用不科学的表示功效的断言或保证，如"绝对见效"、"保证药到病除"等。

4. 不得含有说明治愈率或者有效率的内容。药品、医疗器械的治愈率和有效率是难以准确统计的，有的广告主为了推销其生产经营的药品、医疗器械，在广告中弄虚作假，进行夸大疗效的宣传，有的甚至利用其来推销伪劣商品，严重危及人民的身体健康。因此，《广告法》禁止药品、医疗器械广告中含有说明治愈率或有效率的内容。

5. 不得含有与其他药品、医疗器械的功效和安全性比较的内容。药品、医疗器械的功效，常常因人而异，互相之间不具有可比性。在药品、医疗器械广告中，贬低别人，抬高自己，是侵害其他生产经营者的合法权益的不正当竞争行为，这是法律所禁止的。

6. 禁止广告中利用医药科研单位、学术机构、医疗机构或者专家、医生、患者的名义和形象作证明。医药科研单位、学术机构和医疗机构在广大消费者心目中，有一定的权威性。如果用这些单位或机构的名义做医药、医疗器械广告，一是容易使消费者产生误解，从而过分相信这些药品、医疗器械的功效；二是会由于广告失实，而给这些单位或机构造成不良影响。另外，有的药品、医疗器械广告虽不明说是以某专家或某医生的名义，广告代言者却身穿白大褂，以医务人员的形象向广大消费者介绍或推荐某药品或医疗器械，这也是《广告法》所禁止的行为。

医疗、药品、医疗器械广告不得利用广告代言人作推荐、证明。

7. 药品广告的内容必须以国务院卫生行政部门或者省、自治区、直辖市卫生行政部门批准的说明书为准。发布药品广告必须在发布之前，经过有关卫生行政部门审查批准；未经批准，一律不准发布。对药品广告审查机关依法审批的决定文件和说明书，任何单位和个人不得伪造、变造或转让。药品广告的设计、制作和发布，不准超出卫生行政部门批准的说明书的范围。

8. 特殊药品不得做广告。《广告法》第15条第1款规定："麻醉药品、精神药品、医疗用毒性药品、放射性药品等特殊药品，药品类易制毒化学品，以及戒毒治疗的药品、医疗器械和治疗方法，不得做广告。"这些特殊药品主要是用于手术和特殊病症的需要，其用法和用量都有较强的专业性，使用不当会危害人身健康和安全。国家有特殊的监管和限制，不宜做广告。

9. 国家规定的应当在医生指导下使用的治疗性药品广告中，必须注明"按医生处方购买和使用"。处方药广告应当显著标明"本广告仅供医学药学专业人士阅读"，非处方药广告应当显著标明"请按药品说明书或者在药师指导下购买和使用"。

（二）农药广告的特殊准则

根据《广告法》、《农药广告审查办法》的规定，农药的特殊准则主要有：

1. 不得使用无毒、无害等表明安全性的绝对化断言；不得含有不科学的表示功效的断言或者保证的内容。农药是用于农林牧业防止各种病虫害和调节植物、昆虫生长的药物，这些药物一般都有一定毒性。因此，农药广告中不准使用"安全"、"无毒无害"、"无残毒"等表明安全性的绝对化用语。农药产品包装上，应当有毒性标志和注意事项，以便人们安全使用。农药广告中用来表示农药功效的语言应当真实、准确，不能夸大其词，如"最佳农药"、"质量第一"等用语。

2. 不得含有违反农药安全使用规程的文字、语言或者画面。农药的使用必须符合有关安全使用规程，以免给消费者的人身和财产造成不应有的损失。农药一般都有毒性，在使用方法以及用量、用药部位等方面，都要按有关安全规则进行。农药广告中不得含有违反农药安全使用规程的文字、语言或面面，以免给消费者以错误指导。

（三）烟草广告的特殊准则

根据《广告法》、《烟草广告管理暂行办法》的规定，烟草广告的特殊准则主要有：

1. 禁止在大众传播媒介或者公共场所、公共交通工具、户外发布烟草广告。禁止向未成年人发送任何形式的烟草广告。

禁止利用其他商品或者服务的广告、公益广告，宣传烟草制品名称、商标、包装、装潢以及类似内容。

烟草制品生产者或者销售者发布的迁址、更名、招聘等启事中，不得含有烟草制品名称、商标、包装、装潢以及类似内容。

2. 烟草广告中必须标有"吸烟有害健康"。

3. 烟草广告中不得有下列情形：吸烟形象；未成年人形象；鼓励、怂恿吸烟的；表示吸烟有利人体健康、解除疲劳、缓解精神紧张的；其他违反国家广告管理规定的。

（四）酒类广告的特殊准则

根据《广告法》、《酒类广告管理办法》的规定，酒类广告的特殊准则主要有：

1. 发布酒类广告，应当遵守《中华人民共和国广告法》及国家有关酒类管理的规定。

2. 对内容不实或者证明文件不全的酒类广告，广告经营者不得经营，广告发布者不得发布。

3. 酒类广告应当符合卫生许可的事项，并不得使用医疗用语或者易与药品相混淆的用语。经卫生行政部门批准的有医疗作用的酒类商品，其广告依照《药品广告审查办法》和《药品广告审查标准》进行管理。

4. 酒类广告中不得出现以下内容：诱导、怂恿饮酒或者宣传无节制饮酒；出现饮酒的动作；表现驾驶车、船、飞机等活动；明示或者暗示饮酒有消除紧张和焦虑、增强体力等功效。

（五）食品广告的特殊准则

根据《广告法》、《食品广告管理办法》的规定，食品广告的特殊准则主要有：

1. 食品广告内容必须真实、健康、科学、准确，不得以任何形式欺骗和误导消费者。

2. 禁止发布下列食品广告：食品卫生法禁止生产经营的食品；宣传疗效的食品；母乳代用品。

3. 食品广告中不得出现医疗术语，易与药品混淆的用语以及无法用客观指标评价的用语。

（六）保健食品广告的特殊准则

根据《广告法》第 18 条的规定，保健食品广告不得含有下列内容：①表示功效、安全性的断言或者保证；②涉及疾病预防、治疗功能；③声称或者暗示广告商品为保障健康所必需；④与药品、其他保健食品进行比较；⑤利用广告代言人作推荐、证明；⑥法律、行政法规规定禁止的其他内容。

保健食品广告应当显著标明"本品不能代替药物"。

另外，2015 年《广告法》还增加了对教育培训广告、招商广告、房地产广告的专门规定。如：

《广告法》第 24 条规定，教育、培训广告不得含有下列内容：①对升学、通过考试、获得学位学历或者合格证书，或者对教育、培训的效果作出明示或者暗示的保证性承诺；②明示或者暗示有相关考试机构或者其工作人员、考试命题人员参与教育、培训；③利用科研单位、学术机构、教育机构、行业协会、专业人士、受益者的名义或者形象作推荐、证明。

《广告法》第 25 条规定，招商等有投资回报预期的商品或者服务广告，应当对可能存在的风险以及风险责任承担有合理提示或者警示，并不得含有下列内容：①对未来效果、收益或者与其相关的情况作出保证性承诺，明示或者暗示保本、无风险或者保收益等，国家另有规定的除外；②利用学术机构、行业协会、专业人士、受益者的名义或者形象作推荐、证明。

《广告法》第26条规定，房地产广告，房源信息应当真实，面积应当表明为建筑面积或者套内建筑面积，并不得含有下列内容：①升值或者投资回报的承诺；②以项目到达某一具体参照物的所需时间表示项目位置；③违反国家有关价格管理的规定；④对规划或者建设中的交通、商业、文化教育设施以及其他市政条件作误导宣传。

 以案说法

华夏医院虚假医疗广告案[1]

[案情简介]

成立于2004年6月的杭州华夏医院由福建莆田人黄元敏等创办。2005年5月，黄元敏的老乡杨文秀、杨国坤等以自己注册的"香港国际类风湿病研究院"名义，向他承包了该医院风湿科。由杨元其负责管理。在河南漯河市第一人民医院学习了两天"免疫平衡调节术"的医生王之义负责实施手术。

为招揽生意，2005年5月31日至11月期间，杨元其、杨文秀等拿着失效的2004年度医疗广告证明，多次在杭州市某著名都市报和浙江省一知名电视台频繁发布有关"免疫平衡调节术"的医疗广告。广告内容为"华夏医院首家引进香港国际类风湿病研究院独创的'免疫平衡调节微创手术'，治疗类风湿性关节炎、强直性脊柱炎，手术安全可靠，无痛苦，术后无需长期服药。用疗效说话，让患者见证。只需一次手术，还你终身健康"。华夏医院负责人黄元敏明知广告虚假，仍同意他们以华夏医院名义对外发布。

广告发布后，有30多名类风湿性关节炎、强直性脊柱炎患者到医院接受该手术治疗，手术费用在6000～8000元之间。术后这些患者非但没有治愈，还不同程度受伤。经鉴定，其中14人伤残等级为九级。

2006年3月，浙江省工商行政管理局在认定华夏医院发布的医疗广告为虚假广告，对华夏医院进行处罚的同时发出通告，禁止全省各媒介单位发布上述虚假广告。浙江省工商行政管理局认为该医院已经涉嫌刑事犯罪，依法将该案移送省公安厅处理。

司法机关认定华夏医院的违法所得为25万元，给33位患者造成的直接经济损失超过50万元，且给患者造成了身体损害。

2006年9月，四名涉案被告陆续被当地警方刑事拘留，后被检察机关批准逮捕。法院经审理指出四人违反《医疗广告管理办法》规定，没有有效医疗广告证明发布医疗广告，广告内容也违反《广告法》规定；虚假宣传的医疗导致被吸引来的14名患者成九级伤残，情节严重，已构成虚假广告罪。

---

〔1〕 载新华网，http：//www.zj.xinhuanet.com/newscenter/2007-11/10/content_11634877.htm.

2007 年 11 月 9 日，江干区人民法院作出一审判决，以虚假广告罪判处：华夏医院院长黄元敏有期徒刑 1 年 6 个月，缓刑二年，并处罚金人民币 3 万元；华夏医院风湿科投资人杨文秀有期徒刑 1 年 2 个月，缓刑 1 年 6 个月，并处罚金人民币 3 万元；华夏医院风湿科投资人杨国坤有期徒刑 1 年 2 个月，并处罚金人民币 2 万元；华夏医院风湿科承包管理负责人杨元其有期徒刑 1 年，并处罚金人民币 2 万元；华夏医院等被告赔偿 29 名患者 150 余万元。

[案例评析]

这是一起典型的违反广告准则发布虚假广告的犯罪案件，也是我国首例虚假医疗广告案。本案中的广告，违反了广告的一般准则和医疗广告的特殊准则，欺骗患者，情节严重，构成犯罪。根据《广告法》第 37 条"违反本法规定，利用广告对商品或者服务作虚假宣传的，由广告监督管理机关责令广告主停止发布、并以等额广告费用在相应范围内公开更正消除影响，并处广告费用 1 倍以上 5 倍以下的罚款；对负有责任的广告经营者、广告发布者没收广告费用，并处广告费用 1 倍以上 5 倍以下的罚款；情节严重的，依法停止其广告业务。构成犯罪的，依法追究刑事责任"，以及《刑法》第 222 条"广告主、广告经营者、广告发布者违反国家规定，利用广告对商品或者服务作虚假宣传，情节严重的，处 2 年以下有期徒刑或者拘役，并处或者单处罚金"的规定，广告主应承担相应的民事责任和刑事责任。本案的判决是准确的。

本案发生后，国务院对《医疗广告管理办法》进行了修改，新《办法》于 2007 年 7 月 1 日起施行，与原《办法》相比，进一步明确了认定和处罚虚假广告的主体，对广告内容也进一步进行了限制，其中，把原来准许出现在广告中的诊疗方法一项内容也予以禁止，对进一步规范医疗广告起到了很好的推动作用。

第三节 广告活动

广告法中的广告活动，是指广告主、广告经营者、广告发布者设计、制作、发布广告过程中的一系列行为的总称。广告活动的形式主要有广告合同、广告代理等。

一、广告主体的资格

广告主体，即广告活动的主体，包括广告主、广告经营者和广告发布者。广告主体进行广告活动，必须符合相应的条件，具备法定资格。

（一）广告主资格

广告主，是指为推销商品或者提供服务，自行或者委托他人设计、制作、发布广告的法人、其他经济组织或者个人。一方面，广告主进行广告活动是围绕着自己的商品和服务的，是在法律允许的经营范围内的；另一方面，广告主的法律资格应当是法人、其他经济组织或者个人。法人，即具有民事权利能力和民事行为能力，依法独立享有民事权利和承担民事义务的组织；其他经济组织，可以理解为依法登记领取营业执照的私营独资企业、合伙组织，依法登记领取营业执照的合伙型联营企业，依法登记领取我国执照的中外合作经营企业、外资企业，法人依法设立并领取营业执照的分支机构，中国人民银行、各专业银行设在各地的分支机构，中国人民保险公司设在各地的分支机构，经核准登记领取营业执照的乡镇、街道、村办企业，符合条件的其他经济组织等；个人，是指自然人，按照《民法通则》的规定，个体工商户、农村承包经营户、个人合伙在某些情况下也按个人对待。

（二）广告经营者、广告发布者资格

广告经营者，是指受委托提供广告设计、制作、代理服务的法人、其他经济组织或者个人。广告经营者自己本身并不推销商品或者提供服务，而只是在受广告主委托的情况下从事广告的设计、制作或者代理服务。需要注意的是，如果广告经营者也进行介绍自己服务的广告活动，那么此时其也就成为广告主了。

广告发布者，是指为广告主或者广告主委托的广告经营者发布广告的法人或者其他经营组织。这里要注意，广告的发布者仅仅限于法人，其他经济组织、公民个人不能成为广告的发布者。

广告经营者、广告发布者都是以广告经营活动为业的市场主体，为了使其能更好地经营广告业务，同时维护广告市场秩序，必须对其专业化程度做出较高的要求。[1]

根据《广告法》第29条的规定，广播电台、电视台、报刊出版单位从事广告发布业务的，应当设有专门从事广告业务的机构，配备必要的人员，具有与发布广告相适应的场所、设备，并向县级以上地方工商行政管理部门办理广告发布登记。《广告管理条例施行细则》对广告经营者的资格作了较为具体的规定：

1. 申请经营广告业务的企业，除符合企业登记等条件外，还应具备下列条件：

（1）有负责市场调查的机构和专业人员。

（2）有熟悉广告管理法规的管理人员及广告设计、制作、编审人员。

（3）有专职的财会人员。

（4）申请承接或代理外商来华广告，应当具备经营外商来华广告的能力。

2. 广播电台、电视台、报刊出版单位，事业单位以及法律、行政法规规定的其他单位办理广告经营许可登记，应当具备下列条件：

（1）具有直接发布广告的媒介或手段。

（2）设有专门的广告经营机构。

（3）有广告经营设备和经营场所。

（4）有广告专业人员和熟悉广告法规的广告审查员。

3. 申请经营广告业务的个体工商户，除应具备《城乡个体工商户管理暂行条

〔1〕 参见杨紫烜主编：《经济法》，北京大学出版社、高等教育出版社2008年版，第292页。

例》规定的条件外，本人还应具有广告专业技能，熟悉广告管理法规。

从事广告经营的，应当依法办理公司或者广告经营登记，方可从事广告活动。广播电台、电视台、报刊出版单位的广告业务，应当由其专门从事广告业务的机构办理，并依法办理兼营广告的登记。具体来看，设立经营广告业务的企业，向具有管辖权的工商行政管理局申请办理企业登记，发给营业执照；广播电台、电视台、报刊出版单位，事业单位以及其他法律、行政法规规定申请兼营广告业务应当办理广告经营许可登记的单位，向省、自治区、直辖市、计划单列市或其授权的县级以上工商行政管理局申请登记，发给《广告经营许可证》；经营广告业务的个体工商户，向所在地工商行政管理局申请，经所在地工商行政管理局依法登记，发给营业执照。

二、广告合同和广告代理

(一) 广告合同

广告合同，是指广告主、广告经营者、广告发布者之间在广告活动中依法订立的明确各方权利和义务关系的书面协议。根据广告的合同主体可以将广告合同分为广告主与广告经营者之间订立的广告合同、广告主和广告发布者之间订立的广告合同、广告经营者和广告发布者之间订立的广告合同；根据合同的内容，可以将广告合同分为广告发布业务合同、广告设计制作合同、广告市场调查合同、广告代理合同。

广告合同是在广告活动中产生的一种合同。广告主体、广告经营者、广告发布者只有在从事广告活动时订立的合同才能称其为广告合同。如果其不是从事广告活动而从事的是其他活动比如仓储保管活动，其订立的合同则不能称其为广告合同，只能是仓储保管合同。

订立广告合同必须依法进行。即订立广告合同必须依照法律、行政法规和地方性法规的规定进行。比如订立广告合同其主体必须是本法认可的广告主、广告经营者、广告发布者等。广告合同中各方的权利和义务关系应当明确，以防止在履行合同过程中产生不必要的纠纷。

依据《广告法》的规定，广告合同应当是一种书面合同。

广告合同的内容主要包括：发布、代理广告的内容；发布、代理广告的费用；发布、代理广告的时间、版面；需提交的证明文件；违约责任；等等。

(二) 广告代理

广告代理制，就是广告公司在广告经营中处于主体和核心地位，为广告主全面代理广告业务，向广告主提供以市场调查为基础、广告策划为主导、创意为中心、媒体发布为手段，同时辅以其他促销手段的全面性服务。广告代理制是国际通行的广告经营与运作机制。广告业现代化的主要标志之一就是在整个产业结构中，广告代理公司处于中心地位。实行广告代理制，可以使广告业内部形成良性运行秩序，最大限度地发挥广告主、广告公司与媒体的长处。

广告经营者代理广告业务，应当与被代理人签订书面合同，明确各方的责任。代理广告业务，是指广告代理人在被代理人的授权范围内，以被代理人的名义从事广告经营活动，其经营活动的法律后果由被代理人承担。代理广告业务必须经工商行政管理机关核准登记。广告媒介单位，即新闻单位经过工商行政管理机关核准登记，可以代理同类媒介的广告业务。广告业务代理费必须严格遵守《广告管理条例施行细则》的规定，代理国内广告业务的代理费为广告费的10%；代理外商来华广告业务，付给外商和国内代理者的代理费分别为广告费的15%。

三、广告活动的行为规范

依据《广告法》及相关法规的规定，广告主在进行广告活动时的规范主要有：

（一）不得在广告活动中进行任何形式的不正当竞争

任何形式，主要是指《反不正当竞争法》规定的几种行为，按照《反不正当竞争法》和《广告法》的规定，广告主和广告经营者之间、广告主和广告发布者之间、广告经营者和广告发布者之间均不得从事反不正当竞争法中所列举的不正当竞争行为。另外，不属于反不正当竞争法列举的不正当竞争行为的，如果根据《反不正当竞争法》的规定构成不正当竞争的，也属于不正当竞争行为。

（二）不得经营、发布违反法律规定的商品或服务的广告

广告主自行或者委托他人设计、制作、发布广告，所推销的商品或者所提供的服务应当符合广告主的经营范围。对法律、法规禁止生产、销售的产品或服务，不得设计、制作、发布广告；对法律规定不允许做广告的产品或服务，不得发布广告。

（三）不得擅自使用他人的名义、形象

广告主或者广告经营者在广告中使用他人名义、形象的，应当事先取得他人的书面同意；使用无民事行为能力人、限制民事行为能力人的名义、形象的，应当事先取得其监护人的书面同意。征得他人的同意是广告主、广告经营者必须履行的义务，否则，就属于侵权行为，要承担相应的法律责任。按照《民法通则》的规定，无民事行为能力人和限制民事行为能力人的民事活动由其法定代理人即监护人代理进行。因此，使用无民事行为能力和限制民事行为能力的人的名义、形象时需要征得其法定代理人即监护人的书面同意。特别要注意的是，这里的"同意"，是"书面同意"，必须有证明同意的书面凭证。

（四）广告活动及相关活动必须真实、合法

广告主委托设计、制作、发布广告，应当委托具有合法经营资格的广告经营者、广告发布者。广告主自行或者委托他人设计、制作、发布广告，应当具有或者提供真实、合法、有效的证明文件，包括：营业执照以及其他生产、经营资格的证明文件；质量检验机构对广告中有关商品质量内容出具的证明文件；确认广告内容真实性的其他证明文件。发布广告需要经有关行政主管部门审查的，还应当提供有关批准文件。

广告经营者、广告发布者依据法律、行政法规查验有关证明文件，核实广告内

容。对内容不实或者证明文件不全的广告，广告经营者不得提供设计、制作、代理服务，广告发布者不得发布。

广告发布者向广告主、广告经营者提供的媒介覆盖率、收视率、发行量等资料应当真实。

 以案说法

华阳气象公司与佳禾策划公司广告合同纠纷案[1]

[案情简介]

原告诉称：2011 年 10 月 21 日，原告常德华阳气象实业有限责任公司（以下简称华阳气象公司）与被告常德佳禾房地产经营策划有限公司（以下简称佳禾策划公司）签订《〈天气预报节目〉电视广告合同书》。合同约定：原告将宏泽佳园宣传片在鼎城频道天气预报节目 6 秒冠名两年，每天播出一次。付款方式为：于 2012 年 2 月 29 日前一次付清。合同签订后，原告按合同约定的要求履行了自己的义务，但被告拒不履行合同约定的付款义务，经原告多次追讨，被告仍然拒不清偿。为维护原告的合法利益，恳请人民法院：①判令被告向原告给付广告费 20 000 元及欠款利息；②判令被告向原告支付从 2012 年 3 月 1 日起至 2014 年 2 月 28 日止的违约金 3360 元（按中国人民银行同期贷款利率计算）；③本案诉讼费由被告承担。

法院经审理查明确认以下案件事实：2011 年 10 月 21 日，被告佳禾策划公司与原告华阳气象公司签订《〈天气预报节目〉电视广告合同书》。合同约定：原告将宏泽佳园宣传片在鼎城频道天气预报节目 6 秒冠名两年，每天播出一次，宣传内容可以定期免费更换，播出期限延长半年（从 2011 年 10 月 1 日起至 2014 年 3 月 31 日止）。付款方式为：于 2012 年 2 月 29 日前一次付清广告费 20 000 元。合同签订后，原告华阳气象公司按合同约定的要求履行了自己的义务，但被告佳禾策划公司拒不履行合同约定的付款义务，经原告多次追讨，被告仍然拒不清偿。原告为维护自己的合法权利，遂诉至法院，提出前列诉讼请求。

2014 年 6 月 10 日，法院作出如下判决：①在本判决生效后 5 日内，被告常德佳禾房地产营销策划有限公司向原告常德华阳气象实业有限责任公司给付拖欠的广告费 20 000 元；②驳回原告常德华阳气象实业有限责任公司要求被告常德佳禾房地产营销策划有限公司给付欠款利息和违约金的诉讼请求。

如果被告未按本判决指定的期间履行给付金钱义务，应当依照《中华人民共和国民事诉讼法》第 253 条之规定，加倍支付迟延履行期间的债务利息。

本案诉讼费 384 元，由被告常德佳禾房地产营销策划有限公司负担。

---

[1] 载中国裁判文书网，http://www.court.gov.cn/zgcpwsw/hun/hnscdszjrmfy/cdswlqrmfy/ms/2014 09/t20140901_ 2776332. htm.

如不服本判决，可在判决书送达之日起 15 日内，向本院递交上诉状，并按对方当事人的人数提出副本，上诉至湖南省常德市中级人民法院。

[案例评析]

这是一起因广告合同而产生的民事纠纷案件。原告华阳气象公司与被告佳禾策划公司签订的《〈天气预报〉节目电视广告合同书》是合法有效的，双方应按照合同约定履行自己的义务。原告华阳气象公司已按合同约定履行相关义务，有权向被告佳禾策划公司收取广告费；被告佳禾策划公司未按合同约定履行付款义务，依法应当承担向原告给付广告费的义务。因此，法院的判决是准确的。

第四节 广告监管

一、广告监管概述

（一）广告监管的定义和意义

广告监管，是指国家广告监督管理机关依据法律法规，行使国家授予的职权，对广告活动全过程进行监督、检查、控制和指导工作的总称。县级以上人民政府工商行政管理部门是广告监督管理机关。广告监管是国家调控经济的行为之一，有利于充分发挥广告的积极作用，维护社会主义的经济秩序，促进市场经济的发展。

广告监督管理是国家对广告业发展提出的规范，是国家行政管理机关的日常工作。参与广告活动的单位或个人都必须接受工商行政管理部门依法行使的监督管理。监督、检查、控制、指导四个方面的工作是相辅相成的，共同保障着我国广告业的繁荣。随着我国市场经济的建立和不断完善，广告活动日益增强。国家通过立法和行政执法对各种广告行为进行监督管理，规范广告市场，保护合法经营者和广大消费者的权益，限制和取缔非法广告和非法广告经营，对于保证我国的广告事业健康有序的发展是十分必要的。

（二）广告监管的原则

广告监管要遵循以下原则：①依法行政的原则，这是工商行政管理部门对广告实施管理的基本原则；②以政策为指导的原则。广告监管要以法律为准绳，以政策为指导；③教育与处罚相结合的原则。法律是主要手段，法制教育是必要方法；④协调与服务的原则。广告监管的目的是充分发挥广告在促进生产、扩大流通、指导消费、活跃经济、方便人民生活以及发展国际经济贸易等方面的作用；⑤综合治理原则，包括两个方面：一是工商行政部门与其他相关机关协调配合，交叉管理；二是工商行政部门内部各有关部门协同配合，交叉管理。

（三）广告监管的模式

1. 国外广告监管模式。[1] 不同的国家根据本国的国情和法律制度，采取了不同的广告监管模式，主要有自律主导型和国家主导型两种。

（1）自律主导型，即通过广告行业自己的自治组织或自己实现对广告的监管。自律主导型是以行业自律为主，国家监管、社会监管为辅的广告监管模式。美国是自律主导型监管模式的代表。美国广告行业建立了广告联合俱乐部、广告代理商协会、美国广告联盟、美国广播事业协会等自律组织等，对广告实行严格的自我管理、自我约束。

（2）政府主导型，即以政府监管为主，自律和社会监督为辅。政府监管有事前、事中管理、事后救济三种方式。事前监管，即在广告发布前，政府对广告的内容、用语等进行审查，以防广告有违社会公共利益、公共道德，如许多国家对特种广告一般都实行广告事前审查制度。事中监督管理，即对发布的广告进行监督管理。事后救济是当人们因为广告侵害而向政府有关机构投诉后，政府对广告予以查处的管理方式。政府主导监管型以法国为代表。法国制定了完善、严格的法律对广告进行管理。

2. 我国广告监管模式。我国广告监管模式采用了政府主导型，要求行政主管部门承担监管职责，发挥重要的经济管理职能。目前，我国的政府监管虽仍不完善，但已初步形成了以广告审查制度为事前预防、以广告监测制度为事中监督、以查处违法广告为事后救济的动态监管机制。[2]

二、广告审查制度

广告审查制度，是指广告审查机关在广告交付设计、制作、代理和发布前，对广告主主体资格、广告内容及其表现形式和有关证明文件或材料的审查，并出具与审查结果和审查意见相应的证明文件的一种广告管理制度。《广告法》第46条规定："发布医疗、药品、医疗器械、农药、兽药和保健食品广告，以及法律、行政法规规定应当进行审查的其他广告，应当在发布前由有关部门（以下简称广告审查机关）对广告内容进行审查；未经审查，不得发布。"

广告审查制度包括广告内容核实和广告审查，广告主不论自行发布还是委托发布广告，必须具有或者能够提供真实、合法、有效的证明文件。广告发布前审查是行政主管部门依法进行的行政许可事项。

（一）广告审查机关

《广告法》规定了广告审查机关是有关行政主管部门。根据有关的法律、行政法规，负责对特殊商品进行审查的主管部门是指：如负责对药品、食品卫生、化妆品管理的卫生行政主管部门；负责医疗器械管理的医药行政管理部门；负责农药、兽

---

〔1〕 参见饶世权："论广告的监督管理制度"，载《商业研究》2004年第3期。

〔2〕 参见杨紫烜主编：《经济法》，北京大学出版社、高等教育出版社2008年版，第298页。

药管理的农业行政主管部门等。

（二）广告审查的对象

广告审查的对象是特殊商品广告，是指对法律、行政法规规定实行特殊管理的商品的广告进行的审查。广告管理工作中的特殊商品的广告，主要是一些与人民生命财产安全密切相关的商品的广告，由于这些商品的特殊性，法律、行政法规对其广告的内容作了一些必要的限制，以防止由于广告宣传的局限性误导消费者，造成人身或者财产的损害。特殊商品的范围，包括：①法律直接列举的，如药品、医疗器械、农药、烟草、食品、酒类、化妆品，以及兽药等特殊商品；②其他法律、行政法规中规定的应当进行特殊管理的一些商品广告。

（三）广告审查的程序

1. 由广告主向广告审查机关提出申请。广告主提出申请时，应当同时向广告审查机关提交与其申请审查的商品广告内容有关的证明文件。这些证明文件主要有以下几类：证明广告主生产经营资格的证明；证明广告主申请发布广告的商品合法性的证明文件；证明广告内容真实、合法的证明证件；其他法律、行政法规规定应当提交的证明文件。

2. 广告审查机关对申请审查的广告内容进行审查。接受广告主的申请之后，广告审查机关应当按照有关法律、行政法规对该项申请的商品广告内容的规定进行审查。

3. 广告审查机关作出审查决定。广告审查机关对申请审查的广告的内容进行审查之后，无论是批准或者否定广告主提出的特殊商品广告内容，都应当作出审查决定，并通知申请人。

三、广告监测制度

广告监测是对个案广告、类别广告、全部广告法律执行状况进行的跟踪检查，是广告监管日常工作的重要内容，包括监测数据的采集汇总、分析整理、信息发布等。广告监测工作应遵循法定、统一、科学的原则，即监测依据和标准法定，监测指标体系统一，监测数据处理加工手段方法科学，实现监测结果的准确和共享。

省及省以下广告监管机关对在本辖区发布的广告进行监测。国家及省广告监管机关根据工作需要可以进行指定监测。在坚持日常监测的同时，广告监管机关可以根据工作需要对一定区域、一定时期、一定媒介进行集中监测。

广告监管机关应就广告监测工作建立、健全专门的数据采集、监测报告、监测档案、监测信息发布、监测对象法规培训、违法广告查处等工作制度。

广告监测应坚持监测报告制度。广告日常监测可根据需要形成日报、周报、月报、季报或年报等监测报告。集中监测后应形成监测报告。广告监测报告应当真实、客观地反映监测结果，对典型违法广告应当进行核实。

广告监管机关应当根据监测结果显示的广告市场动态，确定广告监管系统一定时期监管重点，落实典型违法广告案件的查处及对违法广告主、广告经营者、广告发布者的整改。

广告监管机关应当定期向社会发布《广告违法警示公告》，公告主要违法表现和典型违法广告，提醒公众注意识别。

广告监测中发现的违法或者涉嫌违法广告，根据管辖原则由各地依法调查处理。

 以案说法

沈阳市工商局违法广告警示公告 [1]

[案情简介]

公告原文：沈阳市工商局违法广告警示公告（沈工商广公字〔2014〕1号）

近期，工商行政管理机关对沈阳地区媒体发布的药品、医疗、保健食品等广告进行了监测，部分广告涉嫌存在严重违反广告管理法律、法规等问题。为严厉打击虚假违法广告行为，保护消费者的合法权益，现责令相关媒体停止发布下列违法广告，提醒广大消费者谨慎消费，警示公告如下：

1. "亦通万寿丹"药品广告。广告以专家、患者的名义和形象作证明，编造概念，对药品的疗效作引人误解的虚假宣传。

2. "亮睛明目组合"药品广告。广告中出现了以医生、患者的名义和形象作证明，含有不科学表示功效的断言或者保证等违法内容。

3. "神麒口服液"药品广告。广告含有不科学表示功效的断言或保证及利用专家、患者的名义和形象作证明的内容。

4. "沈阳京都脉管炎研究院"医疗广告。广告涉及医疗技术、诊疗方法，保证治愈或者隐含保证治愈的内容及利用患者、卫生技术人员形象作证明等超出核准的广告成品样件审批内容。

5. "沈阳华山男科医院"医疗广告。非法印制《华山男科》印刷品广告。广告中含有涉及医疗技术、诊疗方法，保证治愈或者隐含保证治愈，利用患者、卫生技术人员形象作证明及含有淫秽、荒诞等违法内容。

6. "沈阳曙光医院"医疗广告。在互联网上发布医疗广告，广告涉及医疗技术、诊疗方法，保证治愈或者隐含保证治愈，宣传治愈率、有效率等诊疗效果及利用患者、卫生技术人员形象作证明等违法内容。

7. "韩国虾青素"食品广告。广告使用与药品相混淆的用语，直接或者间接地宣传治疗作用等违法内容。

8. "同仁堂大益茶"虚假食品违法广告。广告使用与药品相混淆的用语，直接或者间接地宣传治疗作用等虚假宣传内容。

9. "补王虫草精"食品广告。广告中出现了利用专家、消费者的名义和形象作

---

〔1〕 载辽宁法治网，http://www.lnfzb.com/news_view.aspx？id＝20140314104724042.

证明，使用与药品相混淆的用语，宣传治疗作用等违法内容。

10."华德虫草菌丝体洋参片"食品广告。广告使用与药品相混淆的用语，利用消费者的名义和形象为产品的功效作证明。

沈阳市工商行政管理局

2014 年 3 月 14 日

[案例评析]

该公告是较为常见的广告监管机关向社会发布的《广告违法警示公告》。沈阳市工商局通过广告监测活动，发现了以上违法广告，依法进行了公告。《公告》主要内容包括发布虚假违法广告的广告主、广告发布者、广告经营者、广告发布时间、违法内容和违反的相关法律法规等，并对消费者进行了提醒、警示。

第五节 违反广告法的法律责任

一、广告违法行为及法律责任

广告违法行为，是指广告主、广告经营者，广告发布者在广告活动中违反广告法和其他法律法规的规定的行为。广告违法行为的构成须具备四个条件：①广告违法行为的主体是从事广告活动的法人、其他经济组织和个人，主要指广告主、广告经营者、广告发布者等；②广告违法行为人在主观上必须有过错；③广告违法行为在客体上必须侵害了我国法律所保护的社会关系。我国广告管理法规规范三方面秩序：广告管理秩序，广告宣传秩序、广告经营秩序，广告经营主体如侵害了上述客体，应当承担法律责任；④广告违法行为必须有违反广告法律、行为法规的行为。

二、广告主体违反广告法的法律责任

（一）发布虚假广告的法律责任

根据 2015 年修订的《广告法》第 28 条的规定，广告以虚假或者引人误解的内容欺骗、误导消费者的，构成虚假广告。虚假广告包括下列情形：①商品或者服务不存在的；②商品的性能、功能、产地、用途、质量、规格、成分、价格、生产者、有效期限、销售状况、曾获荣誉等信息，或者服务的内容、提供者、形式、质量、价格、销售状况、曾获荣誉等信息，以及与商品或者服务有关的允诺等信息与实际情况不符，对购买行为有实质性影响的；③使用虚构、伪造或者无法验证的科研成果、统计资料、调查结果、文摘、引用语等信息作证明材料的；④虚构使用商品或者接受服务的效果的；⑤以虚假或者引人误解的内容欺骗、误导消费者的其他情形。

1. 发布虚假广告的行政责任与刑事责任。违反法律规定，发布虚假广告的，由工商行政管理部门责令停止发布广告，责令广告主在相应范围内消除影响，处广告费用 3 倍以上 5 倍以下的罚款，广告费用无法计算或者明显偏低的，处 20 万元以上 100 万元以下的罚款；两年内有 3 次以上违法行为或者有其他严重情节的，处广告费

用 5 倍以上 10 倍以下的罚款，广告费用无法计算或者明显偏低的，处 100 万元以上 200 万元以下的罚款，可以吊销营业执照，并由广告审查机关撤销广告审查批准文件、一年内不受理其广告审查申请。

医疗机构发布虚假广告，情节严重的，除由工商行政管理部门依法处罚外，卫生行政部门可以吊销诊疗科目或者吊销医疗机构执业许可证。

广告经营者、广告发布者明知或者应知广告虚假仍设计、制作、代理、发布的，由工商行政管理部门没收广告费用，并处广告费用 3 倍以上 5 倍以下的罚款，广告费用无法计算或者明显偏低的，处 20 万元以上 100 万元以下的罚款；两年内有 3 次以上违法行为或者有其他严重情节的，处广告费用 5 倍以上 10 倍以下的罚款，广告费用无法计算或者明显偏低的，处 100 万元以上 200 万元以下的罚款，并可以由有关部门暂停广告发布业务、吊销营业执照、吊销广告发布登记证件。

广告主、广告经营者、广告发布者发布虚假广告，构成犯罪的，依法追究刑事责任。

2. 发布虚假广告的民事责任。发布虚假广告，欺骗、误导消费者，使购买商品或者接受服务的消费者的合法权益受到损害的，由广告主依法承担民事责任。广告经营者、广告发布者不能提供广告主的真实名称、地址和有效联系方式的，消费者可以要求广告经营者、广告发布者先行赔偿。

关系消费者生命健康的商品或者服务的虚假广告，造成消费者损害的，其广告经营者、广告发布者、广告代言人应当与广告主承担连带责任。

其他的商品或者服务的虚假广告，造成消费者损害的，其广告经营者、广告发布者、广告代言人，明知或者应知广告虚假仍设计、制作、代理、发布或者作推荐、证明的，应当与广告主承担连带责任。

（二）违反广告法禁止性规定的法律责任

广告主体的广告活动违反广告法禁止性规定的，由工商行政管理部门责令停止发布广告，对广告主处 20 万元以上 100 万元以下的罚款，情节严重的，并可以吊销营业执照，由广告审查机关撤销广告审查批准文件、一年内不受理其广告审查申请；对广告经营者、广告发布者，由工商行政管理部门没收广告费用，处 20 万元以上 100 万元以下的罚款，情节严重的，并可以吊销营业执照、吊销广告发布登记证件。

（三）违反广告法特殊准则的法律责任

法律规定，对于违法发布处方药广告、药品类易制毒化学品广告、戒毒治疗的医疗器械和治疗方法广告的、违法发布声称全部或者部分替代母乳的婴儿乳制品、饮料和其他食品广告的、违法发布烟草广告的等，由工商行政管理部门责令停止发布广告，对广告主处 20 万元以上 100 万元以下的罚款，情节严重的，并可以吊销营业执照，由广告审查机关撤销广告审查批准文件、一年内不受理其广告审查申请；对广告经营者、广告发布者，由工商行政管理部门没收广告费用，处 20 万元以上 100 万元以下的罚款，情节严重的，并可以吊销营业执照、吊销广告发布登记证件。

另外，违法发布医疗、药品或医疗器械广告、保健食品广告、农药、兽药等广告、酒类广告、教育培训广告、招商等有投资回报预期的商品或者服务广告、房地产广告、农作物种子、水产苗种和种养殖等广告的，由工商行政管理部门责令停止发布广告，责令广告主在相应范围内消除影响，处广告费用1倍以上3倍以下的罚款，广告费用无法计算或者明显偏低的，处10万元以上20万元以下的罚款；情节严重的，处广告费用3倍以上5倍以下的罚款，广告费用无法计算或者明显偏低的，处20万元以上100万元以下的罚款，可以吊销营业执照，并由广告审查机关撤销广告审查批准文件、一年内不受理其广告审查申请。

（四）违反广告审查规定的法律责任

未经审查发布广告的，由工商行政管理部门责令停止发布广告，责令广告主在相应范围内消除影响，处广告费用1倍以上3倍以下的罚款，广告费用无法计算或者明显偏低的，处10万元以上20万元以下的罚款；情节严重的，处广告费用3倍以上5倍以下的罚款，广告费用无法计算或者明显偏低的，处20万元以上100万元以下的罚款，可以吊销营业执照，并由广告审查机关撤销广告审查批准文件、一年内不受理其广告审查申请。

（五）广告侵权责任

广告主、广告经营者、广告发布者违反广告法规定，有下列侵权行为之一的，依法承担民事责任：①在广告中损害未成年人或者残疾人的身心健康的；②假冒他人专利的；③贬低其他生产经营者的商品、服务的；④在广告中未经同意使用他人名义或者形象的；⑤其他侵犯他人合法民事权益的。

（六）广告代言人的法律责任

广告代言人有下列情形之一的，由工商行政管理部门没收违法所得，并处违法所得1倍以上2倍以下的罚款：①违反法律规定，在医疗、药品、医疗器械广告中作推荐、证明的；②违反法律规定，在保健食品广告中作推荐、证明的；③违反法律规定，为其未使用过的商品或者未接受过的服务作推荐、证明的；④明知或者应知广告虚假仍在广告中对商品、服务作推荐、证明的。

关系消费者生命健康的商品或者服务的虚假广告，造成消费者损害的，广告代言人应当与广告主承担连带责任。其他的商品或者服务的虚假广告，造成消费者损害的，广告代言人明知或者应知广告虚假仍设计、制作、代理、发布或者作推荐、证明的，应当与广告主承担连带责任。

三、广告专门机关及其工作人员违反广告法的法律责任

（一）广告审查机关及其工作人员的法律责任

广告审查机关对违法的广告内容作出审查批准决定的，对负有责任的主管人员和直接责任人员，由任免机关或者监察机关依法给予处分；构成犯罪的，依法追究刑事责任。

（二）工商行政管理部门及其工作人员的法律责任

工商行政管理部门对在履行广告监测职责中发现的违法广告行为或者对经投诉、

举报的违法广告行为，不依法予以查处的，对负有责任的主管人员和直接责任人员，依法给予处分。

工商行政管理部门和负责广告管理相关工作的有关部门的工作人员玩忽职守、滥用职权、徇私舞弊的，依法给予处分。构成犯罪的，依法追究刑事责任。

 以案说法

河南许昌帝豪集团广告使用背景音乐侵权案[1]

[案情简介]

《众人划桨开大船》是由我国知名词曲作者魏明伦、王持久作词，陈翔宇作曲的一首歌曲。广告主河南许昌帝豪集团、广告经营者标格广告公司、未来广告公司在未告知并经著作权人许可的情况下，将作品用作其集团、公司形象广告的背景音乐，并在中央电视台一频道《今日说法》栏目中频繁播放，时间长达8个月之久。原告要求赔偿50万元。

被告帝豪集团辩称：我集团与标格公司于2001年3月20日签订了一份协议书，约定：由标格公司为帝豪集团制作其拥有合法版权的广告，今后发生的关于本广告的著作权纠纷，帝豪集团不承担任何责任。帝豪集团既不是广告的制作者，也不是发布者，不应向原告支付报酬。其认为原告要求赔偿50万元的经济损失没有事实与法律依据。帝豪集团认为，其没有侵权的主观故意，客观上没有实施侵权行为，与标格公司、未来公司也不存在共同的侵权故意，因此不应承担侵权责任、连带赔偿责任。

被告未来公司辩称，其发布广告时，约定若发生侵权责任由标格公司承担，并且涉案广告的内容完全是由标格公司制作的，与其无关。

法院经审理后认为，河南许昌帝豪集团、广告制作者北京标格广告有限公司、广告发布者北京未来广告公司共同构成著作权侵权，共同承担赔偿责任。判决三被告在《中国电视报》上向三原告公开道歉，消除影响，赔偿三位原告经济损失5万元。

[案例评析]

这是一起涉及制作和发布广告中侵犯他人著作权的案件，违反了广告法、著作权法的相关规定，责任人应当依法承担民事侵权责任。

歌曲《众人划桨开大船》属于音乐作品，魏明伦、王持久、陈翔宇三人是歌曲《众人划桨开大船》的著作权人。依据我国著作权法的规定，使用他人作品应当同著作权人订立合同或者取得许可。被告标格公司所制作的广告片违反上述规定，擅自使用了原告的作品，是一种侵权行为，产生了侵权后果。

---

[1] 载找法网，http://china.findlaw.cn/info/jingjifa/guanggao/anli/67781.html。

帝豪集团是广告活动中的广告主，与被告标格公司签订了委托设计广告片的合同。虽然，合同约定被告标格公司拥有广告片的合法版权，今后如发生关于本广告片的著作权纠纷，被告帝豪集团不承担任何责任。但是，本案中，广告作品发生侵权以后，不是标格公司和帝豪集团之间的合同内部纠纷，而是合同双方当事人对合同以外的人即本案原告权利的侵犯。由于合同只能约束合同的双方当事人，而不能对抗合同以外的任何人，因此，在没有法律特殊规定的情况下，帝豪集团与标格公司关于免责条款的约定不能对抗本案原告。另外，广告在中央电视台发布后，帝豪集团是直接的受益人，享受了侵权所带来的利益，这份利益是无法予以免责的。帝豪集团应认定为本案侵权人。

未来公司作为广告的发布者，歌曲《众人划桨开大船》是一部在春节晚会上播出并产生一定影响的作品，春节晚会在我国是一个收视率极高的节目，未来公司又是中央电视台《今日说法》栏目的广告代理商，在审查涉案广告片的过程中，从其本身所具有的业务知识和职业特点应推定其能够发现涉案广告侵权的事实，但未来公司并未制止侵权行为的发生或对侵权后果进行补救，相反，却促成该广告片在电视台有偿播放，扩大了损害后果，主观过错明显，应承担侵权责任。侵权行为发生后，未来公司在原告的要求下停止了侵权，但鉴于侵权事实已经发生，民事赔偿责任不能免除。

标格公司是侵权作品的制作者，帝豪公司是侵权作品的使用者，未来公司是侵权作品的发布者，在整个侵权事实过程中，三被告对侵权结果的损失分担具有不可分性，故认定为共同侵权，应承担连带责任。

第六节 广告法案件的分析

一、广告法案件的主要种类

根据广告违法行为所负的法律责任的性质不同，将广告法律责任划分为广告民事责任、广告行政责任和广告刑事责任，因而广告法案件可分为广告民事责任案件、广告行政责任案件和广告刑事责任案件。本章主要研究的是广告民事责任案件和广告行政责任案件。

（一）广告民事责任案件

广告民事责任是指广告主体对其广告违法行为所应承担的民事法律后果。根据承担民事责任的方式，广告民事责任分为广告合同责任和广告侵权责任。

1. 广告侵权责任案件。广告侵权责任是指广告的内容违反广告准则，侵犯消费者、经营者或其他主体的合法权益，或者广告的发布行为侵犯他人合法民事权益的，由广告主、广告经营者、广告发布者或者有关组织依法应承担的民事法律后果。根据《广告法》第55、56条的规定，广告主、广告经营者、广告发布者发布虚假广

告，侵犯消费者合法权益或有其他侵权行为的，应依法承担民事责任。

广告侵权责任的主体是广告主、广告经营者和广告发布者以及有关组织。广告经营者、广告发布者明知或应知广告虚假而设计、制作、发布的应承担连带责任，即在虚假广告侵权责任中，广告经营者和广告发布者承担侵权民事责任的主观要件是故意或过失。另外社会团体或者其他组织在虚假广告中向消费者推荐商品或服务，侵犯消费者合法权益的，应当承担连带责任。

广告侵权行为可以分为两大类：一类是广告的内容违反广告准则，因而侵犯他人民事权益的，包括广告内容虚假，损害未成年人或残疾人的身心健康，假冒他人专利，贬低其他生产经营者的商品或服务，未经同意使用他人名义、形象做广告，等等。另一类是广告内容本身并不违法，但广告的发布行为侵犯他人合法权益的，比如在他人建筑物上设置广告牌，影响他人对建筑物的正常利用的。

广告侵权责任的客体，是消费者、经营者或其他主体依法所享有的民事权利，包括人身权、财产权、知识产权等。

根据以上分析，广告侵权责任案件主要有以下几个类型：

（1）虚假广告侵害消费者人身权或财产权案件；

（2）广告侵害他人（尤其是未成年人或者残疾人）身心健康案件；

（3）未经同意使用他人名义、形象做广告侵犯他人人格权案件；

（4）广告侵犯他人知识产权案件；

（5）广告不正当竞争侵权行为案件；

（6）广告发布行为，侵犯他人合法民事权益的案件；

（7）其他广告侵权行为案件。

2. 广告合同责任案件。广告合同责任案件，主要是广告合同当事人违反广告合同的约定产生争议而引发的案件。广告合同属无名合同，一般来说，适用广告法、合同法总则的有关规定。在合同法总则没有具体规定时，适用民法通则关于民事法律行为的一般规定。

（二）广告行政责任案件

广告行政责任是指广告主、广告经营者、广告发布者违反广告法律、法规的规定，依法应承担行政处罚的责任。《广告法》规定的行政处罚方式包括：责令停止发布、责令公开更正消除影响、没收广告费用、罚款、停止广告业务等。广告行政责任案件可以分为违反广告准则的行政责任案件和违反广告活动管理和广告审查管理的行政责任案件两大类，具体来说包括：

1. 违反广告准则的行政责任案件。

（1）违反基本广告准则的行政责任案件。

（2）违反特殊广告准则的行政责任案件。

2. 违反广告活动管理和广告审查管理的行政责任案件。

（1）违反广告活动管理的行政责任案件（如无照经营广告业务的行政责任案

件)。

(2) 违反广告审查管理的行政责任案件。

二、该类案件分析的方法

(一) 广告民事责任案件

1. 广告侵权责任案件。

(1) 虚假广告侵害消费者人身权或财产权案件。在分析此类案件时：

第一，应确认广告是否属于虚假广告。虚假广告是广告中对商品的性能、制作成分、产地、用途、质量、价格、生产者、有效期限、允诺或者对服务的内容、形式、质量、价格、允诺做不真实表示的广告。

第二，要确定虚假广告行为主体的主观心理状态。广告主对其商品或服务的情况心知肚明，主观心理状态应当是故意。而广告经营者和广告发布者只有在明知或应知广告虚假的情况下才承担连带责任。所谓应知就是根据当时的有关情况和证据推定，当事人不可能不知道。

第三，消费者应证明其人身或财产的损害与虚假广告有因果关系。即消费者所受人身或财产损害是受虚假广告误导所致。

(2) 广告侵害他人 (尤其是未成年人或者残疾人) 身心健康案件。广告的内容和形式不符合广告准则的规定，如含有淫秽、迷信、恐怖、暴力、丑恶的内容，使广告受众 (尤其是不具备完全辨认能力和控制能力的未成年人、残疾人) 的身心健康受到损害的，广告主、广告经营者、广告发布者应承担侵犯人身权的民事责任。

分析此类案件的关键，一是分析广告内容或形式是否违反广告准则的规定，比如认定广告是否含有淫秽、迷信、恐怖、暴力、丑恶的内容。但是淫秽、迷信、恐怖、暴力、丑恶等是抽象的、不确定的概念，在当前法律条文中找不到明确的界定，往往难以认定，在具体案件中如何认定取决于执法者对法律含义的理解深度及其利益衡量标准。二是受害人应证明其身心健康的损害与广告之间有因果关系。因果关系的认定应根据具体案件综合分析。

(3) 未经同意使用他人名义、形象做广告侵犯他人人格权案件。《民法通则》第100条规定："公民享有肖像权，未经本人同意，不得以营利为目的使用公民的肖像。"《民法通则》第99、101、102条分别规定了公民的姓名权，法人、个体工商户、个人合伙的名称权，公民、法人的名誉权和荣誉权，公民的人格尊严，受法律保护。《广告法》第33条规定："广告主或广告经营者在广告中使用他人名义或者形象的，应当事先取得其书面同意，使用无民事行为能力人、限制民事行为能力人的名义或者形象的，应当事先取得其监护人的书面同意。"

分析此类案件除了认定侵权人未经他人同意使用他人名义、形象做广告的行为以外，关键在于确定侵权行为所侵犯的客体。具有民事权利能力的公民享有肖像权、姓名权、隐私权、名誉权、人格尊严权、荣誉权。未经同意使用他人名义或形象作广告，首先侵犯了公民的姓名权或肖像权，如果又影响到了社会公众对该公民的正确评价或者有损于其人格尊严或剥夺其荣誉称号的，同时又侵犯了公民的名誉权、人格尊严权或荣誉权。涉及他人隐私的，可能侵犯他人隐私权。另外，已死亡公民的近亲属对死亡公民的姓名、肖像、名誉、荣誉享有一定的精神利益，广告中未经其近亲属同意使用已死亡公民的名义、形象损害其近亲属的精神利益的，也是广告侵权行为，应承担侵权民事责任。根据 2001 年 2 月 26 日《最高人民法院关于确定民事侵权精神损害赔偿责任若干问题的解释》第 3 条的规定，如果广告以侮辱、诽谤、贬损、丑化或者违反社会公共利益、社会公德的其他方式，侵害死者姓名、肖像、名誉、荣誉，或者以非法披露、利用死者隐私，或者以违反社会公共利益、社会公德的其他方式侵害死者隐私，使死者近亲属遭受精神痛苦的，死者近亲属可以向法院起诉请求精神损害赔偿。

广告主、广告经营者在广告中使用他人名义、形象事先征得他人书面同意的，应当按照协议约定的方式使用，未约定具体使用方式的，应以通常方式使用他人名义、肖像，如果以特殊的非正常方式使用的，应当征得他人同意。因此，不按约定方式使用或者以非正常方式在广告中使用他人名义、肖像未获他人授权引起纠纷的，广告主、广告经营者仍构成侵权行为，应承担侵权责任。典型案件是大连市发生的某广告公司在服装广告中，将模特肖像制成广场地砖铺设于广场地面的侵权纠纷。

广告中未经同意使用其他经营者的名义（如企业名称）或形象（如营业场所照片、专有产品或服务照片等能够区别经营者身份的标志）的，不但侵犯了其他经营者的名称权或名誉权，同时也是一种不正当竞争行为。

（4）广告侵犯他人知识产权案件。广告中在其商品或服务上假冒他人专利或商标，或者擅自使用他人享有著作权的作品的，是侵犯他人专利权、商标权或著作权的行为。另外，可能在广告中被侵权的知识产权还包括：地理标记、植物新品种权、集成电路布图设计权等。分析此类案件应结合运用有关知识产权的法律、法规，首先确认所涉及的专利权、商标权、著作权是否真实、有效，然后分析广告行为是否属于相关知识产权的权利保护范围，是否是相关知识产权法律法规规定的侵权行为。

（5）广告不正当竞争侵权行为案件。结合《反不正当竞争法》，广告中含有不正当竞争的内容侵犯其他经营者合法权益的案件主要有如下几种：

第一种是在广告中贬低其他生产经营者的商品或服务，损害其商业信誉或商品声誉的。根据《反不正当竞争法》第 14 条的规定，该种不正当竞争行为以广告内容虚假为构成要件。

第二种是广告中假冒和制造混淆的行为，包括假冒他人商标，擅自使用相同或近似知名商品特有的名称、包装、装潢造成误认的，擅自使用他人的企业名称或者姓名或营业形象造成误认的。

第三种是广告内容引人误解、损害其他经营者合法权益的行为。在分析此类案件时，不仅要以广告法规定的广告准则为依据，是否构成不正当竞争行为，还应当以《反不正当竞争法》为根据。

（6）广告发布行为，侵犯他人合法民事权益的案件。《广告法》第42条规定，妨碍生产或者人民生活的户外广告不得设置。广告不仅其设计、制作的内容要合法，不能侵犯他人合法的民事权益，广告的发布和设置行为也不得侵犯他人的合法权益。分析此类案件，应结合《民法通则》和其他民事法律、法规的有关规定，如相邻权制度。

2. 广告合同责任案件。《广告法》对广告合同的规定较为简单，第30条规定："广告主、广告经营者、广告发布者之间在广告活动中应当依法订立书面合同，明确各方的权利和义务。"典型的广告合同是广告主、广告经营者、广告发布者之间的广告代理、设计、制作、发布内容的合同，该合同的订立、效力、履行的纠纷应适用《中华人民共和国合同法》。

在实践中还有一个与合同有关的法律问题，就是广告主发布的广告内容能否直接成为合同条款，广告主是否应受广告内容的合同性质的约束。对此应运用合同成立的要约承诺原则加以解决。根据《合同法》第14、15条的规定，商业广告一般为要约邀请，即希望他人向自己发出要约的意思表示。但商业广告的内容符合要约规定的，视为要约。一个有效的要约应包括：内容具体确定，以及表明经受要约人承诺，要约人即受该意思表示约束两个条件。因此，通常情况下，广告主发布的广告不是要约，广告主不受广告内容的合同性质的约束。但如果广告内容十分具体确定，包含将来成立合同的主要条款，并且广告内容表明广告主愿意接受广告内容约束的，该广告构成要约，一旦广告受众在要约有效期限内为符合条件的有效承诺的，双方之间的合同就已成立，广告主的广告内容就成为合同的主要条款，广告主应该按广告内容履行合同，否则即构成违约，应承担违约责任。在我国司法实践中对悬赏广告纠纷案件的处理中，法院也是按要约承诺规则来审理的。

另外，根据2003年4月28日发布并生效的《最高人民法院关于审理商品房买卖合同纠纷案件适用法律若干问题的解释》第3条的规定，商品房的销售广告和宣传资料为要约邀请，但是出卖人就商品房开发规划范围内的房屋及相关设施所作的说明和允诺具体确定，并对商品房买卖合同的订立以及房屋价格的确定有重大影响的，应当视为要约。该说明和允诺即使未载入商品房买卖合同，亦应当视为合同内容，当事人违反的，应当承担违约责任。

（二）广告行政责任案件

在分析广告行政责任案件时，应结合行政处罚法、行政许可法、行政复议法、行政诉讼法等行政法律法规的规定，一般应从以下几个方面入手：

1. 看广告主、广告经营者和广告发布者的行为是否违反了广告法律、法规、规章的规定，构成广告违法行为，是否应承担行政责任。

2. 要分析广告违法行为的执法主体是否合格，然后看执法主体的行政执法程序是否合法。

3. 分析对广告违法行为的行政处罚决定认定的事实是否清楚，证据是否确实充分，适用法律是否正确，处罚方式和力度是否合理。即我们应该从被处罚主体广告行为的违法性和行政执法主体行政行为的合法性和合理性两个方面进行分析研究。

三、该类案件分析应当注意的问题

这里，主要是广告法和其他有关法律、法规的衔接和适用。广告法以外的其他法律法规，如《反不正当竞争法》、《消费者权益保护法》、《药品管理法》、《食品安全法》、《烟草专卖法》等也从不同角度涉及了广告管理问题，这就会发生法律上的竞合。在分析广告案件时，由于广告法是专门规范广告活动的法律，当发生这种竞合时，凡广告法有规定的，应当优先适用广告法。

在广告侵权责任案件分析中，值得注意的是，《广告法》规定了广告侵权行为应承担民事责任，但没有规定具体的民事责任方式。因此，在确定广告侵权行为的民事责任时，就必须适用其他法律的规定，这必然也涉及《广告法》和相关法律、法规的衔接和适用问题。具体来说，广告违法行为侵犯消费者人身权、财产权的，不仅要适用《广告法》，在确定其具体法律责任时，还应适用《消费者权益保护法》、《侵权责任法》和《民法通则》的规定。广告违法行为侵犯公民人格权的，在确定其具体法律责任时，应适用《侵权责任法》、《民法通则》的规定。广告违法行为侵犯知识产权的，还应适用《商标法》、《专利法》、《著作权法》等知识产权方面的法律、法规。广告不正当竞争侵权的，还应适用《反不正当竞争法》的规定。

四、相关法律法规指引

1. 《中华人民共和国广告法》，1994 年 10 月 27 日全国人民代表大会常务委员会通过，2015 年 4 月 24 日再次修订，从 2015 年 9 月 1 日起施行。

2. 《广告管理条例》，1987 年 10 月国务院发布，自 1987 年 12 月 1 日起施行。

3. 《广告管理条例施行细则》，1988 年 1 月 9 日国家工商行政管理总局发布，1998 年 12 月 3 日作了修改，2000 年 12 月 1 日第二次修改，2004 年 11 月 30 日第三次修改，自 2005 年 1 月 1 日起施行。

4. 《化妆品广告管理办法》，1993 年 7 月 13 日国家工商局发布，自 1993 年 10 月 1 日起施行。

5. 《医疗广告管理办法》，1993 年 9 月 27 日国家工商局、卫生部发布，2006 年 11 月 10 日修改，自 2007 年 1 月 1 日起施行。

6. 《药品广告审查发布标准》，2007 年 3 月 3 日国家工商行政管理总局和国家食品药品监督管理局决定修改、公布，自 2007 年 5 月 1 日起施行。

7. 《药品广告审查办法》，2007 年 3 月 13 日国家食品药品监督管理局、中华人民共和国国家工商行政管理总局审议通过，自 2007 年 5 月 1 日起施行。

8. 《医疗器械广告审查发布标准》，2009 年 4 月 28 日国家工商行政管理总局局务会、中华人民共和国卫生部部务会审议通过发布，自 2009 年 5 月 20 日起施行。

9. 《医疗器械广告审查办法》，2009 年 4 月 7 日卫生部部务会、国家工商行政管理总局局务会审议通过发布，自 2009 年 5 月 20 日起施行。

10. 《农药广告审查标准》，1995 年 3 月 28 日国家工商局发布。

11. 《农药广告审查办法》，1995 年 4 月 7 日国家工商局、农业部发布，1998 年 12 月 22 日修订，自发布之日起施行。

12. 《兽药广告审查标准》，1995 年 3 月 28 日由国家工商局发布。

13. 《兽药广告审查办法》，1995 年 4 月 7 日由国家工商局、农业部发布，1998 年 12 月 22 日修订，自发布之日起施行。

14. 《酒类广告管理办法》，1995 年 11 月 17 日国家工商局发布，自 1996 年 1 月 1 日起施行。

15. 《烟草广告管理暂行办法》，1995 年 12 月 20 日国家工商局发布，1996 年 12 月 30 日修改，自 1996 年 12 月 30 日起施行；

16. 《房地产广告发布暂行规定》，1996 年 12 月 30 日国家工商局发布，自 1997 年 2 月 1 日起施行，1998 年 12 月 3 日修订后实施。

17. 《食品广告发布暂行规定》，1996 年 12 月 30 日国家工商局发布，1998 年 12 月 3 日修订，自 1998 年 12 月 3 日起施行。

18. 《户外广告登记管理规定》，2006 年 5 月 22 日国家工商行政管理总局局务会议决定修改、公布，自 2006 年 7 月 1 日起施行。

19. 《印刷品广告管理办法》，2000 年 1 月 13 日国家工商局发布，2004 年 11 月 30 日修改，自 2005 年 1 月 1 日起施行。

20. 《广告语言文字管理暂行规定》，1998 年 1 月 15 日国家工商局发布，1998 年 12 月 3 日修订，自 1998 年 12 月 3 日起施行。

21. 《广播电视广告播出管理办法》，2009 年 9 月 8 日国家广播电影电视总局局务会议审议通过、发布，2011 年 11 月 25 日修订，自 2012 年 1 月 1 日起施行。

22. 《广告经营许可证管理办法》，2004 年 11 月 30 日国家工商行政管理局公布，自 2005 年 1 月 1 日起施行。

 以案说法

湖南报日社与陈许洪虚假宣传纠纷上诉案[1]

[案情简介]

自 2006 年 6 月 30 日开始，湖南日报社为湖南炎帝圣泉酒业有限公司（以下简称圣泉公司）做酒文化周刊广告，该广告相应内容有："炎帝圣泉酒业系香港森宝集团的独资公司，雄居中华始祖炎帝寝地——湖南。集团董事局高瞻远瞩、运筹帷幄，在 2001 年斥巨资收购兼并贵州茅台镇酒厂，建立了自己的白酒生产基地，为炎帝圣泉酒业的发展、品质提供有力的保证"、"倾力打造浓香型经典，诚招各市、县经销

---

〔1〕 载法律界网，http://case.mylegist.com/1716/2009 - 09 - 04/4320.html。

商"，等等。陈许洪看到广告后，与圣泉公司取得了联系。2006 年 7 月 25 日，陈许洪与圣泉公司签订经销合同，合同内容为：确定陈许洪为圣泉公司在湖南省浏阳市区域内炎帝圣泉系列白酒的经销商，由陈许洪销售圣泉公司生产的炎帝圣泉系列白酒，陈许洪在规划区域内的目标任务首批进货额为 10 万元，本合同有效期自 2006 年 7 月 25 日至 2007 年 7 月 24 日止。同日，陈许洪与圣泉公司还签订一份浏阳市场操作协议，对陈许洪如何经销圣泉公司白酒的步骤进一步明确。陈许洪与圣泉公司签订合同后，2006 年 7 月 28 日，陈许洪将 10 万元货款打给了圣泉公司，圣泉公司于 2006 年 8 月 1 日出具 10 万元收款收据给陈许洪。

2006 年 9 月 1 日，陈许洪与浏阳市朱志希签订一份门店租赁合同，该合同约定：租赁本门店租赁期 1 年，从 2006 年 9 月 1 日起至 2007 年 8 月 31 日止。门店租金随行就市，每交纳租金时，由双方商定。2006 年 9 月 1 日第一次付租金 2800 元，2006 年 12 月 28 日第二次付租金 2200 元，押金 200 元。合同签订后，陈许洪付了朱志希 2800 元门面租金，租该门面进行经营。

陈许洪付 10 万元款后，圣泉公司一直未发货。陈许洪多次找圣泉公司，圣泉公司于 2006 年 9 月 30 日出具一承诺书，承诺于 2006 年 10 月 28 日前发货，但一直没有发货，后来干脆人去楼空。陈许洪遂向长沙市开福区人民法院起诉，要求湖南日报社赔偿原告财产损失 100 000 元、门面租金损失费 2800 元，共计 102 800 元。

经法院查明，圣泉公司于 2006 年 5 月 23 日成立，为有限责任公司，该公司股东是：蔡海军、石梅，蔡海军出资 240 万元，石梅出资 60 万元，蔡海军占注册资本的 80%，石梅占注册资本的 20%，法定代表人为蔡海军，经营范围为酒类销售。湖南日报上广告内容"圣泉公司系香港森宝集团的独资公司……在 2001 年斥巨资收购兼并贵州某台镇酒厂"系虚假的事实。

开福区法院认为，湖南日报社在湖南日报上发布的广告内容如："圣泉公司系香港森宝集团的独资公司……在 2001 年斥巨资收购兼并贵州茅台镇酒厂……"系虚假的事实，湖南日报社未尽到广告的查验、核实义务，湖南日报社有一定的过错。陈许洪在看了广告之后，与圣泉公司取得联系，陈许洪在签订合同时也未尽审慎义务，对自身损失发生亦存在过失，本院酌情判定湖南日报社对陈许洪 10 万元的货款损失及门面租金损失 2800 元承担 40% 的赔偿责任。据此，开福区法院判决：被告湖南日报社在本判决生效之日起 5 日内赔偿原告陈许洪 41 120 元。如未按本判决指定的期限履行给付金钱义务，加倍支付迟延履行期间的债务利息。本案受理费 2356 元，由原告陈许洪承担 1414 元，被告湖南日报社承担 942 元。

法院判决后，湖南日报社不服，向长沙市中级人民法院提起上诉，称：上诉人已经尽到了作为广告发布者的审查义务，广告的内容并无虚假，不应由广告发布者承担 40% 的责任。被上诉人陈许洪与圣泉公司的合作行为完全是一种自发自愿的商业行为，被上诉人陈许洪的"损失"与上诉人的广告行为无因果关系。被上诉人应对其因合同目的未能实现所造成的损失承担全部责任。上诉人本身也是受害者，一审判决让受害者承担另一受害者的损失实为不妥。圣泉公司并未注销登记，被上诉人应向圣泉公司追偿。一审法院认定事实不清，请求二审法院撤销原审判决，驳回被上诉人的诉讼请求。

[案例评析]

（一）基本事实分析

一审原告陈许洪因为看到了并信任湖南日报为圣泉公司所做的广告，与圣泉公司签订了经销合同，约定由陈许洪作为圣泉公司在湖南省浏阳市区域内炎帝圣泉系列白酒的经销商，销售圣泉公司生产的炎帝圣泉系列白酒。陈许洪在规划区域内的目标任务首批进货额为 10 万元。同时，签订了一份浏阳市场操作协议，对陈许洪如何经销圣泉公司白酒的步骤进一步明确。陈许洪按照约定将 10 万元货款打给了圣泉公司，圣泉公司出具了收款收据。陈许洪为了开展经营活动，与浏阳市朱志希签订一份门店租赁合同。合同签订后，陈许洪付了朱志希 2800 元门面租金。

陈许洪付款后，圣泉公司一直未发货。后来，圣泉公司出具承诺书，承诺于 2006 年 10 月 28 日前发货。但仍未发货，并且人去楼空。

陈许洪遂向长沙市开福区人民法院起诉，要求湖南日报社赔偿原告财产损失 100 000 元、门面租金损失费 2800 元，共计 102 800 元。

开福区法院认为，湖南日报社在湖南日报上发布的广告内容有部分系虚假的，湖南日报社未尽到广告的查验、核实义务，有一定的过错。陈许洪在与圣泉公司签订合同时也未尽审慎义务，对自身损失发生亦存在过失。因此，一审法院酌情判定湖南日报社对陈许洪 10 万元的货款损失及门面租金损失 2800 元承担 40% 的赔偿责任。

在二审中，上诉人湖南日报社称已经尽到了作为广告发布者的审查义务，广告的内容并无虚假，不应由广告发布者承担 40% 的责任。被上诉人陈许洪与圣泉公司的合作行为完全是一种自发自愿的商业行为，被上诉人陈许洪的"损失"与上诉人的广告行为无因果关系。被上诉人应对其因合同目的未能实现所造成的损失承担全部责任。圣泉公司并未注销登记，被上诉人应向圣泉公司追偿。一审法院认定事实不清，请求二审法院撤销原审判决，驳回被上诉人的诉讼请求。但是未向法院提交新的合法有效证据。

经二审法院审理查明，2006 年 6 月 30 日、2006 年 7 月 7 日，湖南日报社为圣泉公司做酒文化周刊广告，该广告相应内容："炎帝圣泉酒业系香港森宝集团的独资公司，雄居中华始祖炎帝寝地——湖南。集团董事局高瞻远瞩，运筹帷幄，在 2001 年斥巨资收购兼并贵州茅台镇酒厂，建立了自己的白酒生产基地，为炎帝圣泉酒业的发展、品质提供有力的保证。" 2006 年 7 月 18 日，湖南日报社为圣泉公司做酒文化周刊广告，该广告相应内容："炎帝圣泉酒业公司系香港森宝集团旗下的全资独立子公司，雄居中华始祖炎帝寝地——湖南。集团董事局高瞻远瞩，运筹帷幄，在 2001 年斥巨资收购兼并贵州茅台镇酒厂，建立了自己的白酒生产基地，为炎帝圣泉酒业的发展、品质提供有力的保证。"2006 年 7 月 19 日，湖南日报社为圣泉公司做酒文化周刊广告，该广告相应内容："倾力打造浓香型经典，诚招各市、县经销商。"2006 年 7 月 28 日，湖南日报社为圣泉公司做酒文化周刊广告，该广告相应内容："湘音乡情，港资湘醇。湖南炎帝圣泉酒业公司系香港森宝集团下属独立法人子公司。原办公地点在株洲，现随公司总部搬至长沙，就是为了更好地在长沙发展，促进湘酒更上一层楼……"其他事实与原审法院查明的事实基本相同。

（二）定性分析

本案的焦点是湖南日报社是否构成虚假宣传。在这里，主要是确认湖南日报发布的圣泉公司的广告是否有虚假内容。

湖南日报社认为香港森宝集团下有一个湖南炎帝酒业有限公司，圣泉公司的名号就是用的炎帝酒业公司的"炎帝圣泉酒"品牌，圣泉公司办理的酒类经营卫生许可证、酒类产品检验证均为香港森宝集团湖南炎帝酒业有限公司提供，他们之间还有供销合同。另外，香港森宝集团湖南炎帝酒业有限公司与湖南炎帝圣泉酒业有限公司在同一个办公室办公，办公场地是香港森宝集团提供的。因此，该广告内容是真实的，湖南日报对广告内容也尽到了审查和核实的义务，对本案不应承担责任。

陈许洪认为，圣泉公司并非是香港森宝集团的独资公司，不属于香港森宝集团旗下全资独立子公司，2006 年 7 月 28 日《湖南日报》酒文化周刊 B4 版中署名钟剑平的"湘音乡情，港资湘醇"的文章并不是钟剑平本人撰写，而是上诉人故意捏造的虚假广告。湖南日报社对圣泉公司的广告无论是证明文件的形式上还是广告内容的实体审核均未尽到法定审查义务，具有重大过错。

从一审、二审法院查明的事实看，圣泉公司为有限责任公司，该公司是蔡海军和石梅共同出资，具有独立法人资格。湖南日报社在《湖南日报》上发布的广告："炎帝圣泉酒业系香港森宝集团的独资公司……"是虚假事实。

根据我国《广告法》有关规定，该广告构成虚假广告。同时，上诉人湖南日报社未尽到广告内容的查验、核实义务，有一定的过错。被上诉人在签订合同时也没有尽到应尽的注意，对自身损失的发生也存在过失。

（三）判决结果

长沙市中级人民法院判决认为，原审判决适用法律正确，但在陈许洪损失责任的分配上处理欠妥。故酌情确定上诉人湖南日报社对被上诉人陈许洪 10 万元的货款损失及门面租金损失 2800 元承担 10% 的赔偿责任。长沙市中级人民法院判决如下：①撤销湖南省长沙市开福区人民法院（2007）开民一初字第 2516 号民事判决；②上诉人湖南日报社在本判决生效之日起 10 日内赔偿被上诉人陈许洪损失 10 280 元。如未按本判决指定的期限履行给付金钱义务，加倍支付迟延履行期间的债务利息。本案一审案件受理费 2356 元，二审案件受理费 2356 元，共计 4712 元，由上诉人湖南日报社负担 2356 元，被上诉人陈许洪负担 2356 元。本判决为终审判决。

（四）简评

本案是由于广告发布者发布虚假广告而导致受害人利益受损，而依法承担相应的法律责任案件。在本案中，湖南日报社作为广告发布者，应当在发布广告之前，依法对广告主的法律资格、广告内容等审查、核对，对内容不符或者证明文件不全的广告，不得发布。而湖南日报社没有尽到应尽的审查核对义务，发布的广告内容有部分是虚假的，而陈许洪恰恰是因为信任了这个内容而和圣泉公司签订了合同，最终导致陈许洪的经济利益受到了损害。因此，湖南日报社是应当承担责任的。

另外，需要注意的是，本案中陈许洪作为合同的一方当事人，在与圣泉公司签订经销合同前，没有核实圣泉公司的真实情况，也是有过错的，对自己的损失要负主要的责任。法院的判决是合理的。

[**法条链接**]〔1〕

《中华人民共和国广告法》（1994 年）

第三条 广告应当真实、合法，符合社会主义精神文明建设的要求。

第四条 广告不得含有虚假的内容，不得欺骗和误导消费者。

第九条 广告中对商品的性能、产地、用途、质量、价格、生产者、有效期限、允诺或者对服务的内容、形式、质量、价格、允诺有表示的，应当清楚、明白。

广告中表明推销商品、提供服务附带赠送礼品的，应当标明赠送的品种和数量。

第二十七条 广告经营者、广告发布者依据法律、行政法规查验有关证明文件，核实广告内容。对内容不实或者证明文件不全的广告，广告经营者不得提供设计、制作、代理服务，广告发布者不得发布。

第三十八条 违反本法规定，发布虚假广告，欺骗和误导消费者，使购买商品或者接受服务的消费者的合法权益受到损害的，由广告主依法承担民事责任；广告经营者、广告发布者明知或者应知广告虚假仍设计、制作、发布的，应当依法承担连带责任。

广告经营者、广告发布者不能提供广告主的真实名称、地址的，应当承担全部民事责任。

社会团体或者其他组织，在虚假广告中向消费者推荐商品或者服务，使消费者的合法权益受到损害的，应当依法承担连带责任。

《中华人民共和国广告法》（2015 年）

第三条 广告应当真实、合法，以健康的表现形式表达广告内容，符合社会主义精神文明建设和弘扬中华民族优秀传统文化的要求。

第四条 广告不得含有虚假或者引人误解的内容，不得欺骗、误导消费者。

广告主应当对广告内容的真实性负责。

---

〔1〕 本案是 2007 年判决的，在此之后，《民事诉讼法》于 2012 年 8 月修改，2013 年 1 月 1 日起施行；《广告法》于 2015 年 4 月修订，自 2015 年 9 月 1 日施行。因此，本案判决时所适用的法条，现在已经有所变化。但由于法条的内容没有原则性改变，因此并不会影响对本案的理解与适用。为了方便学习，在法条链接中附上对应的新法条，以供参考。

第八条 广告中对商品的性能、功能、产地、用途、质量、成分、价格、生产者、有效期限、允诺等或者对服务的内容、提供者、形式、质量、价格、允诺等有表示的，应当准确、清楚、明白。

广告中表明推销的商品或者服务附带赠送的，应当明示所附带赠送商品或者服务的品种、规格、数量、期限和方式。

法律、行政法规规定广告中应当明示的内容，应当显著、清晰表示。

第二十八条 广告以虚假或者引人误解的内容欺骗、误导消费者的，构成虚假广告。

广告有下列情形之一的，为虚假广告：

（一）商品或者服务不存在的；

（二）商品的性能、功能、产地、用途、质量、规格、成分、价格、生产者、有效期限、销售状况、曾获荣誉等信息，或者服务的内容、提供者、形式、质量、价格、销售状况、曾获荣誉等信息，以及与商品或者服务有关的允诺等信息与实际情况不符，对购买行为有实质性影响的；

（三）使用虚构、伪造或者无法验证的科研成果、统计资料、调查结果、文摘、引用语等信息作证明材料的；

（四）虚构使用商品或者接受服务的效果的；

（五）以虚假或者引人误解的内容欺骗、误导消费者的其他情形。

第三十四条 广告经营者、广告发布者应当按照国家有关规定，建立、健全广告业务的承接登记、审核、档案管理制度。

广告经营者、广告发布者依据法律、行政法规查验有关证明文件，核对广告内容。对内容不符或者证明文件不全的广告，广告经营者不得提供设计、制作、代理服务，广告发布者不得发布。

第五十六条 违反本法规定，发布虚假广告，欺骗、误导消费者，使购买商品或者接受服务的消费者的合法权益受到损害的，由广告主依法承担民事责任。广告经营者、广告发布者不能提供广告主的真实名称、地址和有效联系方式的，消费者可以要求广告经营者、广告发布者先行赔偿。

关系消费者生命健康的商品或者服务的虚假广告，造成消费者损害的，其广告经营者、广告发布者、广告代言人应当与广告主承担连带责任。

前款规定以外的商品或者服务的虚假广告，造成消费者损害的，其广告经营者、广告发布者、广告代言人，明知或者应知广告虚假仍设计、制作、代理、发布或者作推荐、证明的，应当与广告主承担连带责任。

《中华人民共和国民事诉讼法》（2007 年）

第一百五十三条 第二审人民法院对上诉案件，经过审理，按照下列情形，分别处理：

（一）原判决认定事实清楚，适用法律正确的，判决驳回上诉，维持原判决；

（二）原判决适用法律错误的，依法改判；

（三）原判决认定事实错误，或者原判决认定事实不清，证据不足，裁定撤销原判决，发回原审人民法院重审，或者查清事实后改判；

（四）原判决违反法定程序，可能影响案件正确判决的，裁定撤销原判决，发回原审人民法院重审。

当事人对重审案件的判决、裁定，可以上诉。

第二百二十九条 被执行人未按判决、裁定和其他法律文书指定的期间履行给付金钱义务的，应当加倍支付迟延履行期间的债务利息。被执行人未按判决、裁定和其他法律文书指定的期间履行其他义务的，应当支付迟延履行金。

《中华人民共和国民事诉讼法》（2012 年）

第一百七十条 第二审人民法院对上诉案件，经过审理，按照下列情形，分别处理：

（一）原判决、裁定认定事实清楚，适用法律正确的，以判决、裁定方式驳回上诉，维持原判决、裁定；

（二）原判决、裁定认定事实错误或者适用法律错误的，以判决、裁定方式依法改判、撤销或者变更；

（三）原判决认定基本事实不清的，裁定撤销原判决，发回原审人民法院重审，或者查清事实后改判；

（四）原判决遗漏当事人或者违法缺席判决等严重违反法定程序的，裁定撤销原判决，发回原审人民法院重审。

原审人民法院对发回重审的案件作出判决后，当事人提起上诉的，第二审人民法院不得再次发回重审。

第二百五十三条 被执行人未按判决、裁定和其他法律文书指定的期间履行给付金钱义务的，应当加倍支付迟延履行期间的债务利息。被执行人未按判决、裁定和其他法律文书指定的期间履行其他义务的，应当支付迟延履行金。

《中华人民共和国民法通则》

第一百三十一条 受害人对于损害的发生也有过错的，可以减轻侵害人的民事责任。

第七章　价格法律制度

第一节　价格和价格法概述

一、价格

（一）价格的概念

价格是商品价值的货币表现，它是反映市场供求关系、资源稀缺程度的信号，是引导优化市场资源配置的重要工具，在市场机制中发挥着重要的作用。价格法是指国家为调整与价格的制定、执行、监督有关的各种经济关系而制定的法律规范的总称。[1]

《价格法》的适用对象是价格行为，包括经营者、消费者和政府的价格行为。从具体内容上说，既包括定价、管理、监督、调控价格的行为，又包括价格评估、价格鉴证等价格行为。从价格体系上说，广义上的价格包括商品价格、服务价格和其他生产要素价格。价格法将价格的范围限定在商品价格和服务价格，商品价格包括各类有形产品、无形资产的价格，服务价格包括各类有偿服务的价格。

1. 商品价格的具体范围。现代社会中，商品关系已渗透到社会经济的各个领域。商品价格根据商品有无物质形态分为有形产品价格和无形资产价格。有形产品是指消费品、生产资料等有实物形态和物质载体的产品，包括农产品、工业品、房屋等建筑产品；无形资产是指长期使用而没有实物形态的资产，包括专利权、非专利权、商标权、著作权、土地使用权、商誉等。

2. 服务价格的具体范围。服务价格通称收费，是服务或劳务交换价值的货币表现形式。指不出售实物，而以一定的设备、工具和服务性劳动，为消费者或经营者提供某种服务所收取的费用。服务价格的具体范围包括：①现行所称的各种经营性收费，即企业、事业单位以营利为目的，借助一定的场所、设备和工具提供经营性服务所收取的费用。它由经营成本、利润、税金构成。例如，邮电资费、房屋租赁费、理发、照相、洗澡等各种居民生活服务收费、各种修理收费、文化娱乐收费、旅游收费、仓储收费、公证服务收费、中介代理服务费等。②现行所称的各种事业性收费，即政府主管的事业单位在向社会提供公共服务的过程中，按照国家有关政策规定，为弥补或部分弥补服务成本而收取的费用。其特征是：收费主体具有非营

---

〔1〕　参见杨紫烜主编：《经济法》，北京大学出版社、高等教育出版社 2014 年版，第 564 页。

利性，即其在向社会提供服务的过程中以非营利为目的；收费依据具有很强的政策性，收费标准的制定必须以国家在一定时期内的政治、经济、技术、文化教育政策为依据；收费主体与收费对象之间所反映的是服务性劳动的部分补偿。这类收费主要有医院收费、教育收费、培训费、咨询费、检验费、鉴定费等。

（二）价格形式

市场调节价，是指由经营者自主制定，通过市场竞争形成的价格。经营者是指从事生产、商品经营或者提供有偿服务的法人、其他组织和个人。

政府指导价，是指依照价格法规定，由政府价格主管部门或者其他有关部门，按照定价权限和范围规定基准价及其浮动幅度，指导经营者制定的价格。

政府定价，是指依照价格法规定，由政府价格主管部门或者其他有关部门，按照定价权限和范围制定的价格。

二、价格法

在部门法中，价格法是指价格立法体系，即国家用来调整经济活动中产生的价格关系的法律规范的总称。按照法律效力的不同，价格法律规范分为三个层次：第一层次是由全国人大及其常委会颁发的价格法律；第二层次是由国务院颁发或转发的价格法规以及有立法权的地方人大颁发的地方性价格法规；第三层次是由国务院价格主管部门和国务院有关部门颁发的部门价格规章以及有立法权的地方人民政府颁发的地方性价格规章。

（一）价格法的立法宗旨

《价格法》第 1 条明确规定其立法宗旨是：规范价格行为，发挥价格合理配置资源的作用，稳定市场价格总水平，保护消费者、经营者的合法权益，促进社会主义市场经济健康发展。

制定价格法根本目的是保障社会主义市场经济健康发展。我国经济体制改革的目标是建立社会主义市场经济体制，使市场在政府宏观调控下对资源配置起基础性作用。社会主义市场经济是在国家宏观调控下的规范有序的竞争性经济，其实质是"政府调控市场，市场形成价格，价格引导资源配置"的一种经济运行机制。市场经济的基本规律是价格规律，价格是价值的货币表现。在市场经济条件下，价值规律对社会生产、流通、分配和消费的调节作用是通过市场机制来实现的，而价格机制是市场机制的核心，市场优化资源配置的作用是通过价格机制实现的；价格是价值规律作用的主要表现形式，人们主要是通过市场价格来认识和遵循价值规律的。价值与价格的这种客观联系，从根本上决定了价格在社会主义市场经济中的地位和作用。能不能建立起新的社会主义市场经济体制，在一定意义上讲，取决于能否建立、健全新的价格形成机制和价格调控机制。法律手段既是规范市场主体行为，创造市场价格机制正常运转的必要条件和提高资源配置效率的有效工具，也是规范政府行，保障价格调控措施的科学性和有效性，提高宏观调控效果的必要保证。因此，价格立法的根本目的是保障社会主义市场经济持续、稳定、协调发展。

围绕根本目的，价格法的直接立法目的有四方面的内容：

1. 规范价格行为。市场价格机制是一种以市场竞争为运行基础，通过定价主体的决策行为而形成价格的机制。适应这种机制的内在要求，需要围绕市场运行的各个环节，制定出相应的维护和促进市场竞争的法律规范，从而使市场主体依法经营，参与公平竞争，自觉地规范价格行为；政府则依法监督，维护公平竞争，制止不正当的价格行为。国家通过制定法律，规范市场主体的价格行为，一方面保护有积极效应的市场价格机制的自发调节；另一方面用法律去约束和干预市场主体自发调节产生的负面效应，禁止和制裁市场主体违反竞争规则的行为，以提高社会的宏观效率。

2. 发挥价格合理配置资源的作用。在现代市场经济中，市场机制合理配置资源的作用，是以价格职能的正常发挥为前提的，价格职能的正常发挥又是以价格能够及时、正确地反映劳动耗费、供求状况和资源稀缺程度的变化为条件的。各种商品和生产要素都是通过市场交易方式进行社会调配，从而形成成千上万的各类交易价格。价格的变动造成了价格比价关系，反映了市场供求，调节了经济利益，从而引导供求双方作出决策，致使资源发生配置。这种价格形成变动以及所导致的资源配置过程，就是市场价格机制发生作用的过程。

3. 稳定市场价格总水平。价格总水平是国民经济的综合反映，稳定价格总水平是国家宏观经济管理的首要内容，现代市场经济国家都把稳定价格总水平当作宏观经济的主要目标。稳定市场价格总水平并不要求价格总水平绝对稳定，价格波动是市场经济下引导资源配置所必需的。价格总水平的激烈波动，对于整个社会的安定、经济的稳定，甚至市场的发展是十分有害的。作为我国宏观调控的首要目标，稳定价格总水平自然成为价格立法的重要目的。

4. 保护消费者和经营者的合法权益。保护消费者的价格权益，是价格法的主要立法宗旨之一。价格法对维护广大消费者的价格权益作出了明确规定，明确了消费者在价格活动中的地位和参与定价的权利。要求政府在制定关系群众切身利益的公用事业价格、公益性服务价格以及自然垄断经营的商品价格时，不但要听取经营者的意见，更要通过听证会制度，听取消费者的意见。消费者有权对各种价格活动进行监督，有权对价格违法行为进行举报，并受到价格主管部门的保护。

（二）价格法的适用范围

从空间上说，在中华人民共和国境内的商品和服务的价格，都应当遵守《价格法》。

从主体上说，《价格法》适用于经营者、消费者和政府的价格行为。

从价格体系上说，广义上的价格包括商品价格、服务价格和其他生产要素价格。《价格法》将价格的范围限定在商品价格和服务价格，商品价格包括各类有形产品、无形资产的价格，服务价格包括各类有偿服务的收费。

国家行政机关的收费，应当依法进行，严格控制收费项目，限定收费范围、标准。收费的具体管理办法由国务院另行制定。利率、汇率、保险费率、证券及期货价格，适用有关法律、行政法规的规定，不适用《价格法》。

三、我国的价格管理体制

价格管理体制，是指价格管理机构的设置及权限的划分的固定。[1] 1997 年 12 月 29 日，我国正式颁布了《中华人民共和国价格法》。建立健全价格工作机构是贯彻实施《价格法》的组织保证。《价格法》规定：国务院价格主管部门统一负责全国的价格工作。国务院其他有关部门在各自的职责范围内，负责有关的价格工作。县级以上地方各级人民政府价格主管部门负责本行政区域内的价格工作。县级以上地方各级人民政府其他有关部门在各自的职责范围内，负责有关的价格工作。

1. 各级人民政府价格主管部门分别在全国和本地区履行以下职责：①贯彻执行和监督实施价格法律、法规。②起草价格法律、法规，拟定价格政策、价格总水平调控目标、价格结构调整和价格管理体制改革的建议、计划、方案，经批准后组织实施。③制定价格规章、行政措施和价格管理制度、办法。④负责价格综合平衡，指导、协调和监督有关部门和下级人民政府的价格工作，处理价格争议，指导待业组织的价格协调工作。⑤在价格分工审批权限内制定价格，规定作价原则、作价办法。⑥组织、指导、协调价格监督检查工作，检查、纠正价格违法行为，审理价格违法案件。⑦建立价格监测体系，组织成本调查，向社会发布价格信息，指导价格咨询、价格鉴证、价值评估等价格事务工作。⑧培训价格工作人员。⑨法律、法规赋予的其他职责。

2. 各级人民政府有关部门在价格方面的权限与职责是：①贯彻执行与监督实施价格法律、法规、价格方针政策、价格计划和改革方案以及价格行政措施。②在价格分工审批权限内制定价格，规定作价原则、作价办法。③对属于价格主管部门管理的实行政府定价和政府指导价的商品价格和服务价格提出调整建议。④配合价格主管部门开展成本调查，按规定要求向本级价格主管部门提供成本、财务报表以及其他与价格管理有关的资料。⑤指导与监督本部门、本行业价格工作，协调本部门、本行业内部价格争议，协助价格监督检查。⑥本级价格主管部门委托的其他职责。

 以案说法

商业银行服务政府指导价政府定价目录[2]

[案情简介]

1. 个人跨行柜台。通过柜台将个人客户的资金从本行账户（不含信用卡）转移到其他银行（含同城和异地）的账户：每笔 0.2 万元（含 0.2 万元），收费不超过 2

〔1〕 参见黄河、张卫华主编：《经济法概论》，中国政法大学出版社 2010 年版，第 239 页。
〔2〕 载长春晚报，http://jl.com.cn/news/interview/2014-07-30/084395038_2.html.

元；0.2～0.5 万元（含 0.5 万元），不超过 5 元；0.5 万～1 万（含 1 万元），不超过 10 元；1 万～5 万（含 5 万元），不超过 15 元；5 万元以上，不超过 0.03%，最高收费 50 元。转账范围包括向其他银行的本人、其他个人或单位的账户进行资金转移。

2. 对公跨行柜台。通过柜台将个人客户的资金从本行账户转移到其他银行（含同城和异地）的账户：每笔 1 万元以下（含 1 万元），收费不超过 5 元；1 万～10 万元（含 10 万元），不超过 10 元；10 万～50 万（含 50 万元），不超过 15 元；50 万～100 万元（含 100 万元），不超过 20 元；100 万元以上，不超过 0.002%，最高收费 200 元。转账范围包括向其他银行的本人、其他个人或单位的账户进行资金转移。

3. 个人现金汇款。将个人客户现金汇入异地本行账户或汇入其他银行（含同城和异地）的账户，每笔不超过汇款金额的 0.5%，最高收费 50 元。

4. 个人异地本行。通过异地本行柜台为本行个人客户办理取现业务（不含信用卡）每笔不超过汇款金额的 0.5%，最高收费 50 元。

5. 支票手续费。为个人或对公客户办理支票业务，每笔不超过 1 元。

6. 支票挂失费。为个人或对公客户办理支票挂失，按票面金额 0.1%（不足 5 元收取 5 元）。

7. 支票挂失费。出售给个人或对公客户的支票凭证，每份 0.4 元。

8. 本票手续费。为个人或对公客户办理本票业务，每笔不超过 1 元。

9. 本票挂失费。为个人或对公客户办理本票挂失，按票面金额 0.1%（不足 5 元收取 5 元）。

10. 本票工本费。出售给个人或对公客户的本票凭证，每份 0.48 元。

11. 银行汇票手续费。为个人或对公客户办理汇票业务，每笔不超过 1 元。

12. 银行汇票挂失费。为个人或对公客户办理本票挂失，按票面金额 0.1%（不足 5 元收取 5 元）。

13. 银行汇票工本费。出售给个人或对公客户的本票凭证，每份 0.48 元。

注：商业银行办理个人跨行柜台转账汇款，对公跨行柜台转账汇款和个人现金汇款业务，汇款金额应不迟于 2 个工作日内到账（商业银行因不可控制的外部原因或存在技术条件制约导致资金不能到账或延迟到账，客户与商业银行有特别约定等情况除外）。若银行客户要求实时到账，收费标准在此基础上上浮不超过 20%，但每笔最高收费标准不变。

[案例评析]

本案中"商业银行服务政府指导价政府定价目录"是依法作出的规范的价格形式，这种价格形式既能实现对行业的监管，又能保障经营者在一定范围内的竞争。通过对这一资料的学习，能够更好地理解和掌握政府制定价这种形式。

第二节　经营者的价格行为

经营者是市场调节价的定价主体，其价格行为规范与否，关系到市场能否合理形成价格，对市场价格秩序的建立和市场价格总水平的稳定也产生影响。

一、经营者定价的原则与依据

除了按《价格法》第18条规定适用政府指导价或政府定价外的商品和服务项目，均实行市场调节价，由经营者自主制定。在社会主义市场经济体制中，经营者享有广泛的价格决策权，但要遵循一定的行为准则，即经营者定价，应当遵循公平、合法和诚实信用的原则。对市场调节价，虽然企业有自主定价的权利，但市场形成价格是有其客观规律的。在市场形成价格时，决定价格水平高低的诸多因素中，生产经营成本是基本因素，供求关系是最终的决定因素。

二、经营者的价格权利和义务

商品价格和服务价格，除依照《价格法》第18条规定适用政府指导价或者政府定价外，实行市场调节价，由经营者依照《价格法》自主制定。即法律赋予经营者自主定价权。

（一）经营者的价格权利

依据我国《价格法》的规定，经营者进行价格活动，享有下列权利：自主制定属于市场调节的价格；在政府指导价规定的幅度内制定价格；制定属于政府指导价、政府定价产品范围内的新产品的试销价格，特定产品除外；检举、控告侵犯其依法自主定价权利的行为。

（二）经营者的价格义务

经营者进行价格活动，应当遵守法律、法规，执行依法制定的政府指导价、政府定价和法定的价格干预措施、紧急措施。

经营者销售、收购商品和提供服务，应当按照政府价格主管部门的规定明码标价，注明商品的品名、产地、规格、等级、计价单位、价格或者服务的项目、收费标准等有关情况。经营者不得在标价之外加价出售商品，不得收取任何未予标明的费用。

经营者应当根据其经营条件建立、健全内部价格管理制度，准确记录与核定商品和服务的生产经营成本，不得弄虚作假。经营者应当努力改进生产经营管理，降低生产经营成本，为消费者提供合理的商品和服务，并在市场竞争中获取合法利润。[1]

---

〔1〕　参见李东方主编：《市场管理法教程》，中国政法大学出版社2003年版，第217页。

三、经营者价格权利的限制

（一）不正当价格行为

我国《价格法》及相关法律规定，经营者不得有下列不正当价格行为：

1. 经营者不得相互串通，操纵市场价格，损害其他经营者或者消费者的合法权益。

2. 经营者不得在依法降价处理鲜活商品、季节性商品、积压商品等商品外，以排挤竞争对手或者独占市场为目的，低于成本倾销，扰乱正常的生产经营秩序，损害国家利益或者其他经营者的合法权益。

3. 经营者不得捏造、散布涨价信息，哄抬价格，推动商品价格过高上涨。

4. 经营者不得利用虚假或者使人误解的价格手段，诱骗消费者或者其他经营者与其进行交易。

5. 经营者提供相同商品或者服务，不得对具有同等条件的其他经营者实行价格歧视。

6. 经营者不得采取抬高等级或者压低等级等手段收购、销售商品或者提供服务，变相提高或者压低价格。

7. 经营者不得违反法律、法规的规定牟取暴利。

8. 法律、行政法规禁止的其他不正当价格行为。

（二）其他价格违法行为

我国《价格法》和《价格违法行为行政处罚规定》规定，经营者的下列行为属违法行为：

1. 经营者不执行政府指导价、政府定价。超出政府指导价浮动幅度制定价格的；高于或者低于政府定价制定价格的；擅自制定属于政府指导价、政府定价范围内的商品或者服务价格的；提前或者推迟执行政府指导价、政府定价的；自立收费项目或者自定标准收费的；采取分解收费项目、重复收费、扩大收费范围等方式变相提高收费标准的；对政府明令取消的收费项目继续收费的；违反规定以保证金、抵押金等形式变相收费的；强制或者变相强制服务并收费的；不按照规定提供服务而收取费用的；不执行政府指导价、政府定价的其他行为。

2. 经营者不执行法定的价格干预措施、紧急措施。不执行提价申报或者调价备案制度的；超过规定的差价率、利润率幅度的；不执行规定的限价、最低保护价的；不执行集中定价权限措施的；不执行冻结价格措施的；不执行法定的价格干预措施、紧急措施的其他行为。

3. 经营者违反明码标价规定。不标明价格的；不按照规定的内容和方式明码标价的；在标价之外加价出售商品或者收取未标明的费用的；违反明码标价规定的其他行为。

4. 拒绝提供价格监督检查所需资料或者提供虚假资料的。

 以案说法

不履行价格承诺当罚[1]

[案情简介]

某通信公司开展互联网业务，为增加用户数量，对于没有该公司固定电话或无法使用该公司固定电话安装上网的用户，使用承载电话安装上网，承诺不收承载电话费用。用户A先生据此申办了这项业务。但一年后，该公司告知A先生须交每年18元的承载电话费。A先生不解，问收银员："公司不是承诺不收承载费吗？"收银员答："第一年是没收呀！"A先生又问："你们没说第二年要收啊？"收银员反问："我们也没说第二年不收啊？"……A先生想不通，便拨打"12358"价格举报电话进行了投诉。价格主管部门接到A先生的举报电话，迅速派出价格监督检查人员深入该公司调查取证，认定这是一起典型的《禁止价格欺诈行为的规定》所规定的"不完全履行提供服务前的价格承诺"的价格欺诈行为，并依照《价格违法行为行政处罚规定》，责令改正，限期退还包括A先生在内的用户多付价款，及时规范了该公司的收费行为。

[案例评析]

这是一起以价格举报为线索查处的价格违法案例。"12358"电话是全国统一开通的价格举报电话。消费者当价格权益受到侵害，都可以拨打当地"12358"价格举报电话进行举报或投诉。根据《价格违法行为举报规定》的要求，消费者在举报或投诉时需要提供以下内容：①被举报人的名称、地址；②被举报人违反价格法律、法规、规章或者规范性文件的事实及有关证据；③举报人要求答复的，应当提供联系方式。价格主管部门对群众的价格举报或投诉，应当按照法律所赋予的职能范围及时受理和查处，做到件件有着落、事事有回声，切实维护消费者的价格合法权益。

第三节 政府的定价行为

一、政府定价的范围

我国《价格法》规定，下列商品和服务价格，政府在必要时可以实行政府指导价或者政府定价：与国民经济发展和人民生活关系重大的极少数商品价格；资源稀缺的少数商品价格；自然垄断经营的商品价格；重要的公用事业价格；重要的公益性服务价格。

---

[1] 载荆楚网，http://www.cnhubei.com/200608/ca1137253.htm.

（一）与国民经济发展和人民生活关系重大的极少数商品

目前，这类商品价格有原油、天然气的出厂价、粮食定购价格，棉花收购价格、重要药品价格、食盐价格等。应当强调的是，在现实生活中，与国民经济发展和人民生活关系重大的商品为数不少，这类商品并不是所有的都要实行政府指导价或者政府定价。即使是重要商品，也是千差万别，其生产技术、成本、供求经常变化，如果统统都由政府把价格管起来，价格调整不及时，结果造成价格严重不合理；既不反映价值，又不反映供求，既管不了，也管不好。因此，实行政府指导价、政府定价的，只能是其中最基本的、其价格变动对生产和生活关系重大的极少数商品。

（二）资源稀缺的少数商品

资源稀缺的少数商品价格，如金银产品的收购价和金银中间产品（包括金精矿、金块矿、银精矿、银块矿）出厂价。受资源约束，这类商品价格放开，并不能促进产量增长，相反，会引起价格上涨，资源遭到破坏。但政府定价时，可以考虑资源稀缺这个因素，价格可适当高些：一方面鼓励生产、增加供给，另一方面限制消费、减少需求。

（三）自然垄断经营的商品

自然垄断经营主要是指由于自然条件、技术条件以及规模经济的要求而无法竞争或不适宜竞争形成的垄断经营。如自来水、燃气、集中供热、供电网络的经营等。这类商品在经营过程中依赖网络或管道，而网络和管道的建设成本投入较大，且同一地区同时建有两个以上的网络是非常不经济的，一家经营比几家共同经营的成本低、效率高，可以补偿垄断其他方面的低效率。

（四）重要的公用事业

为适应生产和生活需要而经营的具有公共用途的服务行业，如公共交通、邮政、电信等。这些行业提供的服务，是日常生产和生活所必需的，重要程度较高。同时，其中有些行业投资大，规模经济发挥着优势，适当垄断符合经济效益和秩序的要求。

（五）重要的公益性服务

涉及公众利益的服务行业，如学校、医院、博物馆、公园等。这些行业带有一定的福利、保健、教育性质，不宜以利润最大化为经营主体的行为目标。且由于历史原因，目前我国在这些行业还刚刚引入竞争机制，尚未形成充分竞争，所以不宜放开价格。但私人诊所、私立学校等价格可以放活。

随着商品和服务的垄断程度、资源稀缺程度和重要程度的变化，上述实行政府指导价、政府定价的商品和服务的具体品种项目不是一成不变的，也要适时调整。

二、政府定价的定价权限和依据

（一）政府定价的定价权限

定价权限是指制定商品价格和服务价格的职责和权力范围。定价目录分别由国务院价格主管部门和省、自治区、直辖市价格主管部门制定。为规范政府和经营者的定价行为，分清权责，防止越权定价，必须制定定价目录。政府指导价、政府定价的定价权限和具体适用范围，以中央的和地方的定价目录为依据。

定价目录由国务院和省、自治区、直辖市两级价格主管部门公布。中央定价目录由国务院价格主管部门制定、修订，报国务院批准后公布。地方定价目录由省、自治区、直辖市人民政府价格主管部门按照中央定价目录规定的定价权限和具体适用范围制定，经本级人民政府审核同意，报国务院价格主管部门审定后公布。省、自治区、直辖市人民政府以下各级地方人民政府不得制定定价目录。

国务院价格主管部门和其他有关部门，按照中央定价目录规定的定价权限和具体适用范围制定政府指导价、政府定价；其中重要的商品和服务价格的政府指导价、政府定价，应当按照规定经国务院批准。

省、自治区、直辖市人民政府价格主管部门和其他有关部门，应当按照地方定价目录规定的定价权限和具体适用范围制定在本地区执行的政府指导价、政府定价。

市、县人民政府可以根据省、自治区、直辖市人民政府的授权，按照地方定价目录规定的定价权限和具体适用范围制定在本地区执行的政府指导价、政府定价。

（二）政府定价的依据

1. 社会平均成本。这是制定政府指导价和政府定价的基本依据。成本是构成价格的主要部分，是制定价格最基本的依据和最低的经济界限。马克思说："商品出售价格的最低界限，是由商品成本价格规定的，如果商品低于它的成本价格出售，生产成本中已经消耗的组成部分，就不能全部由出售价格得到补偿。"成本是价值中的补偿价值，但价格构成中的成本是社会平均成本，而不是个别成本。以社会平均成本为基础制定价格，对于社会主义市场经济的发展，降低成本，节约社会资源起着促进作用。经营管理得好、劳动生产率高的经营者，其商品和服务的个别价值低于社会价值（具体表现在个别企业的单位成本低于部门平均成本），出售商品和提供服务获得的收益，会超过生产商品和提供服务的各种耗费，从而使企业获得较多的利润；反之，经营管理得不好、劳动生产率低的经营者，商品和服务的个别价值就会高于社会价值（具体表现在个别企业的单位成本高于部门平均成本），出售商品和提供服务所获得的收益就会低于生产商品的各种消耗，以致劳动的耗费得不到补偿，从而使经营者得到较少的利益甚至发生亏损。以社会价值为基础来规定价格，促使经营者进一步提高技术，改进生产经营管理。

2. 市场供求状况。市场供求状况不仅是经营者制定市场调节价的主要依据，也是政府制定政府指导价和政府定价的重要依据。政府在定价时，对供过于求的商品和服务，价格应定得低一点，价格信号告诉经营者要少生产；对供不应求的商品和服务，价格要定得略高一点，价格信号告诉经营者要多生产。政府在定价时如不考虑市场供求状况，定高了，市场上价格到不了位，规定的价格形同虚设；定低了，往往又产生黑市高价。

3. 国民经济与社会发展的要求。国民经济与社会发展的要求是制定政府指导价和政府定价的重要依据。凡是国民经济和社会发展鼓励发展的商品和服务，价格上就要支持；凡是国民经济和社会发展限制发展的，价格上就要限制。价格要符合国家的产业政策。政府对某些商品定价，必要时还要考虑计划生育政策、民族政策、地区政策等。

4. 社会承受能力。由于历史的、体制的等复杂原因，目前有部分属于政府制定价格的商品和服务价格水平依然偏低；即使目前价格水平比较合理的商品和服务，随着成本提高和市场供求变化，有些价格也需要适时提高。在提高这些商品和服务价格时，不仅要考虑经营者提价的需要，而且要考虑消费者承受的可能；不仅要考虑上游企业的要求，而且要考虑对下游企业的影响。

三、政府指导价或政府定价的制定

（一）相关主体提出申请或政府直接定价

行业主管部门、行业协会、经营者或消费者提出书面制定或调整价格的申请，也可以由有定价权限的政府部门依法直接确定。

（二）价格成本调查

价格、成本调查是指对商品和服务生产经营过程中价格和成本构成因素情况的了解，是定价的一项基础工作，是提高政府制定价格的科学性的重要保证。因此，要制定价格，首先，应当开展价格、成本调查，考核生产经营成本，搜集利润和税金等有关资料。通过调查，可以为定价提供科学依据，同时还可以帮助经营者改善经营管理，加强成本核算，降低成本。其次，还要听取消费者、经营者和有关方面的意见。这是因为多听他们的意见，可以减少定价的盲目性，同时，听取意见的过程，也是宣传解释的过程。

价格主管部门开展价格、成本调查时，有关单位应当如实反映情况，提供必需的账簿、文件及其他资料，这是有关单位应尽的义务。有关单位应当提供的情况和资料包括成本、利润、税收、与相关商品或服务的比价、产量、销量、供求情况、与国外的比价以及调价前和调价后还有什么问题、用户的反映等。

（三）价格听证

政府制定公用事业价格、公益性服务价格、自然垄断经营的商品价格时，必须实行听证会制度。

1. 听证会制度及其意义。听证会制度是指制定和调整公用事业价格、公益收费服务价格、自然垄断经营的商品价格时，由政府价格主管部门主持，请社会有关方面对其必要性、可行性、科学性进行论证，它是价格决策民主化和科学化、消费者直接参与定价的重要形式。实行听证会制度，邀请社会各方面代表参加，特别是吸收申报方的对立面有关用户或供货户和消费者参加，有利于沟通经营者与消费者之间的联系，加深相互理解；有利于促使经营者加强经营管理；有利于提高消费者的心理承受能力；有利于使价格决策形成多方制约的格局，提高政府制定价格的科学性、全面性，减少盲目性、片面性，使定价更加符合实际。

2. 实行听证会制度的商品和服务范围。价格听证的商品和服务的范围，按定价权限由有关价格主管部门根据条件具体确定。一般包括：电力、自来水、交通运输、医疗、教育、住房、有线电视和主要游览景点门票等。这些商品和服务一般不能提前购买或储存，对市场不产生冲击。有关价格主管部门在定价权限内，应根据消费者反映和形势变化，适时调整价格听证的商品和服务范围。

3. 听证会的组织和内容。听证会由价格主管部门组织，请人大代表、政协委员、群众团体代表，经济技术专家、学者，政府有关经济管理部门代表、经营者、消费者等方面代表参加。听证会的主要内容包括：①申请调定价格的经营者及其主管部门，必须依照国家有关规定，如实向价格主管部门先行提交调定价格的申请书。调定价格的申请书包括以下内容：企业概况及其生产经营状况，目前存在的困难与问题；上年度及当年的财务成本资料及财务审计或检查结论；经权限技术部门认可的关于调定价格项目的质量认证文件；调定价格的理由；所在地区内外和国内外同类项目的现行价格水平；申报调整价格的水平以及调价后对各方面的影响程度；本企业成本增支消化程度；有必要介绍的其他情况。②听证会公开审核申报调定价格的经营者和主管部门所上报的生产经营成本。③讨论调价对社会的影响程度。④按照国家政策规定，公开确定作价原则和作价办法。⑤论证申请调定的价格水平与实施时间。⑥确定调定价格的建议方案或进一步审议听证的工作安排。⑦其他有关需审议和建议的事项。

（四）集体审议

制定或调整商品和服务价格的方案形成后，应当提交集体审议机构审议。提交集体审议的材料包括：制定或调整商品和服务的价格、成本调查资料和相关背景材料；制定或调整价格的初步方案；制定或调整价格对建议人、相关行业和消费者的影响；社会各方面对方案的意见和建议。经过听证的，还应当提交附有听证会议代表发言记录的听证会纪要。

（五）申请批准

影响全国的重要商品和服务价格方案应当按照规定报国务院批准。有定价权的政府部门是行业主管部门的，价格决策前应当书面征求价格主管部门的意见。有定价权的政府部门应当在收到建议报告后 30 个工作日内作出制定或调整价格的决策，需要报上级有定价权的政府部门或本级人民政府审批的，应当在此期间提出上报意见。需要听证的价格决策时限按《政府价格决策听证办法》的规定执行。由于客观原因难以在规定时间内作出决策的，应当说明理由并提出价格决策的最后时限。

（六）公布

政府指导价、政府定价必须实行公告制度。公布是指公开发布。公布从形式上划分，有书面和口头，包括文件、报纸、杂志、广播、电视等；从时间上划分，有事前公布和事后公布，对于不易造成抢购的，可事前公布，对于事前公布容易引起抢购的，可以事后公布，实行价格公告制度，可以规范政府的定价行为，提高定价的透明度，便于经营者执行，也便于消费者监督。

目前国务院价格主管部门制定的价格向经营者、消费者公布的形式主要有《物价公报》等。

（七）定期检测与跟踪调查

政府指导价、政府定价的具体适用范围和水平应适时调整。消费者、经营者有调价建议权。

由于政府指导价、政府定价的适用范围主要是依据商品和服务的垄断程度、资源稀缺程度和重要程度确定的，这三项是变化的，因此，政府指导价、政府定价的具体适用范围应适时调整。由于生产经营成本和市场供求变化以及不同时期的国民经济与社会发展的要求不同，因此政府指导价、政府定价品种的具体价格水平，也要适时进行调整。调价时，要按照定价权限和程序报批。

对于政府指导价和政府定价，经营者作为商品和服务的提供方，了解生产经营成本和市场供求情况，消费者作为商品和服务的接受方，了解市场供求和消费者的承受能力，因此有权向政府提出调价建议。

 以案说法

西湖游船案[1]

[案情简介]

春节期间，杭州阳光明媚，正是游览西湖的好时光。临安消费者笑笑一家三口来杭州游玩。女儿吵着要坐游船，笑笑上前一问大吃一惊，对方叫价 240 元一个小时。耐不住女儿的哭闹，经过讨价还价之后，笑笑花了 120 元一个小时的价格，租了一只船。

游玩之后，笑笑了解到，西湖游船价格采取政府定价的管理形式。游船公司下属的西湖手划船的价格是 80 元/小时；西湖摇槽船的价格是 120 元/小时。这让笑笑无法接受，随后向物价部门进行了投诉。

对此，姜义敏表示，游船抬价问题近几年屡查不止，特别是节假日，问题更加严重。"不少游船避开提高价格，而是压缩服务时间，其实是变相提价。"姜义敏表示，今后将会同西湖水域管理部门，转变监管方式，加强日常巡查和暗访，一旦查实价格违法行为，立即严肃处理。

[案例评析]

根据《价格法》的规定，目前我国95%以上的商品和服务价格实行市场调节价，极少数商品和服务价格实行政府定价或政府指导价。而西湖游船之所以由政府定价，主要是因为西湖资源稀缺，其经营具有垄断性质。作为一项重要的公益性服务，西

---

〔1〕 载杭州日报数字报纸，http：//hzdaily. hangzhou. com. cn/hzrb/html/2011 – 02/18/content_ 1019445. htm.

湖游船才由政府定价，这样可以保证广大游客的权利。

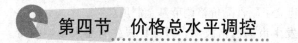

第四节 价格总水平调控

一、价格总水平调控的目标和措施

稳定市场价格总水平是国家重要的宏观经济政策目标。国家根据国民经济发展的需要和社会承受能力，确定市场价格总水平调控目标，列入国民经济和社会发展计划，并综合运用货币、财政、投资、进出口等方面的政策和措施，予以实现。世界各国采用的反映价格总水平的综合价格指数是不同的。绝大部分国家采用消费价格指数。我国目前采用社会商品零售价格总指数和居民消费价格总指数。

国家通过经济、法律和行政手段，对价格总水平的变动进行直接或者间接地干预和约束，以保证价格总水平调控目标的实现。

二、建立重要商品储备制度

所谓重要商品储备制度，是政府为平抑或稳定某些重要商品市场价格水平，建立起这些商品的调节性库存，并通过吞吐存来调控市场价格的管理制度。

重要商品储备的设置层次按照政府调控市场价格的责任和行为能力进行划分。中央政府对全国范围价格总水平的调控负责，对某些重要商品建立国家级储备。地方政府负责本地区市场价格总水平的调控，因而要建立地方性重要商品储备。根据我国的地区差别和交通运输条件，地方政府的重要商品储备一般建立在省一级。省以下的部分市、县级政府，属于商品主要产地、主要销地的，也可以建立本级政府的重要商品储备。

政府选择储备的重要商品，一般要满足以下条件：①对国计民生有重要影响；②经常存在着交替出现的供求不平衡矛盾，即有时供不应求，有时供过于求；③产销数量较大；④商品的长期存储在技术上比较经济。一般来说，符合这些条件的重要商品主要是对国计民生有重大影响的农副产品，如粮、棉、食用油和糖等主要农副食品，以及原油、重要衡有金属等战略物资。

重要商品储备是为政府调控市场价格服务的。当重要商品的市场供给出现较大缺口，价格暴涨时，要适时抛售储备商品，增加市场供给，平抑市场价格；反之，当供大于求、价格下滑时，政府要适时入市收购，转入储备，增加市场需求，遏制价格过度下滑。

目前，我国已相继建立粮食、棉花、食油、食糖等重要商品储备制度，这对促进农业生产，保障市场供应，平抑市场价格，应付突发事件和重大自然灾害，发挥了极其重要的作用。

三、设立价格调节基金

所谓价格调节基金，是政府为了平抑市场价格，用于吞吐商品、平衡供求或者支持经营者的专项基金。1988 年国务院在《关于试行主要副食品零售价格变动给职工适当补贴的通知》中，明确提出了要在全国城市中建立副食品价格调节基金的要求，到目前为止，全国多数城市都建立了副食品价格调节基金制度。

价格调节基金是针对某些容易发生市场价格波动、对国计民生有重大影响的商品的调控而设置的。这些商品主要有粮、棉、油、肉、蛋、菜、糖等农副产品。目前我国已建立的价格调节基金主要有副食品价格调节基金、粮食风险调节基金。

价格调节基金的主要来源有，政府财政对粮食、蔬菜、猪肉等主副食品的原有价格补贴或预算拨款；向社会的征收，征收范围主要涉及旅馆业、旅游业、建筑业、餐饮业、服务业、工商业、运输业。

价格调节基金的使用：①扶持商品生产。包括对所调控商品的生产基地建设的资金支持，对生产者的收购奖励或补贴。②对流通企业的政策性差价补贴。流通企业受政府委托或执行政府物价政策，高价收购、低于经营成本加正常利润的价格水平销售商品，因而产生政策性亏损。这部分亏损由政府使用价格调节基金支付。③支持市场建设。对有利于价格调控而建立的某些商品的批发市场和直销市场建设，政府可以用价格调节基金支持。

价格调节基金的设立，对于政府抑制通货膨胀，保持人民生活必需品价格稳定，防止市场价格的剧烈波动，维护社会稳定等方面起到了很好的作用，因而是用经济手段管理价格的有效措施。

四、建立价格监测制度

为了满足社会主义市场经济条件下价格调控工作的需要，及时反映市场价格变动情况，掌握重要商品、居民生活必需品和服务价格变动情况，准确、全面地分析物价和经济形势，为宏观经济决策提供可靠依据，保障人民生活，维护社会安定，有必要对重要商品、居民生活必需品和服务价格进行监测。

另外，一般的价格统计往往是月度反映，且滞后期较长，不能完全适应及时分析价格形势、适时采取调控措施、准确把握调控力度的需要。而城市居民基本生活必需品和服务项目价格的监测，相对来说具有及时、报告期短、有具体商品价格水平变动的优势，在一定程度上弥补了价格统计制度的不足，为分析价格形势和预测价格走势，起到了不容忽视的作用。

国家计委 1994 年发布了《城市基本生活必需品和服务收费价格监测办法》，1996 年又发布了《关于修订城市居民基本生活必需品和服务项目价格监测办法的通知》，对价格监测制度作了全面的规定，其主要内容有：监测范围是各直辖市、计划单列市、省会城市和自治区首府城市；监测品种主要是与城市居民生活密切相关的基本生活必需品和服务收费项目，共有 44 种；各地采价时间为每月 5 日、20 日，并于每次采价的次日将价格资料传送给国家计委；各地每次报送监测价格时要附简要分析报告，对价格变动幅度较大的品种做出说明，讲清变动的原因，当地有无采取某种措施，预计未来走势。国家计委对各地的价格监测资料，进行汇总和分析，并将分析报告反馈给各地。

国家计委还于1996年发布了《部分重要商品生产区价格监测办法》，对不同商品的生产区，选择部分省市对产地价格进行监测；监测品种主要是与国民经济密切相关的部分重要商品，包括粮食、棉花、生猪和猪饲料、煤炭。

价格监测制度的建立与完善，为各级政府进行宏观经济决策，加强和改善宏观调控提供了可靠依据；为及时分析和预测价格形势，提高经济工作和价格工作水平发挥了重要作用。

五、对重要农产品收购实行保护价

农产品价格，特别是粮食等重要农产品收购价格制约着价格总水平，影响着市场价格的稳定，直接或者间接影响人民生活，直接关系到农民的物质利益，关系到农业生产的发展，关系到国民经济的发展和社会大局的稳定。由于粮食等重要农产品的生产受自然条件影响很大，不仅有市场风险，而且有自然风险。如果完全靠市场去调节，粮食等重要农产品的收购价格易暴涨暴跌，引起生产大起大落，会挫伤农民生产积极性，影响农业生产的稳定发展，影响市场价格总水平的基本稳定，带来严重后果。因此，政府必须进行调控，即在粮食等重要农产品的收购价格过低时，对必要的品种实行保护价。

保护价，是指政府为了保护生产者和消费者利益实行的一种最低保护价，即规定最低收购价格。当市场价低于保护价时，按保护价收购。保护价格的制定，要以补偿生产成本并有适当利润，有利于优化品种结构，并考虑国家财政承受能力为原则。随着国家财力的增强，要逐步提高保护价格水平，在条件具备时向支持性价格过渡。

六、采取价格干预措施

价格干预是政府对社会经济活动进行管理的一种形式，是政府行使经济职能的一项重要内容。美国、法国、英国、日本等几乎所有发达的市场经济国家也都在不同程度上对价格进行了干预。

目前，我国绝大部分商品价格和服务价格已放开由市场进行调节。在正常情况下，经营者根据市场供求状况变化，灵活地自主制定价格，政府对经营者制定的价格不加干预。但由于自然灾害等特殊原因，造成某些商品严重紧缺，价格已经显著上涨或者有可能显著上涨，会使国家、经营者和消费者的利益受损失，影响经济的发展和社会的稳定，政府需要采取行政手段对部分价格进行干预，即采取限定差价率或者利润率、规定限价、实行提价申报制度和调价备案制度等干预措施。

国务院和省、自治区、直辖市人民政府可以对部分价格采取价格干预措施，省级以下人民政府和各级人民政府有关部门都没有这一权限。省、自治区、直辖市人民政府采取价格干预措施，应当报国务院备案。

七、价格紧急措施

在市场经济体制中，由市场形成价格，价格合理配置资源，政府尽量减少行政干预。但是，当发生战争、严重自然灾害和恶性通货膨胀，价格总水平出现剧烈波动时，为了确保群众生活安定和国民经济顺利进行，政府需要采取紧急措施，对价格予以干预。这是市场经济国家通行的做法。例如，日本在战后初期，因战争破坏，物资匮乏，物价飞涨，社会动荡不安，日本政府就建立以米价和煤价为主的冻结物价制度。

价格总水平在一定幅度内波动是正常的，只有当价格总水平出现持续全面上涨，而不是个别或者部分商品价格的上涨时，政府才可以采取价格紧急措施。只有国务院可以在全国范围内或者部分区域内采取价格紧急措施。

当市场价格总水平出现剧烈波动等异常状态时，国务院可以在全国范围内或者部分区域内采取临时集中定价权限、部分或者全面冻结价格的紧急措施。

20 世纪 70 年代后期，国民经济比例失调，基建规模过大，两次提高职工工资，落实政策补款，加上 1979 年和 1980 年大幅度提高农副产品的收购价格，这就使国家财政出现赤字，货币发行增大，引起了价格过快上涨。为此，国务院采取了冻结价格的紧急措施。1980 年 12 月 7 日，国务院向各省、市、自治区人民政府和国务院各部委、各直属机构发出《关于严格控制物价、整顿议价的通知》（现已失效）。通知中规定，自公布之日起，凡国家规定牌价的工农业产品，在全国各地的零售价格，一律执行国家的规定，不得提高；各种议价商品，在全国各大城市、中等城市、小城市、工矿区、县城和县城以下城镇的零售价格，一律按 1980 年 12 月 7 日的价格出售，只能降低，不许提高。[1]

 以案说法

山东将对光伏发电给予价格补贴[2]

[案情简介]

山东日前出台措施促进光伏产业健康发展，提出将对光伏发电给予价格补贴。山东在出台的意见中提出，力争到 2015 年年底，山东光伏电池片、组件产量达到 300 万千瓦以上，光伏发电装机容量达到 180 万千瓦以上，培育 3 家至 5 家实力雄厚、在国内外有较强竞争力的骨干生产制造企业。

在此基础上，山东将实施光伏发电价格补贴和资金支持政策。2013 年至 2015 年并网发电的光伏电站，上网电价确定为每千瓦时 1.2 元，高于国家标杆电价部分由省级承担；2013~2015 年，纳入国家年度指导规模的分布式光伏发电项目，所发全部电量在国家每千瓦时 0.42 元补贴标准基础上，省级再给予每千瓦时 0.05 元的补贴。

此外，山东今年筹集资金 1 亿元设立山东省分布式光伏发电应用专项资金，择

---

〔1〕 载人民网，http://cpc.people.com.cn/GB/64162/64165/74856/74958/5132402.html.

〔2〕 载新华网，http://news.xinhuanet.com/energy/2014-10/13/c_127090479.htm.

优对分布式光伏发电项目予以支持。

[案例评析]

这是国家对有关项目做出的价格补贴行为。因为光伏发电是一种先进的环保技术，具有安全可靠、无噪声、无污染排放、能源质量高、不受资源分布地域的限制、无枯竭危险等特点，是国家重点扶持的项目。政府将优先支持在用电价格较高的工商业企业、工业园区建设规模化的分布式光伏发电系统；支持在机关、学校、医院、事业单位、居民社区建筑和构筑物等推广小型分布式光伏发电系统。还将把光伏发电纳入新型城镇化发展规划，统筹考虑光伏发电应用；结合新农村建设，在农村新型社区建设、旧村改造等工程中规划建设分布式光伏发电系统，实现电能就地消纳，改善农村供电状况和用电水平。

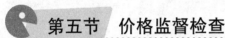 第五节 价格监督检查

一、价格监督检查的概念与特征

价格监督检查，是指价格主管部门或其他有关部门、社会团体和人民群众等主体对价格违法行为所进行的监督和检查、审查与处理等一列活动的总称。[1] 价格监督检查的目的是为了防止和纠正价格管理相对人的违法行为，保障价格法律、法规、规章、政策的实施和执行，有利于规范价格行为，保护经营者和消费者的合法权益。

二、专门机构的价格监督检查

（一）价格行为的行政监督

《价格法》第33条规定："县级以上各级人民政府价格主管部门，依法对价格活动进行监督检查，依照本法的规定对价格违法行为实施行政处罚。"

政府价格主管部门进行价格监督检查时，可以行使下列职权：①询问当事人或者有关人员，并要求其提供证明材料和与价格违法行为有关的其他资料；②查询、复制与价格违法行为有关的账簿、单据、凭证、文件及其他资料，核对与价格违法行为有关的银行资料；③检查与价格违法行为有关的财物，必要时可以责令当事人暂停相关营业；④在证据可能灭失或者以后难以取得的情况下，可以依法先行登记保存，当事人或者有关人员不得转移、隐匿或者销毁。

（二）价格行为的社会监督

消费者组织、职工价格监督组织、居民委员会、村民委员会等组织以及消费者，有权对价格行为进行社会监督。政府价格主管部门应当充分发挥群众的价格监督作用。新闻单位有权进行价格舆论监督。

---

〔1〕 参见杨紫烜主编：《经济法》，北京大学出版社、高等教育出版社2014年版，第570页。

社会监督主体的监督行为包括：对经营者的价格行为提出意见、建议或者检举、控告；对政府价格主管部门和有关部门及其工作人员的价格行为提出批评、建议，并对其违法失职行为提出申诉、控告或者检举；对经营者、政府的价格行为进行舆论监督等。

三、价格违法行为

价格违法行为，是指公民、法人以及其他组织违反价格法律、法规、规章的规定，给社会造成某种危害的有过错的行为。认定价格违法行为，一般应具备以下条件：①价格违法的主体是价格管理相对人，即公民、法人以及其他组织；②侵害了价格法律规范所保护的客体，即侵害了合法的价格关系和价格秩序；③价格管理相对人从事了违反价格法律、法规、规章的行为，并造成价格法律、法规、规章所规定的危害后果。

 以案说法

九江市 2014 年 4 月份价格公共服务工作开展情况[1]

[案情简介]

针对家长们深受困扰的"入园难、入园贵"，幼儿教育收费较为混乱的问题，为深入贯彻国家三部委《幼儿园收费管理暂行办法》，近期九江市价格监督检查部门组织了一次市区幼儿园收费全面检查，现将检查情况汇报如下：

我市浔阳区、庐山区和开发区各级各类幼儿园共有二十余家，有公办幼儿园，也有民办幼儿园，随着国家"单独二孩"政策的放开，民办幼儿园的比重不断增加。

从检查情况看，我市幼儿收费主要存在以下问题：

1. 有的幼儿园收费标准未到价格主管部门备案；
2. 继续向幼儿收取明令取消的"兴趣班"和"材料费"及"社会实践费"等；
3. 超标准收取"保育教育费"；
4. 教职工用餐不交伙食费，降低了幼儿伙食标准；
5. 有的幼儿园收费项目和收费标准没有向社会公示。

我市价格监督检查部门针对幼儿园收费存在的以上问题，目前已逐家下达整改通知书，对非法收取的不合理费用将予以收缴，对有令不行、有禁不止的将从严从重处罚。

[案例评析]

九江市价格监督检查部门对市区幼儿园收费的全面检查，是依据我国《价格法》的规定进行的价格监督检查工作，对发现的问题及时作出处理。在监督检查后进行了情况通报并在网站上加以公开，有利于督促相关单位严格遵守价格法的规定，维

---

[1] 载江西省价格监督检查网，http://www.jx12358.com/jgfwjwj/20140513/161440.htm.

护市场正常秩序，保护消费者的合法权益。

第六节 违反价格法的法律责任

一、经营者价格违法行为的行政责任

经营者不执行政府指导价、政府定价以及法定的价格干预措施、紧急措施的，责令改正，没收违法所得，可以并处违法所得 5 倍以下的罚款；没有违法所得的，可以处以罚款；情节严重的，责令停业整顿。

经营者有《价格法》第 14 条所列行为之一的，责令改正，没收违法所得，可以并处违法所得 5 倍以下的罚款；没有违法所得的，予以警告，可以并处罚款；情节严重的，责令停业整顿，或者由工商行政管理机关吊销营业执照。有关法律对《价格法》第 14 条所列行为的处罚及处罚机关另有规定的，可以依照有关法律的规定执行。有《价格法》第 14 条第 1 项、第 2 项所列行为，属于是全国性的，由国务院价格主管部门认定；属于是省及省以下区域性的，由省、自治区、直辖市人民政府价格主管部门认定。

经营者因价格违法行为致使消费者或者其他经营者多付价款的，应当退还多付部分；造成损害的，应当依法承担赔偿责任。

经营者违反明码标价规定的，责令改正，没收违法所得，可以并处 5000 元以下的罚款经营者被责令暂停相关营业而不停止的，或者转移、隐匿、销毁依法登记保存的财物的，处相关营业所得或者转移、隐匿、销毁的财物价值 1 倍以上 3 以下的罚款。

拒绝按照规定提供监督检查所需资料或者提供虚假资料的，责令改正，予以警告；逾期不改正的，可以处以罚款。

二、经营者价格违法行为的民事责任

经营者的价格违法行为，除承担《价格法》规定的行政责任外，如果其价格违法行为致使消费者或者其他经营者多付价款的，还应当退还多付部分。

经营者因价格违法行为给消费者或者其他经营者造成损害的，应当依法承担赔偿责任，这种赔偿责任属民事责任。

民事责任是指民事主体因违反合同或者不履行其他义务，侵害国家的、集体的财产，侵害他人财产、人身的，而依法应当承担的民事法律责任后果。我国《民法通则》规定承担民事责任的方式，包括：停止侵害、排除妨碍、消除危险、返还财产、恢复原状、修理、重作、更换、赔偿损失、支付违约金、消除影响、恢复名誉、赔礼道歉等。

三、各级政府及其有关部门的价格行政责任

对地方各级人民政府或者各级人民政府有关部门及其工作人员违反本法规定的

行政责任的规定。

（一）价格违法行为

1. 超越定价权限和范围擅自制定、调整价格。政府指导价、政府定价的权限和范围，以中央的和地方的定价目录为依据。地方各级人民政府和各级人民政府有关部门必须按照中央的和地方的定价目录规定的权限和范围制定政府指导价、政府定价。如果超越定价权限和范围擅自制定、调整价格，就属价格违法行为。

2. 不执行价格干预措施、紧急措施。国务院或者省、自治区、直辖市人民政府在特殊情况下采取的价格干预措施、紧急措施，地方各级人民政府有关部门如果不执行，就属价格违法行为。

（二）国家行政机关应依法行政和模范遵守法律规范

国家行政机关有违法行为，不仅侵犯了国家的行政管理秩序，而且社会影响很坏，应当追究其行政责任。价格主管部门首先应当责令其改正，并可以通报批评。国家行政机关违法行政，对直接负责的主管人员和其他直接责任人员，也要给予行政处分。

通报批评，是指行政机关对违法行为人通过书面批评加以谴责和告诫，指出其违法行为，避免其再犯。县级以上各级人民政府有关部门或者地方各级人民政府违反《价格法》规定，没有给予罚款等财产罚，但对其通报批评，有时比财产罚更为严厉。因为通报批评是声誉罚，通过报刊或者政府文件在一定范围内公开，影响面广，制裁后果更为严厉。

四、价格机关工作人员违反价格法的刑事责任

价格机关工作人员既包括价格主管部门的工作人员，也包括有关部门、单位的工作人员。价格机关工作人员泄露国家秘密、商业秘密以及滥用职权、徇私舞弊、玩忽职守、索贿受贿，构成犯罪的，依法追究刑事责任。价格机关工作人员泄露国家机密、商业秘密以及滥用职权、徇私舞弊、玩忽职守、索贿受贿，不构成犯罪的，依法给予处分。不构成犯罪，是指两种情况：一是价格工作人员违反《价格法》，但不违反《刑法》。比如玩忽职守，但未使国家利益、公共财产和人民利益遭受重大损失。二是虽然违反《刑法》，但犯罪情节轻微，依照《刑法》规定，不需要判处刑罚，可以免予刑事处罚。

 以案说法

价格违法行为行政处罚案[1]

［案情简介］

2007 年 5 月 7 日，向民塑料厂与东南丝花厂签订了场地、厂房、电力租赁合同，

---

〔1〕 徐贵一主编：《经济法案例研究》，法律出版社 2011 年版，第 224～225 页。

合同约定：租赁期限5年（从2007年6月1日起），向民塑料厂保证电力190千瓦供应东南丝花厂使用，电费从使用当月起按礼乐供电所的收费标准每月结算一次。双方依约履行。同年9月双方又签订了关于东南丝花厂电费收取的补充协议，协议约定：鉴于近期省电网调整电价，双方协商后，向民塑料厂依据江门礼乐供电所的二类电表收费标准，向东南丝花厂收取电费。而实际上向民塑料厂本属一级表用户，独立变压器，从2007年12月起向东南丝花厂按二级表收取电费并加收变损、力率调整、镇街灯等费用，至2008年9月，10个月共多收取电费人民币108 275.09元。

2008年10月，××市江海区物价检查所根据举报予以立案查处，并于2008年12月26日作出江海价检字（2008）2号的处罚决定书，认定向民塑料厂未经业务主管部门同意擅自提高电价和加收镇街灯费，共多收金额108 275.09元，其行为已构成重大价格违法案件，根据《中华人民共和国价格管理条例》第30条和国家物价局《关于价格违法行为的处罚决定》，对向民塑料厂作出了将多收金额如数于2009年1月10日前上缴国库，免于罚款的处理。

向民塑料厂不服，向××市物价检查所申请复议，市物价检查所复议认为：电价是属于物价部门管理，电价违法行为应由物价检查机构查处，本案原处理决定事实清楚，证据确凿，适用价格法规、政策是正确的，但处理欠妥，于2009年3月4日作出江价检复字（2009）2号复议案件决定书及2009年5月13日的补充说明，维持江海区物价局的免于罚款的决定，变更其关于将多收金额上缴国库的决定，改为将多收电费108 275.09元全部退还东南丝花厂。向民塑料厂认为其与东南丝花厂之间不属电价管理问题，而是用电管理问题，应由电力管理部门主管，因此不服××市物价局的复议决定，向法院提起行政诉讼。法院认为，××市物价检查所的复议决定证据确凿，适用法律、法规正确，符合法定程序，合法、合理，法院判决予以维持。

[案例评析]

本案争议的焦点在于原告的行为是否是价格违法行为，被告及其下级机关对该行为有无行政处罚权，该处罚是否合法合理。

根据相关法律、法规规定，电价实行国家定价，由国家物价局统一管理、制定和调整，任何单位和个人必须执行国家定价，均不得擅自提高电价和加收费用。本案中原告向民塑料厂本属一级表用户，独立变压器，在其向东南丝花厂出租场地、厂房、电力期间，未经批准从2007年12月至2008年9月擅自按二类电表用户的收费标准向东南丝花厂多收取电费，擅自提高电价和加收镇街灯费等费用，10个月共多收取电费人民币108 275.09元。其行为属于不执行国家定价的价格违法行为，应承担价格违法责任。

各级物价检查机构有依法行使价格监督检查和处理价格违法行为的职权。另据《广东省农村用电和电价管理办法》第3条的规定，各级物价部门是农村电价管理的主管部门。因此，电价属于物价部门管理，电价违法行为应由物价检查机构查处。

本案中，向民塑料厂擅自提高电价的行为是价格违法行为，××市江海区物价检查所作为法定的物价检查机构对其行为当然有权查处。向民塑料厂以其与东南丝花厂之间不属电价管理问题，而是用电管理问题，应由电力管理部门主管，物价检查机构无权查处的主张是没有根据的。

对价格违法行为，物价主管部门应当根据情节给予通报批评，责令将非法所得退还购买者或者用户，不能退还的非法所得由物价检查机构予以没收、罚款，提请工商行政管理机关吊销营业执照，对企业、事业单位的直接责任人员和主管人员处以罚款，并可以建议有关部门给予处分。本案中物价主管部门××市江海区物价检查所作出的原告将多收金额上缴国库的决定是不对的，应责令其将多收电费全部退还给用户东南丝花厂。因此，××市物价检查所对向民塑料厂作出的免于罚款，将多收电费 108 275.09 元全部退还东南丝花厂的复议决定是合法、合理的。

第七节　价格法案件的分析

一、价格法案件的主要种类

根据价格法律关系主体承担法律责任的性质不同，可以将价格法案例分为价格行政责任案件、价格民事责任案件和有关价格管理制度案件。

（一）价格行政责任案件

价格行政责任是指经营者、各级政府及政府有关部门和工作人员，违反价格法律、法规、规章应当承担行政处罚或行政处分的法律责任。价格行政责任案件主要包括以下几种：

1. 经营者不执行政府定价、政府指导价和法定的价格干预措施、紧急措施的行政处罚责任案件；

2. 经营者不正当价格行为的行政处罚责任案件；

3. 经营者违反明码标价义务的行政处罚责任案件；

4. 经营者不服从价格主管部门的监督检查的行政处罚责任案件；

5. 各级政府及其有关部门和工作人员的价格行政责任案件。

（二）价格民事责任案件

《价格法》第41条规定："经营者因价格违法行为致使消费者或者其他经营者多付价款的，应当退还多付部分；造成损害的，应当依法承担赔偿责任。"

（三）有关价格管理制度案件

1. 价格评估管理案件。价格评估，是指价格评估机构接受评估当事人委托，对商品与服务价格的鉴定、评估。1996年11月18日国家计委发布了《价格评估管理办法》，自1997年1月1日起施行。其中第21条规定，价格评估机构、价格评估人员违反本办法规定，弄虚作假、玩忽职守，致使评估结果失实的，价格评估机构资格管理部门可依照国家有关规定，根据情节轻重，给予下列处罚：①警告；②罚款；对以上被处罚单位的主管人员和直接责任人员，认定机构资格的管理部门可以提请有关部门给予行政处分。

2. 价格认证管理案件。价格认证，是指依法设立的价格鉴证机构接受各类市场主体及公民的委托，对其提出的各类商品（财产）和有偿服务项目价格进行的公证性认定。1999 年 8 月 17 日国家发展计划委员会发布了《价格认证管理办法》，自发布之日起施行。根据该办法的规定，各类市场主体及公民因生产经营、合同签订、抵押质押、理赔索赔、实物应税、物品拍卖、资产评估、财产分割、工程审价、清产核资、经济纠纷、法律诉讼、司法公证等情形，需要对相关物品或服务价格及有关事项证明时，可以向价格鉴证机构委托进行价格认证。依法设立的价格鉴证机构是受理价格认证的专业机构，其他任何机构或者个人出具的价格证明不具备价格公证性效力。各类市场主体及公民为了证实价格的合法性、合理性，可以委托依法设立的价格鉴证机构进行价格认证。价格鉴证机构应当按照国家有关法律、法规的规定，客观、公正地进行价格认证，并按照规定的程序出具《价格认证书》。《价格认证书》可以作为举证的证明，经司法机关、行政执法部门和仲裁机构确认后，可以作为司法机关、行政执法部门和仲裁机构办理各类案件的证据。

价格鉴证机构和鉴证人员对价格认证中涉及的有关资料和情况负责保密，对出具的《价格认证书》的内容分别承担相应的法律责任。严禁价格鉴证人员虚假认证、徇私舞弊、玩忽职守、泄露当事人秘密。凡违反规定，造成价格认证失实对当事人造成经济损失的，要负责赔偿。对责任人员将视情节轻重给予处分；构成犯罪的，交司法部门依法追究刑事责任。

3. 价格监测管理案件。价格监测主要包括政府价格主管部门为适应价格调控和管理需要，对重要商品、服务价格和成本的变动进行监测分析以及对价格政务信息的搜集活动。1999 年 2 月 4 日国家计委发布了《价格监测规定》，自 1999 年 3 月 1 日起施行。其中第 16 条规定："有关国家机关、企业、事业单位以及其他组织有下列行为之一的，由下达监测任务的县级以上人民政府价格主管部门责令改正，予以通报批评；情节严重的，提请任免机关或监察机关对负有直接责任的主管人员和其他责任人员依法予以行政处分：①错报、虚报、瞒报价格监测资料的；②伪造、篡改价格监测资料的；③拒报或屡次迟报价格监测资料的。"

4. 价格听证案件。价格听证，即政府价格决策听证，是政府定价行为的重要法律形式，是指制定和调整实行政府指导价或者政府定价的重要商品和服务价格前，由政府价格主管部门组织社会有关方面，对制定价格的必要性、可行性进行论证。根据《价格法》的规定，制定关系群众切身利益的公用事业价格、公益性服务价格、自然垄断经营的商品价格等政府指导价、政府定价，应当建立听证会制度。实行政府价格决策听证的项目是中央和地方定价目录中关系群众切身利益的公用事业价格、公益性服务价格和自然垄断经营的商品价格。2001 年 10 月 25 日国家发展计划委员会公布了国家计委价格听证目录，包括：居民生活用电价格，铁路旅客运输基准票价率（软席除外），民航旅客运输公布票价水平，电信基本业务资费中的固定电话通话费、月租费，移动电话费、月租费等四类。地方价格听证目录由省、自治区、直辖市价格主管部门制定并公布，并报国家计委备案。制定听证目录以外的关系群众切身利益的其他商品和服务价格，政府价格主管部门认为有必要的，也可以实行听证。

二、该类案件分析的方法

（一）价格行政责任案例

1. 经营者不执行政府定价、政府指导价和法定的价格干预措施、紧急措施的行政处罚责任案例。分析此类案例首先应分析当事人所涉及的价格是否属于国家定价、国家指导价或者国家在非常时期实行的价格干预措施和紧急措施的范围，然后再分析当事人的行为是否违法，最后落实相应的法律责任。2003 年 10 月 28 日国家发展和改革委员会发布了《非常时期落实价格干预措施和紧急措施暂行办法》，自 2004 年 1 月 1 日起施行。办法第 11 条规定："经营者不执行价格干预措施、紧急措施的，责令改正，没收违法所得，可以并处违法所得 5 倍以下的罚款；没有违法所得的，可以处 4 万元以上 40 万元以下的罚款；情节严重的，责令停业整顿，或者由工商行政管理机关吊销营业执照；构成犯罪的，移交司法机关追究刑事责任。"第 12 条规定："价格主管部门在进行价格监督检查过程中，必要时可以采取责令当事人暂停相关营业、公告价格违法行为、公开曝光典型案件等措施。对拒绝按照规定提供价格监督检查所需资料或者提供虚假资料的，责令改正、予以警告；逾期不改正的，可以处以 5 万元以下的罚款。"第 13 条规定："地方各级人民政府或者各级人民政府有关部门不执行法定的价格干预措施、紧急措施的，由上级人民政府或者政府价格主管部门责令改正，并可以通报批评；对直接负责的主管人员和其他直接责任人，由政府价格主管部门建议有权部门依法给予行政处分。"该办法规定的行政责任比《价格法》更全面，应优先适用。

2. 经营者不正当价格行为的行政处罚责任案例。分析该类案例的关键是认定经营者的价格行为是否构成不正当价格行为，除了依据《价格法》第 14 条的规定外，还应依据国家价格主管部门针对具体不正当价格行为所发布的行政规章。

（1）价格垄断行为。价格垄断行为，是指经营者通过相互串通或者滥用市场支配地位，操纵市场调节价，扰乱正常的生产经营秩序，损害其他经营者或者消费者合法权益，或者危害社会公共利益的行为。依据《反价格垄断规定》，该规定列举的价格垄断行为包括：①具有竞争关系的经营者达成的价格垄断协议。②经营者与交易相对人达成的价格垄断协议。③行业协会从事价格垄断行为。④具有市场支配地位的经营者以不公平的高价销售商品或者以不公平的低价购买商品。⑤具有市场支配地位的经营者没有正当理由，以低于成本的价格销售商品。⑥具有市场支配地位的经营者没有正当理由，通过设定过高的销售价格或者过低的购买价格，变相拒绝

与交易相对人进行交易。⑦具有市场支配地位的经营者没有正当理由，通过价格折扣等手段限定交易相对人只能与其进行交易或者只能与其指定的经营者进行交易。⑧具有市场支配地位的经营者在交易时在价格之外附加不合理的费用。⑨具有市场支配地位的经营者没有正当理由，对条件相同的交易相对人在交易价格上实行差别待遇。⑩行政机关和法律、法规授权的具有管理公共事务职能的组织滥用行政权力，妨碍商品的自由流通行为。⑪行政机关和法律、法规授权的具有管理公共事务职能的组织滥用行政权力，强制经营者从事本规定禁止的各类价格垄断行为。⑫行政机关滥用行政权力，制定含有排除、限制价格竞争内容的规定。对经营者的价格垄断行为，由政府价格主管部门依法认定。经营者有价格垄断行为的，由政府价格主管部门依据《价格法》第40条和《价格违法行为行政处罚规定》第4条实施处罚。

（2）低价倾销行为。1998年11月16日国家计委、国家经贸委发布了《关于发布〈关于制止低价倾销工业品的不正当价格行为的规定〉和加强行业价格自律的通知》，自1998年11月25日起施行。根据该规定，低价倾销工业品的不正当价格行为是指经营者为了排挤竞争对手或独占市场，生产企业以低于本企业生产成本销售工业品，经销企业以低于本企业进货成本销售工业品，扰乱正常的生产经营秩序，损害国家利益或者其他经营者合法权益的行为。生产企业生产成本是指企业生产该工业品的当月完全成本，包括制造成本和应分摊的管理费用、财务费用、销售费用；经销企业进货成本包括经销企业经营该工业品时的当月进货价格和相关运杂费。

（3）价格欺诈行为。2001年11月7日国家发展计划委员会发布了《禁止价格欺诈行为规定》，自2002年1月1日起施行。根据该规定，价格欺诈行为是指经营者利用虚假的或者使人误解的标价形式或者价格手段，欺骗、诱导消费者或者其他经营者与其进行交易的行为。

对不正当价格行为应依照《价格法》第40条之规定和1999年8月1日国家发展计划委员会发布的《价格违法行为行政处罚规定》进行处罚。

3. 经营者违反明码标价义务的行政处罚责任案例。根据1994年2月25日国家计委制定、2000年10月31日国家发展计划委员会修订、自2001年1月1日起施行的《关于商品和服务实行明码标价的规定》，明码标价是指经营者收购、销售商品和提供服务按照规定的要求公开标示商品价格、服务价格等有关情况的行为。应当明码标价的商品和服务是指实行市场调节价、政府指导价或者政府定价的商品和服务。经营者有下列行为之一的，由价格主管部门责令改正，没收违法所得，可以并处5000元以下的罚款；没有违法所得的，可以处以5000元以下的罚款：①不明码标价的；②不按规定的内容和方式明码标价的；③在标价之外加价出售商品或收取未标明的费用的；④不能提供降价记录或者有关核定价格资料的；⑤擅自印制标价签或价目表的；⑥使用未经监制的标价内容和方式的；⑦其他违反明码标价规定的行为。经营者利用标价进行价格欺诈的，由价格主管部门依照《价格违法行为行政处罚规定》第5条实施处罚。《价格违法行为行政处罚规定》第5条规定："经营者违反价格法第 14 条的规定，相互串通，操纵市场价格，造成商品价格较大幅度上涨的，责令改正，没收违法所得，并处违法所得 5 倍以下的罚款；没有违法所得的，处 10 万元以上 100 万元以下的罚款；情节较严重的处 100 万元以上 500 万元以下的罚款；情节严重的，责令停业整顿，或者由工商行政管理机关吊销营业执照。"

4. 经营者不服从价格主管部门的监督检查的行政处罚责任案例。《价格法》第 43 条规定："经营者被责令暂停相关营业而不停止的，或者转移、隐匿、销毁依法登记保存的财物的，处相关营业所得或者转移、隐匿、销毁的财物价值的 1 倍以上 3 倍以下的罚款。"第 44 条规定："拒绝按照规定提供监督检查所需资料或者提供虚假资料的，责令改正，予以警告；逾期不改正的，可以处以罚款。"

5. 各级政府及其有关部门和工作人员的价格行政责任案例。《价格法》第 45 条规定："地方各级人民政府或者各级人民政府有关部门违反本法规定，超越定价权限和范围，擅自制定、调整价格或者不执行法定的价格干预措施、紧急措施的，责令改正，并可通报批评；对直接负责的主管人员和其他直接责任人员，依法给予行政处分。"

（二）价格民事责任案例

在分析价格违法行为损害赔偿案例时，应注意认定价格违法行为与损害后果之间的因果关系。另外，由于价格法对民事责任规定不多，在确定价格违法行为的民事责任时，应结合《民法通则》、《消费者权益保护法》等其他法律、法规的相关规定。如根据《消费者权益保护法》的规定，经营者因价格欺诈行为使消费者遭受损失的，消费者可以向经营者主张加倍赔偿。

三、价格法案件分析应当注意的问题

1. 价格法体系中除《价格法》外，大部分法律规范是价格主管部门发布的价格行政规章，不仅数量繁多，而且有的内容相互交叉，有的规章经过多次修改。因此在分析案例中适用法律时，必须要注意规章的效力问题，准确适用，决不能适用过时甚至是失效的规范。2001 年 11 月 15 日国家发展计划委员会发布了《国家计委价格规章及其他规范性文件清理结果》，可以按照该规定确定相应规章的效力。

2. 在分析价格行政责任案例时，应注意以下两点：

第一，价格违法行为管辖问题。根据 2000 年 4 月 25 日国家发展计划委员会发布的《价格监督检查管辖规定》，价格监督检查实行地域管辖与级别管辖相结合的原则。地域管辖是指同级政府价格主管部门对发生在各自辖区内的价格行为进行监督检查的权限和分工。级别管辖是指上下级政府价格主管部门对价格行为进行监督检查的权限和分工。上级政府价格主管部门有权直接查处下级政府价格主管部门管辖的案件，也可以把应当由本级管辖的案件书面移交、委托下级政府价格主管部门管辖；下级政府价格主管部门对上级政府价格主管部门管辖范围内的企业、事业单位及非企业组织进行监督检查前，应当事先报请上级政府价格主管部门批准；下级政府价格主管部门对其管辖的案件，认为需要由上级政府价格主管部门管辖的，可以报请上级政府价格主管部门管辖。政府价格主管部门不应受理不属于本级管辖的案件，已经受理的，应当及时移送有管辖权的政府价格主管部门管辖。两个以上政府价格主管部门因管辖权发生争议的，由有关的政府价格主管部门协商。协商不成的，应当报请共同的上级政府价格主管部门指定管辖。对铁路、电力、电信等行业延伸服务和代理服务的监督检查，不分隶属关系，由价格违法行为发生地的政府价格主管部门管辖；对零售企业的监督检查，不分隶属关系，由价格违法行为发生地的政府价格主管部门管辖；对明码标价执行情况的监督检查，不分隶属关系，由价格违法行为发生地的政府价格主管部门管辖；举报的案件，由受理举报的当地政府价格主管部门检查处理。

第二，价格行政处罚程序问题。在行政诉讼法和行政处罚法相继出台后，行政执法机关普遍开始注意行政行为的规范化，在行政处罚中不仅注意实体问题，努力保证实体正义，也开始重视程序问题，追求程序正义，这不能不说是我国法制建设的一大进步。根据1998年国家计委发布、2013年3月6日国家发展计划委员会修订、自2013年7月1日起施行的《价格行政处罚程序规定》，价格主管部门实施行政处罚时，不遵守法定程序的，行政处罚无效。价格行政处罚应当做到：事实清楚、证据确凿、定性准确、处理恰当、手续完备、程序合法。根据2002年8月29日国家发展计划委员会发布的《价格违法案件陈述、申辩暂行办法》，价格主管部门作出行政处罚决定之前，应当告知当事人依法享有的权利。当事人要求陈述、申辩的，价格主管部门应及时受理并充分听取当事人的意见，对当事人提出的事实、理由和证据进行复核。当事人提出的事实、理由或者证据成立的，价格主管部门应当采纳，不得因当事人申辩而加重处罚。因此，这些程序性规定也是我们分析案例的重要依据，决不能只重实体、轻视程序。

四、相关法律法规指引

1. 《中华人民共和国价格法》，1997年12月29日第八届全国人民代表大会常务委员会第二十九次会议通过，自1998年5月1日起施行。

2. 《中华人民共和国价格管理条例》，1987年9月11日国务院发布，自发布之日起施行。

3. 《国家计委价格规章及其他规范性文件清理结果》，2001年11月15日国家发展计划委员会发布，自发布之日起施行。

4. 《关于禁止在公路上乱设站卡乱罚款乱收费的通知》，1994年7月20日国务院发布，自发布之日起施行。

5. 《关于治理乱收费的规定》，1993年10月9日中共中央办公厅、国务院办公厅发布。

6. 《关于商品和服务实行明码标价的规定》，1994年2月25日国家计委发布，2000年10月31日国家发展计划委员会修订，自2001年1月1日起施行。

7. 《制止牟取暴利的暂行规定》，1995年1月25日国家计委发布，自发布之日起施行。

8.《关于发布〈关于制止低价倾销工业品的不正当价格行为的规定〉和加强行业价格自律的通知》，1998 年 11 月 16 日国家计委、国家经贸委发布，自 1998 年 11 月 25 日起施行。

9.《国家计委价格司关于判定低价倾销的成本依据问题的复函》，1999 年 1 月 18 日国家计委价格司发布，自发布之日起施行。

10.《禁止价格欺诈行为规定》，2001 年 11 月 7 日国家发展计划委员会发布，自 2002 年 1 月 1 日起施行。

11.《反价格垄断规定》（发展改革委令第 7 号），2010 年 12 月 29 日发布，2011 年 2 月 1 日施行。

12.《关于价格违法行为的处罚规定》，1988 年 5 月 14 日国家物价局发布，1997 年 12 月 31 日国家计委修改，自发布之日起施行。自 2006 年 2 月 21 日修改，自 2006 年 5 月 1 日起施行。

13.《价格行政处罚程序规定》，1998 年国家计委发布，2013 年 3 月 6 日国家发展和改革委员会修订，自 2013 年 7 月 1 日起施行。

14.《价格违法行为行政处罚规定》，1999 年 8 月 1 日国家发展计划委员会发布，自发布之日起施行；2010 年 12 月 4 日《国务院关于修改〈价格违法行为行政处罚规定〉的决定》第三次修订。

15.《价格违法行为行政处罚实施办法》，2004 年 7 月 29 日国家发展和改革委员会发布，自 2004 年 9 月 1 日起施行。

16.《价格行政处罚程序规定》，2001 年 9 月 20 日发布，2002 年 1 月 1 日起施行；2013 年 3 月 6 日修改，2013 年 7 月 1 日起施行。

17.《价格违法行为举报处理规定》，2014 年 1 月 15 日公布，2014 年 5 月 1 日起施行。

18.《价格违法多收价款计算办法》，2001 年 11 月 30 日国家发展计划委员会发布，自 2002 年 1 月 1 日起施行。

19.《价格主管部门公告价格违法行为的规定》，2002 年 8 月 15 日国家发展计划委员会发布，自 2002 年 10 月 1 日起施行。

20.《价格违法案件陈述、申辩暂行办法》，2002 年 8 月 29 日国家发展计划委员会发布，自 2002 年 10 月 1 日起施行。

21.《责令价格违法经营者停业整顿的规定》，2002 年 11 月 13 日国家发展计划委员会发布，自 2003 年 1 月 1 日起施行。

22.《价格监测规定》，国家发展和改革委员会发布，自 2003 年 6 月 1 日起施行。

23.《价格认证管理办法》，1999 年 8 月 17 日国家发展计划委员会发布，自发布之日起施行。

24.《价格认证中心工作管理办法》，2003 年 3 月 14 日国家发展计划委员会发布，自 2003 年 7 月 1 日起施行。

25. 《药品价格监测办法》，2000 年 11 月 21 日国家发展计划委员会发布，自 2000 年 12 月 25 日起施行。

26. 《国家计委关于公布价格听证目录的通知》，2001 年 10 月 25 日国家发展计划委员会发布，自发布之日起施行。

27. 《政府制定价格行为规则》，2006 年 3 月 17 日发布，自 2006 年 5 月 1 日起施行。

28. 《政府价格决策听证办法》，2002 年 11 月 22 日发布，自 2002 年 12 月 1 日起施行。2008 年 10 月 15 日修订公布，2008 年 12 月 1 日起施行。

29. 《关于对〈价格法〉中的"经营者"如何认定的复函》，2003 年 9 月 18 日国家发展和改革委员会发布，自发布之日起施行。

30. 《非常时期落实价格干预措施和紧急措施暂行办法》，2003 年 10 月 28 日国家发展和改革委员会发布，自 2004 年 1 月 1 日起施行。

31. 《城市国有土地使用权价格管理暂行办法》，1995 年 12 月 1 日国家计委发布，自 1995 年 12 月 1 日起施行。

32. 《食盐价格管理办法》，2003 年 1 月 3 日国家发展计划委员会发布，自 2003 年 7 月 1 日起施行。

33. 《商业银行服务价格管理办法》，2014 年 2 月 14 日中国银行业监督管理委员会、国家发展和改革委员会发布，自 2014 年 8 月 1 日起施行。

34. 《水利工程供水价格管理办法》，2003 年 7 月 3 日国家发展和改革委员会水利部发布，自 2004 年 1 月 1 日起施行。

 以案说法

乔××诉铁道部火车票涨价案[1]

[案情简介]

某年春运之前，铁道部向国家发改委上报了《关于报批部分旅客列车实行政府指导价的实施方案》（以下简称《实施方案》），即铁财函〔2000〕253 号。《实施方案》中表述，根据经国务院批准的国家发改委《关于对部分旅客列车运输实行政府指导价的请示》，我部拟定了对部分旅客列车实行政府指导价的实施方案。其中关于春运票价上浮方案为："春节前（除夕除外）14 天，自哈尔滨、上海、广州、北京等局始发，到达指定局（省）的部分列车，春节后 23 天（初一、初二除外），自北京、上海、广州等局始发到达指定局（省）的部分旅客列车实行票价上浮。春运期间票价最高上浮幅度原则上不超过国务院批准的上浮标准，即：旅行速度 100 公里以

---

〔1〕 徐贵一主编：《经济法案例研究》，法律出版社 2011 年版，第 229~230 页。

下 30%、100 公里以上 40%。"之后，国家发改委以计价格 1960 号文批准了铁道部的《实施方案》。铁道部便作出《关于 2001 年春运期间部分旅客列车票价上浮的通知》，通知中决定自同年 1 月 13 日至 1 月 22 日、1 月 26 日至 2 月 17 日春运期间，在北京铁路局、上海铁路局、广州铁路（集团）公司等始发的部分直通列车的票价上浮 20%～30%。

本案原告乔××因出差于同年 1 月 17 日及 22 日分别购买车票，车票款比上浮前共多支付 9 元。他认为铁道部的《通知》侵害了他的合法权益，于同年 2 月 18 日向铁道部提起行政复议。3 月 19 日，铁道部作出《行政复议决定书》，决定维持《通知》。同年 4 月，乔××向北京市第一中级人民法院提起行政诉讼，将铁道部告上法庭，北京铁路局、上海铁路局、广州铁路（集团）公司为第三人。

同年 11 月 5 日，北京市第一中级人民法院经公开审理作出一审判决，判决认定：原告作为购票乘客与铁道部所作《关于 2001 年春运期间部分旅客列车票价上浮的通知》（以下简称《通知》）有法律上的利害关系，有权提起行政诉讼。原告坚持对《通知》和《行政复议决定书》同时提起行政诉讼的请求缺乏法律依据。被告作出的 2001 年春运期间部分旅客列车价格上浮决定是经过市场调查、方案拟定、上报批准的，程序未违反有关法律规定。北京市第一中级人民法院以（2001）一中行初字第 149 号行政判决，驳回原告的诉讼请求，判决乔××败诉。

同年 11 月 15 日，乔××向北京市高级人民法院提起上诉，认为铁道部所作《通知》未举行听证会，未经国务院批准，违反法定程序，请求二审法院撤销一审判决，撤销铁道部所作《通知》。

次年 2 月 27 日，北京市高级人民法院经审理认为，铁道部的通知是向主管部门上报了具体方案并得到批准之后才作出的。在价格法配套措施出台前，铁道部价格上浮行为并无不当之处，遂依法驳回乔××的上诉请求，维持一审判决。

[案例评分]

（一）基本事实分析

2001 年铁道部向有关铁路局发布了关于 2001 年春运期间部分旅客列车实行票价上浮的通知。通知确定 2001 年春节前 10 天及春节后 23 天北京铁路局、上海铁路局、广州铁路（集团）公司等始发的部分直通列车实行票价上浮 20%～30%。本案原告乔××在同年 1 月 17 日及 22 日分别购买的车票共多支付 9 元。乔××认为铁道部的通知侵害了他的合法权益，向铁道部提起行政复议。同年 3 月 19 日铁道部作出《行政复议决定书》，决定维持票价上浮通知。乔××针对上述票价上浮通知及铁道部的复议决定，起诉到北京市第一中级人民法院，请求法院判决撤销复议决定，撤销票价上浮通知。乔××不服，遂提出上诉。北京市高级人民法院依法驳回乔××上诉请求，维持一审判决。

（二）定性分析

双方争议的焦点主要集中在铁道部作出《关于 2001 年春运期间部分旅客列车实

行票价上浮的通知》的法律依据以及铁道部作出上述通知是否举行过合法价格听证程序。

1. 铁道部所作通知是铁路行政主管部门对铁路旅客票价实行政府指导价所作的具体行政行为，该行为对于铁路经营企业和乘客均有行政法律上的权利义务关系。根据《行政诉讼法》第11条第8项的规定，人民法院受理公民、法人和其他组织对下列具体行政行为不服提起的诉讼：认为行政机关侵犯其人身权、财产权的。本案原告乔××对该具体行政行为侵犯其合法权益而向人民法院提起行政诉讼，是符合行政诉讼法规定的受案范围的。

2. 铁路列车旅客票价直接关系群众的切身利益，依照《价格法》第18条的规定：政府在必要时可以实行政府指导价或者政府定价。根据《铁路法》第25条"国家铁路的旅客票价……由国务院铁路主管部门拟定，报国务院批准"的规定，铁路列车旅客票价调整属于铁道部的法定职责。本案中铁道部上报的《实施方案》所依据的计价格1960号文已被国务院批准，其所作通知是在经过市场调查的基础上又召开了价格咨询会，在向有权机关上报了具体的实施方案，并得到了批准的情况下作出的，应视为履行了必要的正当程序。

3. 铁道部作出上述通知的价格听证程序是否合法。根据《价格法》第23条的规定，制定关系群众切身利益的公用事业价格、公益性服务价格、自然垄断经营的商品价格等政府指导价、政府定价，应当建立听证会制度。但是在铁道部制定通知时，当时国家尚未建立和制定规范的价格听证制度，本案中乔××要求铁道部申请价格听证缺乏具体的法规和规章依据。

（三）简评

就本案而言，铁道部作出《关于2001年春运期间部分旅客列车实行票价上浮的通知》前已向有权机关上报了具体的实施方案，并是在得到了批准的情况下作出的，因此符合法律程序。乔××诉铁道部部分旅客列车票价上浮没有履行听证程序，这是事实。由于价格法对听证制度的规定比较原则，实际运用中还需要一部具体的操作规程，而在当时缺乏相应的配套程序予以实施的情况下，铁道部组织有关物价等与消费者权益密切相关的单位进行过类似于听证会性质的咨询会，就价格上浮进行可行性论证，并在此基础上向有关主管部门履行批准手续，是符合行政程序要求的。

[法条链接]

《中华人民共和国价格法》

第十八条 下列商品和服务价格，政府在必要时可以实行政府指导价或者政府定价：

（一）与国民经济发展和人民生活关系重大的极少数商品价格；

（二）资源稀缺的少数商品价格；

（三）自然垄断经营的商品价格；

（四）重要的公用事业价格；

（五）重要的公益性服务价格。

第二十三条　制定关系群众切身利益的公用事业价格、公益性服务价格、自然垄断经营的商品价格等政府指导价、政府定价，应当建立听证会制度，由政府价格主管部门主持，征求消费者、经营者和有关方面的意见，论证其必要性、可行性。

《中华人民共和国铁路法》（1990 年）

第二十五条　国家铁路的旅客票价率和货物、包裹、行李的运价率由国务院铁路主管部门拟订，报国务院批准。国家铁路的旅客、货物运输杂费的收费项目和收费标准由国务院铁路主管部门规定。国家铁路的特定运营线的运价率、特定货物的运价率和临时运营线的运价率，由国务院铁路主管部门商得国务院物价主管部门同意后规定。

地方铁路的旅客票价率、货物运价率和旅客、货物运输杂费的收费项目和收费标准，由省、自治区、直辖市人民政府物价主管部门会同国务院铁路主管部门授权的机构规定。

兼办公共旅客、货物运输营业的专用铁路的旅客票价率、货物运价率和旅客、货物运输杂费的收费项目和收费标准，以及铁路专用线共用的收费标准，由省、自治区、直辖市人民政府物价主管部门规定。

《中华人民共和国铁路法》（2015 年）

第二十五条　铁路的旅客票价率和货物、行李的运价率实行政府指导价或者政府定价，竞争性领域实行市场调节价。政府指导价、政府定价的定价权限和具体适用范围以中央政府和地方政府的定价目录为依据。铁路旅客、货物运输杂费的收费项目和收费标准，以及铁路包裹运价率由铁路运输企业自主制定。

第二十六条　铁路的旅客票价，货物、包裹、行李的运价，旅客和货物运输杂费的收费项目和收费标准，必须公告；未公告的不得实施。

《中华人民共和国行政诉讼法》（1990 年）

第二条　公民、法人或者其他组织认为行政机关和行政机关工作人员的具体行政行为侵犯其合法权益，有权依照本法向人民法院提起诉讼。

第十一条　人民法院受理公民、法人和其他组织对下列具体行政行为不服提起的诉讼：

（一）对拘留、罚款、吊销许可证和执照、责令停产停业、没收财物等行政处罚不服的；

（二）对限制人身自由或者对财产的查封、扣押、冻结等行政强制措施不服的；

（三）认为行政机关侵犯法律规定的经营自主权的；

（四）认为符合法定条件申请行政机关颁发许可证和执照，行政机关拒绝颁发或者不予答复的；

（五）申请行政机关履行保护人身权、财产权的法定职责，行政机关拒绝履行或者不予答复的；

（六）认为行政机关没有依法发给抚恤金的；

（七）认为行政机关违法要求履行义务的；

（八）认为行政机关侵犯其他人身权、财产权的。

第十二条 人民法院不受理公民、法人或者其他组织对下列事项提起的诉讼：

（一）国防、外交等国家行为；

（二）行政法规、规章或者行政机关制定、发布的具有普遍约束力的决定、命令；

（三）行政机关对行政机关工作人员的奖惩、任免等决定；

（四）法律规定由行政机关最终裁决的具体行政行为。

《中华人民共和国行政诉讼法》（2014 年）

第二条 公民、法人或者其他组织认为行政机关和行政机关工作人员的行政行为侵犯其合法权益，有权依照本法向人民法院提起诉讼。

前款所称行政行为，包括法律、法规、规章授权的组织作出的行政行为。

第十二条 人民法院受理公民、法人或者其他组织提起的下列诉讼：

（一）对行政拘留、暂扣或者吊销许可证和执照、责令停产停业、没收违法所得、没收非法财物、罚款、警告等行政处罚不服的；

（二）对限制人身自由或者对财产的查封、扣押、冻结等行政强制措施和行政强制执行不服的；

（三）申请行政许可，行政机关拒绝或者在法定期限内不予答复，或者对行政机关作出的有关行政许可的其他决定不服的；

（四）对行政机关作出的关于确认土地、矿藏、水流、森林、山岭、草原、荒地、滩涂、海域等自然资源的所有权或者使用权的决定不服的；

（五）对征收、征用决定及其补偿决定不服的；

（六）申请行政机关履行保护人身权、财产权等合法权益的法定职责，行政机关拒绝履行或者不予答复的；

（七）认为行政机关侵犯其经营自主权或者农村土地承包经营权、农村土地经营权的；

（八）认为行政机关滥用行政权力排除或者限制竞争的；

（九）认为行政机关违法集资、摊派费用或者违法要求履行其他义务的；

（十）认为行政机关没有依法支付抚恤金、最低生活保障待遇或者社会保险待遇的；

（十一）认为行政机关不依法履行、未按照约定履行或者违法变更、解除政府特许经营协议、土地房屋征收补偿协议等协议的；

（十二）认为行政机关侵犯其他人身权、财产权等合法权益的。

除前款规定外，人民法院受理法律、法规规定可以提起诉讼的其他行政案件。

第十三条 人民法院不受理公民、法人或者其他组织对下列事项提起的诉讼：

（一）国防、外交等国家行为；

（二）行政法规、规章或者行政机关制定、发布的具有普遍约束力的决定、命令；

（三）行政机关对行政机关工作人员的奖惩、任免等决定；

（四）法律规定由行政机关最终裁决的行政行为。

《最高人民法院关于执行〈中华人民共和国行政诉讼法〉若干问题的解释》

第一条　公民、法人或者其他组织对具有国家行政职权的机关和组织及其工作人员的行政行为不服，依法提起诉讼的，属于人民法院行政诉讼的受案范围。

公民、法人或者其他组织对下列行为不服提起诉讼的，不属于人民法院行政诉讼的受案范围：

（一）行政诉讼法第 12 条规定的行为；

（二）公安、国家安全等机关依照刑事诉讼法的明确授权实施的行为；

（三）调解行为以及法律规定的仲裁行为；

（四）不具有强制力的行政指导行为；

（五）驳回当事人对行政行为提起申诉的重复处理行为；

（六）对公民、法人或者其他组织权利义务不产生实际影响的行为。

参考文献

一、著作类

（一）译著

1. ［英］亚当·斯密：《国民财富的性质和原因研究》（上、下卷），郭大力、王亚南译，商务印书馆 2002 年版。

2. ［英］约翰·梅纳德·凯恩斯：《就业、利息和货币通论》，高鸿业译，商务印书馆 2004 年版。

3. ［美］保罗·A. 萨缪尔森、威廉·D. 诺德豪斯：《经济学》，高鸿业等译，中国发展出版社 1992 年版。

4. ［英］冯·哈耶克：《通往奴役之路》，王明毅、冯兴元译，中国社会科学出版社 1997 年版。

5. ［英］冯·哈耶克：《自由秩序原理》，邓正来译，生活·读书·新知三联书店 1997 年版。

6. ［英］冯·哈耶克：《个人主义与经济秩序》，邓正来译，生活·读书·新知三联书店 2003 年版。

7. ［英］冯·哈耶克：《法律、立法与自由》（第一卷），邓正来等译，中国大百科全书出版社 2003 年版。

8. ［英］冯·哈耶克：《法律、立法与自由》（第二卷），邓正来等译，中国大百科全书出版社 2003 年版。

9. ［美］凯斯·R. 孙斯坦：《自由市场与社会正义》，金朝武等译，中国政法大学出版社 2002 年版。

10. ［法］卢梭：《社会契约论》，何兆武译，商务印书馆 1996 年版。

11. ［日］金泽良雄：《经济法概论》，满达人译，中国法制出版社 2005 年版。

12. ［英］斯蒂芬森·W. 海维特：《产品责任法概述》，陈丽洁译，中国标准出版社 1991 年版。

13. ［美］伯纳德·施瓦茨：《美国法律史》，王军、洪德、杨静辉译，中国政法大学出版社 1989 年版。

（二）中文著作

1. 漆多俊：《经济法基础理论》，武汉大学出版社 2002 年版。

2. 史际春、邓峰：《经济法总论》，法律出版社 1998 年版。

3. 刘瑞复：《经济法学原理》，北京大学出版社 2000 年版。

4. 谢鹏程：《基本法律价值》，山东人民出版社 2000 年版。

5. 潘静成、刘文华主编：《中国经济法教程》，中国人民大学出版社 2005 年版。

6. 杨紫烜主编：《经济法》，北京大学出版社、高等教育出版社 2008 年版。

7. 张守文：《经济法理论重构》，人民出版社 2004 年版。

8. 张文显主编:《法理学》,法律出版社 1997 年版。

9. 许纯祯:《西方经济学》,高等教育出版社 2003 年版。

10. 高鸿业主编:《西方经济学》,中国人民大学出版社 2011 年版。

11. 李东方:《市场管理法教程》,中国政法大学出版社 2003 年版。

12. 王全兴:《经济法基础理论专题研究》,中国检察出版社 2002 年版。

13. 吴宏伟:《市场管理法教程》,法律出版社 1995 年版。

14. 刘静:《产品责任论》,中国政法大学出版社 2000 年版。

15. 谢晖:《法的思辨与实证》,法律出版社 2001 年版。

16. 吕忠梅、刘大洪:《经济法的法学与法经济学分析》,中国检察出版社 1998 年版。

17. 苏惠祥、邱本:《经济法原理》,吉林大学出版社 1997 年版。

18. 陈志、胡光志:《中国市场管理法学》,科学技术文献出版社 1997 年版。

19. 赵新华、冯彦君、董进宇:《市场管理法学》,吉林大学出版社 1998 年版。

20. 郑曙光、汪海军:《市场管理法新论》,中国检察出版社 2005 年版。

21. 李昌麒、许明月编著:《消费者保护法》,法律出版社 2012 年版。

22. 王春娣、程德文编著:《消费纠纷与精神损害赔偿》,中国民主法制出版社 2001 年版。

23. 刘大洪:《反不正当竞争法》,中国政法大学出版社 2005 年版。

24. 何悦:《企业产品责任预防与对策》,法律出版社 2010 年版。

25. 周新军:《产品责任立法中的利益衡平:产品责任法比较研究》,中山大学出版社 2007 年版。

26. 张云、徐楠轩编著:《产品质量法教程》,厦门大学出版社 2011 年版。

27. 丁俊杰、康瑾:《现代广告通论》,中国传媒大学出版社 2013 年版。

28. 冯江平:《广告心理学》,华东师范大学出版社 2012 年版。

29. 刘卓慧:《食品标识管理规定》,中国计量出版社 2010 年版。

30. 徐贵一:《经济法案例研究》,法律出版社 2011 年版。

31. 《〈今日说法〉案例精选(2)》,中国人民公安大学出版社 2004 年版。

32. 阮赞林主编:《反垄断法教程》,上海人民出版社 2011 年版。

33. 刘继峰:《反垄断法》,中国政法大学出版社 2012 年版。

34. 徐士英等:《竞争法新论》,北京大学出版社 2006 年版。

35. 吴景明:《消费者权益保护法》,中国政法大学出版社 2006 年版。

36. 国家法官学院、中国人民大学法学院编:《中国审判案例要览(2000 年民事审判案例卷)》,中国人民大学出版社 2002 年版。

37. 黄河、张卫华主编:《经济法概论》,中国政法大学出版社 2010 年版。

二、论文类

1. 陈东琪:"现代市场经济为什么需要政府——对经济学中老问题的新思考",载《财贸经济》1999 年第 6 期。

2. 纪宝成、刘元春:"市场秩序的构建模式及其治理的基本原则",载《经济学动态》2004 年第 2 期。

3. 应飞虎:"需要干预经济关系论——一种经济法的认知模式",载《中国法学》2001 年第 2 期。

4. 项宏峰："国家干预与中国经济法"，载《经济与法》1998 年第 10 期。

5. 吕忠梅、廖华："论社会利益及其法律调控——对经济法基础的再认识"，载《郑州大学学报（哲学社会科学版）》2003 年第 1 期。

6. 王保树、邱本："经济法与社会公共性论纲"，载《法律科学（西北政法学院学报)》2000 年第 3 期。

7. 张文显："市场经济与现代法的精神论略"，载《中国法学》1994 年第 6 期。

8. 张志伟："经济法的公平观"，载《河南商业高等专科学校学报》2003 年第 3 期。

9. 李金泽、丁作提："经济法定位理念的批判与超越"，载《法商研究（中南政法学院学报)》1996 年第 5 期。

10. 陈虹、吕忠梅："经济法原理新说之一：国家干预"，载《法学论坛》2003 年第 4 期。

11. 刘文华："中国经济法的基本理论纲要"，载《江西财经大学学报》2001 年第 2 期。

12. 杨建峰："市场管理法与宏观调控法的关系——兼谈反垄断法在我国经济法体系中的地位"，载《中共山西省委党校学报》2005 年第 5 期。

13. 刘砚海："论市场规制法的体系"，载《和谐社会与经济法热点问题研究》，中国人民公安大学出版社 2007 年版，第 151～155 页。

14. 李醒民："价值的定义及其特性"，载《哲学动态》2006 年第 1 期。

15. 李东方："政府失灵的原因及其治理探析"，载《昆明学院学报》2010 年第 1 期。

16. 张岚："产品责任法发展史上的里程碑——评美国法学会《第三次侵权法重述：产品责任》"，载《法学》2004 年第 3 期。

17. 于朝印："经济法的社会正义观"，载《青岛科技大学学报（社会科学版）》2004 年第 3 期。

18. 尚艳南："论消费者权益的保护"，载《商品与质量：理论研究》2010 年第 2 期。

19. 饶世权："论广告的监督管理制度"，载《商业研究》2004 年第 3 期。

20. 谢鹏程："论市场经济法律体系的基本结构"，载《法学研究》1994 年第 4 期。

21. 陆介雄："论市场管理法"，载《法学家》1999 年第 3 期。

三、网络资源

（一）网络文章

1. 夏业良："新自由主义经济学的价值理念"，载新浪网，http：//finance. sina. com. cn/roll/20060925/1603945750. shtml.

2. 李昌麒、陈治："经济法的社会利益论纲"，载李昌麒经济法网，http：//www. swupl. edu. cn/mweb/lichangqi/content. asp？cid = 843912996&id = 847920703.

3. 汪渊智、王华梅："探讨民法与经济法的价值差异"，载法律教育网，http：//www. chinalawedu. com/news/2003_ 12/5/0944267599. htm.

4. 傅钢："知识产权法典化可行性分析"，载法律教育网，http：//www. chinalawedu. com/news/2003_ 7/5/1119574788. htm.

5. 肖江平："特别市场规制制度的理论体系及其定位"，载中国民商法律网，http：//www. civillaw. com. cn/article/default. asp？id =28037.

6. 张平："《反不正当竞争法》的一般条款及其适用——搜索引擎爬虫协议引发的思考"，载法

　　律图书馆，http：//www. law－lib. com/lw/lw＿ view. asp? no＝24261.

（二）网站

1. 新华网，http：//www. xinhuanet. com.

2. 新浪网，http：//www. sina. com. cn.

3. 人民网，http：//www. people. com. cn.

4. 中国消费者协会网，http：//www. cca. org. cn.

5. 中国法院网，http：//www. chinacourt. org.

6. 国家工商行政管理总局网，http：//www. saic. gov. cn.

7. 中国裁判文书网，http：//www. court. gov. cn/zgcpwsw.

8. 找法网，http：//china. findlaw. cn.

9. 经济法网，http：//www. cel. cn.

10. 北大法律信息网，http：//www. chinalawinfo. com.

11. 李昌麒经济法网，http：//www. lichangqi. net.

12. 中华人民共和国最高人民法院网，http：//www. court. gov. cn.

13. 中华人民共和国最高人民检察院网，http：//www. spp. gov. cn.